김찬종 · 안광현 공저

베드로서원

머리말

하나님은 당신을 사랑하십니다. 당신도 하나님을 사랑하고 계십니까?
하나님께서는 우리를 매우 사랑하셔서 형용할 수 없을 만큼 많은 은총과 복을 주셨습니다. 특별히 아름다운 가정을 선물하셔서 항상 편안함을 느끼도록 하시고, 행복함을 느낄 수 있도록 하시며, 쉴 수 있게 하십니다.
이렇게 우리에게 사랑을 베푸시는 하나님께 나와 당신이 사랑을 표현할 수 있는 방법에는 어떤 것들이 있을까요? 하나님을 사랑하는 방법 중 가장 좋은 것은 바로 예배입니다. 우리는 모두 예배자이기 때문입니다. 특히, 사랑하는 주의 백성인 가족들이 함께 하나님 앞에 가정예배를 드린다면 얼마나 기뻐하실까요? 얼마나 사랑스러울까요?
하나님께서 기뻐하시고 사랑스럽다고 말씀하시도록 온 가족들이 주님 앞으로 나아가길 소원합니다. 사랑하는 가족들이 한 마음으로 말씀 앞에 진실하게 서시길 바랍니다.
사랑하는 가족들이 매일 예배드릴 수 있다면 얼마나 복되고 행복하겠습니까?

그 행복을 가꾸는 작은 도구를 만들어보았습니다. 《"365 축복의 통로"-매일 하나님께 드리는 가정예배-》라는 제목으로 365일 가정예배를 드릴 수 있도록 이 책을 만들었습니다.
　하루하루가 모여서 한 달이 되고, 한 달이 모여 한 해가 되고, 한 해가 모여 일생이 됩니다. 그러기에 오늘 하루가 얼마나 중요한지 모릅니다. 이 귀중한 하루를 주님과 동행하기 위해 사랑하는 가족과 예배로 시작하시길 기도합니다. 예배를 통해 행복을 가꾸시길 기도합니다. 이 책이 여러분의 가정에 축복의 통로로 나아가는 다리가 되길 소망합니다. 온 가족이 미래를 꿈꾸고 내일을 열어가는 축복의 통로의 도우미가 될 수 있기를 기도합니다.

2010년 12월 15일
관악산 아래에서
저자 드림

contents

머리말 /03

1. 만물의 근원이신 하나님 /10
2. 감사의 조건 /11
3. 많이 심는 자 /12
4. 감사의 능력 /13
5. 전도는 씨를 뿌리는 것 /14
6. 서로 귀히 여길 때 /15
7. 하나님과 함께할 때 /16
8. 예수 믿는 즐거움을 간증 /17
9. 깨끗한 마음 /18
10. 긍정적인 말 /19
11. 전도 /20
12. 내일 일을 염려하지 말라 /21
13. 감사는 감사를 낳고 /22
14. 소금처럼 /23
15. 빛을 비추는 큰 사명 /24
16. 쉰들러 리스트 /25
17. 사랑의 법 /26
18. 정금 같은 열매 /27
19. 원수를 갚는 사랑 /28
20. 오래 참음 /29
21. 시기하지 않는 사랑 /30
22. 날마다 성경을 상고 /31
23. 예수님이 오신 장소 /32
24. 관용의 삶 /33
25. 염려하지 않고 /34
26. 새벽기도 /35
27. 복 있는 사람 /36
28. 바람에 나는 겨 /37
29. 사단은 시험하는 자 /38
30. 유대인의 자녀 교육은 개성교육 /39

31. 백발노인에 대한 공경 /40
32. 인간의 근본 문제 /41
33. 순종은 승리의 비결 /42
34. 헌금을 드릴 때 정성을 다하여 /43
35. 육신의 일에도 최선을 다하라 /44
36. 하나님을 의지하라 /45
37. 귀한 것을 귀하게 /46
38. 속사람 /47
39. 성령 충만 /48
40. 믿음의 뿌리 /49
41. 사랑으로 살던 마마 /50
42. 원수까지도 사랑 /51
43. 합심기도 /52
44. 부르짖어 기도했더니 /53
45. 바나바는 자비를 베푼 선한 이웃 /54
46. 베풀기를 좋아하다가 복 받은 고넬료 /55
47. 인간의 욕망 /56
48. 베푸는 삶 /57
49. 행복을 창조하는 감사 /58
50. 부자가 된 록펠러 /59
51. 승리비결은 인내 /60
52. 지옥에 가지 맙시다 /61
53. 천국에 가야 합니다 /62
54. 신사적인 베뢰아 사람들 /63
55. 더불어 사는 사람 /64
56. 원망의 결과 /65
57. 폭력보다 강한 사랑 /66
58. 예수 부활의 증인 /67
59. 헤롯의 멸망 /68
60. 안디옥 교회처럼 /69

61. 희생하며 땀 흘리며 /70
62. 생명을 구하는 훈계 /71
63. 시어머니가 슬프고 괴로울 때 /72
64. 아버지의 생명을 살린 아들 /73
65. 하나님이 주신 율법 /74
66. 기도 쉬는 것은 죄 /75
67. 하나님이 행하시는 일 /76
68. 청년의 때 /77
69. 불평과 원망 /78
70. 하버드 대학의 세 가지 학생강령 /79
71. 성령의 명령에 즉각 순종 /80
72. 심고 거두는 원리 /81
73. 포기 못한 것 /82
74. 문제해결의 방법은 찬송 /83
75. 영원히 살아 있는 말씀 /84
76. 영원하신 예수 그리스도 /85
77. 인내가 주는 결과 /86
78. 종이 되신 예수님 /87
79. 하나님의 명령에 대한 아브라함 /88
80. 세 가지 죽음 /89
81. 십자가를 부인 /90
82. 사랑의 집 /91
83. 빈 무덤 /92
84. 사랑으로 원수를 갚다 /93
85. 여호와 닛시 /94
86. 복에 복을 더 받는 원리 /95
87. 우상숭배의 결과 /96
88. 주 예수님의 은혜 /97
89. 성경에 있는 세 가지 큰 기쁨 /98
90. 주님의 손은 살리시는 손 /99
91. 사탄의 미혹에 빠진 하와 /100
92. 쉬운 전도 /101

93. 찬송 /102
94. 미루지 말자 /103
95. 하나님께 대한 순종 /104
96. 하나님의 말씀을 회복하라 /105
97. 하나님을 존중히 여기는 자 /106
98. 믿음의 눈 /107
99. 대신 죽으심 /108
100. 모든 사정을 아시는 하나님 /109
101. 정직한 사람의 감사 /110
102. 모든 것을 덮는 사랑 /111
103. 예배보다 귀한 것은 없다 /112
104. 사랑은 주는 것 /113
105. 다른 사람의 입장 /114
106. 끈질긴 소망 /115
107. 사랑은 영원하다 /116
108. 인생을 바꾼 헌신 /117
109. 하나님을 찾지 않음 /118
110. 신앙 교육 /119
111. 찰스 다윈의 변화 /120
112. 진정한 신앙인 /121
113. 새롭게 되어 /122
114. 성령의 열매 /123
115. 뜨거운 가슴 /124
116. 아름다운 소원 /125
117. 순교의 제물 /126
118. 생명의 주인은 하나님 /127
119. 기독교는 살아있는 종교 /128
120. 끝없는 기다림 /129
121. 주 안에서 결단 /130
122. 용서를 받아들이지 않아 /131
123. 고린도전서 13장의 권고 /132
124. 사랑하는 곳에 평화가 /133

125. 어린아이들을 축복하신 예수님 /134
126. 올바른 자녀 양육 /135
127. 어머니의 사랑 /136
128. 어머니의 사진 /137
129. 하나님의 것을 하나님께 드림 /138
130. 근신하라 /139
131. 술 취하지 말라 /140
132. 지혜의 복 /141
133. 기둥으로 쓰이는 나무 /142
134. 야곱의 생애 /143
135. 샘 곁의 무성한 가지 /144
136. 현대인의 모습 /145
137. 하나님이 부르시는 때 /146
138. 책망할 것이 없는 자가 되라 /147
139. 세 가지 종류의 사람들 /148
140. 회개의 기도 /149
141. 고난을 통한 은혜 /150
142. 하나님이 기뻐하시는 기도 /151
143. 초심 /152
144. 하나님 말씀에 순종 /153
145. 자식에게 믿음을 물려준 아버지 /154
146. 김일성은 하나님? /155
147. 중보자 예수 /156
148. 올바른 성도의 모습 /157
149. 하나님을 찾는 자의 바른 자세 /158
150. 하나님을 찾아서 할 일 /159
151. 우리에게 남은 3분 /160
152. 하나님의 뜻 /161
153. 죽음의 두려움 /162
154. 부자가 되는 비결 /163
155. 주님께 맡기는 삶 /164
156. 실패한 것을 잊어라 /165

157. 성령의 능력 /166
158. 하나님의 문지기 /167
159. 교회부흥은 기도를 통해 /168
160. 마음의 중심을 지켜라 /169
161. 어떤 교회를 소개할까요? /170
162. 배워야합니다 /171
163. 성령 충만한 가르침 /172
164. 기독교는 감사의 종교 /173
165. 흑인 전도자 톰 스키너 /174
166. 축복 /175
167. 깨끗한 백지와 같은 어린이 /176
168. 보이지 않는 조선의 마음 /177
169. 신앙생활의 중심 /178
170. 사람에게 제일 귀한 것 /179
171. 예수님을 만나야 합니다 /180
172. 예수님을 만난 사람들 /181
173. 시험 /182
174. 가정복음화 /183
175. 재물 /184
176. 교회를 찾은 무당 /185
177. 신앙생활은 기도생활 /186
178. 기록된 말씀 성경 /187
179. 평안의 복 /188
180. 자손들에게 물려줄 유산 /189
181. 주를 위해 살겠으니 /190
182. 감사로 제사를 드리는 자 /191
183. 감사는 하나님의 뜻 /192
184. 작은 일에 감사 /193
185. 기쁨의 삶 /194
186. 따뜻한 사랑 /195
187. 교만은 패망의 선봉 /196
188. 사랑은 희생이다 /197

189. 대접하기를 즐겨하라 /198
190. 진리를 기뻐하라 /199
191. 합력하여 선을 이룸 /200
192. 하나님의 권능 /201
193. 언제나 동일하신 예수님 /202
194. 낙타무릎처럼 /203
195. 천하보다 귀한 생명 /204
196. 환영하시는 주님 /205
197. 천국의 소망 /206
198. 복 받는 비결 /207
199. 형통 /208
200. 선행 /209
201. 2세 교육에 대한 신념 /210
202. 감사를 실천하는 사람 /211
203. 어디서나 가르쳐야 합니다 /212
204. 요셉과 함께 하신 하나님 /213
205. 하나님을 기쁘시게 /214
206. 영의 자녀를 낳는 방법 /215
207. 하고 싶어서 하는 일 /216
208. 협력하는 믿음 /217
209. 사랑이 이깁니다 /218
210. 예수님을 만나지 못한 자 /219
211. 신앙고백 /220
212. 예수님을 살리신 하나님 /221
213. 효(孝) /222
214. 나라를 구한 사랑 /223
215. 관용하라 /224
216. 겸손의 은혜 /225
217. 평화를 좋아하는 사람 /226
218. 사랑이 포함된 교육 /227
219. 허다한 죄를 덮는 사랑 /228
220. 주는 자가 받는 자보다 복이 있다 /229

221. 바른 물질관 /230
222. 전해주어야 할 복음 /231
223. 감동시키는 기도 /232
224. 손이 부지런한 사람 /233
225. 화평 /234
226. 복음의 씨 /235
227. 불평과 감사 /236
228. 건강 /237
229. 감사는 주어진 조건이 아니다 /238
230. 진실한 자세 /239
231. 정직한 믿음 /240
232. 기적을 낳는 감사 /241
233. 충성 /242
234. 내 사정을 아뢰는 기도 /243
235. 기쁘게 사는 인생 /244
236. 평화 /245
237. 허물을 덮는 사랑 /246
238. 행복한 기다림 /247
239. 참된 예배 /248
240. 참된 진리 /249
241. 먼저 할 일 /250
242. 하나님께 드리는 헌금 /251
243. 때를 얻든지 못 얻든지 /252
244. 확신하는 기도의 응답 /253
245. 네 부모를 공경하라 /254
246. 순종하는 가정 /255
247. 아름다운 가정 /256
248. 눈물의 십일조 /257
249. 겸손한 입술 /258
250. 약속을 믿는 믿음의 고백 /259
251. 경건의 훈련 /260
252. 무릎꿇고 기도 /261

253. 황홀한 고백 /262
254. 사랑은 희생하는 것 /263
255. 사랑의 말 /264
256. 포기하지 않는 전도 /265
257. 인내하는 자 /266
258. 편견 /267
259. 자비로운 자 /268
260. 선으로 악을 이기라 /269
261. 먼저 손 내밀라 /270
262. 온유한 사람 /271
263. 불평하지 말자 /272
264. 하나님의 말씀 /273
265. 능력의 말씀 /274
266. 다미안 신부의 사랑 /275
267. 푯대를 향하여 /276
268. 주님 한 분만으로 만족합니다 /277
269. 복음을 부끄러워하지 말라 /278
270. 천사의 얼굴 /279
271. 진실은 통하는 것 /280
272. 자립심 /281
273. 최고의 효도 /282
274. 감사 /283
275. 역경에도 감사 /284
276. 병에서 놓여 자유함 /285
277. 잃어버린 예수 /286
278. 예수님은 누구신가? /287
279. 인내하는 모습 /288
280. 근심하지 마라 /289
281. 인생은 잠깐 /290
282. 감사할 줄 아는 인생 /291
283. 영혼이 잘됨같이 /292
284. 성경을 상고 /293

285. 받아들이는 마음 /294
286. 지혜를 구하라 /295
287. 순종의 지혜 /296
288. 예수님의 향기를 풍기는 제자 /297
289. 차별이 없는 복음 /298
290. 사람을 강권하여 /299
291. 끝까지 함께 /300
292. 나라와 민족을 구한 기도 /301
293. 문제를 해결하는 방법은 기도 /302
294. 오늘 우리에게 일용할 양식을 주시고 /303
295. 귀한 고백 /304
296. 말씀 중심의 삶은 승리의 비결 /305
297. 복음이 주는 변화 /306
298. 말씀은 처방전 /307
299. 편두통에서 치료받은 후안목사님 /308
300. 생활의 믿음 /309
301. 에벤에셀 /310
302. 아름다운 소식 /311
303. 인정받는 일꾼 /312
304. 새것이 되는 방법 /313
305. 임마누엘 /314
306. 오직 말씀으로 /315
307. 십일조 헌금 /316
308. 위대한 치료자 예수님 /317
309. 주님께 맡겨야 합니다 /318
310. 화목한 가정 /319
311. 진주 목걸이 /320
312. 서로 교제하는 교회 /321
313. 뜨거운 가슴을 가진 교인 /322
314. 억지로 감사 /323
315. 손 마른 자에게 주신 말씀 /324
316. 연단의 결과 /325

317. 가을은 추수의 계절 /326
318. 그릇의 종류 /327
319. 큰 소망 /328
320. 다툼을 일으키는 말 /329
321. 믿음 /330
322. 성경은 하나님의 말씀 /331
323. 미국의 최초 감사절 /332
324. 추수감사절 /333
325. 찬송의 의미 /334
326. 겸손한 복종 /335
327. 흩어지는 교회로서의 사명 /336
328. 자기가 원하는 자들 /337
329. 흩어진 증인들 /338
330. 평안하고 든든한 교회 /339
331. 임마누엘의 신비 /340
332. 사람이 자기를 살피고 /341
333. 실패자의 유언 /342
334. 나의 주시며 나의 하나님 /343
335. 무릎을 꿇고 빕시다 /344
336. 무엇을 가르칠 것인가? /345
337. 채찍과 격려로 교육 /346
338. 의를 겸한 소득 /347
339. 가장 예쁜 손 /348
340. 재물을 하늘에 쌓는 일 /349
341. 바람 같은 성령 /350
342. 불같은 성령 /351
343. 너희는 나를 누구라 하느냐? /352
344. 귀신을 내어 쫓는 권세 /353
345. 내가 그리스도와 함께 십자가에 못 박혔나니 /354
346. 의인은 믿음으로 살리라 /355
347. 예수님의 신적 능력 /356
348. 꼭 가지고 가고 싶은 책 /357

349. 베스트셀러 중의 베스트셀러 /358
350. 성경을 상고합시다 /359
351. 긍정적인 생각 /360
352. 심은 대로 거둔다 /361
353. 남편을 칭찬한 아내의 힘 /362
354. 남편을 돕는 배필 /363
355. 남편의 의무는 아내를 사랑하는 것 /364
356. 삶의 방향을 결정하는 요소 /365
357. 말씀에 붙잡히면 /366
358. 예수님 탄생 /367
359. 성탄을 축하할 수 있는 자 /368
360. 귀중한 보배합 /369
361. 기도의 결과 /370
362. 제일 좋은 유산 /371
363. 마지막 때 /372
364. 새로운 피조물 /373
365. 마지막에 한 일 /374

1. 만물의 근원이신 하나님

*찬송: 79장 (통40장)

태초에 하나님이 천지를 창조하시니라 땅이 혼돈하고 공허하며 흑암이 깊음 위에 있고 하나님의 영은 수면 위에 운행하시니라 (창 1:1-2)

　하나님은 창조주이시고 인간은 피조물입니다. 피조물인 인간이 하나님을 모르는 것은 큰 잘못입니다. 하나님은 우리에게 생명을 주셨습니다. 하나님은 만물의 근원이십니다. 하나님은 인류의 아버지이십니다. 하나님은 만복의 근원이십니다. 하나님은 인생의 생사화복을 주관하십니다. 하나님은 죽이기도 하시고 살리기도 하십니다. 음부에 내리기도 하시고 올리기도 하십니다. 하나님은 가난하게도 하시고 부하게도 하십니다. 낮추기도 하시고 높이기도 하십니다. 하나님은 가난한 자를 먼지와 흙에서 일으키셔서 귀족들과 함께 앉게 하십니다. 영광의 위를 차지하게 하십니다. 땅의 기둥들은 하나님의 것입니다. 하나님은 세계를 그 위에 세우셨습니다.

　세계에서 제일 부강한 나라가 어디입니까? 미국입니다. 세계화폐의 가치를 모두 미국 돈인 달러로 계산합니다. 미국은 건국 300년도 안 된 나라인데 무엇이 이렇게 만들었습니까? 그것은 건국 초기에 나라를 세운 지도자들이 하나님을 믿는 것을 삶의 우선순위로 삼았기 때문입니다. 그러니 하나님께서 그 나라에 복을 주실 수 밖에 없는 것입니다. "하나님을 경외하고 그의 명령을 지킬지어다 이것이 모든 사람의 본분이니라."(전 12:13)고 했습니다. 그러므로 하나님을 알지 못하고 믿지 않는 자는 어리석은 자입니다.

기도: 만물의 근원이신 창조주 하나님! 저희가 어리석은 자가 되지 아니하고 하나님을 경외하는 지혜 있는 자가 되게 하소서.

2. 감사의 조건

*찬송: 258장 (통190장)

하나님을 잊어버린 너희여 이제 이를 생각하라 그렇지 아니하면 내가 너희를 찢으리니 건질 자 없으리라 감사로 제사를 드리는 자가 나를 영화롭게 하나니 그의 행위를 옳게 하는 자에게 내가 하나님의 구원을 보이리라 (시 50:22-23).

감사의 조건들을 찾아보십시오. 무심히 지나온 것들 중에 감사해야 할 것들이 너무나 많았음을 발견할 수 있을 것입니다.

첫째, 내가 이 세상에 존재함을 감사해야 합니다.
둘째, 나의 배우자가 감사의 조건입니다.
셋째, 우리의 자녀가 감사의 조건입니다.
넷째, 내게 물질 주심도 감사의 조건입니다.
다섯째, 내가 구원받은 것도 감사의 조건입니다.
여섯째, 내가 감사할 줄 아는 사람이 된 것을 감사해야 합니다.
일곱째, 좋은 교회에서 신앙생활을 하는 것도 감사해야 합니다.
여덟째, 좋은 친구를 사귀었음도 감사해야 합니다.
아홉째, 내가 건강함을 감사해야 합니다.
열째, 일용할 양식 주심도 감사해야 합니다.

더 많은 감사의 조건들을 찾아볼 수 있을 것입니다. 감사로 제사를 드리는 성도가 하나님의 사람입니다.

기도: 하나님 아버지! 감사로 제사를 드려 하나님을 영화롭게 하는 성도가 되게 하시고 우리의 삶 속에서 더 많은 감사를 찾아 하나님께 감사하며 사는 자가 되게 하소서.

3. 많이 심는 자

*찬송: 496 장 (통260장)

이것이 곧 적게 심는 자는 적게 거두고 많이 심는 자는 많이 거둔다 하는 말이로다 각각 그 마음에 정한 대로 할 것이요 인색함으로나 억지로 하지 말지니 하나님은 즐겨 내는 자를 사랑하시느니라 하나님이 능히 모든 은혜를 너희에게 넘치게 하시나니 이는 너희로 모든 일에 항상 모든 것이 넉넉하여 모든 착한 일을 넘치게 하게 하려 하심이라 (고후 9:6-8)

옛날 순종 때에 충청도에 사는 어떤 농부가 가을에 추수를 하고 보니 오곡백과가 풍성하였습니다. 이것이 임금님의 덕택이라고 생각한 그는 밤 한 자루를 지고 서울로 올라왔습니다. 남대문에 도착하자 해가 져서 남대문 옆에서 밤 자루를 메고 잠을 자고 있었습니다. 그때 마침 임금님께서 백성의 사는 모습을 둘러보시러 암행을 돌다가 농부를 만났습니다. 임금님은 밤 자루에 손을 넣으면서 밤 한 줌만 달라고 했습니다. 그분이 임금님인 줄 모르는 농부는 임금님에게 드리는 밤을 감히 줄 수 없다고 거절했습니다. 그러나 임금님은 막무가내로 밤 자루에 손을 넣고 밤을 가지려고 했습니다. 성이 난 농부가 임금님의 뺨을 한 대 치자 임금님은 "미안합니다." 하면서 도망을 쳤습니다. 이튿날 아침 농부는 밤 자루를 지고 대궐로 갔습니다. 임금님은 감히 고개를 들지 못하고 있는 농부에게 물었습니다.

"그대는 지난밤에 어디서 잤는가?"

"남대문이옵니다."

"누가 그대의 밤을 가지고 가려 하지 않았는가?"

"예, 어떤 자가……."

"내 얼굴을 보거라."

농부가 고개를 들어 임금님을 보니 어젯밤에 밤 자루에 손을 넣던 사람이었습니다. 농부는 땅에 엎드려 죽여달라고 했습니다. 임금님은 내 백성들이 나를 이렇게 사랑하는 줄 몰랐다고 하면서 그가 담아온 밤 자루에 밤을 비우고는 대신 돈을 한 자루 넣어주었습니다.

기도: 하나님! 많이 심는 자가 되게 하소서. 특히, 하나님과 가난한 자들에게 우리 가진 것을 아낌없이 드리는 삶을 살게 하소서.

4. 감사의 능력

*찬송: 250 장 (통182장)

범사에 우리 주 예수 그리스도의 이름으로 항상 아버지 하나님께 감사하며 그리스도를 경외함으로 피차 복종하라 (엡 5:20~21)

어떤 장로님이 승용차를 타고 가다가 교통사고를 당했습니다. 자기는 다친 곳이 없었는데 같이 탔던 딸이 다리를 크게 다쳤습니다. 세 번의 대수술을 받고도 완치가 되지 않았습니다. 결혼할 나이가 된 딸은 그로인해 심하게 고민을 하다가 정신병원에 입원까지 하게 되었습니다. 장로님은 '내가 하나님께 충성했는데 왜 이런 시련이 닥치는가?'라며 하나님을 원망했습니다.

그러던 어느 날 장로님은 버스를 타고 가다가 '나는 장로의 성직을 받았음에도 진정한 감사가 없었구나.'라는 생각을 하게 되었습니다. '어려움을 당해도, 복을 받아도 언제나 감사하지 못하고 불평과 불만으로 인생을 살 것인가?'라는 성령의 책망이었습니다. 그는 버스에서 내려 전봇대를 붙들고 눈물을 흘리며 회개의 기도를 드렸습니다. 집에 돌아온 장로님은 귀중한 물건을 정리하여 교회에 찾아가서 목사님께 감사의 헌금을 드리며 그간의 잘못을 고백하고 기도를 받았습니다.

그리고 딸이 입원한 병원을 찾아가 담당 의사를 만났습니다. 주치의는 요즘 딸의 증세가 악화되었으니 딸을 만나지 않는 것이 좋겠다고 했습니다. 그래도 장로님은 딸을 만나야겠다는 생각이 들어서 의사의 만류를 뿌리치고 병실로 찾아갔습니다. 그런데 이게 웬일입니까? 딸의 병실에서 찬송소리가 흘러나오는 것이 아니겠습니까? 병실 문을 열었더니 정신이상이던 딸이 정상으로 돌아와서 웃으며 아버지를 맞이하는 것이었습니다. 놀라운 기적이 일어난 것입니다.

기도: 좋으신 하나님! 조금만 힘들어도 원망하며 불평하는 저희를 용서하시고 무슨 일을 만나든지 감사하며 사는 성도가 되게 하소서.

5. 전도는 씨를 뿌리는 것

*찬송: 515 장 (통256장)

> 오호라 너희 모든 목마른 자들아 물로 나아오라 돈 없는 자도 오라 너희는 와서 사 먹되 돈 없이, 값 없이 와서 포도주와 젖을 사라 (사 55:1)

미국 알라바마 주 갯스덴에 있는 주엘 피어스 목사는 30년간 위스키병을 사용한 특이한 방법으로 전도를 하였습니다. 그는 30,000개의 위스키병 속에 성경말씀을 적어서 쿠사강에 띄웠습니다. 쿠사강은 멕시코만으로 흘러 들어가는데 강 위에 띄워진 성경말씀이 담긴 이 병은 해변을 따라 어디론가 흘러갑니다. 누구든 그 병을 발견하면 그 안의 성경구절을 읽고 다시 바다 위로 떠내려 보냅니다. 어떤 병은 가까이 떠내려가고, 어떤 병은 멀리 떠내려 갑니다. 이 나라, 저 나라의 해변과 강변을 무상으로 출입하며 복음을 전하는 일을 감당하게 된 것입니다.

그로 인하여 29개주와 8개국에서 그 글을 읽고 회신을 보내온 것이 무려 6만 통이 넘었습니다. 그 중에는 예수 그리스도를 믿게 되었다는 편지도 있었고, 어떤 편지는 과거에 믿었다가 낙심하고 세상에 빠졌던 자가 다시 주님께로 돌아왔다는 내용의 글도 있었습니다.

전도는 이와 같이 씨를 뿌림과 같습니다. 씨를 뿌리면 반드시 거두게 됩니다.

"눈물을 흘리며 씨를 뿌리는 자는 기쁨으로 거두리로다 울며 씨를 뿌리러 나가는 자는 반드시 기쁨으로 그 곡식 단을 가지고 돌아오리로다"(시 126:5-6).

기도: 구원의 주님! 세상 끝까지 복음을 증거하시라는 주님의 음성을 듣고 따르게 하옵소서. 오늘도 복음 들고 세상으로 나갈 수 있는 용기를 허락하옵소서.

6. 서로 귀히 여길 때

*찬송: 413장 (통470장)

너의 자녀들 중에 우리가 아버지께 받은 계명대로 진리를 행하는 자를 내가 보니 심히 기쁘도다 (요이 1:4).

내일 시집을 가게 될 딸을 불러 어머니는 밤에 낡은 일기장을 내어놓았습니다.

"이 일기장에는 25년 전 오늘과 같은 밤, 너희 외할머니가 나에게 당부하셨던 말씀이 적혀 있단다. 이 당부의 말씀이 오늘까지 나의 결혼생활과 평안한 가정을 이루는 데 큰 힘이 되었단다."

일기장의 내용은 이렇습니다.

"내 딸아! 새 가정을 이루는 그 순간부터 이 말을 명심하거라. 네가 네 남편을 왕처럼 받들고 진심으로 존대한다면 반드시 그는 너를 여왕처럼 공대할 것이다. 또 네가 지나치게 자존심을 내세워 꼿꼿한 태도를 가져 남편 섬기기를 거부한다면 그는 너를 힘으로 눌러버릴 것이다.

남편이 남의 집을 방문한다면 단정한 옷차림으로 갈 수 있게 하고, 남편의 친구가 손님으로 왔다면 정성을 기울여 대접하여라. 늘 마음을 가정에 두며 남편의 소지품 하나까지도 소중히 여기도록 하여라. 그리하면 그는 기쁜 마음으로 네 머리 위에 아름다운 사랑의 관을 씌울 것이다."

딸도 그녀의 어머니와 같이 분명히 그 딸은 행복한 가정을 이루었을 것입니다.

기도: 주님! 하나님께서 주신 가정에 평화가 있게 하시고, 가족들을 사랑하며 귀하게 여기며 섬기는 행복한 가정이 되게 하소서.

7. 하나님과 함께할 때

*찬송: 435 장 (통492장)

간수장은 그의 손에 맡긴 것을 무엇이든지 살펴보지 아니하였으니 이는 여호와께서 요셉과 함께 하심이라 여호와께서 그를 범사에 형통하게 하셨더라 (창 39:23)
당신들은 나를 해하려 하였으나 하나님은 그것을 선으로 바꾸사 오늘과 같이 많은 백성의 생명을 구원하게 하시려 하셨나니 (창 50:20)

　　요셉은 죄 없이 형들에 의해서 애굽으로 팔려가 보디발의 집에서 종살이를 했습니다. 그러나 하나님께서 요셉과 함께 하셔서 그는 형통한 자가 되었습니다.
　　옥에 갇히는 신세가 되었을 때도 불평하지 않고 여호와 하나님께 감사하며 생활했습니다. 하나님과 함께 했습니다. 하나님과 함께한 요셉 덕분에 보디발의 집이 형통했습니다. 하나님이 함께 한 요셉 때문에 감옥에서 만난 사람들이 형통했습니다. 하나님께서 함께하시면 불평이 없습니다. 하나님이 함께하시면 남의 탓을 하지 않습니다.
　　하나님이 함께하시면 항상 내 눈에 있는 들보를 먼저 봅니다. 하나님이 함께 하시면 항상 감사, 감사, 감사합니다. 하나님이 함께하시면 아무리 어려워도 원망하지 않습니다. 만약 내게 불평과 원망하는 마음이 있으면 그것은 내 마음이 마귀의 지배를 받고 있다는 사실을 알아야 합니다. 이를 분별하는 것을 '영분별'이라고 합니다.
　　요셉은 하나님께서 함께하셨습니다. 그래서 그는 종살이에서도 승리할 수 있었습니다. 유혹도 이길 수 있었습니다. 감옥도 이길 수 있었습니다. 마침내 하나님께서 애굽의 국무총리로 높임 받게 해주셨습니다.

기도: 하나님 아버지! 요셉과 같이 저희도 형통하게 하시고, 하나님과 함께한 저희로 인해서 많은 사람들이 형통하게 하소서. 축복의 통로가 되게 하소서.

8. 예수 믿는 즐거움을 간증

*찬송: 436 장 (통493장)

그러므로 우리가 이제부터는 어떤 사람도 육신을 따라 알지 아니하노라 비록 우리가 그리스도도 육신을 따라 알았으나 이제부터는 그같이 알지 아니하노라 그런즉 누구든지 그리스도 안에 있으면 새로운 피조물이라 이전 것은 지나갔으니 보라 새 것이 되었도다 (고후 5:16-17).

　　외항선을 타는 집사가 있었습니다. 그런데 어느 날부터 몸이 좋지 않아 병원에 가보았더니 간암이라고 했습니다. 그는 정신이 번쩍 들었습니다. 집사 직분은 가지고 있었지만 집사다운 행동을 못할 때가 많았기 때문입니다. 그는 하나님께 엎드려 기도했습니다.

　　기도하는 중에 하나님의 뜻을 발견했습니다. 자기에게 남은 시간 전도하다가 죽어야겠다는 생각이 떠올랐습니다. 그는 전도지를 들고 나갔습니다. 불신 친구, 불신 친척에게 가서 "나는 간암에 걸려 죽어도 천국에 가기 때문에 기쁘다."라고 간증했습니다. 그러면서 "당신도 언젠가 한 번은 죽음을 맞게 된다. 그러나 예수 안 믿으면 지옥 간다."라는 이야기도 했습니다.

　　그 집사의 이야기를 들은 많은 사람들이 교회에 나오게 되고 예수님을 믿게 되었습니다. 그런데 이게 웬일입니까? 3개월밖에 살지 못한다고 선고 받은 사람이 건강해진 것입니다.

　　열심히 전도하였더니 하나님께서 살려주신 것입니다. 복음을 증거하면 영혼이 잘됩니다. 건강도 얻습니다. 범사가 잘됩니다. 복음을 전하는 자에게 치료의 역사와 이적이 일어납니다.

기도: 여호와 라파의 하나님! 우리의 영과 육을 치료하여 주시니 감사합니다. 치료의 하나님을 전하게 하시고 세상을 새롭게 하소서.

9. 깨끗한 마음

*찬송: 257 장 (통189장)

여호와의 손이 짧아 구원하지 못하심도 아니요 귀가 둔하여 듣지 못하심도 아니라 오직 너희 죄악이 너희와 너희 하나님 사이를 갈라 놓았고 너희 죄가 그의 얼굴을 가리어서 너희에게서 듣지 않으시게 함이니라 (사 59:1~2).
하나님이여 내 속에 정한 마음을 창조하시고 내 안에 정직한 영을 새롭게 하소서 (시 51:10).

흐르시초프가 소련 수상으로 있을 때 그에게 《타임》지의 미국 기자가 "천국의 존재를 믿느냐?"라고 물었습니다. 그때, 흐르시초프는 "기독교의 목사들은 천국이 있다고 합니다. 그래서 우리는 천국이 있는가를 알아보려고 우주비행사를 두 번이나 우주에 보내봤는데 천국은 찾을 수 없었습니다. 하나님도 역시 찾을 수 없었습니다. 그래서 나는 천국의 존재를 믿지 않습니다."라고 대답했습니다. 이 장면을 TV를 통해 시청한 스웨덴의 12세 된 소녀가 천국을 확인하기 위해 우주를 다녀온 비행사에게 편지를 띄웠다고 합니다. 그 편지에는 다음과 같이 적혀 있었다고 합니다.

"아저씨께 꼭 물어보고 싶은 것이 있습니다. 아저씨는 마음이 깨끗했었습니까?" 우주에서 하나님을 찾는 마음이 깨끗하였는지를 물은 것입니다.

죄가 내 마음속에 꽉 차 있으면 하나님을 만날 수 없습니다. 마음이 깨끗하지 않으면 하나님을 만날 수 없습니다. 천국을 바라볼 수도 없습니다. 죄가 있는 그들에게는 하나님에 대한 소망이 없기 때문입니다.

기도: 소망의 주님! 우리의 마음을 깨끗하게 하시고 내 안에 정직한 영을 새롭게 하시며 내 중심을 주님께서 좌정해주셔서 우리를 붙잡아 주옵소서.

10. 긍정적인 말

*찬송: 449 장 (통377장)

그가 저주하기를 좋아하더니 그것이 자기에게 임하고 축복하기를 기뻐하지 아니하더니 복이 그를 멀리 떠났으며 또 저주하기를 옷 입듯 하더니 저주가 물 같이 그의 몸속으로 들어가며 기름같이 그의 뼈 속으로 들어갔나이다 (시 109:17-18).

우리의 입술은 긍정적이어야 합니다. 축복하는 입술이 되어야 합니다. "구부러진 말을 네 입에서 버리며 비뚤어진 말을 네 입술에서 멀리 하라"(잠 4:24)는 말씀을 기억해야 합니다.

근간에 제일 오래 사신 분은 프랑스의 존 칼맹입니다. 1997년 8월에 별세하실 때까지 그는 122년을 건강하게 사셨습니다. 노인학을 연구하는 우리나라의 한 학자가 그를 방문하여 그 가족과 이웃에게 그가 주로 하신 말이 무엇인지를 물었더니 "나는 100세까지 살거야!"라는 말이었다고 합니다. 그는 그가 말한 대로 100세가 넘어 122세까지 장수하며 건강하게 사셨습니다.

우리나라의 장수가정 중 한 가정이 윤보선 전 대통령의 가정입니다. 그 집안에는 서울시장을 지낸 윤치영 장로님도 계시고, 서울대 총장을 지낸 윤일선 박사님도 계십니다. 그 가정에서는 70대에 돌아가시면 요절이라고 하고, 80대에 돌아가시면 일찍 죽은 것이며, 90세가 넘어서 돌아가셔야 자기 수명을 다했다고 한답니다. 그 가정의 장수의 비결은 두 가지였습니다. 하나는 성경대로 부모님을 공경한 것이고, 다음은 가족 간에 험한 말을 하지 않고 축복의 말을 자주 했다는 것입니다.

기도: 하나님! 주님께선 언제나 저희들이 축복하는 자가 되시기를 원하셨지만 저주하기를 즐겨했던 저희입니다. 용서해주시고 축복하는 입술이 되게 하소서.

11. 전도

*찬송: 518 장 (통252장)

하나님의 지혜에 있어서는 이 세상이 자기 지혜로 하나님을 알지 못하므로 하나님께서 전도의 미련한 것으로 믿는 자들을 구원하시기를 기뻐하셨도다 (고전 1:21).

무조건 복음의 씨를 뿌리면 열매를 맺게 됩니다.

할 수 있다 하신 이는 나의 능력 주 하나님
의심 말라 하시고 물결 위 걸으라 하시네
할 수 있다 하신 주 할 수 있다 하신 주
믿음만이 믿음만이 능력이라 하시네
믿음만이 믿음만이 능력이라 하시네.

스왈른 여 선교사(미국 북장로교 선교사, 1892년 내한)가 안악 장날 전도를 하러 나갔습니다. 김익두를 만나서 전도지를 주며 예수 믿으라고 하였습니다. 김익두는 그 전도지에 코를 '팽'하고 풀어버렸습니다. 스왈른 선교사는 그의 행동에 화가 나서 그에게 "당신 코 오늘 썩습니다."라고 말했습니다. 그런데 이상하게도 김익두는 그 말이 계속 마음에 걸렸습니다. 그래서 밤새 고민하다가 이튿날 선교사를 찾아갔습니다.

"어떻게 하면 코가 썩지 않습니까?"
"예수 믿으면 코가 썩지 않습니다."

그 후 김익두는 부흥회에 참석하여 은혜를 받고 기독교인이 되었습니다. 그리고 신학을 공부하여 성령 충만을 받고 능력 있는 목사가 되었습니다.

기도: 생명을 살리시길 원하시는 하나님! 세상 끝 날까지 전도하시길 원하시는 주님의 명령에 순종하게 하시고 복음의 씨를 쉬지 않고 뿌리는 전도인이 되게 하옵소서.

12. 내일 일을 염려하지 말라

*찬송: 588 장 (통307장)

그러므로 내일 일을 위하여 염려하지 말라 내일 일은 내일이 염려할 것이요 한 날의 괴로움은 그날로 족하니라 (마 6:34).

    어떤 장로님이 중병이 들어 앓아누워 있었는데 죽을까 봐 너무 두려워 벌벌 떨었습니다. 그래서 목사님께서 심방을 가셔서 찬송을 부르고 요한복음 5장 24절을 바꾸어서 읽었습니다.

    "내가 진실로 진실로 너희에게 이르노니 내 말을 듣고 또 나 보내신 이를 믿는 자는 영생을 얻을지 못 얻을지 모르고 심판에 이를지 안 이를지 모르고 사망에서 생명으로 옮길지 안 옮길지 모르느니라."

    그러자 다 죽어가던 장로님이 어디서 그런 힘이 났는지 벌떡 일어나면서 "목사님! 일점 일획도 바꿀 수 없는 성경을 왜 그렇게 다르게 읽으십니까?"라고 고함을 쳤습니다.

    그러자 목사님은 빙긋이 웃으시면서 "장로님! 이 말씀을 알고 믿으시면서 왜 그렇게 두려움에 벌벌 떠십니까?"라고 했답니다.

    내일은 내 것이 아닙니다. 하나님의 것입니다. 하나님이 살려주시면 살고 하나님이 데려가시면 천국에 가는 것입니다. 그러므로 하루하루 성실하게 살면 천국에 더 가까워지는 것입니다. 그러므로 육신을 위해 걱정하지 말고 내일 일을 걱정하지 마시기 바랍니다.

기도: 하나님! 내일 일을 염려하는 우리의 무지함을 용서하시고 모든 것을 주님께 맡기는 신실한 믿음을 가진 주님의 제자가 되게 하옵소서.

13. 감사는 감사를 낳고

*찬송: 463 장 (통518장)

내가 전심으로 주께 감사하며 신들 앞에서 주께 찬송하리이다 내가 주의 성전을 향하여 예배하며 주의 인자하심과 성실하심으로 말미암아 주의 이름에 감사하오리니 이는 주께서 주의 말씀을 주의 모든 이름보다 높게 하셨음이라 (시 138:1-2).

손양원 목사님의 전기인 《사랑의 원자탄》에 여수 순천 반란사건에서 손 목사님의 두 아들인 동인, 동신이 순교하게 된 기록이 있습니다. 반란사건이 평정되고 두 아들 장례식에서 하나님께 다음과 같은 감사를 드렸습니다.

1) 나 같은 죄인의 혈통에서 순교자 자식이 나오게 해주시니 감사합니다.
2) 허다한 성도 중에 내게 이런 보배로운 아들들을 주셨으니 감사합니다.
3) 3남 3녀 중 가장 아름다운 장남과 차남을 드리게 된 것을 감사합니다.
4) 한 아들의 순교도 귀한데 두 아들이 순교의 제물이 되었으니 감사합니다.
5) 예수 믿다가 와석종신(제 명을 다하고 편안히 자리에 누워서 죽음)해도 복인데 전도하다가 순교하게 해주셨으니 감사합니다.
6) 미국에 가려고 준비 중이던 아들이 미국보다 더 좋은 천국에 갔으니 감사합니다.
7) 나의 아들을 총살한 원수를 회개시켜 내 아들 삼고자 하는 사랑의 마음 주심을 감사합니다.
8) 역경 중에서도 하나님의 사랑을 찾는 기쁜 마음 주심 감사합니다.
9) 오 주여! 나에게 분수 넘치는 과분한 큰 복을 주신 하나님께 감사하오며 영광 돌려 드립니다. 옛날 내 아버지, 어머니가 저를 위해 새벽마다 36년간 눈물로 기도해주셨고 나의 형제, 자매들이 23년간 기도해주셔서 열매를 거두게 하오니 감사합니다.

기도: 주님! 자식들을 죽인 원수까지도 사랑했던 손양원목사와 같은 감사와 사랑을 저희들도 가질 수 있도록 우리 마음을 정결케 하옵소서.

14. 소금처럼

*찬송: 211 장 (통346장)

너희는 세상의 소금이니 소금이 만일 그 맛을 잃으면 무엇으로 짜게 하리요 후에는 아무 쓸 데 없어 다만 밖에 버려져 사람에게 밟힐 뿐이니라 (마 5:13).

    소금은 흔하고 평범한 것입니다. 그러면서도 없어서는 안 되는 꼭 필요한 존재입니다. 소금은 생명에 있어서 꼭 필요한 물질입니다. 이 소금이 인체 내에서 하는 역할은 조절작용과 노폐물 배설작용입니다. 소금은 생명을 유지하는 데 꼭 필요한 물질입니다. 마찬가지로 그리스도인은 가정에서든, 직장에서든, 교회에서든, 사회에서든, 어떤 모임에서든 모두 소금처럼 꼭 필요한 존재가 되어야 합니다.

    직장에서 교회직분을 숨기는 장로와 집사가 있었습니다. 장로는 부장이고 집사는 과장이었습니다. 어느 날 업무상의 일로 다투다가 입술이 터지고 눈이 퍼렇게 멍이 들도록 치고 받으며 싸우게 되었습니다. 서로 고소를 하여 경찰서에 가게 되었는데 경찰이 합의를 하라고 해도 안 한다며 으르렁거렸습니다. 퇴근 시간이 되었습니다. 두 사람의 가족이 경찰서에 갔다는 소식을 듣고 목사님께 전화를 했습니다. 목사님께서 경찰서에 갔습니다. 장로가 출석하는 교회 목사님과 집사가 출석하는 교회 목사님이 경찰서 입구에서 만나게 되었습니다. "웬일입니까?"하며 서로 안부 인사를 하고 형사과로 두 목사님이 가셔서 결국 장로와 집사는 고소를 취하하고 나왔습니다. 집사가 "장로가 어떻게 예수 믿는 것을 숨길 수 있습니까?"라고 하자, 장로는 "너는 집사이면서 술을 그렇게 잘 먹었니?"라고 말했다고 합니다.

    맛을 잃은 소금의 모습입니다. 맛을 잃은 소금은 밖에 버려져 밟힐 뿐입니다. 세상에서 비난을 받습니다. 손가락질을 받습니다.

기도: 하나님! 세상에서 소금처럼 꼭 필요한 존재가 되게 하소서. 나의 희생으로 아름다운 세상이 될 수 있도록 주님의 도구로 사용해 주소서.

15. 빛을 비추는 큰 사명

*찬송: 293 장 (통414장)

너희는 세상의 빛이라 산 위에 있는 동네가 숨겨지지 못할 것이요 사람이 등불을 켜서 말 아래에 두지 아니하고 등경 위에 두나니 이러므로 집 안 모든 사람에게 비치느니라 이같이 너희 빛이 사람 앞에 비치게 하여 그들로 너희 착한 행실을 보고 하늘에 계신 너희 아버지께 영광을 돌리게 하라 (마 5:14-16).

그리스도인은 어떤 장소, 어떤 상황에서도 빛을 비춰야 합니다. 또한 그리스도인은 화목자로서 빛을 나타낼 수 있어야 합니다.

싸우는 중에도 예수 믿는 사람이 들어가면 싸움이 그치는 분위기를 만들어야 합니다. 까다로운 사람이 되어서는 안 됩니다. 부담 없는 사람이 되어야 합니다.

또한 그리스도인은 관용으로 자기를 나타낼 수 있어야 합니다. 아무리 잘못한 일이 있어도 진실로 뉘우치면 쉽게 용서할 수 있어야 합니다. 왜냐하면 하나님도 용서하시기 때문입니다.

그리스도인은 만나면 즐겁고 편안하고, 헤어지면 또 만나고 싶은 사람이 되어야 합니다. 그것은 빛 된 성도가 빛을 바르게 비추면 이룰 수 있는 것입니다.

"너희는 세상의 소금이라."

"너희는 세상의 빛이라."

이것이 피할 수 없는 우리의 본분입니다.

세상의 빛이 되어 세상을 밝게 비추는 주님의 제자가 되어야 합니다.

기도: 빛 되신 예수님! 저희가 세상에 빛이 되어 세상을 밝히게 하시고 어둠 속에 헤매는 사람들을 인도하는 역할을 감당할 수 있게 하옵소서.

16. 쉰들러 리스트

*찬송: 147 장 (통136장)

우리가 아직 죄인 되었을 때에 그리스도께서 우리를 위하여 죽으심으로 하나님께서 우리에 대한 자기의 사랑을 확증하셨느니라 그러면 이제 우리가 그의 피로 말미암아 의롭다 하심을 받았으니 더욱 그로 말미암아 진노하심에서 구원을 받을 것이니 (롬 5:8-9).

'쉰들러 리스트'라는 영화가 있습니다. 이 영화는 유태인이 나치에 의해 무참하게 학살될 때 독일인이면서 나치 당원이었던 쉰들러가 위험을 무릅쓰고 자신의 전 재산을 쏟아부어 많은 유태인을 살려냈던 실화입니다.

쉰들러는 무기 공장을 만들어 유태인들을 직공으로 계속 빼돌렸습니다. 7개월 동안 대포를 만들어 납품을 했지만 불합격이었습니다. 그럴 수밖에 없는 것이 공장직공들은 전부 유태인들이었고 대포 만드는 전문기술자가 아니었기 때문입니다. 마침내 독일의 나치가 연합군에게 항복을 했습니다. 이제는 쉰들러가 쫓기는 신세가 되었습니다.

공장을 떠나는 날, 공장 직공들에게 그는 말합니다. "내가 탔던 자동차를 팔았더라면 10명은 더 구할 수 있었을 텐데, 이 금배지를 팔았더라면 2명은 더 구할 수 있었을 텐데……." 쉰들러가 아쉬워하며 울 때 유태인들도 같이 울었습니다. 그로 인해 생명을 건질 수 있었기 때문입니다.

영화의 마지막 장면을 보면 쉰들러로 인해 살아남은 유태인들이 그의 무덤에 돌을 하나씩 놓는 장면과 함께 자막이 나옵니다. "오늘날 폴란드에 살아남은 유태인은 4,000명이 안 된다. 반면, 쉰들러가 구한 유태인의 후손들은 현재 6,000명 이상이다."

기도: 주님! 생명을 구하는 일을 위해 보내주신 저희들이 주님의 사명을 감당하게 하시고 쉰들러처럼 우리가 가진 모든 것으로 생명을 살리는 주님의 일을 감당하게 하소서.

17. 사랑의 법

*찬송: 305 장 (통405장)

예수께서 일어나사 여자 외에 아무도 없는 것을 보시고 이르시되 여자여 너를 고발하던 그들이 어디 있느냐 너를 정죄한 자가 없느냐 대답하되 주여 없나이다 예수께서 이르시되 나도 너를 정죄하지 아니하노니 가서 다시는 죄를 범하지 말라 하시니라 (요 8:10-11).

흑인 한 사람이 백인의 옆집으로 이사를 왔습니다. 그 흑인은 독실한 크리스천이었습니다. 백인은 흑인이 자기 집 옆에 사는 것이 싫어 어떻게 하면 이 흑인을 골탕 먹여 동네에서 쫓아낼까 연구를 했습니다.

그러던 어느 날, 흑인의 소가 백인의 초장에 들어갔습니다. 백인은 흑인에게 많은 보상금을 요구했습니다. 그러자 흑인은 아무런 변명도 없이 백인이 달라는 대로 다 주었습니다. 그런데 다음 날에는 백인의 소 여러 마리가 흑인의 초장에 들어갔습니다.

백인은 놀라서 아들을 시켜 보상금을 가지고 가서 소를 찾아오도록 했습니다. 소를 찾으러 간 아들은 소와 함께 그 돈도 도로 가지고 왔습니다. 아무 것도 모르는 동물이 밭에 들어왔는데 어찌 보상을 받겠냐며 돌려보낸 것입니다. 백인은 부끄러웠습니다.

그래서 이웃에게 가서 용서를 청했습니다. 흑인은 흔쾌히 용서했습니다. 그리하여 백인도 예수를 믿게 되었고 그 둘은 평생 친구가 되었습니다.

기도: 주님! 나 같은 죄인을 용서해 주셨으니 감사합니다. 우리에게 죄 지은 사람을 용서하게 하시고 미운 사람까지도 사랑할 수 있는 마음을 가지도록 도와주옵소서.

18. 금 같은 열매

*찬송: 337 장 (통363장)

그러나 내가 가는 길을 그가 아시나니 그가 나를 단련하신 후에는 내가 순금 같이 되어 나오리라 (욥 23:10).

돈 슈나이더라는 미국의 한 지방대학의 영문과 교수가 있었습니다. 1992년 봄, 그는 교수 재임용에서 탈락했습니다. 장학생으로 대학에 진학했고 그 후로 탄탄대로를 달려오던 40대 초반의 그로서는 상상도 못할 일이었습니다.

그는 다른 대학의 교수로 가기 위해 2년간 101개 대학에 지원서를 냈으나 그를 채용하는 곳은 아무 데도 없었습니다. 그동안 그는 저금한 돈을 모두 찾아 생활비로 썼고 집을 처분해 생계를 꾸려나갔습니다. 그는 자신이 이렇게 무능하다는 것을 깨닫고 자신을 용서할 수가 없었습니다. 그러다보니 수면제 없이는 잠을 이룰 수도 없게 되었습니다.

그처럼 많은 고통과 고민 속에서 그는 자기 자신을 발견할 수 있었습니다. 그리고 변함없이 자신을 믿고 의지하고 있는 가족들의 사랑을 통해 스스로 용서할 수 있게 되었습니다. 그 후 그는 건축현장의 보조 일꾼이 되었고 현장에서 열심히 일해서 솜씨 좋은 페인트공이자 목수가 되었습니다. 새로운 삶을 발견하게 된 것입니다.

그는 체험을 글로 썼습니다. 그가 쓴 《절벽산채》라는 작품이 베스트셀러가 되어 이름을 알린 작가가 되었습니다. 문학가로 인정을 받은 것입니다.

기도: 우리를 강하게 단련하시는 주님! 우리가 힘들고 낙심될 때 하나님께서 정금같이 단련하신다는 믿음을 갖게 하시고, 더 큰 믿음을 가질 수 있는 기회가 되게 하소서.

19. 원수를 갚는 사랑

*찬송: 310장 (통410장)

나는 너희에게 이르노니 너희 원수를 사랑하며 너희를 박해하는 자를 위하여 기도하라 이같이 한즉 하늘에 계신 너희 아버지의 아들이 되리니 이는 하나님이 그 해를 악인과 선인에게 비추시며 비를 의로운 자와 불의한 자에게 내려주심이라 (마 5:44-45).

어떤 영국신사가 미국에서 가든파티를 열었습니다. 음식을 많이 장만해놓고 많은 친구들을 불러 즐기고 있었습니다. 마침 그때 아메리카 인디언 추장이 지나가게 되었습니다. 그는 먼 여행길에 목이 마르고 지쳐 있었습니다. 그래서 그는 신사에게 빵과 물을 좀 달라며 도움을 청했습니다. 그러나 그 신사는 한마디로 거절을 하였습니다.

"너 같은 야만인에게 줄 빵은 없어!"
"그러면 물이라도 조금 주십시오."
"너 같은 놈에게 줄 물이 어디 있어?"

추장은 섭섭하게 여기며 돌아갔습니다.

그런데 어느 날 그 영국신사가 사냥을 나갔다가 길을 잃었습니다. 목이 마르고 지친 채 산을 헤매다가 그만 기절해버렸습니다. 그때 바로 그 인디언 추장이 지나가다가 그가 쓰러진 것을 보고 자기 집으로 데려갔습니다. 물을 먹이고 음식을 주어 그를 살렸습니다.

그 신사가 정신을 차리고 나서 전에 자기가 음식을 나누어주기를 거절했던 그 추장이 자신을 살려준 것을 알게 되었습니다. 부끄러워 얼굴을 들지 못하는 그에게 추장은 이렇게 말했습니다.

"당신은 나에게 물 한 모금 주지 않았습니다. 그러나 나는 당신을 살렸습니다. 이제 원수를 갚았습니다."

기도: 사랑의 주님! 원수를 갚는 것은 사랑이라는 것을 늘 기억하게 하시고 사랑으로 모든 사람들을 대할 수 있도록 우리 마음을 다스려주옵소서.

20. 오래 참음

*찬송: 229장 (통481장)

너희는 그를 죽은 자 가운데서 살리시고 영광을 주신 하나님을 그리스도로 말미암아 믿는 자니 너희 믿음과 소망이 하나님께 있게 하셨느니라 너희가 진리를 순종함으로 너희 영혼을 깨끗하게 하여 거짓이 없이 형제를 사랑하기에 이르렀으니 마음으로 뜨겁게 서로 사랑하라 (벧전 1:21-22).

중앙아프리카에 조지 아트레이 선교사 순교의 기록이 있습니다. 아트레이 선교사는 원주민에게 온갖 핍박을 받았습니다. 복음을 받아들이지 않던 그들은 사단과 마귀의 지배를 받고 급기야는 아트레이 선교사를 창과 몽둥이로 때려서 죽였습니다.

그때 아트레이 선교사의 손에는 영국제 윈체스터 연발총이 들려 있었지만 맞아 죽으면서도 그는 총의 방아쇠를 당기지 않았습니다. 방아쇠를 당겼다면 살 수 있었을 것입니다. 그러나 그는 자기를 죽이려는 그들을 알았으나 끝까지 총을 쏘지 않았습니다. 그렇게 하면 그 마을에 복음을 증거하는 길이 영영 막히고 말 것임을 알았기 때문이었습니다.

자기들을 죽이는 자가 전하는 복음을 그들은 졸대로 믿지 않을 것이기 때문입니다. 후에 원주민들은 죽은 선교사가 가지고 있던 권총에 탄환이 10발이나 남아 있었던 것을 발견했습니다.

원주민들은 그때야 그리스도의 복음의 사랑을 느꼈습니다. 아트레이 선교사가 죽어가면서까지도 상대방을 구원시키기 위해 오래 참는 사랑을 실천했다는 것을 깨달은 것입니다. 그들은 회개하고 예수님을 믿었습니다. 사랑은 오래 참음입니다.

기도: 사랑의 주님! 작은 일에도 참지 못하고 작은 잘못에도 용서가 없었던 저희들을 붙잡아주시고 주님의 사랑과 인내를 배우게 하소서.

21. 시기하지 않는 사랑

*찬송: 563 장 (통411장)

사랑은 오래 참고 사랑은 온유하며 시기하지 아니하며 사랑은 자랑하지 아니하며 교만하지 아니하며 (고전 13:4).

프랭크 크레인이 쓴 '인생'이라는 시입니다.

가장 큰 죄는 두려움이요
가장 좋은 날은 오늘이며
가장 무서운 사기꾼은 자신을 속이는 자이다.

가장 큰 실수는 포기해버리는 것이며
가장 치명적인 타락은 미움이며
가장 어리석은 것은 남의 결점만 찾는 것이다.

최악의 파산은 의욕을 상실한 자이며
가장 지혜로운 사람은 항상 자신이 옳다고 생각한 바를 행하는 사람이다.

가장 아름다운 믿음의 열매는 온유와 기쁨이요
가장 비열한 감정은 질투이며
가장 좋은 선물은 용서이다.

기도: 주님! 시기하지 않는 사람이 되어 사랑을 전달하는 사랑의 배달부가 되게 하시고 온유한 사람으로 기억되는 사람이 되게 하소서.

22. 날마다 성경을 상고

*찬송: 202 장 (통241장)

복 있는 사람은 악인들의 꾀를 따르지 아니하며 죄인들의 길에 서지 아니하며 오만한 자들의 자리에 앉지 아니하고 오직 여호와의 율법을 즐거워하여 그의 율법을 주야로 묵상하는도다 (시 1:1~2).

복 있는 사람은 여호와의 율법을 즐거워하여 그의 율법을 주야로 묵상합니다. 하나님의 말씀은 성경입니다. 성경말씀을 상고한다는 것은 묵상한다는 것입니다.

하나님의 말씀을 온종일 마음속에 두고 새김질한다는 것입니다. 성경은 하나님의 감동으로 된 책입니다. 성령께서 감동을 주셔서 기록한 책입니다. 우리는 성경에서 하나님을 만납니다. 그러므로 성경을 읽어야 합니다.

성경은 교훈을 줍니다. 내가 가는 길이 잘못되었을 때 그 길의 잘못됨을 성경에 비추어서 알 수 있게 됩니다. 성경은 모든 삶의 표준이기 때문입니다. 또한 성경은 내게 책망을 줍니다.

많은 신앙의 선배들이 성경을 읽는 가운데 책망을 받고 잘못된 곳으로 가던 길을 바로잡았습니다. 성경은 우리에게 바르게 사는 법을 가르쳐주기 때문입니다. 그러므로 우리도 성경을 읽으면 하나님의 사람이 되고 선하고 온전하게 인생을 살아갈 수 있게 됩니다.

기도: 말씀을 주신 하나님! 하나님의 말씀을 주야로 묵상하는 복 있는 사람이 되길 원합니다. 성경말씀을 날마다 읽고 묵상하게 하시며 깨닫는 지혜를 허락하옵소서.

23. 예수님이 오신 장소　　*찬송: 108장 (통113장)

첫 아들을 낳아 강보로 싸서 구유에 뉘었으니 이는 여관에 있을 곳이 없음이러라 그 지역에 목자들이 밤에 밖에서 자기 양 떼를 지키더니 주의 사자가 곁에 서고 주의 영광이 그들을 두루 비추매 크게 무서워하는지라 (눅 2:7-9).

　　아이를 잉태한 마리아는 남편 요셉과 베들레헴으로 갔습니다. 고향에 가서 아이를 출산하려는 것이었습니다. 그런데 베들레헴에 간 요셉과 마리아는 고향에 늦게 도착했기 때문에 사관에 묵을 곳이 없었습니다. 사관은 여행객이 숙박하는 여관을 말합니다.
　　묵을 곳이 없었던 마리아는 결국 짐승이 사는 마구간에서 해산을 하게 되었습니다. 인류의 구세주로 오신 예수님은 짐승들이 사는 마구간에서 출생하셨고 짐승의 먹이통인 구유에 뉘었습니다.
　　여기에 영적인 큰 의미가 숨겨져 있습니다. 베들레헴에 살고 있는 주민들과 여관주인들은 영안이 어두워 만유의 주 되신 예수님이 그들의 동리에서 탄생했는데도 모시지 못했습니다.
　　매우 귀한 기회를 놓치고 말았던 것입니다. 큰 은혜와 복을 받을 기회를 놓친 것입니다. 천하의 만사가 기한이 있고 기회가 있습니다. 우리는 그 기회를 놓치지 말고 붙잡아 예수 그리스도의 은혜와 복을 받아야 합니다.

기도: 어린 양 예수로 이 땅에 오신 예수님께 경배합니다. 찬양합니다. 이제 저희들의 영안을 열어주셔서 주님을 온전히 경배하고 찬양하게 하소서.

24. 관용의 삶

*찬송: 407 장 (통465장)

너희 관용을 모든 사람에게 알게 하라 주께서 가까우시니라 (빌 4:5).

'관용'이라는 말은 부드럽고 너그러운 마음을 말합니다. 영적인 인내와 절제하는 삶을 말합니다. 공정한 삶, 겸손한 삶, 용서하는 삶을 말합니다. 우리는 왜 관용해야 합니까? 인간은 모두 죄인이기 때문입니다. 다른 사람이 잘못한 것 같이 나도 잘못할 수 있기 때문입니다. 그래서 예수님은 기도를 가르쳐 주실 때에 "우리가 우리에게 죄 지은 자를 사하여 준 것 같이 우리의 죄를 사하여 주옵시고"라고 하셨습니다. 즉 나에게 잘못한 자를 내가 용서할 때 하나님도 나의 죄를 용서해주신다는 것입니다. 이것을 우리는 절대로 잊지 말아야 합니다. 그러나 관용한다는 것이 쉽지는 않습니다. 내게 정신적으로, 물질적으로 피해를 준 사람을 용서하는 것은 쉽지 않습니다. 그러나 우리가 관용을 베풀때 주님께서 나와 함께하신다는 사실을 기억하고 용서해야 합니다.

20세기 최고의 관용의 인물로 남아프리카공화국의 만델라를 꼽을 수 있습니다. 그는 백인들에 의하여 27년간 감옥에 갇혀 고통을 겪었습니다. 1994년 석방된 후 대통령에 선출되었습니다. 그는 대통령이 된 후 그를 감옥에 보낸 원수들에게 복수하지 않았습니다. 27년간이나 감옥에 있었지만 용서했습니다. 그는 그리스도의 교훈을 지켰습니다. 누구에게 기쁨이 있습니까? 관용하는 자입니다. 만델라는 지금 80세가 넘은 고령이지만 대통령 임기를 마친 후 기쁨의 삶을 살고 있습니다.

"악을 악으로, 욕을 욕으로 갚지 말고 도리어 복을 빌라 이를 위하여 너희가 부르심을 받았으니 이는 복을 이어받게 하려 하심이라" (벧전 3:9).

기도: 용서의 주님! 우리에게 잘못한 사람을 용서하게 하시고 오히려 복을 빌 수 있는 관용의 마음을 주셔서 축복하는 사람이 되게 하옵소서.

25. 염려하지 않고

*찬송: 384 장 (통434장)

아무 것도 염려하지 말고 다만 모든 일에 기도와 간구로, 너희 구할 것을 감사함으로 하나님께 아뢰라 그리하면 모든 지각에 뛰어난 하나님의 평강이 그리스도 예수 안에서 너희 마음과 생각을 지키시리라 (빌 4:6~7).

염려하고 근심하는 것은 습관입니다. 버릇입니다. 근심하는 것은 대개 다섯 가지입니다.

첫째, 이미 지나간 일을 염려합니다. 이것은 마귀가 주는 것입니다. 죄를 회개했으면 이미 예수님의 보혈로 씻음 받은 것입니다. 그런데 자꾸 근심하는 것은 마귀가 주는 마음입니다.

둘째, 뜻대로 되지 않는다고 염려합니다. 세상 일이 내 마음대로 다 될 수는 없습니다. 그런데 내 뜻대로 안 된다고 염려하는 것은 아무 소용없는 일입니다.

셋째, 하나님께 완전히 맡기지 못할 때 근심합니다. 모든 것이 하나님 장중에 있는데 근심이 무슨 소용이 있습니까?

넷째, 자연현상을 보고 근심합니다. 비가 많이 온다고, 눈이 많이 온다고, 너무 춥다고, 너무 덥다고 근심합니다. 그러나 이것들은 우리가 어찌할 수 없는 것들 입니다.

다섯째, 죽을까 염려합니다. 살아생전에 예수님께서 오시면 모르나 그렇지 않으면 우리는 모두 한 번은 죽습니다. 조금 일찍 죽든지 늦게 죽든지 차이가 있을 뿐입니다.

염려한다고 바뀌는 것이 없습니다. 그러므로 염려할 필요가 없습니다.

기도: 평강의 주님! 세상 살면서 우리가 원하는 대로 되지 않아 근심하고 염려하지 않게 하시고 오직 주님께 감사함으로 기도하는 삶이 되게 하소서.

26. 새벽 기도

*찬송: 364장 (통482장)

하나님이여 내 마음이 확정되었고 내 마음이 확정되었사오니 내가 노래하고 내가 찬송하리이다 내 영광아 깰지어다 비파야, 수금아, 깰지어다 내가 새벽을 깨우리로다 (시 57:7-8).

미국에서 암 전문의로 활동하고 있는 원종수 박사는 다음과 같이 간증했습니다. 그는 고등학교 때 새벽시간만 되면 항상 어머니께서 찬 손을 그의 머리에 얹고 기도해주셨다고 합니다. 새벽 기도회를 다녀오신 어머니의 손은 항상 차가웠습니다. 그것을 안 뒤로 그는 어머니를 따라서 새벽기도회를 같이 다녔습니다.

한번은 그가 새벽기도회 때 하나님께서 무엇을 원하는지 물으시는 것 같아 무엇을 구할까 하다가 지혜를 구해야겠다는 생각이 들었습니다. 성령께서 주신 마음이었습니다. 그래서 그는 날마다 "하나님, 지혜를 주시옵소서."라고 기도했습니다. 그때 그의 성적은 420명 학생 가운데 380등을 할 정도로 하위권이었습니다. 그러다가 얼마 후 시험을 치르게 되었는데 문제가 전부 자신이 공부했던 부분에서 나온 것입니다. 그의 성적은 5등으로 뛰어올랐습니다. 그 뒤로 고등학교를 졸업하고 그는 서울의대에 입학하게 되었습니다. 의대를 수석으로 졸업하고 의사고시도 수석을 하였습니다. 이는 하나님께서 그의 구한 대로 지혜를 주셨기 때문입니다. 복 있는 사람이 된 것입니다.

기도: 하나님! 저희에게 지혜의 마음을 주시고 성령과 지혜가 충만한 사람이 되게 하옵소서. 특히, 새벽을 깨워 주님 앞으로 나아가게 인도하옵소서.

27. 복 있는 사람

*찬송: 393장 (통447장)

복 있는 사람은 악인들의 꾀를 따르지 아니하며 죄인들의 길에 서지 아니하며 오만한 자들의 자리에 앉지 아니하고 (시 1:1).

　동양 사람들은 복을 말할 때 항상 땅의 복만 말합니다. 수(壽), 부(富), 귀(貴), 다남(多男), 고종명(考終命)을 말합니다. 또는 유호덕(有好德)을 말하기도 합니다. 수(壽)는 오래 장수하는 것이요, 부(富)는 부자로 사는 것입니다. 귀(貴)는 귀하게 사는 것이고 존경받으며 사는 것입니다. 다남(多男)은 아들을 많이 낳는 것이요, 고종명(考終命)은 죽을 때에 자기가 살던 안방에서 평안하게 죽는 죽음을 말합니다. 유호덕(有好德)은 남에게 덕을 끼치는 삶을 사는 것을 말합니다. 이것들이 대개 동양에서 말하는 복의 정의입니다.

　그러나 성경에서 말하는 복은 먼저 하늘의 복입니다. 신령한 복입니다. 영적인 복, 즉 하나님과의 관계가 바로 되어야 한다는 것입니다. 영혼이 잘되어야 한다는 것입니다. 하나님께서 복을 주셔야 한다는 것입니다.

　영혼이 잘되는 사람은 하나님께 바르게 예배드리는 사람입니다. 입술에 항상 찬송이 넘치는 사람입니다. 예수 믿는 것이 정말 좋아서 자랑하는 사람입니다. 하나님께 기도하는 사람입니다. 늘 감사하며 관용하는 사람입니다. 세상일보다 주님의 일을 먼저 하는 사람입니다.

기도: 주님! 저희가 복 있는 사람들이 되게 하소서. 먼저 영혼이 잘되는 복, 하나님께 가까워지는 복을 받아 늘 사람들에게 존경받게 하소서.

28. 바람에 나는 겨

*찬송: 400장 (통463장)

악인들은 그렇지 아니함이여 오직 바람에 나는 겨와 같도다 (시 1:4).

　복 있는 사람은 여호와의 율법을 즐거워합니다. 첫째, 율법은 교훈입니다. 주의 계명입니다. 주의 율례입니다. 완성된 율법입니다. 시인의 교훈이며 거룩한 교훈입니다. 둘째, 율법이란 하나님의 말씀입니다. 하나님 말씀의 중심은 누구입니까? 예수 그리스도입니다. 그분은 말씀이신 하나님이 육신을 입고 우리 가운데 오신 분입니다. 예수님은 왜 오셨습니까? 인간들의 죄를 없애기 위해 오셨습니다. 예수 그리스도만이 나의 죄를, 우리의 죄를 깨끗이 씻어주십니다. 이 예수님을 가장 즐거워하는 자가 되어야 합니다. 이런 사람이 복 있는 사람입니다.

　그러나 악인은 바람에 나는 겨와 같습니다. 바람에 난다는 말은 쫓긴다는 말입니다. 악인의 불행한 성격을 잘 표현하고 있는 말입니다. 악인을 겨로 말한 것은 폐기물과 같기 때문입니다. 겨는 알곡에서 벗겨낸 껍질이기 때문에 쓸모가 없습니다. 생명이 없습니다. 안정성이 없습니다. 열매가 있을 수가 없습니다. 그러므로 바람에 날아가버립니다. 악인을 겨에 비유한 구절이 여러 곳 있습니다.

　"바람 앞에 겨와 같게 하시고"(시 35:5)
　"광풍에 날리는 쭉정이 같으며"(호 13:3)
　"폭풍에 날려가는 겨같이"(욥 21:18)

　알곡은 생명을 살리는 데 사용됩니다. 양식이 되기 때문입니다. 그러나 겨는 벗겨낸 껍질에 불과하기 때문에 식량이 되지 못합니다. 겨와 같은 인생을 살던 사울왕이 버림을 당했습니다. 발람도 버림을 당했습니다. 가룟 유다도 버림을 당했습니다. 하나님 앞에 불충한 자들을 하나님은 버리십니다.

기도: 하나님! 바람에 나는 겨와 같은 삶을 살지 않게 하시고 하나님께 충성하는 알곡과 같은 일꾼이 되어 세상에 필요하고 칭찬받는 자가 되게 하소서.

29. 사탄은 시험하는 자

*찬송: 351장 (통389장)

시험하는 자가 예수께 나아와서 이르되 네가 만일 하나님의 아들이어든 명하여 이 돌들로 떡덩이가 되게 하라 예수께서 대답하여 이르시되 기록되었으되 사람이 떡으로만 살 것이 아니요 하나님의 입으로부터 나오는 모든 말씀으로 살 것이라 하였느니라 하시니 (마 4:3-4).

    예수님이 공생애를 시작하시기 전에 성령에게 이끌리어 광야에서 시험을 받으러 가셨고 40일을 금식하셨습니다. 그때 사탄이 예수님을 시험했습니다. 먼저, 예수님께 "이 돌들이 떡덩이가 되게 하라"고 했습니다.
    주님은 "사람이 떡으로만 살 것이 아니라 하나님의 입으로 나오는 모든 말씀으로 살 것이라"고 하시며 그의 말을 물리쳤습니다. 그러자 사탄은 예수님을 성전 꼭대기에 세우고 "뛰어내려라, 하나님이 천사를 보내서 다치지 않게 해주실 것이다."라고 시험했고 예수님은 "주 너의 하나님을 시험하지 말라"고 말씀으로 사탄을 물리쳤습니다. 마지막으로 사탄은 예수님을 데리고 높은 산에 올라가 천하만국과 그 영광을 보여주며 "내게 절하라. 그리하면 이 모든 것을 네게 주겠다."라고 했습니다. 그때 주님은 "하나님만 경배하고 다만 그를 섬기라고 하였느니라."라고 하시며 시험을 물리쳤습니다. 그러자 마귀도 물러갔습니다. 예수님은 오직 하나님의 말씀으로 사탄을 물리치시고 승리하셨습니다.
    사탄은 주의 종들도 시험합니다. 믿음을 가진 성도들도 시험합니다. 감사생활 못 하도록, 봉사 못 하도록, 십일조 못 드리도록, 주일을 지키지 못 하도록 시험합니다. 그래서 예수님께서 기도를 가르쳐주실 때 마지막 부분에 "우리를 시험에 들게 하지 마시옵고 다만 악에서 구하시옵소서."라고 기도하도록 하셨습니다.

기도: 시험을 물리치신 주님! 저희가 시험에 들지 않게 하시고, 시험에 들었을 때 실패하지 않고 말씀으로 승리할 수 있게 하시고 믿음으로 전진할 수 있게 하옵소서.

30. 유대인의 자녀 교육은 개성교육

*찬송: 205장 (통236장)

오늘 내가 네게 명하는 이 말씀을 너는 마음에 새기고 네 자녀에게 부지런히 가르치며 집에 앉았을 때에든지 길을 갈 때에든지 누워 있을 때에든지 일어날 때에든지 이 말씀을 강론할 것이며 너는 또 그것을 네 손목에 매어 기호를 삼으며 네 미간에 붙여 표로 삼고 또 네 집 문설주와 바깥 문에 기록할지니라 (신 6:6-9).

유대 가정에서는 어린이들에게 "남보다 우수해지기보다는 다른 사람과 다르게 되라"고 가르칩니다.

알버트 아인슈타인은 1879년 독일에서 출생했습니다. 그는 어릴 때 말을 제대로 못했습니다. 그의 어린 시절 학교생활기록부에는 "이 아이는 무엇을 하건 성공할 가능성이 희박하다."라고 기록되어 있었습니다. 그는 지진아였고 열등생이었습니다. 그러나 그의 부모는 자기 아이에게도 장점이 있다는 것을 확신하였습니다.

교육은 토막지식을 잘 외워서 시험이나 잘 치게 하는 것이 아니라 생각하고, 추리하고, 발상하는 능력을 키우는 것이 되어야 한다는 사실을 그의 어머니는 잘 알고 있었습니다. 아인슈타인의 어머니는 그로 하여금 자신감과 용기를 잃지 않도록 계속 격려하였습니다. 부모님의 개성 있는 교육으로 인해 그는 '상대성 이론'을 발견한 위대한 과학자가 될 수 있었습니다.

유대인들은 자녀들 개개인의 독자적인 인격을 인정하며, 각기 소질에 따라 개성에 맞는 지도를 합니다. 또한 하나님과 바르게 교제했던 위대한 신앙의 인물들의 이야기를 들려주는 교육도 중요시해야 합니다.

기도: 우리 인생의 생사화복을 주관하시는 하나님! 우리의 자녀들을 하나님이 원하시는 개성 있는 자녀로 양육하게 하시고, 위대한 믿음의 일꾼으로 키울 수 있도록 저희에게 지혜를 허락하소서.

31. 백발노인에 대한 공경   *찬송: 578장

너는 센 머리 앞에서 일어서고 노인의 얼굴을 공경하며 네 하나님을 경외하라 나는 여호와이니라 (레 19:32).

미국 남북전쟁 때에 있었던 일입니다. 한 버스가 사관생도와 장교들을 가득 태운 채 달리고 있었습니다. 한 정거장에서 백발노인 한 분이 차에 올라탔습니다. 그런데 군인 중에 아무도 일어나서 그 노인에게 자리를 양보하는 사람이 없었습니다. 그 노인은 몇 정거장을 휘청거리며 서서 갔습니다. 얼마 후 한 사람이 일어서서 그 노인에게 자리를 양보했습니다. 자신도 백발이 성성한 어른이었습니다. 그 어른이 일어서자 앉아 있던 장교들이 하나둘씩 자리에서 일어나 그 어른에게 자리를 권하기 시작했습니다. 노인에게 자리를 양보한 당사자는 바로 그 중 제일 계급이 높은 장군이기 때문이었습니다. 그러나 장군은 계속해서 사양하며 자리에 앉지 않았습니다. 그래서 그 버스에 탄 군인들은 모두 목적지까지 서서 가게 되었습니다. 그 장군이 바로 유명한 사령관 리 장군입니다.

요즘은 버스나 지하철에서 젊은 사람들이 머리가 하얗게 센 노인 앞에 일어서는 것을 보지 못할 때가 많습니다. 예전에는 어른 앞에서 술, 담배를 하지 않았습니다. 그러나 요즘은 어른 앞에서 조심하는 것이 없어졌습니다. 이것은 부모의 책임이 큽니다. 어릴 때 예절의 기본을 바르게 가르치지 않았기 때문입니다. 가정교육을 바르게 시켜야 합니다.

기도: 존재의 근원이 되시는 하나님! 우리를 이 세상에 있게 한 부모의 은혜를 잊지 않게 하시고 세상의 어른들을 공경할 수 있는 자세를 가지게 하옵소서.

32. 인간의 근본 문제

*찬송: 254장 (통186장)

또 증거는 이것이니 하나님이 우리에게 영생을 주신 것과 이 생명이 그의 아들 안에 있는 그것이니라 아들이 있는 자에게는 생명이 있고 하나님의 아들이 없는 자에게는 생명이 없느니라 (요일 5:11-12).

인도네시아에 사는 이슬람교도들의 죄 씻음 받는 방법은 참으로 독특합니다. 그들은 평생에 한 번 사우디아라비아에 있는 메카를 순례하면 모든 죄가 없어진다고 믿습니다. 그래서 인도네시아 이슬람교도 중 어떤 아버지와 네 아들이 평생 모은 돈과 집을 팔아서 메카에 다녀왔습니다.

그런데 지금 그들은 거지와 같은 생활을 하고 있다고 합니다. 왜냐하면 생활수준이 너무 낮아 노동자의 평균 임금이 한 달에 우리나라 돈으로 4만원에서 6만 원 정도인데 그와 같은 생활수준에서 먼 거리를 네 부자가 비행기로 여행을 하려면 모든 재산을 다 탕진할 수밖에 없었습니다.

그리고 더욱 중요한 문제는 메카를 다녀온다고 죄가 없어지는 것은 아니라는 것입니다. 죄가 없어진다면 가진 재산을 모두 들여 메카를 순례해도 아깝지 않겠지만 그렇게 될 수 없으니 문제인 것입니다. 이 얼마나 어리석고 안타까운 일입니까? 인간의 죄를 씻는 방법은 오직 예수의 피밖에 없기 때문입니다.

기도: 구원의 하나님! 우리에게 구원의 은총을 주시고 생명을 주신 하나님께 감사드립니다. 오직 주 예수 그리스도 밖에는 구원이 없음을 전하는 전도자의 삶을 살게 하옵소서.

33. 순종은 승리의 비결

*찬송: 358장 (통400장)

예수께서 이르시되 네 마음을 다하고 목숨을 다하고 뜻을 다하여 주 너의 하나님을 사랑하라 하셨으니 이것이 크고 첫째 되는 계명이요 (마 22:37~38).

인간은 누구나 승리하기를 원하며 성공하기를 원합니다. 그 비결은 다음과 같습니다.

어떤 일이든 마음을 다하고 목숨을 다하고 뜻을 다해야 합니다. 한마디로 최선을 다해야 하는 것입니다. 그리고 무엇보다 먼저, 영의 일인 신앙생활에 최선을 다해야 합니다. 하나님께 정성을 다해야 합니다. 그럴 때 하나님은 복을 주십니다.

아브라함이 믿음의 조상이 된 것은 그가 하나님을 섬기는 일에 정성을 다했기 때문입니다. 그는 하나님의 부르심을 받았을 때 '아멘'으로 순종했습니다. 하나님의 명령대로 고향인 친척과 아비 집을 떠난다는 것은 쉬운 일이 아니었습니다. 왜냐하면 그 당시는 종족끼리 모여 작은 씨족국가나 부족국가를 이루고 살았으므로 무리를 떠난다는 것은 목숨을 잃을지도 모르는 아주 위험한 일이 될 수도 있었기 때문입니다.

그런데도 아브라함은 하나님의 부르심에 순종하여 고향을 떠났습니다. 하나님이 지시하시는 땅으로 갔습니다. 그리고 가는 곳곳마다 제단을 쌓았습니다. 하나님은 이것을 귀하게 여기셨습니다. 그리고 열국의 아비, 믿음의 조상이 되게 하셨습니다.

기도: 제사보다 순종이 낫다고 하신 하나님! 저희가 하나님의 말씀에 순종하며 나아가게 하옵소서. 최선을 다하여 하나님께 경배하게 하시며 겸손한 자세로 살아가게 하옵소서.

34. 헌금을 드릴 때 정성을 다하여

*찬송: 50장 (통71장)

모든 첫 태생은 다 내 것이며 네 가축의 모든 처음 난 수컷인 소와 양도 다 그러하며 나귀의 첫 새끼는 어린 양으로 대속할 것이요 그렇게 하지 아니하려면 그 목을 꺾을 것이며 네 아들 중 장자는 다 대속할지며 빈 손으로 내 얼굴을 보지 말지니라 (출 34:19-20)

예수님은 부자가 드린 큰 액수의 헌금과 가난한 과부가 드린 두 렙돈에 불과한 헌금 중에서 과부의 것을 칭찬하셨습니다. 무엇 때문입니까? 그 이유는 부자의 헌금이 액수는 컸지만 정성이 없었고 과부의 두 렙돈은 작지만 그의 생활비 전부를 드리는 정성이 있었기 때문입니다. 과부는 자신이 가진 모든 것을 하나님께 드렸던 것입니다.

오병이어의 기적은 보리떡 다섯 개와 물고기 두 마리가 예수님의 손에 들려졌을 때 5,000명이 먹고도 12광주리가 남은 놀라운 기적입니다. 그 보리떡 다섯 개와 물고기 두 마리는 어린아이가 예수님의 말씀을 들으러 오면서 싸온 도시락이었습니다.

그 아이는 엄마가 정성껏 싸준 도시락을 혼자서만 먹지 않고 예수님께 드렸습니다. 그랬더니 5,000명이 먹을 수 있는 엄청난 분량이 되었습니다. 그리고 그 많은 수가 먹고도 남은 것이 12광주리나 되었습니다. 자기도 먹고 다른 사람도 먹게 할 수 있었습니다. 하나님께 드리는 헌금의 정성도 이와 같습니다. 정성을 다하는 곳에 주님의 은혜와 복이 넘치게 되는 것입니다.

기도: 하나님 아버지! "빈 손으로 내 얼굴을 보지 말지니라"고 하신 하나님의 말씀에 순종하길 원합니다. 우리가 가진 모든 것을 주님께 드릴 수 있는 올바른 성도의 자세를 가질 수 있도록 인도해주옵소서.

35. 육신의 일에도 최선을 다하라
*찬송: 342장 (통396장)

오직 너 하나님의 사람아 이것들을 피하고 의와 경건과 믿음과 사랑과 인내와 온유를 따르며 믿음의 선한 싸움을 싸우라 영생을 취하라 이를 위하여 네가 부르심을 받았고 많은 증인 앞에서 선한 증언을 하였도다 (딤전 6:11-12).

카터가 미국 대통령이 되었을 때 자신의 좌우명을 소개한 적이 있습니다. 그의 좌우명은 "Why not the best?"(왜 최선을 다하지 않았는가?)입니다.

카터가 해군사관학교를 졸업하고 장교로 부임하여 해군제독 하이만 리카버 제독에게 부임 신고를 할 때 리카버 제독이 카터에게 물었습니다.

"귀관의 사관학교 시절 성적은 어떠했는가?"

카터는 820명 중 59등을 했다고 자랑스럽게 말했습니다. 그러자 제독은 "왜 최선을 다하지 않았는가?"라고 물었습니다. 카터는 선뜻 대답을 못하고 그 방을 나왔습니다. 그 후 그는 어떤 일이든 "내가 지금 최선을 다하고 있는가?"라고 자신에게 물으며 일을 했다고 합니다. 그는 고향에서 땅콩농사도 지었고, 하원의원도 지냈고, 주지사도 지냈습니다.

그리고 마침내 미국 대통령에 당선되었습니다. 어떤 일이든 최선을 다했기 때문입니다. 최선을 다한 그에게 하나님은 복을 주셨습니다. 지금은 대통령일 때보다 더 바쁘게 일하면서 존경받는 지도자로 활동하고 있습니다.

기도: 새 생명을 주신 주님! 주님의 자녀로 최선을 다하는 삶을 살게 하옵소서. 주님 앞에 섰을 때 후회하지 않도록 주어진 시간에 최선을 다하는 지혜로운 사람이 되게 하옵소서.

36. 하나님을 의지하라

*찬송: 354장 (통394장)

하나님을 가까이 하라 그리하면 너희를 가까이 하시리라 죄인들아 손을 깨끗이 하라 두 마음을 품은 자들아 마음을 성결하게 하라 슬퍼하며 애통하며 울지어다 너희 웃음을 애통으로, 너희 즐거움을 근심으로 바꿀지어다 주 앞에서 낮추라 그리하면 주께서 너희를 높이시리라 (약 4:8~10).

인간은 평생을 무언가를 의지하며 살아갑니다. 아기일 때는 오로지 엄마를 의지하고, 장성하여 결혼하면 부부가 서로 의지하게 됩니다. 사회생활을 하면서 재물이 귀한 것을 알게 되면 물질에 의지하기도 합니다. 그러다 돈 때문에 하나님과의 거리가 멀어지기도 합니다.

어떤 집사님이 사업에만 너무 열중하여 주일예배도 빠지고 십일조도 제대로 드리지 않으면서 재물을 모았습니다. 그러다 재물은 어느 정도 모았는데 어느 날 보니 건강이 매우 좋지 않음을 느꼈습니다. 늘 피곤하고 체중이 빠지고 갈증을 심하게 느꼈습니다. 병원에 가서 검진을 해보니 중증 당뇨병이라는 진단이 내려졌습니다. 의사의 처방은 간단했습니다. 과식하지 말고 매끼 보리밥 한 공기에 두부 한 모씩, 그리고 야채를 주로 섭취하라는 것이었습니다. 그때에서야 집사님은 후회하면서 '내가 왜 이렇게 살았던가? 무엇때문에 이렇게 아등바등 살았던가?'하며 회개했다고 합니다.

기도: 하나님! 세상의 주관자이신 하나님께 모든 것을 맡길 수 있는 믿음을 갖게 하옵소서. 세상과 물질과 명예와 권력에 의지하는 어리석음을 범하지 않도록 도와주옵소서.

37. 귀한 것을 귀하게

*찬송: 90장 (통96장)

에서는 야곱의 형이 아니냐 그러나 내가 야곱을 사랑하였고 에서는 미워하였으며 그의 산들을 황폐하게 하였고 그의 산업을 광야의 이리들에게 넘겼느니라 (말 1:2-3).

제2차 세계대전 때, 헤럴드 러셀이 공수부대원으로 참전했습니다. 전쟁 중에 폭탄 파편 때문에 두 팔을 잃게 되었습니다. 그로 인해 그는 제대를 했고, 불구의 몸이라 좌절과 낙심과 절망 속에서 헤매게 되었습니다. 그러던 중 하나님께 기도를 드리게 되었습니다. "하나님! 저는 아무 쓸모없는 자입니다." 원망이 섞인 부르짖음이었습니다. 그때 하나님의 음성이 그에게 들렸습니다. "그래도 잃은 것보다는 남아 있는 것이 더 많지 않느냐."

그 음성을 듣고 러셀이 생각해보니 두 팔은 없지만 생명도 살아 있고, 두 눈도 있으며, 두 발도 있음을 깨달았습니다. 그래서 그는 의사에게 부탁하여 의수를 만들어 끼우고 그 의수로 타자치는 법을 연습하였습니다. 그리고 자기의 과거를 정리하여 책을 출판하였습니다.

그 책은 베스트셀러가 되었고 영화로까지 제작되었습니다. 러셀은 그 영화에 직접 출연하였을 뿐만 아니라 연출도 맡았습니다. 그 작품은 크게 성공을 거두었고 많은 사람들에게 감동을 주었습니다. 그 영화가 바로 '내 생애 최고의 해'라는 영화입니다. 러셀은 야곱과 같이 복을 받을 기회를 놓치지 않았습니다.

기도: 언제나 우리에게 좋은 것을 주시는 주님! 우리는 가진 것보다 가지지 못한 것에 관심이 있습니다. 내가 가진 것에 감사하고 만족할 수 있는 마음을 주시고, 가지려 하기 보다는 나누어 주기 원하는 마음을 갖게 하소서.

38. 속사람

*찬송: 351장 (통389장)

그의 영광의 풍성함을 따라 그의 성령으로 말미암아 너희 속사람을 능력으로 강건하게 하시오며 (엡 3:16)

인간이 가진 힘은 몇 가지로 나눌 수 있습니다.

첫째, 공부를 통해 얻어지는 지식적인 힘이 있습니다. 지력이라 할 수 있습니다. 지력은 공부를 많이 한 사람이 뛰어납니다.

둘째, 경험도 힘입니다. 다양한 경험은 큰 힘이 될 수 있습니다. 그래서 젊은이들보다 경험을 많이 한 나이 드신 어른들이 훨씬 지혜가 뛰어나다고 할 수 있습니다.

셋째, 건강도 힘입니다. 아무리 세상의 것을 다 가지고 있다고 해도 건강하지 않으면 무용지물입니다.

넷째, 자격증도 힘입니다. 이제는 자격증 시대입니다. 자격증은 전문가임을 증명해줍니다.

그런데 중요한 것은 인간이 가진 이러한 힘은 제한적이라는 사실입니다. 인간의 힘만으로는 승리의 삶을 살 수가 없습니다. 그래서 속사람이 강해져야 합니다. 속사람이 강건해지는 것은 성령으로 이루어집니다. 오직 성령입니다. 위로부터 내리는 힘입니다. 영적인 능력입니다.

기도: 우리의 모든 것 되시는 주님! 저희가 세상을 살면서 지식과 경험과 건강을 추구하는 삶이 아니라 성령 충만을 구하게 하소서. 그리하여 속사람이 강건하게 하시고 하나님께서 주시는 힘을 얻게 하소서.

39. 성령 충만

*찬송: 197장 (통178장)

그들이 다 성령의 충만함을 받고 성령이 말하게 하심을 따라 다른 언어들로 말하기를 시작하니라 (행 2:4)

'권능'이란 권세입니다. 능력입니다. 폭탄을 '다이너마이트'라고 합니다. 이 말은 '권능'이란 말에서 나왔습니다. 폭탄은 어린아이가 터뜨리든 힘센 청년이 터뜨리든 폭발하는 힘은 똑같습니다. 마찬가지로 성령의 권능을 받으면 모두 능력 있는 그리스도인이 될 수 있습니다. 힘 있는 그리스도인의 삶을 살아가게 됩니다. 깨끗하고 성결하게 살아가는 성도가 됩니다.

성령으로 지혜의 말씀, 지식의 말씀, 믿음, 신유, 능력 행함, 예언함, 영분별, 방언, 방언통역의 은사가 넘치게 됩니다. 성령은 사랑, 희락, 화평, 오래 참음, 자비, 양선, 충성, 온유, 절제의 열매가 맺히게 됩니다. 또한 예수 이름으로 전도하게 됩니다.

예수 이름으로 귀신을 쫓아냅니다. 예수 이름으로 교회가 세워집니다. 예수 이름으로 병자가 치료됩니다. 말하는 것도, 일하는 것도 모두 예수 이름으로 합니다. 강건한 신앙인의 삶을 살아갈 수 있게 됩니다.

그러므로 우리들은 항상 속사람이 성령 충만하여 강건해지도록 늘 기도해야 합니다.

기도: 능력의 주님! 하나님의 자녀인 우리가 성령 충만하여 성령의 은사를 받게 하시고, 성령의 열매를 맺어가는 강건한 삶을 살게 하소서. 성령의 능력을 힘입어 그리스도의 복음을 전하게 하소서.

40. 믿음의 뿌리

*찬송: 540장 (통219장)

믿음으로 말미암아 그리스도께서 너희 마음에 계시게 하시옵고 너희가 사랑 가운데서 뿌리가 박히고 터가 굳어져서 (엡 3:17)

　인간의 마음은 항상 무언가로 채워져 있습니다. 하나님께 불순종하고 타락한 인간들의 마음속에는 추악하고 냄새나는 것들로 가득 차 있습니다. 사탄마귀의 지배를 받기 때문입니다. 마귀의 지배를 받는 삶을 살면 우리는 추악한 생각을 하게 됩니다. 추악한 생각을 하면 추악한 말을 하게 됩니다.
　추악한 말은 더러운 말이며, 비방하는 말, 상스러운 말입니다. 또한 남을 해치는 말, 거짓 증거하는 말입니다. 인간은 말한 다로 행동합니다. 그러므로 이러한 말을 하게 되면 행동이 말을 따라가게 됩니다. 그것이 계속되면 나쁜 습관을 갖게 됩니다. 그 결과는 악합니다. 저주 받는 자가 됩니다.
　그러므로 주님을 마음에 모셔야 합니다. 그러면 인생관이 달라집니다. 말이 달라지고 삶이 달라집니다. 인자한 말, 부드러운 말, 용서의 말, 칭찬의 말을 하게 됩니다. 남의 허물을 감싸주는 말, 믿음과 용기를 주는 말을 하게 됩니다. 주님을 위한 삶을 살게 됩니다. 이처럼 내 마음에 누구를 모시고 있는가에 따라 삶의 모든 것이 좌우됩니다.

기도: 우리의 소망되시는 주님! 내 마음에 주님께서 오셔서 좌정하여 주옵소서. 주님을 의지하는 믿음의 뿌리가 깊이 박히게 하시고 흔들리지 않는 주님의 제자기 되어 새로운 삶을 살게 하옵소서.

41. 사랑으로 살던 마마

*찬송: 549장 (통431장)

또 네 이웃을 사랑하고 네 원수를 미워하라 하였다는 것을 너희가 들었으나 나는 너희에게 이르노니 너희 원수를 사랑하며 너희를 박해하는 자를 위하여 기도하라 이같이 한즉 하늘에 계신 너희 아버지의 아들이 되리니 이는 하나님이 그 해를 악인과 선인에게 비추시며 비를 의로운 자와 불의한 자에게 내려주심이라 (마 5:43 -45)

1992년 2월 11일에 미국 LA의 대표적인 흑인 거주지역인 사우스센트럴의 세인트 브리지드 성당에서는 자신이 운영하던 밴네스 마켓 앞에서 무장강도에게 살해당한 한인 여성 홍정복 씨(52세)의 장례식이 거행되었습니다.

홍씨는 간호사로 1970년에 미국으로 이민을 갔는데 15년 전부터는 그곳에서 마켓을 운영했습니다. 그녀는 단순히 돈을 벌기 위해 장사를 한 것이 아니라 장사를 하면서 그리스도의 사랑을 실천하였습니다. 기저귀와 우유가 없는 젊은 엄마에게는 필요한 물건을 싸주면서 "여유가 없으면 돈은 다음에 주세요."라고 했고 먹을 것이 없는 사람, 마실 것이 없는 사람에게는 무료로 음식을 제공하는 어머니와 같은 존재였습니다. 그러기에 1992년 LA흑인 폭동 때에 홍씨의 가게는 흑인들이 교대로 지켜주어 조금도 피해를 입지 않았다고 합니다.

지역 사회장으로 치러진 이날 장례식에서 300여 명의 흑인들과 히스패닉 조문객들이 참석해 애도의 눈물을 흘렸습니다. "누가 우리 마마(mamma)에게 총을 쏘았는가?" 그들이 울먹이며 한 말입니다. "코리안 마마 안녕!" 미국의 중요 언론들이 보도한 추모의 문장입니다. 홍정복 씨는 그리스도의 아가페 사랑을 실천한 사람이었습니다.

기도: 사랑의 주님! 사랑을 실천한 주님의 제자들을 본받아 우리 가진 것을 나누게 하시고, 우리가 할 수 있는 것을 하게 하시며, 우리가 드릴 수 있는 것을 드리는 사랑을 품고 사는 그리스도인이 되게 하소서.

42. 원수까지도 사랑

*찬송: 291장 (통413장)

그 때에 베드로가 나아와 이르되 주여 형제가 내게 죄를 범하면 몇 번이나 용서하여 주리이까 일곱 번까지 하오리이까 예수께서 이르시되 네게 이르노니 일곱 번뿐 아니라 일곱 번을 일흔 번까지라도 할지니라 (마 18:21-22).

아무리 낮은 곳이라도 그리스도의 사랑은 찾아갑니다. 살인죄를 범한 죄인이라도 예수님은 사랑하십니다. 감옥에서 예수님을 믿고 구원받은 사람이 많습니다. 감옥에 가기 전에 예수님을 믿었으면 감옥에 가지 않았을 것인데 참으로 안타까운 일입니다.

지존파 젊은이들도 감옥에서 예수님을 믿었습니다. 그들이 사형선고를 받고 형장에 가기 전에 복음을 전해준 분들에게 보낸 편지가 있습니다.

"이 세상은 참으로 아름답습니다. 저는 이 세상이 이제껏 잡스럽고 더럽고 악한 줄로만 알았습니다. 그런데 아니었습니다. 진정 세상은 아름답다는 사실을 비로소 깨달았습니다. 이제 저는 회심하고 세례를 받고 그리스도인이 되었습니다. 그러나 유감스러운 일이 많습니다. 그것은 너무 늦게 깨달았다는 것입니다. 너무 늦었습니다. 그나마 늦게라도 깨달아서 하나님의 자녀가 된 것은 너무나도 다행스럽고 고마운 일입니다만, 이 귀중한 간증을 다른 사람에게 전해서 많은 젊은이들이 바른 길을 가도록 인도하고 싶은데 시간이 없습니다. 봉사할 시간을 얻지 못하는 것이 유감스럽습니다."

그들이 일찍이 예수님을 믿었더라면 흉악한 살인범은 되지 않았을 것인데 얼마나 안타깝습니까?

기도: 알파와 오메가 되신 하나님! 우리 인생의 주인이 되어주시니 감사합니다. 주님이 우리 평생에 인도자가 되어주시고, 역사의 주관자가 되어주셔서 허탄한 신화를 좇는 삶이 아닌 진리를 좇아 사는 인생이 되게 하옵소서.

43. 합심기도

*찬송: 365장 (통484장)

진실로 다시 너희에게 이르노니 너희 중의 두 사람이 땅에서 합심하여 무엇이든지 구하면 하늘에 계신 내 아버지께서 그들을 위하여 이루게 하시리라 두세 사람이 내 이름으로 모인 곳에는 나도 그들 중에 있느니라 (마 18:19-20)

  위의 말씀에 나오는 기도의 형태는 합심기도입니다. 두 사람 이상이 같은 기도제목으로 드리는 기도입니다. 그들의 기도제목은 감옥에 갇힌 베드로를 석방시켜달라는 것이었습니다. 하나님은 그들의 진실한 합심기도를 들으시고 베드로 사도를 감옥에서 석방시켜주셨습니다.
  구약시대에 나오는 에스더의 기도도 합심기도였습니다. 하만의 흉계에 의해 유대인 전체가 위기에 빠졌을 때 그 소식을 들은 에스더는 유대인들에게 기도해줄 것을 부탁하고 금식하며 기도드렸습니다. 하나님 앞에서 '죽으면 죽으리라'는 것이었습니다.
  민족이 똘똘 뭉쳐서 합심해서 드린 기도는 하나님을 감동시켰습니다. 그들의 합심기도를 하나님께서 들으셔서 흉계를 꾸미던 하만은 자기가 세운 장대에 자기가 달려 죽었고, 유대인은 죽음에서 구출되었습니다. 그래서 이 날을 유대인들은 부림절로 지키게 되었습니다.
  이렇듯 합심기도는 응답이 있고, 능력이 나타납니다. 중요한 문제가 있을 때 합심기도를 하는 것은 문제 해결의 지름길입니다.

기도: 우리들의 기도를 들어주시는 고마우신 하나님! 한 마음으로 기도하는 우리를 사랑해주옵소서. 저희들이 마음을 합하여 정의와 진리를 위해 기도할 때, 고통과 환난속에서 한 마음으로 간구할 때 꼭 응답하여주옵소서.

44. 부르짖어 기도했더니

*찬송: 361장 (통480장)

엘리야가 모든 백성에게 가까이 나아가 이르되 너희가 어느 때까지 둘 사이에서 머뭇머뭇 하려느냐 여호와가 만일 하나님이면 그를 따르고 바알이 만일 하나님이면 그를 따를지니라 하니 백성이 말 한마디도 대답하지 아니하는지라 (왕상 18:21)

한국전쟁 때 김일성은 38선을 넘어 남침을 해왔습니다. 아무런 대비를 하지 못했던 남한은 몇 개월 만에 대부분의 지역을 공산당에게 빼앗기고 대구, 마산, 부산 정도만 남았습니다. UN은 북한군의 남침이 불법으로 이루어졌다고 판단하고 UN군을 파병했습니다. UN군을 이끌고 맥아더 장군이 우리나라에 왔습니다. 그런데 문제는 당시 우리나라가 장마철이라 비가 오면 UN군의 비행기가 뜰 수 없다는 것이었습니다.

그때 대통령 이승만 박사는 부산에서 목사님들에게 부탁을 했습니다. "목사님들, 기도해주십시오. UN군이 비행기를 가지고 올 것입니다. 그런데 비가 오면 비행기가 뜨지 못하니 비가 오지 않도록 기도해주십시오. 비행기가 뜨지 못하면 대구를 적군에게 빼앗길지도 모릅니다. 대구마저 적군에게 빼앗기면 이 나라는 망합니다."

목사님들은 부산에 있는 중앙교회에서 10일 동안 금식하며 합심하여 기도드렸습니다. 하나님은 그 부르짖는 기도를 들으셨고 비가 오지 않게 해주셨습니다. 그래서 맥아더 장군은 UN군을 이끌고 인천상륙작전을 성공시켰고 공산당은 38선 위로 후퇴했습니다. 하나님은 위기에 처한 민족을 구하기 위해 주의 종들이 모여 드린 부르짖는 기도를 들으시고 이 민족을 구해주셨습니다.

기도: 우리의 기도를 들어주시는 고마우신 하나님 아버지! 언제나 하나님만 바라보고 하나님만 의지하고 기도하는 생활을 할 수 있는 저희들이 되게 하소서. 믿음을 가지고 기도하는 하나님의 자녀 되기 원합니다.

45. 바나바는 자비를 베푼 선한 이웃
*찬송: 569장 (통442장)

구브로에서 난 레위족 사람이 있으니 이름은 요셉이라 사도들이 일컬어 바나바라 (번역하면 위로의 아들이라) 하니 그가 밭이 있으매 팔아 그 값을 가지고 사도들의 발 앞에 두니라 (행 4:36-37).

사울청년을 하나님께서 부르셨습니다. 다메섹으로 믿는 자를 핍박하러 가다가 부름을 받은 것입니다. 그는 3일간 금식을 하고 아나니아의 안수를 받고 눈을 뜨게 되었습니다. 영의 눈과 육신의 눈 모두를 뜨게 된 그는 즉시 예수가 그리스도이신 것을 증거하는 전도자가 되었습니다. 그런데 문제는 사도들이 이를 믿어주지 않는 것이었습니다.

이때 바나바가 나타나서 사울이 주님의 부름을 받은 것에 대해 말해주었습니다. 사도들은 사울은 믿지 못했지만 바나바는 믿었습니다. 바나바는 성령 충만한 사람이요, 믿음이 충만한 사람이요, 자비로운 사람이었기 때문입니다. 그래서 바나바의 소개로 사울도 인정받는 자가 되었고 사도 바울이 되었습니다.

그 후 안디옥 교회가 설립되었을 때 사도들은 바나바를 안디옥 교회에 파송하게 되었습니다. 그가 선한 이웃이 되었을 때 많은 사람이 주께로 돌아왔습니다. 그래서 안디옥 교회가 크게 부흥했습니다. 그때 그는 바울을 데려다가 1년간 안디옥교회에서 예수가 그리스도이신 것을 가르치게 했습니다. 그 후에 그 안디옥 교회에서 바울과 바나바를 선교사로 이방에 파송하게 되었습니다. 사울이 바울이 되어 복음증거자가 된 것은 자비를 베푼 바나바 덕분입니다.

기도: 하나님 아버지! 저희들이 선한 이웃으로 살게 하옵소서. 바나바와 같이 자비를 베푸는 자가 되어 예수 그리스도 사랑의 복음을 증거 하는 소명을 감당할 수 있도록 인도하옵소서.

46. 베풀기를 좋아하다가 복 받은 고넬료

*찬송: 216장 (통356장)

만군의 여호와가 이같이 말하여 이르시기를 너희는 진실한 재판을 행하며 서로 인애와 긍휼을 베풀며 과부와 고아와 나그네와 궁핍한 자를 압제하지 말며 서로 해하려고 마음에 도모하지 말라 하였으나 (슥 7:9-10)

고넬료는 이달리야 부대의 백부장이었습니다. 그는 가이사랴 지방을 다스리도록 로마가 파견한 행정관이었습니다. 그의 신앙생활을 성경은 '경건했다'고 표현하고 있습니다. "온 집으로 더불어 하나님을 경외했다."라고 기록하고 있습니다. 그는 항상 기도했고 백성을 많이 구제했습니다.

이스라엘 사람도 아니고 로마군인인 그가 원수라고 느낄 수 있는 사람들에게 칭찬받고 존경받는 은혜로운 믿음생활을 한 것은 매우 귀한 일입니다.

기도와 구제를 비교하자면, 기도는 하나님께 드리는 것이고 구제는 인간에게 베푸는 것입니다. 그의 구제와 기도는 하나님께 상달되었고 하나님이 기억해주셨습니다. 하나님은 그에게 천사를 보내서 베드로 사도를 청하게 하셨고 더 큰 은혜를 받도록 인도해주셨습니다.

구제하는 것은 내가 가진 물질을 가난한 이웃에게 나누어주는 것입니다. 하나님이 원하시는 사랑을 실천한 고넬료의 구제를 하나님은 기뻐하시고 기억하셨습니다.

기도: 나를 위해 생명까지 내놓으신 주님! 우린 주님께 무엇을 드려야 합니까? 주님이 사랑하는 형제자매들에게 베풀며 살게 하시고, 이웃을 네 몸과 같이 사랑하라는 주님이 원하시는 소원을 이루어가는 주님의 제자 되길 원합니다.

47. 인간의 욕망

*찬송: 64장 (통13장)

여호와는 죽이기도 하시고 살리기도 하시며 스올에 내리게도 하시고 거기에서 올리기도 하시는도다
여호와는 가난하게도 하시고 부하게도 하시며 낮추기도 하시고 높이기도 하시는도다 (삼상 2:6-7).
이 예수를 하나님이 살리신지라 우리가 다 이 일에 증인이로다 (행 2:32).

    하나님은 죽이기도 하시고 살리기도 하시며, 음부에 내리기도 하시고 올리기도 하십니다. 가난하게도 하시고 부하게도 하시며, 낮추기도 하시고 높이기도 하십니다. 인간의 생사화복은 오직 하나님의 장중에 있습니다.
    미국 애리조나 사막 가운데는 영하 196도로 냉동된 시체 35구가 다시 살아날 것을 기다리며 특수 강철통에 보관되어 있습니다. 이 냉동 공장의 이름은 '알코'입니다. 여기 들어가 있는 시체는 현대의학으로는 도무지 치료가 불가능한 병을 앓다가 죽은 자들인데 후세에 과학이 크게 발달했을 때 다시 살아날 것을 기대하고 들어간 것입니다. 현재 알코에 들어가겠다고 신청한 자는 450명 정도가 되며 비용은 약 1억 5천만 원 정도가 된다고 합니다.
    인간의 욕망은 이렇습니다. 누구나 다 오래 살고 싶어 합니다. 병들어 죽었다가도 다시 살고 싶은 것이 인간의 마음입니다. 그러나 알코에 들어간다고 다시 살아나고 영생할 수 있겠습니까? 아닙니다. 생명의 주인은 오직 하나님이십니다. 오직 주님만이 영생의 은혜를 주십니다.

기도: 생사화복을 주관하시는 하나님! 우리 인생의 주인은 오직 하나님 한 분이심을 굳건히 믿게 하시고, 이 진리를 많은 사람들에게 전할 수 있는 증인이 되게 하옵소서.

48. 베푸는 삶

*찬송: 293장 (통414장)

그러므로 무엇이든지 남에게 대접을 받고자 하는 대로 너희도 남을 대접하라 이것이 율법이요 선지자니라 (마 7:12).

　　이스라엘에 가면 큰 호수가 두 개 있습니다. 호수라고 하기엔 무척 커서 바다라고 부르기도 합니다. 하나는 갈릴리 호수고, 다른 하나는 사해입니다. 갈릴리 호수는 푸르고 청청합니다. 그 호수 안에는 많은 물고기가 살고 있습니다. 성지순례 때 갈릴리 해변에서 식사를 하게 되면 그 호수에서 잡은 베드로 고기라는 물고기를 먹게 해줍니다.

　　사해는 염분이 매우 높은 짠물로 되어 있습니다. 수영을 할 줄 모르는 사람도 거기에 들어가면 몸이 둥둥 뜨게 되어 익사할 염려가 없습니다. 그러나 물이 너무 짠 나머지 물고기가 없습니다. 다른 생물도 없고 조개 같은 패류도 없습니다. 진흙 갯벌뿐입니다.

　　두 호수는 왜 이렇게 차이가 나는 것일까요? 두 호수의 근원은 같습니다. 북쪽 헤르몬산에서 눈이 녹아 갈릴리 호수로 들어갑니다. 그러면 갈릴리 호수는 그 물을 요단강을 통하여 하류로 내려보냅니다. 그런데 사해는 그 물을 받기만 하고 다른 곳으로 흘려보낼 줄 모릅니다. 그래서 염분이 높아져 아무 생물도 살지 못하는 바다가 된 것입니다. 그래서 사해라고 합니다. 마찬가지로 줄 줄 아는 자는 복 받은 자입니다. 베풀 줄 모르면 사해와 같은 생명이 살 수 없는 죽은 바다와 같이 됩니다.

기도: 주님! 저희가 대접을 받기 보다는 나누어주고 베푸는 자, 섬기는 자가 되어 하나님을 기쁘시게 하는 성도가 되게 인도하여 주옵소서.

49. 행복을 창조하는 감사

*찬송: 325장 (통359장)

너희 모든 나라들아 여호와를 찬양하며 너희 모든 백성들아 그를 찬송할지어다 우리에게 향하신 여호와의 인자하심이 크시고 여호와의 진실하심이 영원함이로다 할렐루야 (시 117:1-2).

 결혼 9년째 되는 기념일에 이혼한 부부가 있었습니다. 이 부부는 결혼 9년이 되도록 누가 보아도 정말 잉꼬부부라고 할 정도로 평안과 기쁨의 삶을 살았다고 합니다. 부부는 정말 행복했습니다. 그런데 행복하면 감사의 삶을 살아야 한다는 것을 생각하지 못했습니다.
 결혼 7년째 되는 날, 부부는 어느 호텔로 결혼기념 휴가를 가게 되었습니다. 그때 남편이 무심코 "우리 결혼한 지 벌써 7년 됐지? 정말 지루하다. 우리 그만 이혼할까?" 했다는 것입니다.
 그러자 부인도 자존심이 상해 "그래요" 하고 동의했답니다. 그래도 아무 일 없이 결혼기념 휴가를 즐기고 돌아왔습니다. 그리고 1년이 지나고 8년째 기념일에 또 다른 곳으로 휴가를 갔습니다. 거기서 또 남편이 1년 전과 똑같은 말을 했고 부인도 동의했답니다. 그리고 9년째 되는 날 휴가를 가서 남편이 호텔 입구에서 "우리가 2년 전에 이혼하자고 했지? 오늘부로 이혼하자." 그리고는 호텔에 들어가지도 않고 헤어졌답니다.
 생각은 말을 낳고, 말은 행동을 낳게 됩니다. 그러므로 좋은 생각을 해야 되고, 좋은 말을 해야 합니다. 말이 얼마나 큰 결과를 가져오는지에 대해 깨달아야 합니다. 감사의 말이 얼마나 중요합니까?

기도: 하나님! 범사에 감사하는 생활을 하게 하소서. 지금의 행복과 평화가 깨어지지 않도록 늘 감사의 기도를 하게 하소서.

50. 부자가 된 록펠러

*찬송: 310장 (통410장)

은도 내 것이요 금도 내 것이니라 만군의 여호와의 말이니라 이 성전의 나중 영광이 이전 영광보다 크리라 만군의 여호와의 말이니라 내가 이 곳에 평강을 주리라 만군의 여호와의 말이니라 (학 2:8-9).

지난 세기의 가장 큰 부자는 미국의 록펠러입니다. 그는 가난한 석유가게 상인이었습니다. 그러나 하나님이 그에게 복을 쏟아부어 주셔서 세계적인 거부가 되게 하셨습니다. 부자가 된 록펠러가 세운 대학이 12개입니다. 그 중 대표적인 대학이 시카고 대학입니다. 또한 그가 건축한 교회가 4,928개입니다. 그러나 그 대학과 교회에는 그의 이름이 나타나 있지 않습니다. 온전히 하나님께 영광을 돌린 것입니다.

록펠러는 50세에서 92세까지 42년 동안 세계 제일의 부호자리를 내어놓지 않았습니다. 그가 86세 되던 해, 시카고 경제부 기자가 다음과 같은 질문을 했습니다.

"선생님은 세계 제일의 부자이신데 그렇게 될 수 있었던 비결은 무엇입니까?"

"나는 내 어머니로부터 세계 제일의 부자가 되는 비결을 배웠습니다. 어머니는 첫째, 내게 하나님을 섬기라고 하셨습니다. 둘째, 목사님을 아버지로 섬기라고 하셨습니다. 셋째, 십일조는 오른쪽 호주머니에 넣었다가 지체 말고 하나님께 드리라고 하셨습니다. 내가 처음으로 십일조를 하나님께 드린 것은 6살 때입니다. 어머니는 내가 6살이 되었을 때 일주일 동안 쓸 용돈 20센트를 주셨습니다. 그리고 2센트 즉 십분의 일은 하나님께 드릴 십일조임을 가르쳐주셨습니다. 나는 80년 동안 십일조 드리는 것을 지켰습니다. 그랬더니 하나님께서 이렇게 큰 복을 주셨습니다."

기도: 부요케 하시는 하나님! 저희가 부요케 하옵소서. 그러나 물질의 부요 이전에 하나님을 올바르게 섬기게 하시고 하나님 말씀에 순종하게 하소서.

51. 승리비결은 인내

*찬송: 351장 (통389장)

이러므로 우리에게 구름 같이 둘러싼 허다한 증인들이 있으니 모든 무거운 것과 얽매이기 쉬운 죄를 벗어 버리고 인내로써 우리 앞에 당한 경주를 하며 믿음의 주요 또 온전하게 하시는 이인 예수를 바라보자 그는 그 앞에 있는 기쁨을 위하여 십자가를 참으사 부끄러움을 개의치 아니하시더니 하나님 보좌 우편에 앉으셨느니라 (히 12:1-2).

장거리 경주의 승리는 인내에 있습니다. 특히 마라톤은 힘의 배분을 잘 했다가 마지막 순간에 잘 사용해야 합니다. 마라톤은 정말 힘든 경기입니다. 42.195km를 2시간 조금 넘는 시간 안에 달려야 합니다.

바르셀로나 올림픽 마라토너 금메달리스트 황영조 씨를 인터뷰한 내용의 글입니다. "연습할 때 얼마나 힘이 들던지 차에 뛰어들어 죽고 싶을 때도 있었고, 어떤 때는 가슴이 너무 조여들어 그냥 그대로 죽고 싶을 때도 많았다"는 것입니다. 그러나 그는 인내했습니다. 참고 견뎠습니다.

죽기 아니면 까무러치기로 견딘 결과 금메달의 영광을 차지했습니다. 인내의 결과가 주는 복입니다.

신앙생활도 인내가 필요합니다. 인내 없이는 면류관을 받아 쓸 수 없습니다. 면류관은 인내한 자에게 주시는 하나님의 선물입니다. 어려운 일이 있을 때 쉽게 포기하고 불평하고 남의 탓하고 쉽게 절망하는 자는 하나님이 예비하신 복을 받을 수 없습니다. 인내는 계속적인 자기와의 싸움입니다. 고독과의 싸움입니다. 인내하는 자에게 하나님은 천국의 복을 주십니다.

기도: 주님! 주님께서 저희에게 인내하라 하시지만 저희는 쓰러지고 포기할 때가 많습니다. 끝까지 믿음의 끈을 놓지 않고 인내하는 신앙생활을 할 수 있게 도와주옵소서.

52. 지옥에 가지 맙시다

*찬송: 345장 (통461장)

마땅히 두려워할 자를 내가 너희에게 보이리니 곧 죽인 후에 또한 지옥에 던져 넣는 권세 있는 그를 두려워하라 내가 참으로 너희에게 이르노니 그를 두려워하라 (눅 12:5).

지옥은 어떤 곳입니까?

첫째, 지옥은 불구덩이요 불 못입니다. 생명책에 기록되지 못한 자는 모두 불 못에 던져집니다.

둘째, 지옥은 삼키는 불이 있는 곳입니다. 한 번 들어가면 다시는 나올 수 없는 곳입니다.

셋째, 지옥은 후회로 애통하며 이를 가는 곳입니다. 거기서 이를 갈며 슬피 울어도 소용없습니다.

넷째, 지옥은 고통 받는 곳이요 평안이 없는 곳입니다. 계속해서 고통을 받습니다.

다섯째, 지옥은 영벌을 받는 곳입니다. 석방이란 것은 절대 없습니다.

여섯째, 지옥은 불과 유황으로 타는 못입니다. 유황불이 계속 타는 곳입니다.

지옥에 절대 가서는 안 됩니다. 그러나 예수를 믿지 않으면 그곳에 갈 수밖에 없습니다.

기도: 지옥에서 건져주신 하나님! 고통과 절망뿐인 지옥에 가지 않고 천국을 갈 수 있도록 구원해주신 주님의 은혜에 늘 감사하게 하시고 지옥을 향해 달려가는 사람들을 살릴 수 있는 역할을 잘 감당하게 하소서.

53. 천국에 가야 합니다

*찬송: 491장 (통543장)

거기에는 사자가 없고 사나운 짐승이 그리로 올라가지 아니하므로 그것을 만나지 못하겠고 오직 구속함을 받은 자만 그리로 행할 것이며 (사 35:9).

천국에는 누가 갈 수 있습니까? 요한계시록 21장 27절에 "무엇이든지 속된 것이나 가증한 일 또는 거짓말하는 자는 결코 그리로 들어오지 못하되 오직 어린양의 생명책에 기록된 자들뿐이라"고 하였습니다. '어린양'이란 '예수 그리스도'를 의미합니다. 예수 그리스도를 통해서만 천국에 갈 수 있습니다.

그렇다면 천국은 어떤 나라일까요?

첫째, 천국은 죄가 없는 나라입니다.

둘째, 천국은 유혹하는 자가 없는 나라입니다.

셋째, 천국은 불행이 없는 나라입니다.

넷째, 천국은 영광의 나라입니다.

다섯째, 천국은 하나님의 자녀들만 있는 곳입니다.

여섯째, 천국은 하나님의 일에 충성한 자에게 상급이 준비되어 있는 곳입니다.

이 천국에는 오직 주의 구속함을 얻은 자와 여호와의 속량함을 얻은 자들이 갑니다. 이 하나님의 나라를 다 함께 갈 수 있어야 되지 않을까요?

기도: 평화의 주님! 사랑과 평화만 있는 하나님의 나라에 세상 모든 사람들이 함께 갈 수 있도록 주님께서 역사하시고, 이를 위해 기도를 쉬지 않는 성도들이 되게 하소서.

54. 신사적인 베뢰아 사람들

*찬송: 482장 (통49장)

베뢰아에 있는 사람들은 데살로니가에 있는 사람들보다 더 너그러워서 간절한 마음으로 말씀을 받고 이것이 그러한가 하여 날마다 성경을 상고하므로 (행 17:11).

'신사적'이라는 말은 어떤 말입니까? 심성이 곱고 온유하다는 말입니다. 또한 인간됨의 바탕이 좋다는 말입니다. 열등의식이 없고, 밝고 좋은 면을 볼 줄 알며 내 마음에 들지 않아도 참을 줄 아는 성품을 말합니다. 이러한 성품을 가진 사람을 '신사적인 사람'이라고 합니다.

그러나 이와 반대로 사람들 중에는 심성이 곧지 않고 꼬여서 일단 의심부터 하고 모든 것을 나쁘게만 보려는 사람들도 있습니다. 이런 사람들은 밝은 면을 보지 못하고 어두운 면만 봅니다. 또 모든 일에 의심부터 하기 때문에 일점일획도 틀리지 않는 하나님의 말씀도 의심합니다. 그러므로 이런 사람들은 은혜를 받을 수 없기 때문에 불행한 사람이 되고 맙니다.

이런 사람들은 매사를 부정적인 시각으로 바라보며 자기고집이 강합니다. 나의 경험, 나의 지식을 고집하면서 새로운 지식을 받아들이려 하지 않습니다. 이런 사람을 '비신사적인 사람'이라고 합니다. 우린 신사적인 성도의 모습을 가지고 살아가야 합니다. 그래야 세상이 밝아집니다.

기도: 진리이신 하나님! 주님이 주신 아름다운 세상에서 너그럽고 신사적인 신앙인의 모습으로 살게 하시고, 모든 사람들에게 빛의 역할을 감당하는 주님의 제자가 되게 하소서.

55. 더불어 사는 사람

*찬송: 403장 (통456장)

너는 네 형제를 마음으로 미워하지 말며 네 이웃을 반드시 견책하라 그러면 네가 그에 대하여 죄를 담당하지 아니하리라 원수를 갚지 말며 동포를 원망하지 말며 네 이웃 사랑하기를 네 자신과 같이 사랑하라 나는 여호와이니라 (레 19:17-18).

인간은 혼자 살 수 없습니다. 더불어 살아야 합니다. 어른들이 이것을 자녀들에게 가르쳐야 합니다. 우리 자녀들에게 하나님의 말씀으로 축복하며 더불어 사는 이웃이 되도록 가르쳐야 합니다.

꾸지람 속에 자란 아이는 비난하는 것을 배웁니다.
미움을 받으며 자란 아이는 미워하는 것을 배우며 자랍니다.
매를 맞으며 자란 아이는 폭력을 휘두르는 사람이 됩니다.
놀림을 당하며 자란 아이는 수줍음을 타게 됩니다.
사랑을 받으며 자란 아이는 사랑할 줄 아는 사람이 됩니다.
관용 속에 자란 아이는 참을성이 있는 사람이 됩니다.
격려받으며 자란 아이는 자신감을 갖고 자랍니다.
칭찬을 받으며 자란 아이는 감사할 줄 압니다.
공정한 대접을 받으며 자란 아이는 올바름을 배우게 됩니다.
안정 속에 자란 아이는 믿음을 갖게 됩니다.
기도로 자란 아이는 희망을 꿈꾸는 사람이 됩니다.

기도: 하나님 아버지! 우리에게 이웃과 함께 세상을 더불어 사는 지혜의 마음을 주시고 이웃을 사랑하게 하시며, 이러한 바른 삶의 자세를 아이들에게 가르치게 하소서.

56. 원망의 결과

*찬송: 429장 (통489장)

나를 원망하는 이 악한 회중에게 내가 어느 때까지 참으랴 이스라엘 자손이 나를 향하여 원망하는 바 그 원망하는 말을 내가 들었노라 그들에게 이르기를 여호와의 말씀에 내 삶을 두고 맹세하노라 너희 말이 내 귀에 들린 대로 내가 너희에게 행하리니 (민 14:27-28).

  원망하는 자에게는 원망할 일만 있습니다. 짜증내기를 좋아하면 짜증낼 일만 생깁니다. 출애굽했던 자들 중에 하나님을 원당했던 사람들은 광야에서 재앙으로 모두 죽고 말았습니다. 부정적인 말의 무서운 결과입니다.
  또 다른 사건이 있습니다. 예수님을 잡아서 재판하던 로마총독 빌라도는 예수님의 무죄함을 알았습니다. 그는 예수님을 석방시켜주고 싶었습니다. 그러나 군중이 허락하지 않았습니다. 그런 군중에게 빌라도가 물었습니다.
  "죄 없는 자를 죽이는 이 피 값을 어떻게 할 것인가?"
  "우리와 우리 자손에게 돌리소서."
  하나님은 그들의 입에서 나온 그대로 행하셨습니다. 주후 70년 로마의 디도 장군에 의해 예루살렘 성과 성전이 파괴되었습니다. 그 후 그들은 나라 없는 백성이 되어 전 세계에 흩어지는 비참한 민족이 되었습니다. 제2차 세계대전 때는 600만 명이 독일 나치의 핍박을 받아 죽임을 당했습니다. 지금까지도 그들의 입에서 나온 그대로 유대인이기에 엄청난 고통을 당하고 있습니다.

기도: 오래 참으시는 하나님! 우리가 원망하는 자가 되어 저주받는 자들이 되지 않게 하시고 하나님의 말씀에 순종하는 하나님의 백성이 되게 하소서.

57. 폭력보다 강한 사랑

*찬송: 293장 (통414장)

어떤 사마리아 사람은 여행하는 중 거기 이르러 그를 보고 불쌍히 여겨 가까이 가서 기름과 포도주를 그 상처에 붓고 싸매고 자기 짐승에 태워 주막으로 데리고 가서 돌보아 주니라 그 이튿날 그가 주막 주인에게 데나리온 둘을 내어 주며 이르되 이 사람을 돌보아 주라 비용이 더 들면 내가 돌아올 때에 갚으리라 하였으니 네 생각에는 이 세 사람 중에 누가 강도 만난 자의 이웃이 되겠느냐 (눅 10:33-36).

군대에서 있었던 일입니다. 독실한 기독교인인 어떤 사병이 잠자리에 들기 전에 자기 침상에서 기도를 했습니다. 그 모습을 본 못된 고참사병 하나가 흙이 묻은 자기의 구두를 그의 뒤통수를 향해 던져버렸습니다. 그리고 잠이 들었습니다.

그 이튿날 못된 고참사병은 잠자리에서 일어나서 구두를 신으려다가 깜짝 놀랐습니다. 자기 구두가 반짝반짝 깨끗하게 닦여져서 놓여 있는 것이었습니다. 알고 보니 어제 저녁에 기도하던 사병이 그 흙 묻은 구두를 깨끗이 닦아서 가져다 놓은 것이었습니다.

이 못된 사병은 그때부터 달라지기 시작했습니다. 그는 그 사병에게 용서를 구하고 영적인 도움을 구했습니다. 그는 복음을 듣고 예수를 믿어 함께 교회에 가서 예배드리는 믿음의 친구가 되었습니다.

예수 그리스도를 믿는 사람은 이러한 사랑을 가지고 있습니다. 예수님을 품은 사랑의 능력은 이렇듯 사람을 변화시킵니다. 그러므로 사랑할 수 있도록 성령의 능력을 구해야 합니다. 그래야 승리할 수 있습니다.

기도: 사랑이 충만하신 하나님! 사랑하는 사람이 되게 하옵소서. 예수님의 모습을 본받아 인내하며 사랑을 실천하는 그리스도인, 사랑을 나누며 살아가는 그리스도인이 되게 인도하옵소서.

58. 예수 부활의 증인

*찬송: 171장

그런즉 이스라엘 온 집은 확실히 알지니 너희가 십자가에 못 박은 이 예수를 하나님이 주와 그리스도가 되게 하셨느니라 하니라 (행 2:36).

　　인간은 누구든지 장수를 원하고 영생을 원합니다. 우리는 그런 사람들을 만나게 되면 그 해답이 있다고 말해줘야 합니다. 그 증거가 예수께 있다고 말해야 합니다. 예수 그리스도를 믿어야만 영생을 얻을 수 있다고 말해야 합니다. 그는 다시 살아나셔서 그리스도 주가 되셨기 때문입니다. 하나님이 다시 살아나게 하셨다는 사실을 증언해야 합니다.
　　'주'는 '주인'을 뜻하며, '그리스도'는 '구세주'를 뜻합니다. 그렇다면 왜 예수님이 주님이 되고 그리스도가 되십니까? 그 이유는 예수님은 하나님이시며, 보통 인간들처럼 죽음으로 끝난 것이 아니고 죽음을 이기시고 부활하셨기 때문입니다. 그러므로 기독교만이 살아 있는 종교이고 생명의 종교인 것입니다.
　　부활하신 예수님은 지금도 살아 계신 분입니다. 성령으로 우리에게 은혜를 주십니다. 부활하신 주님은 그리스도가 되셔서 인간의 근본문제인 죄의 문제를 해결해주십니다. 또한 질병의 문제, 가난과 저주의 문제, 죽음의 문제까지도 해결해주십니다.

기도: 부활의 주님! 믿음을 가진 우리에게 영생을 주셨으니 감사합니다. 인간의 근본문제인 죄와 죽음과 질병과 가난의 문제를 해결해주시는 예수 그리스도께 감사하게 하시고 이 생명의 예수님을 이웃에게 전하게 하소서.

59. 헤롯의 멸망

*찬송: 212장 (통347장)

백성들이 크게 부르되 이것은 신의 소리요 사람의 소리는 아니라 하거늘 헤롯이 영광을 하나님께 돌리지 아니하므로 주의 사자가 곧 치니 벌레에게 먹혀 죽으니라 (행 12:22-23).

우리는 잘될 때 교만하기 쉽습니다. 형통할 때 교만하기 쉽습니다. 평강할 때, 건강할 때, 출세했을 때도 교만하기 쉽습니다.

지금 당신은 잘되고 계십니까? 하나님의 은혜입니다. 하나님께 영광 돌리시기 바랍니다. 하나님께 감사하시기 바랍니다. 그때 하나님은 더 주십니다. 계속 형통케 해주시고 평강하게 해주십니다.

그런데 헤롯은 교만했습니다. 그러자 하나님은 더 이상 인내하지 않으시고 천사를 보내어 그를 치셨습니다. 헤롯은 벌레에게 몸을 먹혀 죽고 말았습니다. 급성 전염병에 걸려 죽은 것입니다. 이 사실을 초대 기독교 역사를 잘 기록한 요세푸스는 헤롯이 심한 복통을 앓았다고 했습니다. 5일간이나 복통을 앓다가 지쳐서 죽었다고 했습니다. 그리고 그 시체 썩는 냄새가 아주 고약해서 사람들이 그 지독한 냄새 때문에 코를 막고 다녔다고 했습니다.

교만할 때 하나님은 징계를 내리십니다. 그러므로 영광은 오직 하나님께만 돌려야 합니다.

기도: 은혜로우신 하나님 아버지! 우리를 형통하게 하시며 순간순간마다 지켜주시고 인도해주시니 감사합니다. 늘 겸손하게 하나님만 의지하고 감사하며 인생을 살게 하옵소서.

60. 안디옥 교회처럼

*찬송: 507장 (통273장)

안디옥 교회에 선지자들과 교사들이 있으니 곧 바나바와 니게르라 하는 시므온과 구레네 사람 루기오와 분봉 왕 헤롯의 젖동생 마나엔과 및 사울이라 주를 섬겨 금식할 때에 성령이 이르시되 내가 불러 시키는 일을 위하여 바나바와 사울을 따로 세우라 하시니 이에 금식하며 기도하고 두 사람에게 안수하여 보내니라 (행 13:1~3).

    안디옥 교회의 설립은 스데반 집사의 순교의 열매입니다. 스데반 집사는 담대하게 예수가 그리스도이신 것을 전파하다가 반대자들의 돌에 맞아 순교하였습니다. 그로 인해 예루살렘 교회에 큰 핍박이 일어났습니다. 성도들은 그 핍박을 피하여 유대와 사마리아로 흩어졌습니다. 그리하여 사마리아 땅에 가서 복음을 전파하여 교회가 세워졌습니다. 스데반의 순교로 흩어진 또 다른 무리들은 베니게로 가서 전도했습니다. 그래서 베니게 교회가 창립되었습니다. 구브로에 가서 전도하여 구브로 교회가 창립되었습니다. 안디옥에 가서도 복음을 증거했습니다. 그렇게 해서 세워진 교회가 안디옥 교회입니다.

    예루살렘 교회에 핍박이 없었더라면 안디옥 교회는 세워지지 않았을지도 모릅니다. 핍박은 더 크게 복음을 증거하는 기회를 가져왔습니다. 구원의 은혜를 받은 그들은 뜨거운 가슴이 되어가는 곳곳마다 예수 그리스도의 구원의 복음을 전파하지 않을 수 없었던 것입니다. 안디옥 교회도 스데반 집사의 순교의 열매로 세워졌습니다. 순교의 피는 반드시 열매를 맺습니다. 헛되지 않습니다.

기도: 주님! 세상 끝 날까지 함께하시겠다 약속하시고 저희를 제자 삼으신 주님께 의지하여 스데반 집사의 모습을 배우겠습니다. 전도하겠습니다. 어디든지 가겠습니다. 이 몸을 드리겠습니다. 받아주시고 인도하옵소서.

61. 희생하며 땀 흘리며

*찬송: 499장 (통277장)

이르시되 때와 시기는 아버지께서 자기의 권한에 두셨으니 너희가 알 바 아니요 오직 성령이 너희에게 임하시면 너희가 권능을 받고 예루살렘과 온 유대와 사마리아와 땅 끝까지 이르러 내 증인이 되리라 하시니라 (행 1:7-8).

한국교회는 영국의 27세 젊은 선교사 토머스 목사가 1866년 미국 상선을 타고 대동강에 왔다가 순교한 것을 기초로 시작되었다고 할 수 있습니다.

그 상선은 한국에 무역을 요구하러 왔던 미국 상선이었습니다. 그러나 조선은 대원군의 쇄국정책에 의해 무역을 거절하였습니다. 그래서 돌아가려 했는데 마침 밀물 때 들어왔다가 썰물이 되어 배가 뜨지 못하게 되자 당시 평양감사가 배에 불을 질러버렸습니다. 그때 그 배를 타고 왔던 토머스 목사도 배와 함께 불타게 되었습니다. 그러나 그는 마지막 순간까지 그가 가지고 왔던 중국어로 기록된 한문 성경을 육지에 던지며 복음을 증거했습니다.

그 성경을 주워서 벽에 발랐던 자가 벽에 쓰여진 성경의 글을 읽고 예수를 믿게 되었습니다. 또 그 성경을 주워서 읽은 자가 예수를 믿게 되었습니다. 한국교회가 오늘과 같이 큰 발전과 부흥이 있게 된 것은 토머스 목사의 피 값이라고 할 수 있습니다.

어떤 일이든 희생과 땀 흘림이 있는 곳에 열매가 있습니다.

기도: 온 열방과 민족이 구원받기를 원하시는 주님! 우리의 희생과 땀을 통해서 더 많은 사람들을 구원하시기를 원하시는 주님의 명령에 순종하겠습니다. 주님 말씀 의지하여 나아가겠습니다. 포기하지 않고 나아가도록 힘을 주옵소서.

62. 생명을 구하는 훈계

*찬송: 510장 (통276장)

아이를 훈계하지 아니하려고 하지 말라 채찍으로 그를 때릴지라도 죽지 아니하리라 네가 그를 채찍으로 때리면 그의 영혼을 스올에서 구원하리라 (잠 23:13-14).

어머니와 어린 아들이 함께 살고 있었습니다. 한번은 학교에서 돌아온 아들이 "엄마 이거 우리 반 아이의 것인데 내가 훔쳤어."라고 말하며 자랑스럽게 그림책을 보여주었습니다. 그러면 어머니는 아들을 야단쳐야 마땅함에도 불구하고 도리어 "어! 좋은 거네. 잘 가지고 왔다."라며 칭찬을 해주었습니다. 아들은 꾸중 대신에 칭찬을 들으니 신이 났습니다. 그래서 다음날은 다른 아이의 겉옷을 훔쳐왔습니다. 이번에도 어머니는 칭찬을 해주었습니다. "대신 밖에 나갈 때는 입지 말고 집에서만 입도록 해라."라며 조언까지 했습니다.

아들이 자라서 청년이 되었습니다. 돈벌이를 할 재간이 없어서 예전에 많이 해본 대로 여러 곳을 다니며 도둑질만 했습니다. 도둑질뿐만 아니라 더 못된 짓을 골라가며 했습니다. 그러다가 결국 법정에서 사형선고를 받게 되었습니다. 사형집행관이 마지막으로 그에게 물었습니다. "너의 마지막 소원이 무엇이냐?" "예! 제 어머니에게 할 말이 있습니다." 그의 어머니가 그에게로 왔습니다. 청년은 그의 어머니의 귀에 대고 말했습니다. "어머니가 내가 어릴 적에 그림책을 처음 훔쳤을 때 야단을 쳤더라면 오늘 내가 이런 꼴은 되지 않았을 것입니다."

기도: 진리이신 주님! 우리의 자녀들에게 진실과 정직을 가르치게 하시며, 주님이 우리에게 원하시는 작은 것에 충성하는 생활을 할 수 있기를 원합니다. 저희에게 정직한 마음을 허락하옵소서.

63. 시어머니가 슬프고 괴로울 때

*찬송: 135장 (통133장)

룻이 이르되 내게 어머니를 떠나며 어머니를 따르지 말고 돌아가라 강권하지 마옵소서 어머니께서 가시는 곳에 나도 가고 어머니께서 머무시는 곳에서 나도 머물겠나이다 어머니의 백성이 나의 백성이 되고 어머니의 하나님이 나의 하나님이 되시리니 (룻 1:16)

룻은 사랑하는 남편을 잃은 젊은 여자였습니다. 남편과의 사이에 자녀도 없었습니다. 그러나 자신의 슬픔과 괴로움을 생각하지 않고 시어머니의 슬픔을 먼저 생각했습니다.

자신은 남편만 잃었지만 시어머니는 남편과 두 아들까지 잃고 슬퍼하는 것을 더 안타깝게 여겼습니다. 시어머니 나오미는 매우 가난했습니다. 모압 지방에서 베들레헴으로 돌아올 때 가지고 온 것이 하나도 없었습니다.

룻기 1장 21절은 나오미의 탄식입니다. "내가 풍족하게 나갔더니 여호와께서 내게 비어 돌아오게 하셨느니라."

나오미는 남편도, 자식도 모두 잃고, 가진 것은 아무것도 없었습니다. 한 끼 식사조차 해결하기 힘든 상황이었습니다. 게다가 나오미는 연로하여 일을 할 수 없는 처지였기에 룻은 자신의 힘으로 생계를 꾸려나가야 할 형편이었습니다.

이렇게 힘들고 어려운 상황임에도 불구하고 룻은 시어머니를 따라온 것입니다. 그리고 그 시어머니를 정성을 다해 모셨습니다. 하나님은 룻의 정성을 보시고 큰 복을 주셨으며, 예수 그리스도의 선조가 되었습니다.

기도: 주님! 효도하는 자녀로 살기를 원합니다. 낳으시고 길러주신 부모님의 사랑을 갚을 수 있는 형편을 허락하시고, 우리 가진 것 모두 드리는 마음으로 섬길 수 있도록 우리의 마음을 붙잡아 주옵소서.

64. 아버지의 생명을 살린 아들

*찬송: 577장

의인의 아비는 크게 즐거울 것이요 지혜로운 자식을 낳은 자는 그로 말미암아 즐거울 것이니라 네 부모를 즐겁게 하며 너를 낳은 어미를 기쁘게 하라 내 아들아 네 마음을 내게 주며 네 눈으로 내 길을 즐거워할지어다 (잠 23:24-26).

　　서울 마포에 사는 한두희(45세) 씨가 간암 판정을 받은 것은 1998년 11월이었습니다. 그가 완치될 수 있는 길은 단 한 가지 생체 이식뿐이었습니다. 이 사실을 알게 된 아들 한학규 군(마포고등학교 3학년)은 그의 간 60%를 떼어서 아버지에게 주었습니다. 간이식 수술은 경과가 아주 좋아 아버지의 생명을 살릴 수 있었습니다. 아들은 "간이 반쪽이라도 좋아요. 아버지만 완전히 회복하실 수 있다면……."이라고 말했다고 합니다.
　　그 가정이 믿음을 가진 가정이었는지는 모르겠지만 그 부자가 건강했으면 합니다. 효도는 이렇듯 가진 것이 많지 않아도 내가 가진 것으로, 내 형편대로 부모님을 모시는 것입니다.
　　우리의 부모님들은 모두 어려운 시대에 자녀들의 교육을 위하여 피와 땀을 흘렸습니다. 그분들의 노고와 수고를 감사히 여기고 정성을 다해 모시면 성경의 약속대로 복 받는 가정, 복받는 자녀들이 됩니다.

기도: 가정을 선물로 주신 하나님! 좋은 부모님과 형제와 가정을 만들어주신 하나님 감사합니다. 내게 허락하신 주님의 선물에 늘 감사하며 살게 하시고 아름다운 가정을 만들어가는 손길이 되게 하옵소서.

65. 하나님이 주신 율법   *찬송: 274장 (통332장)

우슬초로 나를 정결하게 하소서 내가 정하리이다 나의 죄를 씻어 주소서 내가 눈보다 희리이다. 주의 얼굴을 내 죄에서 돌이키시고 내 모든 죄악을 지워 주소서 하나님이여 내 속에 정한 마음을 창조하시고 내 안에 정직한 영을 새롭게 하소서 (시 51:7, 9-10).

타락한 인간들을 구원하시기 위해 하나님은 첫째로 율법을 주셨습니다. 하나님이 주신 율법을 간단히 요약하면 십계명입니다.
* 나 외에 다른 신을 네게 두지 말라
* 우상을 숭배하지 말라
* 여호와의 이름을 망령되게 부르지 말라
* 안식일을 기억하여 거룩하게 지키라
* 네 부모를 공경하라
* 살인하지 말라
* 간음하지 말라
* 도둑질하지 말라
* 거짓 증거하지 말라
* 네 이웃의 것을 탐내지 말라

십계명 중 두 계명은 '하라'는 계명입니다. 즉 '안식일을 거룩히 지키라', '부모를 공경하라'입니다. 그리고 나머지 여덟 가지는 '하지 말라'는 계명입니다. 그런데 타락한 인간들은 마음속에 불순종의 영의 지배를 받아 '하라'는 것은 하지 않고 '하지 말라'는 것은 행하는 자들이 되고 말았습니다. 율법은 행함으로 구원을 받는 것인데 행하지 않으므로 인간은 모두 구원을 받을 수 없게 되었습니다.

기도: 구원의 주님! 저희를 구원하시기 위해 독생자를 아낌없이 주신 하나님 감사합니다. 하나님의 그 큰 사랑과 우리의 죄를 대신해 십자가를 지신 주님의 은혜에 늘 감사하며 살게 하옵소서.

66. 기도 쉬는 것은 죄

*찬송: 368장 (통486장)

여호와여 내 기도를 들으시고 나의 부르짖음을 주께 상달하게 하소서 나의 괴로운 날에 주의 얼굴을 내게서 숨기지 마소서 주의 귀를 내게 기울이사 내가 부르짖는 날에 속히 내게 응답하소서 (시 102:2-3).

　기도는 성도의 의무입니다. 그래서 사무엘은 "나는 너희를 위하여 기도하기를 쉬는 죄를 여호와 앞에 결단코 범하지 아니하고 선하고 의로운 길을 너희에게 가르칠 것인즉"이라고 하면서 기도를 쉬는 것은 죄(삼상 12:23)라고 했습니다.

　다니엘은 하루 세 번 시간을 정해놓고 하나님께 기도드렸습니다. 그는 바벨론에 포로로 잡혀 있었기 때문에 성전에는 가지 못하고 성전 쪽 창문을 열어놓고 기도드렸습니다. 그러던 중 그는 시기와 질투하는 자들의 모함으로 사자굴에 들어가게 되었습니다. 그러나 하나님은 천사를 보내셔서 그 사자의 입을 막아 다니엘의 생명을 지켜주셨습니다.

　규칙적으로 시간을 정해놓고 기도드리는 시간 중에 그래도 제일 좋은 시간은 새벽입니다. 예수님은 새벽을 깨워서 기도하셨습니다. 새벽 미명에 한적한 곳에 가셔서 기도하셨습니다. 전능하신 하나님의 독생자도 기도하셨는데 연약한 우리가 기도하지 않으면 안 됩니다. 그리고 이 어려운 시대를 극복하는 길은 하나님의 도움을 받는 것 밖에는 없습니다. 그 도움을 받는 방법은 기도하는 것입니다.

기도: 주님! 기도의 본을 보여주신 주님의 발자취를 따르는 제자가 되기를 원하오니 기도를 쉬는 죄를 범치 않게 하시고 항상 주님만을 의지하며 기도하는 겸손한 신앙인이 되게 하옵소서.

67. 하나님이 행하시는 일

*찬송: 79장 (통40장)

하나님께서 행하시는 일을 보라 하나님께서 굽게 하신 것을 누가 능히 곧게 하겠느냐 (전 7:13).

　솔로몬은 다윗의 아들로 12세에 왕이 되었습니다. 솔로몬 혼자의 힘으로는 왕의 사명을 감당할 수 없다는 것을 알았습니다. 그래서 하나님께 일천번제를 드리며 부르짖어 기도했습니다. 하나님은 그의 기도를 들으시고 그가 구한 지혜를 주셨고 부와 영광도 주셨습니다.
　지혜의 왕 솔로몬은 그가 처음 해야 할 일이 성전건축이라는 것을 알았습니다. 그리고 실천했습니다. 7년이라는 긴 세월 동안 최고의 정성을 쏟아 하나님의 성전을 건축했습니다. 성전건축은 누구나 할 수 있는 일이 아닙니다. 다윗은 성전건축을 하고 싶었지만 하나님이 허락하지 않으셨습니다.
　솔로몬이 성전을 건축하고 하나님께 헌당할 때 드린 기도문은 무척 귀하고 귀한 신앙고백입니다. 그 중 한 절만 소개합니다. "주께서 전에 말씀하시기를 내 이름이 거기 있으리라 하신 곳 이 성전을 향하여 주의 눈이 주야로 보시오며 주의 종이 이곳을 향하여 비는 기도를 들으시옵소서."(왕상 8:29)
　성전에서 주님의 눈이 보고 계신다는 것입니다. 성전에 오지 못하는 자도 성전방향을 향하여 기도하면 들으신다는 것입니다.

기도: 전능하신 하나님! 우리 인생에서 하나님께서 하시는 일을 기대하게 하시고 오직 주님의 영광을 위해서 우리의 모든 것 드릴 수 있는 믿음을 주옵소서.

68. 청년의 때

*찬송: 575장 (통302장)

청년이여 네 어린 때를 즐거워하며 네 청년의 날들을 마음에 기뻐하여 다음에 원하는 길들과 네 눈이 보는 대로 행하라 그러나 하나님이 이 모든 일로 말미암아 너를 심판하실 줄 알라 (전 11:9).

하나님은 우리에게 형통을 주십니다. 그럴 때 우리는 기뻐하며 하나님의 은혜에 감사해야 합니다. 그리고 하나님께 더 가까이 나아가야 합니다. 그러나 대부분의 사람들은 그렇게 하지 않습니다. 왜냐하면 그 형통이 내 공로로 얻어진 것으로 착각하기 때문입니다.

예수님을 잘 믿던 분들 중에도 그런 분들이 많습니다. 서리집사 때는 열심히 충성하다가 구역장, 권사, 안수집사, 장로가 되면 다 된 줄 알고 충성을 안 합니다. 교회의 기둥이 되어야 할 위치인데 기둥역할을 하지 못합니다. 철저하게 최선을 다해 봉사해야겠다는 생각을 하지 않습니다. 하나님께도 인색해져서 온전한 십일조와 헌물을 드리지 않습니다. 오히려 권위만 세우려하고 본이 되려 하지 않습니다.

이렇게 영적생활에 문제가 생기면 반드시 육신의 생활에도 문제가 생깁니다. 그러면 죄의 길에 빠지게 되고 복을 받지 못하게 됩니다. 이를 결코 잊지 말아야 합니다.

기도: 주님! 청년의 때 여호와를 기억하라고 하신 하나님의 말씀을 간직하며 살기를 원합니다. 주님의 일을 할 수 있을 때 최선을 다해 섬기는 삶을 살게 하시고 온전히 주님께 충성하게 하옵소서.

69. 불평과 원망

*찬송: 260장 (통194장)

나라면 하나님을 찾겠고 내 일을 하나님께 의탁하리라 하나님은 헤아릴 수 없이 큰 일을 행하시며 기이한 일을 셀 수 없이 행하시나니 (욥 5:8-9).

모세는 이방여인인 애굽여인과 결혼을 했습니다. 그랬더니 누나 미리암과 형 아론이 모세를 심하게 비방했습니다. 그 결과로 인해 하나님은 미리암에게 나병이 들도록 하셨습니다. 하나님은 자신이 세운 하나님의 종을 형제간에 비방하는 것도 용서하지 않으셨습니다.

또한 이스라엘 민족들이 하나님과 모세를 크게 비방하고 불평했을 때 하나님은 독사(불뱀)를 보내어 백성들을 독사에게 물려 죽게 했습니다. 신기하게도 독사는 불평하던 사람들만 골라서 물었습니다. 하루에도 수백, 수천 명이 독사에게 물려 죽었습니다. 그때 모세는 기도했습니다. 하나님께 용서를 청원한 것입니다.

모세의 기도를 들으신 하나님은 긴 장대에 놋뱀을 만들어 달도록 명령하시고 불뱀에 물린 자가 그 놋뱀을 쳐다보면 살 것이라고 하셨습니다. 하나님 말씀대로 불뱀에 물린 자가 멀리서든지 가까이서든지 장대에 매달린 놋뱀을 쳐다보기만 하면 살았습니다. 놋뱀이 무슨 능력이 있었겠습니까? 하나님의 말씀에 순종하였기에 병이 치료된 것입니다. 그러나 불뱀에 물리고도 인간의 상식으로 "놋뱀이 어떻게 사람을 살리는가"라고 하며 순종하지 않고 불평하던 자들은 모두 죽었습니다.

기도: 언제나 우리의 기도를 응답하시는 하나님! 저희가 하나님께 원망하거나 불평하지 않게 하옵소서. 하나님께서 하시는 일을 묵묵히 기다릴 수 있는 믿음을 가지게 하시며 하나님께 기도하는 자가 되게 하소서.

70. 하버드 대학의 세 가지 학생강령
*찬송: 94장 (통102장)

지혜 있는 자는 듣고 학식이 더할 것이요 명철한 자는 지략을 얻을 것이라. 여호와를 경외하는 것이 지식의 근본이거늘 미련한 자는 지혜와 훈계를 멸시하느니라 (잠 1:5, 7).

하버드 대학에는 세 가지의 학생강령이 있습니다.

첫째로, 모든 학생은 자신의 삶과 학업의 주된 동적이 하나님과 예수 그리스도를 아는 데 있음을 명심해야 한다.

둘째로, 모든 학생은 하나님이 지혜를 주시는 분임을 명심하면서 은밀한 곳에서의 기도를 통해 하나님께 지혜를 간구해야 한다.

셋째로, 모든 학생은 하루 두 번 성경을 읽음으로써 성경의 용어와 신앙뿐 아니라 영적 진리들에 대해서 언제라도 설명할 수 있어야 한다.

공부의 목적이 하나님과 예수님을 아는 데 있다는 것입니다. 하나님께 지혜를 구하라는 것입니다. 하나님께서 지혜를 주셔야 참된 진리와 지식을 연마할 수 있다는 것입니다. 또한 성경을 읽고 성경을 설명할 수 있어야 한다는 것입니다. 이러한 교육을 받은 하버드 대학의 출신들이 지금 미국을 지배하고 있습니다. 세계를 지배하고 있습니다. 하나님은 그분을 경배하는 자들에게 이렇게 복을 주십니다.

기도: 지혜의 근본이신 하나님! 이 세상을 살면서 지혜의 근본이 하나님이심을 날마다 고백하게 하시고, 주님 주시는 지혜로 온전하게 하소서. 주님 주신 지혜로 세상에서 승리하게 하소서.

71. 성령의 명령에 즉각 순종

*찬송: 93장 (통93장)

너는 마음을 다하여 여호와를 신뢰하고 네 명철을 의지하지 말라 너는 범사에 그를 인정하라 그리하면 네 길을 지도하시리라 (잠 3:5-6)

교회에서 장로로 봉사하고 섬기시며 큰 건설회사 전무로 봉직하는 분의 간증입니다.

대학을 졸업하고 친구 10여 명이 같은 업종에 취직을 했습니다. 그 가운데 불신자도 여러 명 있었습니다. 3년쯤 지난 후 친구들은 전부 대리로 승진을 했는데 그는 승진에서 누락되었습니다. 그날 그는 교회에 가서 십자가를 쳐다보면서 하나님께 고함을 쳤습니다.

"하나님! 이게 어찌된 일입니까? 나는 주일도 잘 지키고 십일조도 잘 드리고 주일학교 교사도 하고 성가대도 하는데 이게 뭡니까?"

그때 십자가에서 영의 음성이 들렸습니다.

"네 이놈! 그래 주일성수도, 십일조도, 봉사도 잘했다. 내가 알고 있다. 그러나 그것은 네가 복을 받으려고 한 것이지 나를 위해서 한 일이었느냐?"

그때 그는 십자가 밑에 거꾸러졌습니다.

"주님, 출세 안 해도 좋습니다. 다만 이 죄인의 죄를 용서해주십시오. 저는 교만했습니다. 이제부터는 정말 감격으로, 감사함으로 일하겠습니다."

그로부터 24년이 지난 지금, 그는 친구들 가운데 가장 성공하고 출세를 했다고 합니다.

기도: 주님! 주님은 나의 힘이요 전부가 되시니 감사합니다. 세상의 물질과 명예와 학식을 추구하던 삶에서 주님 중심의 삶으로 바뀌어 섬기는 삶을 살게 인도하옵소서.

72. 심고 거두는 원리

*찬송: 393장 (통447장)

스스로 속이지 말라 하나님은 업신여김을 받지 아니하시나니 사람이 무엇으로 심든지 그대로 거두리라 자기의 육체를 위하여 심는 자는 육체로부터 썩어질 것을 거두고 성령을 위하여 심는 자는 성령으로부터 영생을 거두리라 (갈 6:7-8).

좋은 것을 심으면 좋은 것을 거둡니다. 나쁜 것을 심으면 나쁜 것을 거둡니다. 콩을 심으면 콩을 거두고 팥을 심으면 팥을 거둡니다. 벼를 심으면 벼를 거두고 보리를 심으면 보리를 거둡니다. 열심히 공부하면 좋은 성적을 얻습니다. 심은 그대로 거두게 됩니다. 일하지 않고 수확을 바라는 것은 도둑의 심보입니다.

얼마 전 파이낸스라는 금융업을 하는 자들로 인해 많은 사람들이 큰 재산상의 피해를 보았습니다. 특히 청구 파이낸스라는 회사는 30대 초반의 사장이 계획적으로 높은 이자를 주겠다고 광고를 내어 고객들의 돈을 1,000억 원이나 끌어 모아 그 돈으로 흥청망청 사치와 낭비를 일삼으며 탕진하여 사회적으로 큰 물의를 일으켰습니다. 그는 처음부터 사기를 칠 목적으로 돈을 끌어모았던 것입니다. 불과 30대 초반의 젊은이가 지금부터 인생을 그런 식으로 살면 그 사람의 장래는 어떨지 불을 보듯 환합니다. 당신은 어떤 인생을 계획하고 있습니까?

기도: 거짓이 없으신 신실하신 하나님! 하나님의 자녀 된 우리가 먼저 자기 자신을 속이지 않게 하시고, 다른 사람을 속이지도 않게 하소서. 좋은 것과 선한 것을 많이 심어 좋은 열매를 많이 맺는 인생을 살게 도와주옵소서.

73. 포기 못한 것

*찬송: 372장 (통420장)

내가 그리스도와 함께 십자가에 못 박혔나니 그런즉 이제는 내가 사는 것이 아니요 오직 내 안에 그리스도께서 사시는 것이라 이제 내가 육체 가운데 사는 것은 나를 사랑하사 나를 위하여 자기 자신을 버리신 하나님의 아들을 믿는 믿음 안에서 사는 것이라 내가 하나님의 은혜를 폐하지 아니하노니 만일 의롭게 되는 것이 율법으로 말미암으면 그리스도께서 헛되이 죽으셨느니라 (갈 2:20-21).

여러 해 전에 미국에 지독한 구두쇠 할머니가 한 분 계셨습니다. 그에게는 독자 아들이 있었는데 그 아들은 수년 전 다리에 병이 들어 수술을 해야 했습니다. 그런데 돈이 없어서 수술을 못해 결국 다리를 절단하여 의족을 달게 되었습니다. 할머니의 집은 먹을 것이 없어 묽은 죽으로 끼니를 때우곤 했습니다. 그러다 할머니가 돌아가셨습니다. 돌아가신 주원인은 영양실조 때문이었습니다. 그런데 깜짝 놀랄 일이 벌어졌습니다. 할머니가 돌아가시고 난 후 할머니의 저금통장이 발견되었는데 통장에는 1억 달러나 되는 돈이 예금되어 있었던 것입니다. 우리나라 돈으로 1,250억 원에 달하는 엄청난 금액이었습니다. 본인은 영양실조로 죽고 아들은 돈이 없어서 다리까지 절단할 정도였는데 그런 어마어마한 돈을 가지고 있었다니 정말 기가 막힐 노릇입니다.

아무리 돈이 많아도, 세상의 모든 것을 가지고 있어도 그것들은 내 생명을 구원하지 못합니다. 나를 구원하실 분은 오직 예수 그리스도 한 분뿐입니다. 그분을 내 마음에 모시려면 나를 십자가에 못 박아야 합니다. 세상적인 것들을 포기해야 합니다.

기도: 우리는 세상의 것들로 눈이 멀어 있습니다. 물질의 노예로 살아가고 있습니다. 주님! 도와주옵소서. 주님 한 분만으로 만족할 수 있게 하시고 감사하며 살도록 저희 마음을 바로 세워주옵소서.

74. 문제해결의 방법은 찬송

*찬송: 38장

하늘에 있는 군대들이 희고 깨끗한 세마포 옷을 입고 백마를 타고 그를 따르더라 그의 입에서 예리한 검이 나오니 그것으로 만국을 치겠고 친히 그들을 철장으로 다스리며 또 친히 하나님 곧 전능하신 이의 맹렬한 진노의 포도주 틀을 밟겠고 그 옷과 그 다리에 이름을 쓴 것이 있으니 만왕의 왕이요 만주의 주라 하였더라 (계 19:14-16).

한국전쟁 때 철의 삼각 전투에서 공산군에게 국군 50명이 포로로 잡혔습니다. 공산군은 국군 포로를 한 명씩 그 자리에서 즉결처형을 하기 시작했습니다. 과반수이상을 처형하고 드디어 예수 믿는 국군병사 차례가 되었을 때 그만 총알이 다 떨어졌습니다. 공산군이 다시 총알을 장전하는 동안 그 병사는 유언과 같은 마음으로 그가 평소에 즐겨 부르던 찬송을 부르기 시작했습니다. 바로 찬송가 493장이었습니다.

> 하늘가는 밝은 길이 내 앞에 있으니
> 슬픈 일을 많이 보고 늘 고생하여도
> 하늘 영광 밝음이 어둔 그늘 헤치니
> 예수 공로 의지하여 항상 빛을 보도다.

처형을 집행하던 공산군 장교는 총알장전을 다 마친 후 병사의 노래가 3절을 마칠 무렵 갑자기 뒤에서 처형을 감독하던 소련군을 향하여 총구를 돌리더니 그들을 향해 발사하였습니다. 그러면서 그 병사에게 "나도 부모님 모시고 예수님을 믿었었는데 전쟁이 나서 공산군이 되었다."라고 말하며 그를 석방시켜 주었습니다. 찬송은 이렇게 인간의 문제를 해결해줍니다.

기도: 모든 문제 해결자가 되시는 주님! 괴롭고 지쳐 쓰러질 때 찬송하게 하소서. 어렵고 힘들 때 찬송하게 하소서. 그래서 주님 주신 힘으로 일어나게 하소서. 성령의 인도로 전진하게 하소서.

75. 영원히 살아 있는 말씀
*찬송: 205장 (통236장)

너희가 거듭난 것은 썩어질 씨로 된 것이 아니요 썩지 아니할 씨로 된 것이니 살아 있고 항상 있는 하나님의 말씀으로 되었느니라 그러므로 모든 육체는 풀과 같고 그 모든 영광은 풀의 꽃과 같으니 풀은 마르고 꽃은 떨어지되 오직 주의 말씀은 세세토록 있도다 하였으니 너희에게 전한 복음이 곧 이 말씀이니라 (벧전 1:23~25).

하나님께서는 영원히 살아계신 분이기 때문에 하나님의 말씀인 성경도 영원합니다. 성경을 기록한 저자는 36명쯤 되고 기록연대는 지금으로부터 2,000년에서 3,600년 전입니다. 기록은 비록 인간이 했지만 인간의 의지대로 기록한 것이 아닙니다. 기록자의 생각이나 뜻이 전혀 포함되어 있지 않습니다. 왜냐하면 성경은 성령의 강권적인 감동으로 기록된 것이기 때문입니다.

구약은 예수님이 오시기 전에 예수님이 메시야로 오실 것을 예언한 책입니다. 그리고 신약은 예수님이 오셔서 활동한 기록입니다. 요한계시록은 다시 오실 예수님(재림주)에 대한 기록입니다. 성경 66권 전부가 하나님의 말씀이며 영원히 살아계신 말씀입니다. 인간의 마음대로 뺄 수도 없고 더할 수도 없습니다.

하나님의 말씀은 예수님이 재림주로 오실 때까지 영원히 살아있는 그리고 계속 살아있을 말씀입니다. 세상 것은 썩고 없어지고 사라지지만 하나님의 말씀은 영영히 계속 살아서 역사하시는 것입니다.

기도: 영원하신 하나님! 우리에게 성경을 주셔서 말씀으로 인도하여 주시고 생명을 주시니 감사합니다. 영원한 생명의 말씀을 통하여 새 힘을 얻게 하시고 썩지 아니하는 영생의 말씀을 통하여 영원한 생명을 얻게 하옵소서.

76. 영원하신 예수 그리스도   *찬송: 90장 (통98장)

예수 그리스도는 어제나 오늘이나 영원토록 동일하시니라 여러 가지 다른 교훈에 끌리지 말라 마음은 은혜로써 굳게 함이 아름답고 음식으로써 할 것이 아니니 음식으로 말미암아 행한 자는 유익을 얻지 못하였느니라 (히 13:8-9).

　인간의 사상이나 관습, 풍물, 생각, 권력 그 어느 것도 변하지 않고 계속되는 것은 없습니다. 끊임없이 변화하는 것이 세상의 이치입니다.
　인간이 달에 첫 발을 내디딘 지가 30년이 넘었습니다. 그동안 우주탐사에 관한 기술도 엄청나게 발달했습니다. 이것이 21세기입니다. 21세기에는 지금까지 고치지 못했던 많은 불치병도 고칠 수 있게 될 것입니다. 의학이 많이 발전했고 앞으로도 더욱 발전할 것이기 때문입니다. 이렇게 변화에 변화를 거듭하는 것이 과학입니다.
　그러나 중요한 것은 이렇게 인간세상이 급속도로 변화하여 풍속이 달라지고 사상이 달라지고 과학이 엄청난 발전을 거듭한다고 해도 변하지 않는 것이 있습니다. 그것이 무엇입니까? 그것은 바로 하나님이십니다. 하나님이 주신 말씀입니다. 예수 그리스도는 어제나 오늘이나 영원토록 동일하십니다. 변함이 없습니다. 온 세상과 인류를 구원하시고자 하는 하나님의 사랑은 영원하십니다.

기도: 영원토록 동일하신 하나님! 변함없이 모든 인간을 사랑하시고 구원하시는 하나님의 사랑에 감사드립니다. 영원하신 하나님의 말씀과 하나님의 사랑에 힘입어 승리하는 신앙생활을 할 수 있도록 인도하소서.

77. 인내가 주는 결과

*찬송: 336장 (통383장)

그가 곤욕을 당하여 괴로울 때에도 그의 입을 열지 아니하였음이여 마치 도수장으로 끌려가는 어린 양과 털 깎는 자 앞에 잠잠한 양 같이 그의 입을 열지 아니하였도다 (사 53:7).

　　예수님은 가룟 유다의 배신을 보면서도 참으셨습니다. 희롱을 당하면서도, 모욕을 당하면서도 참으셨습니다. 십자가를 지면서도, 십자가에 못 박히면서도 인내하셨습니다.
　　잡히시던 날 밤, 예수님을 잡으러 온 대제사장의 종 말고의 귀를 베드로가 쳐서 떨어뜨렸을 때 예수님은 그 귀를 붙여주시면서 "이것까지 참아라!"라고 하셨습니다. 당신 자신을 위해서는 능력을 사용하지 않으셨습니다. 인내하셨습니다. 하나님의 뜻을 따르고 자신의 고통과 고난을 피하지 않았습니다. 그러기에 구세주가 되신 것입니다. 속죄주가 되신 것입니다.
　　인생이 힘드십니까? 괴롭습니까? "No Cross, No Crown!"입니다. "십자가 없이는 면류관도 없습니다." 그래서 예수님은 "아무든지 나를 따라오려거든 자기를 부인하고 날마다 제 십자가를 지고 나를 따를 것이니라."(눅 9:23)라고 말씀하셨습니다. 인내의 결과는 아름답습니다.

기도: 십자가의 죽음까지도 참으셨던 주님! 작은 일에도 참지 못하는 어리석음을 용서하시고 주님의 발자취를 따라 인내하게 하소서.

78. 종이 되신 예수님

*찬송: 86장 (통86장)

그는 근본 하나님의 본체시나 하나님과 동등됨을 취할 것으로 여기지 아니하시고 오히려 자기를 비워 종의 형체를 가지사 사람들과 같이 되셨고 사람의 모양으로 나타나사 자기를 낮추시고 죽기까지 복종하셨으니 곧 십자가에 죽으심이라 (빌 2:6-8).

하나님이 사람이 되셨다는 말을 신학적인 용어로 "성육신"이라고 합니다. "말씀이 육신이 되어"(요 1:14) 오셨다는 의미입니다. 그런데도 하나님의 본체를 영원히 간직하고 계시면서 종이 되신 것입니다. 그래서 예수님의 인격을 설명할 때 "완전한 하나님과 완전한 사람을 한 인격에 소유하신 분"이라고 말하는 것입니다.

예수님은 이 땅에 종의 모습으로 오셨고 뿐만 아니라 십자가를 지셨습니다. 두 손과 두 발에 못 박히셨고 가시관을 쓰셨습니다. 창에 찔리셨고 물과 피를 쏟으시고 십자가에서 죽으셨습니다. 무덤에 장사되었습니다. 죽기까지 복종하셨습니다. 사람으로서 복종을 다하셨습니다. 사람으로서 복종의 극치는 죽음입니다. 이와 같은 희생이 세상 어디에 있습니까? 자기를 죽이는 희생입니다. 이것은 하나님의 인간에 대한 사랑입니다. 이것은 인간의 죄를 없이하고 구원해주시려는 하나님의 사랑입니다.

기도: 죽기까지 우리를 사랑하신 주님! 종이 되시고 모든 고통을 체험하신 주님의 은혜를 잊지 않게 하시고 평생 주님을 따르는 주의 종이 되게 하소서.

79. 하나님의 명령에 대한 아브라함

*찬송: 528장 (통318장)

여호와께서 이르시되 네 아들 네 사랑하는 독자 이삭을 데리고 모리아 땅으로 가서 내가 네게 일러 준 한 산 거기서 그를 번제로 드리라 아브라함이 아침에 일찍이 일어나 나귀에 안장을 지우고 두 종과 그의 아들 이삭을 데리고 번제에 쓸 나무를 쪼개어 가지고 떠나 하나님이 자기에게 일러 주신 곳으로 가더니 (창 22:2-3).

첫째, 아브라함은 하나님의 명령에 대해 이유를 묻지 않았습니다. 순종했습니다.

둘째, 아브라함은 즉시 행동했습니다. 하나님의 명령이 떨어지자 두 사환과 그의 아들 이삭을 데리고 번제에 쓸 나무를 쪼개어서 하나님이 자기에게 지시한 곳으로 떠났습니다.

셋째, 아브라함은 불평이 없었습니다. 아브라함도 인간인지라 마음속으로는 힘들었을 것입니다. 그러나 그는 말없이 복종했습니다.

넷째, 아브라함은 하나님의 명령을 그대로 실천했습니다. 번제를 드리기 위한 단을 쌓았습니다. 그리고 이삭을 결박한 후 칼로 아들을 잡으려 했습니다.

이렇게 아브라함이 순종할 때 하나님의 사자가 그에게 나타나 복을 약속하셨습니다.

첫째, 네게 큰 복을 주겠다.

둘째, 네 씨로 성하게 하겠다. 하늘의 별과 바다의 모래와 같이 많아질 것이다.

셋째, 네 씨가 대적의 문을 얻으리라. 항상 승리의 복을 주겠다.

넷째, 네 씨로 말미암아 천하 만민이 복을 얻으리라.

이 복을 주시는 이유는 아브라함이 독자를 아끼지 아니하고 하나님의 말씀을 준행했기 때문이라고 하셨습니다.

기도: 순종을 원하시는 주님! 저희가 아브라함의 순종을 배우게 하옵소서. 우리의 생각과 뜻에 의한 판단이 아니라 하나님의 말씀에 의지하여 순종하게 하소서.

80. 세 가지 죽음

*찬송: 614장

 예수에게 자색 옷을 입히고 가시관을 엮어 씌우고 경례하여 이르되 유대인의 왕이여 평안할지어다 하고 갈대로 그의 머리를 치며 침을 뱉으며 꿇어 절하더라 희롱을 다 한 후 자색 옷을 벗기고 도로 그의 옷을 입히고 십자가에 못 박으려고 끌고 나가니라 (막 15:17-20)

죽음에는 세 가지가 있습니다.

첫째, 영의 죽음입니다. 육신만 부르짖으면 인간의 영이 죽습니다. 그러면 영적인 세계를 도무지 알 수 없게 됩니다. 눈에 보이는 것들만 최고인 줄 아는 자는 영이 죽은 자입니다.

둘째, 육의 죽음입니다. 영혼과 육신이 분리되면 죽음이 옵니다. 믿는 영혼은 천국에 가지만 육신은 흙에서 왔기에 흙으로 돌아가서 썩습니다.

셋째, 양심의 죽음입니다. 죄악을 먹고 마시면서도 죄를 의식하지 못하는 것은 양심이 죽은 증거입니다.

사람들은 육의 죽음만을 알고 있습니다. 그러나 더 중요한 것은 영의 죽음이요 영의 죽음은 지옥이 기다리고 있음을 직시해야 합니다. 뿐만 아니라 양심의 죽음도 중요합니다. 우리나라에서 제일 부패한 집단을 뽑자면 정치가들과 재벌들일 것입니다. 비참한 현실입니다. 부패는 영이 죽은 증거이며 양심이 죽은 증거입니다. 이러니 국민들이 정치가들의 말을 믿지 않는 것입니다. 신뢰할 수 있는 사회가 되도록 기도해야 합니다.

기도: 주님! 언젠가 죽음을 맞이할 수밖에 없는 우리들입니다. 저희가 양심의 죽음과 영의 죽음에 민감하게 하셔서 하나님 앞에 죄를 짓지 않게 하옵소서. 그래서 저희를 통해 바른 세상이 만들어지게 하소서.

81. 십자가를 부인

*찬송: 144장 (통144장)

이에 예수께서 제자들에게 이르시되 누구든지 나를 따라오려거든 자기를 부인하고 자기 십자가를 지고 나를 따를 것이니라 (마 16:24).

왜정 시대에 북만주에서 주일날 4-50명이 예배를 드리는데 갑자기 일본군 토벌대가 교회를 포위했습니다. 토벌대장이 예배당 안으로 걸어 들어오더니 너희들 가운데 불순분자가 있으니 조사를 하겠다고 했습니다.

그러면서 벽에 있는 예수님의 사진을 입구에 놓고 한 사람씩 나가면서 이 사진에 침을 뱉고 나가라고 했습니다. 그렇게 하지 않으면 바로 즉결 처벌을 하겠다고 했습니다. 모두 벌벌 떨며 있다가 먼저 장로가 나가면서 침을 뱉었습니다. 그리고 권사도, 집사도, 늙은이도, 젊은이들도 뱉었습니다.

마지막으로 청년 한 사람이 나오더니 호주머니에서 손수건을 꺼내어 침이 흐르는 사진을 깨끗하게 닦았습니다. 그러면서 "이 사진은 물론 예수님의 진짜 사진은 아닙니다. 그러나 당신들이 나의 신앙을 시험하는 것은 참을 수가 없습니다. 침을 뱉고 며칠 더 살면 뭘 하겠습니까? 당장 나를 죽이시오."라고 고함쳤습니다.

그러자 토벌대장은 "너는 진짜 예수쟁이구나!"라고 말하며 그 사람만 남겨두고 나머지 사람은 모두 잡아가서 조사를 했습니다. 토벌대장은 교회에 독립군이 있는지 조사하러 온 것인데 조사를 다 하고 나서 혐의가 없으니까 성도들을 풀어주면서 "에이 못된 놈들! 예수 믿을 바에야 똑바로 믿어라. 예수 믿으면서 예수 사진에 침을 뱉을 바에는 나는 예수 안 믿고 그런 짓을 하지 않겠다"고 했습니다. 그리스도를 믿고 십자가를 진다는 것은 주님을 부인하지 않는 것입니다.

기도: 사랑의 주님! 이 땅에 살면서 주님의 십자가를 배반하지 않도록 담대한 믿음을 허락하시고 날마다 성령의 인도를 받게 하소서.

82. 사랑의 집

*찬송: 559장 (통305장)

내가 사람의 방언과 천사의 말을 할지라도 사랑이 없으면 소리 나는 구리와 울리는 꽹과리가 되고 (고전 13:1).
주의 궁정에서의 한 날이 다른 곳에서의 천 날보다 나은즉 악인의 장막에 사는 것보다 내 하나님의 성전 문지기로 있는 것이 좋사오니 (시 84:10).

우리들에게는 두 개의 집이 있습니다. 하나는 육신의 피로를 풀 수 있는 가정입니다. 남편과 아내가 있으며, 아들과 딸이 있는 집입니다. 서로 사랑하고 위해 주며, 평화와 평강이 있는 사랑의 집입니다. 이것이 성도의 가정입니다.

다른 하나는 우리 심령의 안식을 얻을 수 있는 장소, 상처받고 죄악에 찌들고 고통받는 심령이 쉴 수 있는 장소, 부지불식간에 잘못에 빠져 들었다가도 이 집에 들어와서 회개하고 참회하면 속함을 받는 장소, 고요히 예배드리며 하나님을 만나는 장소, 고요히 기도드리는 장소입니다. 그래서 옛 시편 기자는 기도하지 않고는 이 집을 떠나지 말라 했고, 하박국 선지자는 "오직 여호와는 그 성전에 계시니 온 천하는 그 앞에서 잠잠할지어다."라고 말한 장소, 그 집은 바로 예배당입니다. 그러므로 이 두 집의 특징은 같습니다. 한 마디로 "사랑의 집"이라는 점입니다.

산을 옮기는 엄청난 믿음과 기적을 행하는 능력이 있어도, 죽은 사람을 살리는 기적이 있어도, 심지어는 자기 몸을 불사르게 내어주는 희생과 헌신과 순교가 있어도, 일생을 다 바쳐 모은 재산을 모두 바친다고 해도 사랑이 없으면 아무것도 아닙니다. 자기에게 유익이 없고 남에게도 유익이 없다는 것입니다.

기도: 사랑의 하나님! 우리 가정이 사랑이 넘치는 가정이 되게 하소서. 예수님이 거하는 가정이 되게 하소서.

83. 빈 무덤

*찬송: 606장 (통291장)

한번 죽는 것은 사람에게 정해진 것이요 그 후에는 심판이 있으리니 (히 9:27).

인간은 모두 죽습니다. 이 세상에 온 사람 중에 죽지 않는 사람은 없습니다. 권세 있었던 자나 재물이 많았던 자는 죽은 후에 그 후손이 무덤을 호화롭게 만들기도 합니다. 유대인들이 제일 존경하는 선조는 다윗 왕입니다. 그러나 그 다윗도 죽어 큰 무덤을 남겼습니다. 죽음으로 그 생애는 끝이 났다는 말입니다. 그러므로 죽었다는 것은 그가 인간이었다는 증거가 됩니다. 인간은 인간을 구원할 수가 없습니다. 인간이 다른 인간의 죄를 없이 할 수 없습니다.

아라비아 사막에서 낙타를 타고 장사하던 이슬람교도가 기독교인을 만나 대화한 이야기가 있습니다. 그는 기독교인에게 "당신들 기독교보다 이슬람교가 더 귀한 것은 아라비아 메카에 가면 우리의 교주 마호메트의 화려한 무덤이 있기 때문이요"라며 자랑했습니다. 그리고 계속해서 "기독교 발생지인 예루살렘에 가면 예수의 무덤은 비어있지 않느냐?"고 비웃음 띤 얼굴로 말했습니다. 그러자 기독교인이 말했습니다. "그렇습니다.

당신의 말이 옳습니다. 이것이 이슬람교와 기독교의 차이점입니다. 당신들이 믿는 마호메트는 무덤에 묻혔습니다. 그의 시체는 썩어서 지금은 무덤 속에서 뼈만 남았을 것입니다. 그러나 우리가 믿는 예수 그리스도는 죽었다가 다시 살아나셔서 하늘나라로 승천하셨습니다." 이슬람교도는 더 이상 한 마디 말도 못했습니다. 왜냐하면 죽은 사람은 위인일지는 모르나 다른 사람의 근본 문제를 해결해주는 자는 아니기 때문입니다.

기도: 살아 계신 하나님! 세상 모든 사람들은 다 죽습니다. 그러나 다시 사신 그리스도를 통해 우리에게 부활의 믿음을 주시니 감사합니다. 이 부활신앙으로 승리하게 하소서.

84. 사랑으로 원수를 갚다

*찬송: 614장

사랑은 오래 참고 사랑은 온유하며 시기하지 아니하며 사랑은 자랑하지 아니하며 교만하지 아니하며 (고전 13:4)

공산권 선교로 유명한 루마니아의 리차드 범브란트 목사가 약 30명의 크리스천과 함께 루마니아 감옥에 갇혀 있을 때의 일입니다.

하루는 감옥 문이 열리고 한 사람이 밀쳐 던져졌는데 감방 안의 모든 크리스천들이 그 사람이 누구인지를 알고 나서는 깜짝 놀랐습니다. 그 사람은 바로 자기들을 체포하고 고문하면서 여러 가지 어려움을 주었던 비밀경찰 중의 한 사람이었던 것입니다. 그런데 왜 그가 감옥에 들어와서 크리스천들과 함께 있게 되었는가에 대해서 그 비밀경찰이 다음과 같은 이야기를 했습니다.

어느 날 어떤 소년이 가슴에 탐스럽게 꽃을 한 아름 안고 비밀경찰의 사무실에 들어왔습니다. 무슨 일로 왔는지 물으니 "아저씨, 아저씨가 우리 엄마, 아빠를 체포한 분인 줄 압니다. 오늘은 우리 엄마 생일입니다. 저는 꼭 엄마 생일 때는 이렇게 꽃을 한 아름 안고 어머니를 기쁘게 해 드렸습니다. 그런데 금년에는 엄마의 생일을 기쁘게 해드릴 수가 없습니다. 아저씨가 우리 부모님을 체포했기 때문입니다. 그래서 오늘은 엄마의 생일을 기쁘게 해드리는 날이지만 이 꽃을 아저씨 사모님에게 드리려고 가져왔습니다. 우리 엄마는 늘 이렇게 가르쳐주셨습니다. '원수를 사랑하고 악을 선으로 갚아야 한다.'고 말입니다. 아저씨, 이 꽃다발을 사모님에게 꼭 전해주십시오."라고 소년이 얘기하더라는 것입니다.

그는 그 소년의 꽃다발을 받고 소년을 부둥켜안고 그 자리에서 같이 울었습니다. 그 후 양심의 가책을 느끼게 되어 회개를 했고, 남은 인생을 그리스도를 위해 살기로 결심했다는 것입니다.

기도: 자비의 하나님! 우리가 악을 선으로 갚고, 원수를 사랑으로 갚을 수 있는 믿음과 사랑을 가질 수 있도록 도와주옵소서.

85. 여호와 닛시

*찬송: 342장 (통395장)

여호와께서 모세에게 이르시되 이것을 책에 기록하여 기념하게 하고 여호수아의 귀에 외워 들리라 내가 아말렉을 없이하여 천하에서 기억도 못 하게 하리라 모세가 제단을 쌓고 그 이름을 여호와 닛시라 하고 (출 17:14-15).

여호수아는 모세의 말대로 군사를 거느리고 나가서 아말렉과 싸웠습니다. 그리고 모세는 아론과 훌을 데리고 산꼭대기에 올라가서 기도를 시작했습니다. 그런데 거기서 그가 손을 들고 기도하면 이스라엘이 이기고 팔이 아파서 손을 내리면 아말렉이 이겼습니다. 계속 이기려면 모세가 손을 계속해서 들고 있어야 하는데 팔이 아파서 그럴 수가 없었습니다. 그래서 아론과 훌이 돌을 가져다가 모세를 앉히고 그들이 각각 모세의 팔을 한쪽씩 들고 있게 되었습니다. 계속 손을 들고 기도하게 한 것입니다. 그리하여 여호수아는 그 기도의 힘으로 아말렉과 그 백성을 쳐서 무찌를 수 있었습니다. 모세는 그곳에 단을 쌓고 그 이름을 '여호와 닛시'라고 했습니다. 그 의미는 '여호와는 나의 깃발(The Lord is my banner)'입니다.

인생은 끝없는 전쟁의 연속입니다. 전쟁의 대상자는 누구입니까? 바로 아말렉과 같은 세력, 공중의 권세를 잡은 사탄의 세력입니다. 이 세력은 구원받은 우리들이 날마다 천성을 향하여 전진해야 하는데 전진하지 못하도록 가로막습니다. 그러므로 우리들은 이를 분별하고 이길 수 있도록 항상 기도해야 합니다.

기도: 여호와 닛시의 하나님! 우리가 이 세상을 살면서 시험에서 승리하게 하시고 사탄마귀의 세력에 무릎꿇지 않도록 도와주옵소서. 기도의 끈을 놓지 않고 전진하며 나가는 하나님의 백성이 되게 하소서.

86. 복에 복을 더 받는 원리

*찬송: 384장 (통434장)

야베스가 이스라엘 하나님께 아뢰어 이르되 주께서 내게 복을 주시려거든 나의 지역을 넓히시고 주의 손으로 나를 도우사 나로 환난을 벗어나 내게 근심이 없게 하옵소서 하였더니 하나님이 그가 구하는 것을 허락하셨더라 (대상 4:10).

성경은 야베스의 기도를 통해 복 받는 원리를 가르쳐주셨습니다. 복에 복을 더 받는 원리는 다음과 같습니다.

첫째, 하나님이 제일 기뻐하시는 일을 하는 것입니다. 하나님이 기뻐하시는 일은 피조물인 인간들이 하나님께 예배드리는 것입니다.

둘째, 부지런히 일하는 것입니다. 게으른 자는 복을 받을 수 없습니다.

셋째, 전능하신 하나님께 부르짖어 기도하는 것입니다. 하나님은 구한 것만큼 주십니다. 그러나 구하지 않으면 얻지 못합니다.

넷째, 온전한 십일조를 하나님께 봉헌하는 것입니다. 십일조는 내 것이 아니고 하나님의 것입니다.

다섯째, 하나님의 말씀에 절대 순종하는 것입니다.

성경은 우리에게 하늘의 신령한 복과 땅의 기름진 복을 받는 원리를 가르쳐줍니다. 그러므로 그 말씀에 순종하면 성경이 약속한 모든 복을 다 받을 수 있습니다.

기도: 내게 복 주시기를 원하시는 주님! 야베스의 기도처럼 하나님께 구하고 복에 복을 받는 자가 되기를 원합니다. 주님이 주신 복을 세상 사람들과 나누며 살아가는 넉넉한 마음과 부요한 마음도 허락하옵소서.

87. 우상숭배의 결과   *찬송: 8장 (통9장)

너를 위하여 새긴 우상을 만들지 말고 또 위로 하늘에 있는 것이나 아래로 땅에 있는 것이나 땅 아래 물 속에 있는 것의 어떤 형상도 만들지 말며 그것들에게 절하지 말며 그것들을 섬기지 말라 나 네 하나님 여호와는 질투하는 하나님인즉 나를 미워하는 자의 죄를 갚되 아버지로부터 아들에게로 삼사 대까지 이르게 하거니와 나를 사랑하고 내 계명을 지키는 자에게는 천 대까지 은혜를 베푸느니라 (출 20:4-6).

하나님을 모르는 사람들은 우상숭배에 빠집니다.

그리스(헬라) 사람들은 많은 신을 만들어놓고 그것들을 숭배했습니다. 제우스신도 그리스 사람들이 만든 신입니다. 그리스의 수도 아테네에 있는 그들의 선조들이 남겨놓은 문화재나 유물들은 전부 우상과 관련된 것들입니다. 제우스 신전, 아폴로 신전, 비너스 신전과 같은 것들은 전부 우상을 섬기던 전당입니다.

우상숭배는 무엇입니까? 살아 계신 하나님 외에 다른 것을 섬기는 것입니다. 여타 종교의 창시자들이 권면하고 있는 선하게, 착하게 살라는 교훈은 아직도 남아있고 따를 만하지만 그들도 우리와 같은 인간이었습니다. 그러기에 그들은 모두 죽어서 무덤을 남겼습니다. 착하게 사는 것은 좋은 일이지만 착하게 산다고 죄가 없어지는 것은 아닙니다. 인간의 근본문제는 죄의 문제입니다. 그 죄를 없이 하실 분은 오직 예수 그리스도 한 분뿐이십니다.

우상숭배의 결과는 무엇입니까? 지옥입니다. 그래서 우상숭배에 빠진 자들을 구원하라고 하나님은 우리를 먼저 구원하시고 하나님의 자녀로 삼으신 것입니다.

기도: 유일신이신 하나님! 오직 하나님만 섬기고 우상숭배하지 말라고 명령하신 말씀에 순종하려 합니다. 세상에 만들어진 우상뿐만 아니라 보이지 않는 우상이 우리 마음을 지배하지 않도록 도와주시고 정결한 하나님 백성이 되게 하소서.

88. 주 예수님의 은혜

*찬송: 368장 (통486장)

그런데 지금 너희가 어찌하여 하나님을 시험하여 우리 조상과 우리도 능히 메지 못하던 멍에를 제자들의 목에 두려느냐 그러나 우리는 그들이 우리와 동일하게 주 예수의 은혜로 구원 받는 줄을 믿노라 하니라 (행15:10-11).

어떤 성도의 간증입니다. 그는 성경을 읽는 중에 마태복음 1장에서 큰 은혜를 받았다고 합니다. 예수의 육친의 족보 중 다윗이 우리야의 아내에게서 솔로몬을 얻었다는 말씀에서 하나님의 사랑과 용서와 은혜를 크게 체험하게 되었다는 것입니다.

그는 젊었을 적에 바람을 피웠다가 못된 병에 감염되어 결혼한 지 10년이 되도록 자녀를 갖지 못했다고 합니다. 그러나 은혜를 받은 후에 하나님께서 자녀를 주셔서 지금은 자녀가 다섯 명이나 있다고 합니다. 그는 다윗이 우리야의 아내에게서 솔로몬을 얻었다는 말씀에서 회개하는 자를 용서하시고 사랑하시는 하나님의 큰 긍휼을 느낄 수 있었다는 것입니다.

우리야가 누구입니까? 다윗의 수하에 있었던 장군으로 충복이었습니다. 그런데 다윗은 그의 아내를 빼앗기 위해 나라를 위해 충성했던 그를 전쟁터로 다시 보내서 죽게 만들고 그의 아내를 빼앗았던 것입니다. 그러나 다윗은 하나님이 세우신 나단 선지자의 책망을 받고 철저하게 회개하였습니다. 하나님은 겸손한 그의 회개를 받으시고 우리야의 아내였던 밧세바를 통해 낳은 솔로몬을 왕으로 세워주셨습니다. 하나님의 은혜입니다.

기도: 우리의 회개를 원하시는 주님! 제가 주님과 사람들 앞에 지은 죄를 회개합니다. 정직하고 정결한 맘으로 하나님을 섬기고 이웃의 형제자매들을 섬기게 하옵소서. 나의 삶이 새롭게 하여 주옵소서.

89. 성경에 있는 세 가지 큰 기쁨

*찬송: 27장 (통27장)

하나님이 이르시되 우리의 형상을 따라 우리의 모양대로 우리가 사람을 만들고 그들로 바다의 물고기와 하늘의 새와 가축과 온 땅과 땅에 기는 모든 것을 다스리게 하자 하시고 하나님이 자기 형상 곧 하나님의 형상대로 사람을 창조하시되 남자와 여자를 창조하시고 (창 1:26-27).

성경에는 세 가지의 큰 기쁨이 기록되어 있습니다.

첫째, 천지창조의 기쁨입니다. 창세기 1장 31절에 보면 "하나님이 지으신 그 모든 것을 보시니 보시기에 심히 좋았더라"고 기록되어 있습니다. 하나님은 천지만물을 모두 지으시고 매우 기뻐하셨습니다.

둘째, 예수님 탄생의 기쁨입니다. 예수님의 탄생을 전하는 천사는 "무서워 하지 말라 보라 내가 온 백성에게 미칠 큰 기쁨의 좋은 소식을 너희에게 전하노라"(눅 2:10)고 했습니다. 하나님은 천사를 통해 예수님 탄생의 기쁜 소식을 전해주셨습니다. 예수님의 탄생은 전 인류의 구원을 의미하는 기쁨의 소식입니다.

셋째, 예수님이 십자가에 돌아가셨다가 사흘 만에 다시 살아나신 부활의 기쁨입니다. 인간은 죽음으로 끝납니다. 그러나 예수님은 죽었다가 다시 부활하셔서 그의 제자들에게 찾아오셨습니다. 그리고 제자들에게 손의 못자국과 옆구리의 창자국을 보여주셨습니다. 제자들은 다시 살아나신 주님을 보고 기뻐하였습니다. 예수님이 부활하셨기에 우리도 부활의 소망을 가질 수 있는 것입니다.

기도: 창조주 하나님! 성경을 통해 우리에게 창조의 기쁨, 예수님 탄생의 기쁨, 예수 부활의 기쁨을 주시니 감사합니다. 우리 인생에 이 세 가지 기쁨을 항상 간직하며 진실한 삶을 살아가게 하옵소서.

90. 주님의 손은 살리시는 손

*찬송: 38장

저물매 사람들이 귀신 들린 자를 많이 데리고 예수께 오거늘 예수께서 말씀으로 귀신들을 쫓아 내시고 병든 자들을 다 고치시니 이는 선지자 이사야를 통하여 하신 말씀에 우리의 연약한 것을 친히 담당하시고 병을 짊어지셨도다 함을 이루려 하심이더라 (마 8:16-17).

주님의 손은 고치시는 손입니다. 주님의 손은 살리시는 손입니다. 그런데 중요한 것은 누구에게 고치시는 손, 살리시는 손으로 역사하셨는지가 중요합니다. 예수님께서 나병환자를 고치신 것은 그 병자가 주님께 간절히 청했기 때문입니다.

맹인들이 눈을 뜨게 된 것도 예수님께 간절히 부르짖어서였습니다. 또한 혈루증을 앓던 여인은 믿음으로 주님의 옷 가에 손을 대었기 때문에 나았습니다. 죽은 야이로의 딸은 아버지의 간절한 부탁이 있었기에 살아날 수 있었습니다.

주님께서는 "구하라 주실 것이요, 찾으라 얻을 것이요, 문을 두드리라 열릴 것이라"고 하셨습니다. 또 "너는 내게 부르짖으라 내가 네게 응답하겠고 네가 알지 못하는 크고 은밀한 일을 네게 보이리라"고 언약의 말씀을 하셨습니다.

앞으로의 생애를 주님을 위해 살겠다고, 내가 가진 모든 것은 주님의 것이라고 고백하십시오. 그러면 주님이 고쳐주시고 회복시켜주실 것입니다. 만병의 의원되시는 주님께서 모두 다 치료하시고 건강케 하시고, 회복시켜 주시고, 살려주실 것입니다.

기도: 치료의 하나님! 모든 것을 치료하시는 주님께 기도합니다. 우리의 몸과 마음을 치유하여주시고, 회복시켜주시고, 위로하여주옵소서. 주님의 능력으로 일어나 걷게 하옵소서.

91. 사탄의 미혹에 빠진 하와

*찬송: 19장 (통44장)

여호와 하나님이 이르시되 사람이 혼자 사는 것이 좋지 아니하니 내가 그를 위하여 돕는 배필을 지으리라 하시니라. 여호와 하나님이 아담에게서 취하신 그 갈빗대로 여자를 만드시고 그를 아담에게로 이끌어 오시니 아담이 이르되 이는 내 뼈 중의 뼈요 살 중의 살이라 이것을 남자에게서 취하였은즉 여자라 부르리라 하니라 (창 2:18, 22-23).

하나님께서는 아담이 독처하는 것이 좋지 않게 보여서 하와를 만드셨습니다. '독처'란 혼자 있는 것을 말합니다. 그런데 하와는 혼자 있다가 그만 사탄의 시험에 빠졌습니다. 부부는 동거동락하면서 기쁨과 슬픔과 고통을 함께 나누어야 합니다. 그래야 서로 격려하고 위로하면서 소망 중에 살아갈 수 있게 되며 시험도 이길 수가 있습니다. 성경을 보면 부부가 각방을 쓰는 것도 금지했습니다. 기도하기 위하여 잠깐 동안은 모르나 부부가 분방하지 못하도록 했습니다.

만약 하와가 남편 아담과 같이 있었다면 사탄의 시험이 왔을 때 지혜롭게 대처할 수 있었을 것입니다. 그러나 하와는 남편과 같이 있지 않았기 때문에 혼자서 사탄과 대화하면서 교묘한 방법으로 미혹하는 사탄의 시험에 빠지고 말았습니다. 그래서 사탄의 꾀임에 넘어가서 선악과를 먹고 타락하고 말았습니다. 뿐만 아니라 남편에게도 주어서 먹도록 해서 남편까지도 타락시켰습니다. 이후에 인류에게는 해결할 수 없는 죄와 죽음의 문제가 생겨났습니다.

부부는 같이 동거하고 같이 신앙생활을 하는 것이 성경의 원리라는 사실을 늘 기억하고 명심해야 합니다.

기도: 사랑의 하나님! 우리 인간을 사랑하셔서 가정을 이루게 하시고 화목케 하시니 감사합니다. 하나님이 만들어주신 부부의 도리를 다하게 하시고 함께 격려하며 위로하며 사랑하며 소망을 나누며 행복한 가정을 이루어나갈 수 있도록 도와주옵소서.

92. 쉬운 전도

*찬송:497장 (통174장)

하나님의 지혜에 있어서는 이 세상이 자기 지혜로 하나님을 알지 못하므로 하나님께서 전도의 미련한 것으로 믿는 자들을 구원하시기를 기뻐하셨도다 (고전1:21).

한 나무꾼이 예수를 믿고 큰 은혜를 받았습니다. 그 큰 은혜에 감격하다 보니 갑자기 전도하고 싶은 마음이 생겼습니다. 하지만 용기가 없었습니다. 하루는 산에 나무하러 올라갔다가 "옳지! 여기는 아무도 보는 사람이 없으니 여기서 한 번 전도를 해보아야지!" 하면서 큰 바위 위로 올라갔습니다. 눈앞에 보이는 많은 나무들을 전도할 사람으로 생각하고 전도연습을 해보기로 한 것이었습니다.

그런데 막상 전도를 하려고 하니까 무식해서 무슨 말을 해야 할지 막막했습니다. 그래서 입에서 나오는 대로 "야! 이놈아 회개해라! 예수를 안 믿으면 지옥에 가는 줄 모르느냐! 당장 회개해라, 이놈아!"라고 고함을 질렀습니다. 그의 외치는 소리가 산골짜기 구석구석까지 쩌렁쩌렁 울려 퍼졌습니다. 때마침 산속에는 한 강도가 숨어 있었습니다.

그는 낮에는 산속에서 숨어 지내다가 밤에는 나가서 강도짓을 하는 악한 자였습니다. 난데없이 산을 호령하는 나무꾼의 외침을 듣고 강도는 깜짝 놀랐습니다. 깊은 산중이라 분명 아무도 없을 터인데 틀림없이 자기보고 그러는 것이라고 생각하여 강도는 나무꾼에게로 와서 회개하고 예수를 믿게 되었다고 합니다.

기도: 주님! 온 세상 끝까지 복음이 증거 되길 원하시는 주님의 뜻 따라 세상에 복음을 전하겠습니다. 하나님이 주신 지혜로 세상 사람들에게 복음을 증거 하겠습니다. 어느 곳에서 누구를 만나든지 복음을 전하는 제자 되게 하소서.

93. 찬송

*찬송: 36장 (통36장)

할렐루야 내 영혼아 여호와를 찬양하라 나의 생전에 여호와를 찬양하며 나의 평생에 내 하나님을 찬송하리로다 귀인들을 의지하지 말며 도울 힘이 없는 인생도 의지하지 말지니 그의 호흡이 끊어지면 흙으로 돌아가서 그 날에 그의 생각이 소멸하리로다 (시 146:1-4).

카놀 산도스 씨는 60세에 파산을 하고 말았습니다. 수백만 달러의 빚을 지고 그 충격으로 병원에 입원까지 하였습니다. 그는 자살밖에 택할 길이 없다는 생각으로 병원 문을 나섰습니다. 그때 어디선가 찬송소리가 들려왔습니다.

> 너 근심 걱정 말아라 주 너를 지키리
> 주 날개 밑에 거하라 주 너를 지키리
> 주 너를 지키리 아무 때나 어디서나
> 주 너를 지키리 늘 지켜주시리 (찬송가 382장 1절)

찬송은 조그마한 교회에서 흘러나오고 있었습니다. 그는 자기도 모르게 노래가 흘러나오는 교회로 발걸음을 돌렸습니다. 그곳에서는 한 나이 많은 부인이 예배당 바닥에 꿇어앉아 찬송을 부르고 있었습니다. 찬송을 들은 산도스 씨는 가슴이 뜨거워졌습니다. 그는 예배당 바닥에 엎드려 통곡하며 회개하였습니다. 그러자 그의 가슴을 누르고 있었던 무거운 짐이 벗어졌습니다. 마음이 평안해졌습니다. 새 출발을 향한 의욕이 생겼습니다. 그는 돈이 한 푼도 없었기 때문에 쓰레기를 수거하는 일부터 시작했습니다. 여기서 번 돈으로 통닭집을 운영하게 되었습니다. 그리고 선풍적인 인기를 얻게 되었습니다. 이것이 바로 유명한 산도스 치킨입니다. 그는 억만장자가 되었습니다. 찬송이 그의 인생을 바꾸었습니다.

기도: 찬양받으시기에 합당하신 하나님! 내 평생에 여호와를 찬양하는 생이 되게 하소서. 오직 여호와만 찬양하는 삶을 살게 하옵소서. 진리의 하나님만 찬양하는 신실함을 가지게 하옵소서.

94. 미루지 말자

*찬송: 40장 (통43장)

오직 나는 여호와를 우러러보며 나를 구원하시는 하나님을 바라보나니 나의 하나님이 나에게 귀를 기울이시리로다 나의 대적이여 나로 말미암아 기뻐하지 말지어다 나는 엎드러질지라도 일어날 것이요 어두운 데에 앉을지라도 여호와께서 나의 빛이 되실 것임이로다(미 7:7-8).

사탄들이 모여서 인간들을 타락시키기 위한 방법을 의논했습니다. 사탄들이 각기 의견을 제시했습니다.

첫 번째 사탄이 이야기했습니다. "하나님이 존재하지 않는다고 소문을 퍼뜨립시다. 그러면 세상은 금방 불신의 세상으로 변할 것입니다." 이야기를 들은 대장 사탄이 고개를 저었습니다. "그것은 안 된다. 기독교인들은 시련이 닥치면 더 강인해진다."

두 번째 사탄이 의견을 내놓았습니다. "그러면 예수가 하나님의 아들이 아니라고 우깁시다. 그러면 교회 내에 큰 혼란이 일어날 것입니다." 대장 사탄은 역시 고개를 가로저었습니다. "그것도 안 된다. 그런 거짓은 곧 들통이 날 것이다."

그러자 교활한 세 번째 사탄이 묘안을 제시했습니다. "예수는 하나님의 아들이며 하나님은 분명히 살아계신다고 알립시다. 그러나 그것을 천천히 믿어도 된다고 유혹합시다. 그러면 사람들은 천천히, 천천히 하면서 미루다가 결국은 하나님을 믿지 않을 것입니다."

만일 우리가 찬송과 기도를 쉬게 되면 이와 같은 사탄의 작전에 나도 모르게 넘어갈 수 있습니다.

기도: 하나님 아버지! 우리들이 기도를 쉬지 않게 하시며, 찬송이 우리 입술에서 떠나지 않게 하소서. 사탄의 계략에 넘어가지 않도록 늘 기도하며 항상 찬송하는 생활을 하게 하소서.

95. 하나님께 대한 순종

*찬송: 320장 (통350장)

너는 먹을 모든 양식을 네게로 가져다가 저축하라 이것이 너와 그들의 먹을 것이 되리라 노아가 그와 같이 하여 하나님이 자기에게 명하신 대로 다 준행하였더라 (창 6:21-22).

신앙생활은 하나님의 말씀에 대한 철저한 순종으로 이루어지며 믿음은 순종으로 나타납니다.

노아가 어려운 중에서 120년 동안 산위에서 방주를 지은 것도 순종입니다. 그 순종이 홍수심판 때에 그와 그의 가족을 구원받도록 했습니다. 아브라함이 믿음의 조상이 된 것도 고향과 친척을 떠나라는 하나님의 말씀에 순종함으로 이루어진 것입니다. 또한 아람나라 군대장관 나아만이 문둥병을 치료받은 것도 요단강에 일곱 번 목욕하라는 주의 종 엘리사의 말씀에 순종했기에 얻어진 복입니다.

그리고 고기잡이 어부 베드로는 밤새도록 고기를 잡지 못했지만 예수님의 말씀에 순종하여 깊은 곳에 그물을 던졌더니 두 배에 가득하도록 고기를 잡았습니다. 이것도 순종했기에 얻어진 결과입니다.

이러한 순종은 내 생각을 버릴 때 이루어지며 내 지식, 내 경험, 내 소견을 포기할 때에 이루어집니다. 그리고 우리가 순종할 때에 하나님은 우리에게 복을 주시고 보호해주시며 인도해주십니다. 순종은 주님과 동행하는 길입니다.

"주와 같이 길가는 것 즐거운 일 아닌가
우리 주님 걸어가신 발자취를 밟겠네
한 걸음 한 걸음 주 예수와 함께
날마다 날마다 우리는 걷겠네."

이 찬송과 같은 믿음의 순종이 우리의 삶속에 이루어져야 합니다.

기도: 십자가의 죽음까지도 순종하신 주님! 믿음의 선조들이 순종으로 승리했던 것을 본받게 하시고, 주님과 동행할 수 있는 순종의 삶을 살게 하소서.

96. 하나님의 말씀을 회복하라

*찬송: 324장 (통360장)

너희는 여호와를 만날 만한 때에 찾으라 가까이 계실 때에 그를 부르라 악인은 그의 길을, 불의한 자는 그의 생각을 버리고 여호와께로 돌아오라 그리하면 그가 긍휼히 여기시리라 우리 하나님께로 돌아오라 그가 너그럽게 용서하시리라 (사 55:6).

  성경말씀을 읽지 않고서는 올바른 신앙생활을 할 수가 없습니다. 성경은 국가와 가정과 사업에 하나님이 함께 하시는 비결을 가르쳐줍니다.
  영국의 빅토리아 여왕을 찾아간 아프리카 추장이 물었습니다. "영국을 발전시킨 비결이 무엇입니까?" 그러자 빅토리아 여왕은 "영국을 발전시킨 비결이 여기 있으니 당신도 이 책을 가져가서 읽어보십시오." 하면서 성경책을 한 권 주었습니다.
  죠지 워싱턴은 "성경 없이는 올바른 정치를 할 수 없고 또한 백성을 다스릴 수도 없다."라고 했습니다.
  뉴턴은 "나는 하나님의 말씀인 성경을 가장 고상한 철학으로 안다."라고 했습니다.
  헨리 벤 다이크는 "사람이 백 개의 대학을 나오고도 성경을 모르면 그 사람은 무식한 사람이며 도저히 유식한 사람이 될 수 없다."라고 했습니다.
  프란시스 베이컨은 "인류 역사에 있어서 어떠한 종교나 법률을 막론하고 성경만큼 인류의 행복을 향상시킨 것은 없다."라고 했습니다.
  맥아더는 "나는 성경 한 장을 보지 않고는 침대에 들어가지 않는다."라고 했습니다.
  이처럼 위대한 하나님의 말씀을 어떻게 생각하고 있습니까? 성경에서 예수님을 만나고 말씀을 통하여 하나님의 음성을 들어야 합니다. 그래야 하나님이 주시는 복을 받고 승리하는 신앙생활을 할 수 있습니다.

기도: 주님! 인류의 역사를 변화시키는 능력을 가진 성경을 주시니 감사합니다. 성경을 통해 진리를 발견하게 하시고, 세상에서 가장 귀한 성경을 통하여 우리의 삶이 늘 새로워지게 하소서.

97. 하나님을 존중히 여기는 자
*찬송: 216장 (통356장)

그러므로 이스라엘의 하나님 나 여호와가 말하노라 내가 전에 네 집과 네 조상의 집이 내 앞에 영원히 행하리라 하였으나 이제 나 여호와가 말하노니 결단코 그렇게 하지 아니하리라 나를 존중히 여기는 자를 내가 존중히 여기고 나를 멸시하는 자를 내가 경멸하리라 (삼상 2:30).

펜실베니아에 있는 영생장로교회는 창립된 지 10년 된 교회인데 교회 대지가 13에이커(평수로 15,600평)입니다. 본래 이 땅은 경마 연습장이었는데 교회에서 구입하여 예배당을 지으려고 할 때 지역주민들의 강력한 반대에 부딪히게 되었다고 합니다. 교회가 들어서면 시끄러워지고 땅값이 내려갈 것이라는 우려 때문이었습니다. 미국에서는 교회를 지을 때 관공서의 허가는 서류만 구비되면 간단하게 얻을 수 있지만 지역주민의 공동회의 동의 없이는 지을 수가 없습니다. 이 교회도 관공서의 허가를 얻고 지역주민의 동의를 얻어야 하는데 대의원들이 한 사람도 동의를 해주지 않았습니다. 성도들은 교회에서 기도를 하고 주민회의를 하는 날 방청객으로 참석하게 되었습니다. 그런데 주민들의 의견에 따라 건축에 동의할 수 없다고 결정이 될 순간 유대인 청년 한 사람이 일어났습니다.

"당신들은 왜 예배당 짓는 일을 반대합니까? 경마훈련장보다 예배당이 훨씬 낫지 않습니까? 특히 미국의 건국이념이 무엇입니까? 신앙의 자유를 찾아 메이 플라워(May flower)호를 타고 와서 미국을 건국한 선조들의 정신을 잊으셨습니까? 신앙의 자유를 찾아온 그들은 가장 먼저 예배당을 건축했습니다. 그런데 그 후손들이 예배당을 건축하는 일을 반대할 수 있습니까?"

유대인 청년의 이 발언에 한 사람도 반대하지 못하고 예배당을 짓는데 주민회의가 동의하게 되었고 결국 큰 예배당을 지을 수 있었다고 합니다.

이처럼 우리는 하나님을 존중히 여기고 영화롭게 해드려야 합니다. 그럴 때 하나님은 우리를 사랑해주시고 복을 주십니다.

기도: 우리를 존귀하게 하신 하나님! 저희들이 하나님을 존중히 여기겠습니다. 하나님을 영화롭게 하겠습니다. 하나님이 최우선이 되며, 하나님이 원하시는 뜻을 바로 깨닫게 하시고 영광을 돌리게 하소서.

98. 믿음의 눈

*찬송: 347장 (통382장)

여호와께서 우리를 기뻐하시면 우리를 그 땅으로 인도하여 들이시고 그 땅을 우리에게 주시리라 이는 과연 젖과 꿀이 흐르는 땅이니라 다만 여호와를 거역하지는 말라 또 그 땅 백성을 두려워하지 말라 그들은 우리의 먹이라 그들의 보호자는 그들에게서 떠났고 여호와는 우리와 함께 하시느니라 그들을 두려워하지 말라 하나 (민 14:8-9).

　세상에는 좋은 것이 있는가 하면 나쁜 것도 있습니다. 좋은 사람이 있는가 하면 좋지 않은 사람도 있습니다. 그런데 중요한 것은 사람을 좋게 보려고 노력하면 그 사람의 좋은 장점이 보여 좋은 사람으로 평가된다는 것입니다.
　교회생활도 마찬가지입니다. 하나님은 사람들을 세워 자기의 몸 된 교회를 치리하십니다. 그러기에 교회는 사람이 모여 일하게 되며 사람이기에 잘하려 하지만 못할 수도 있고 최선을 다하지만 부족할 때가 있습니다. 그러면 우리는 그 사람들의 어떤 점을 보아야 합니까? 잘하려고 했던 것을 보아야 하고 최선을 다한 것을 보아야 합니다. 이것이 믿음을 가진 자의 눈입니다.
　믿음의 눈을 가진 여호수아와 갈렙이 40일 동안 가나안 땅을 정탐했을 때 그들의 눈에는 그 땅이 아름답게 보였습니다. "이스라엘 자손의 온 회중에게 말하여 이르되 우리가 두루 다니며 정탐한 땅은 심히 아름다운 땅이라" (민 14:7). 믿음의 눈에는 그 땅이 심히 아름다운 땅으로 보였던 것입니다. 그들이 가져온 포도송이들 전부가 충실한 것은 아니었습니다. 같은 송이라도 작고 빈약한 알맹이도 있는 법입니다. 그러나 믿음의 눈을 가진 그들은 작은 것, 빈약한 것을 보지 않았고 크고 좋은 것을 보았던 것입니다.
　우리는 남의 허물을 보거나 나쁜 것을 보려고 하지 말고 좋은 것, 아름다운 것을 볼 수 있는 믿음의 눈을 가져야 합니다.

기도: 우리를 기뻐하시는 주님! 하나님께서 주신 믿음의 눈을 가지고 세상을 바라보게 하소서. 좋은 것, 아름다운 것, 사랑스러운 것, 덕스러운 것, 최선을 다하는 모습만을 바라보며 선한 생각을 가지게 하소서.

99. 대신 죽으심

*찬송: 229장 (통281장)

너희가 알거니와 너희 조상이 물려 준 헛된 행실에서 대속함을 받은 것은 은이나 금 같이 없어질 것으로 된 것이 아니요 오직 흠 없고 점 없는 어린 양 같은 그리스도의 보배로운 피로 된 것이니라 (벧전 1:18-19).

어떤 술주정뱅이가 시장에 갔다가 술을 실컷 먹고 집에 오다가 시골길의 기차 레일을 베고 잠이 들고 말았습니다. 그런데 멀리서 기차가 오는 기적소리가 들렸습니다. 지나가던 사람들이 "여보게! 일어나게. 지금 기차가 오고 있네."라며 그를 깨웠으나 그는 "무슨 소리요? 우리 집 안방인데"라고 잠꼬대를 했습니다. 말로는 되지 않자 한 사람이 안으로 들어가서 떠밀어 그를 밖으로 밀어내어 구해냈습니다. 그런데 그 때, 기차가 와서 그를 구하려던 사람을 치어 육신이 그야말로 분골쇄신되고 말았습니다.

술 취했던 사람이 굴러 내려가다가 웅성거리는 소리에 잠에서 깨니 모든 장면을 목격했던 어떤 사람이 따귀를 때리며 자신 때문에 한 사람이 죽었다는 사실을 알려주었습니다. 이 때 그는 정신을 바짝 차리고 술을 먹고 레일을 베고 잤던 일을 기억해내고 통회했습니다. '나 때문에 저 사람의 몸이 조각조각이 났다. 내가 아니었다면 저 사람은 죽지 않았을 텐데! 나 때문에 죽었다……!'

기차 레일을 베고 자던 사람은 누구입니까? 바로 우리들입니다. 우리가 죄를 짓고 죽음을 향해서 달려가고 있는데 주님께서는 우리의 죄를 용서하시고 살리시기 위하여 우리 대신에 십자가에 못 박혀 돌아가신 것입니다. "예수 나를 위하여 십자가를 질 때 세상 죄를 지시고 고초당하셨네. 예수여, 예수여, 나의 죄 위하여 보배피를 흘리니 죄인 받으소서."

기도: 구원의 주님! 우리를 위해 대신 십자가에 죽으신 주님을 본받아 이웃과 믿지 않는 사람들에게 구원의 소식을 전하는 하루가 되게 하소서.

100. 모든 사정을 아시는 하나님

*찬송: 304장 (통404장)

여호와의 인자하심과 인생에게 행하신 기적으로 말미암아 그를 찬송할지로다 그가 사모하는 영혼에게 만족을 주시며 주린 영혼에게 좋은 것으로 채워주심이로다 (시 107:8-9).

　　일제시대 때 평안북도의 어느 교회에서 있었던 일입니다. 교회 전도사님의 부인이 장티푸스에 걸렸습니다. 고열이 나서 식사도 못하고 심하게 앓아 누워 있었습니다.

　　사모님이 장티푸스에 걸렸다는 소문이 나서 지서(경찰서)에서 순사(순경)가 새끼줄을 치러 왔습니다. 전염병이므로 가족 외에는 아무도 가까이하지 못하게 하려는 것이었습니다.

　　그런데 문제는 사택이 교회와 붙어있어서 새끼줄을 치게 되면 아무도 교회에 올 수가 없게 되는 것입니다. 그래서 전도사님이 순사에게 말했습니다. "내 아내는 장티푸스 환자가 아니고 감기에 심하게 걸린 것이니 3일 정도 지나면 나을 것이오." 그러자 순사는 좋다고 하며 만일 3일이 지나도 환자가 일어나지 못하면 장티푸스로 단정하고 교회에 불을 질러버리겠다고 엄포를 놓았습니다.

　　순사가 돌아간 후 전도사님은 답답하고 기가 막혔습니다. 오직 성전에 들어가 하나님께 간절히 기도하는 방법밖에 없었습니다. 하나님은 전도사님의 기도를 들어주셔서 사모님이 3일 후에 병을 이기고 일어나셨습니다. 교회를 불태우지 않아도 된 것입니다. 사정을 모두 아시는 하나님께서 해결해주신 것입니다.

기도: 우리의 사정을 다 아시는 주님! 세상을 살면서 걱정하고 염려하는 저희의 마음을 담대하게 하시고 오직 주님의 임재와 권능을 신뢰하게 하소서.

101. 정직한 사람의 감사

*찬송: 435장 (통492장)

그런즉 너희가 먹든지 마시든지 무엇을 하든지 다 하나님의 영광을 위하여 하라 (고전 10:31).
또 무엇을 하든지 말에나 일에나 다 주 예수의 이름으로 하고 그를 힘입어 하나님 아버지께 감사하라 (골 3:17).

이탈리아에 아내가 일찍 세상을 떠나 혼자서 두 아이를 데리고 하루 벌어서 하루 먹고 사는 가난한 아빠가 있었습니다. 그 날도 일당 받은 것을 가지고 빵공장에 가서 빵을 사가지고 집으로 왔습니다. 직접 빵공장에 가서 구입해야 조금이라도 싼 값에 살 수 있기 때문입니다. 그 가족들이 하나님께 감사의 기도를 드리고 빵을 먹으려고 칼로 자르기 시작했을 때 빵 속에서 칼이 금속과 부딪히는 소리가 나면서 금화가 나왔습니다. 아이들은 손뼉을 치면서 기뻐하였습니다. 그러나 아빠는 엄숙한 얼굴로 아이들에게 말했습니다.

"이 금화는 우리의 것이 아니란다. 이것은 주인에게 돌려주어야 해. 우리는 굶지 않고 빵을 먹을 수 있으니 그것에 감사해야 하는 거야."

저녁을 먹은 아빠는 아이들의 손을 잡고 빵공장을 찾아가 사장님을 만났습니다. 그는 나이가 많은 분이었습니다. 자초지종을 이야기하고 아이들이 보는데서 금화를 돌려드렸습니다. 사장님은 아빠의 손을 잡고 감사하다고 하며 이렇게 말했습니다.

"사실 나는 자식이 없고 늙었기 때문에 이 빵공장을 물려줄 사람을 찾고 있었습니다. 그 기준은 내 나름대로 정직한 사람과 감사하는 마음으로 인생을 사는 사람입니다. 그래서 빵을 만들면서 한 번씩 금화를 넣었는데 그 금화를 돌려주려고 온 사람은 지금까지 당신 한 사람뿐입니다. 내일부터 이 빵공장에 출근하십시오. 이 공장의 주인은 당신입니다."

정직하고 감사할 줄 알았던 가난한 아빠는 그 후 빵공장의 사장이 되었습니다.

기도: 주님! 범사에 감사하게 하소서. 무엇을 하든지 감사하며 정직한 인생을 살 수 있도록 성령님께서 인도하여 주옵소서.

102. 모든 것을 덮는 사랑

*찬송: 302장 (통408장)

노하는 자는 다툼을 일으키고 성내는 자는 범죄함이 많으니라 사람이 고만하면 낮아지게 되겠고 마음이 겸손하면 영예를 얻으리라 (잠 29:22-23).

예전에 우리나라에 조혼이 성행했을 때의 이야기입니다. 어느 양반 댁에서 8세 된 아들을 열 살이나 많은 색시에게 장가를 들였습니다.

색시는 아무것도 모른 채 시집을 왔는데 와서 보니 신랑이 완전 꼬마였습니다. 안 그래도 남편 같지도 않은데 하는 짓도 '업어달라, 목마 태워달라, 누룽지 달라'고 떼쓰는 것이 어린아이 그대로였습니다.

그래서 남편을 남편같지 않게 여기던 차에 시부모님이 외출하신 어느 날 색시는 이 꼬마신랑을 달랑 들어서 지붕위에 던져버렸습니다. 예전 집은 초가지붕에다 지붕이 낮았고 그 위에 호박이나 박을 심어 올리기도 했습니다. 지붕위에 던져진 꼬마신랑은 내려달라고 울었습니다.

한참 그러고 있는데 외출하셨던 시부모님이 갑자기 돌아오셔서 아들을 보시고 지붕위에 왜 올라가 있는지 물으셨습니다. 꼬마신랑이 사실을 그대로 이야기하면 색시는 소박맞아 쫓겨날 형편이었습니다.

그런데 꼬마신랑은 태연하게 "큰 호박을 딸까요? 작은 호박을 딸까요?" 하며 부모님께 묻는 것이었습니다. 꼬마신랑의 재치와 자신을 감싸주는 사랑의 말에 색시는 크게 감동을 받고 그때부터 신랑을 남편으로 잘 모셨다고 합니다.

기도: 하나님! 모든 것을 덮는 사랑을 저희에게 주셨으니 감사합니다. 이 큰 사랑을 남을 위해 사용할 수 있는 넉넉함을 허락하여 주옵소서.

103. 예배보다 귀한 것은 없다

*찬송: 31장 (통46장)

이 날은 여호와께서 정하신 것이라 이 날에 우리가 즐거워하고 기뻐하리로다 여호와여 구하옵나니 이제 구원하소서 여호와여 우리가 구하옵나니 이제 형통하게 하소서 여호와의 이름으로 오는 자가 복이 있음이여 우리가 여호와의 집에서 너희를 축복하였도다 (시 118:24-26).

　　세계적인 대 부호였던 록펠러의 어머니가 아들에게 준 유언은 다음과 같습니다.

　　　　하나님을 아버지로 섬겨라.
　　　　목사님을 아버지로 섬겨라.
　　　　십일조는 오른쪽 호주머니에 넣었다가 하나님께 드려라.
　　　　주일은 본 제단에서 예배를 드려라.
　　　　원수 맺지 말아라.
　　　　하루 시작을 기도로 시작해라.
　　　　하루 마침도 기도로 마쳐라.
　　　　성경을 읽어라.
　　　　선한 일을 크게 하라.
　　　　교회 앞자리에 앉아라.

　　록펠러는 어머니의 유언을 그대로 지켰습니다. 하나님은 그에게 대재벌이 되는 복을 주셨습니다. 하나님께 드리는 예배보다 귀한 것이 없습니다. 그래서 의무라고 하는 것입니다.

기도: 진정으로 예배드리시길 원하시는 하나님! 우리의 몸과 마음을 다하여 하나님을 경배하게 하시고 최선의 것으로 하나님께 나아가게 하소서.

104. 사랑은 주는 것

*찬송: 461장 (통519장)

사람아 주께서 선한 것이 무엇임을 네게 보이셨나니 여호와께서 네게 구하시는 것은 오직 정의를 행하며 인자를 사랑하며 겸손하게 네 하나님과 함께 행하는 것이 아니냐 (미 6:8).

미우라 아야코 여사가 쓴 《빙점》이라는 소설이 있습니다. TV드라마로도 방영되었고 세계적으로도 많이 읽혀진 소설입니다. 미우라 아야코 여사는 본래 남편의 수입으로 살아가던 가난한 주부였습니다. 생활이 어려워 가계에 도움이 되고자 조그만 구멍가게를 열었습니다.

그녀는 오는 손님들에게 조용히 그리스도의 사랑을 전하면서 친절하게 장사를 하였습니다. 가게는 날로 번창해져서 마침내 트럭으로 물건을 가져다가 팔아야 할 정도까지 되었습니다. 어느 날 직장에서 퇴근한 남편이 아내가 너무 바빠서 정신이 없는 것을 보게 되었습니다. 남편은 그날 저녁 아내에게 조용히 말했습니다.

"우리 가게가 이렇게 잘되는 것은 좋지만 이 주위에 사는 사람들은 모두 어려운 사람들인데 우리만 이렇게 잘되면 다른 구멍가게들은 잘 안될 텐데요. 그러면 그 사람들은 어떻게 먹고 살까요?"

미우라 아야코는 그제야 자신이 너무 욕심을 부렸다는 것을 깨닫고는 가게에 물건을 조금씩 가져다 놓았습니다. 또 어떤 물건은 아예 가져다 놓지도 않았습니다. 만약 손님이 그 물건을 찾으면 "그 물건은 저쪽 가게에 있습니다."하고는 손님을 나누어주었습니다. 이렇게 하니 시간적인 여유가 생겼습니다. 그래서 틈틈이 펜을 들어 쓴 소설이 빙점입니다.

기도: 하나님! 크고 좋은 것만 바라는 욕심을 저에게서 떠나게 하시고 작은 것에 감사하는 마음을 주셔서 이웃과 사랑을 나누게 하옵소서.

105. 다른 사람의 입장

*찬송: 455장 (통507장)

예수께서 길을 가실 때에 날 때부터 맹인 된 사람을 보신지라 제자들이 물어 이르되 랍비여 이 사람이 맹인으로 난 것이 누구의 죄로 인함이니이까 자기니이까 그의 부모니이까 예수께서 대답하시되 이 사람이나 그 부모의 죄로 인한 것이 아니라 그에게서 하나님이 하시는 일을 나타내고자 하심이라 (요 9:1-3).

바리새인의 경건한 삶은 물론 귀한 것입니다. 하나님께 대한 성실한 태도도 좋습니다. 그러나 그것을 자랑하면 안 됩니다. 그것은 교만입니다. 그것은 남을 판단하는 것이 되는 것입니다. 그래서 예수님은 이들을 보고 화 있을 것이라고 했습니다. 저주받을 것이라는 말입니다.

예수님의 제자들 가운데 이와 같은 자들도 있었습니다.

몇몇 제자가 예수님과 같이 길을 가다가 날 때부터 맹인된 사람을 만났습니다. 그들은 예수님께 "이 사람의 맹인된 것이 누구의 죄 때문입니까? 자기의 죄 때문입니까? 부모의 죄 때문입니까?"라고 물었습니다. 맹인으로 인생을 사는 것도 비참한데 당사자가 듣는 데서 죄를 논하는 것은 매우 불쾌한 일이 아닐 수 없을 것입니다. 남을 판단하는 그들에게 예수님은 "자기의 죄 때문도 아니고 부모의 죄 때문도 아니라. 하나님의 하시고자 하는 일을 나타내고자 함이라."고 말씀하시고 그 맹인의 눈에 진흙을 이겨 바르시더니 실로암 못에 가서 씻을 것을 명하셨습니다. 맹인이 그대로 순종하였더니 눈을 뜨게 되었습니다.

다른 사람의 입장을 이해하는 것이 중요합니다.

기도: 주님! 우리는 내 고집과 아집과 내 생각대로 말하고 살아가기에 다른 형제자매에게 때론 상처를 주고, 때론 주님의 영광을 가리기도 합니다. 주여, 주님의 입장, 다른 사람의 입장이 되어 말하고 행동하게 하소서.

106. 끈질긴 소망

*찬송: 488장 (통539장)

이에 더러운 귀신 들린 어린 딸을 둔 한 여자가 예수의 소문을 듣고 곧 와서 그 발 아래에 엎드리니 그 여자는 헬라인이요 수로보니게 족속이라 자기 딸에게서 귀신 쫓아내 주시기를 간구하거늘 (막 7:25-26).

　수로보니게 여자의 어린 딸이 더러운 귀신이 들었습니다. 의원에게 가서 치료도 받고 좋다는 약도 다 먹여보았지만 건강을 회복하지 못했습니다. 귀신이 나가지 않았습니다. 그때 예수님의 소문을 들었습니다. 다른 것 모두 제쳐놓고 예수님께 나왔습니다. 그러나 예수님은 그 여자의 소원을 거절했습니다. 자녀의 떡을 개들에게 주는 것이 마땅치 않다는 것이었습니다. 예수님은 그 여자의 마음을 시험하신 것입니다. 너희들은 '개'라는 것입니다. 개에게 아무것도 줄 수 없다는 것입니다. 너무나 자존심 상하는 말씀입니다.
　그러나 그 여자는 "개들도 주인의 상에서 떨어지는 부스러기를 먹습니다."라고 말씀드리며 끈질기게 예수님께 매달렸습니다. 그것은 소망입니다. "예수님은 다 하실 수 있습니다."라는 소망입니다. 믿음은 소망입니다. 예수님은 그 여인의 믿음을 보시고 그 딸에게 들어있던 귀신을 쫓아내어 주셨습니다. 그 어머니가 집에 갔더니 아이는 건강을 회복하였습니다. 귀신이 나갔기 때문입니다.
　끈질긴 기도와 간구는 반드시 좋은 열매를 맺게 됩니다. 소망은 이루어집니다.

기도: 주님! 저희들이 끈기있게 기도하게 하시고, 저희의 부르짖는 기도가 크고 놀라운 응답을 받게 하셔서 기도 응답을 간증하는 증인이 되게 하옵소서.

107. 사랑은 영원하다

*찬송: 293장 (통414장)

유월절 전에 예수께서 자기가 세상을 떠나 아버지께로 돌아가실 때가 이른 줄 아시고 세상에 있는 자기 사람들을 사랑하시되 끝까지 사랑하시니라 (요 13:1).

일본의 하천풍언(가가와 도요히코)은 그리스도의 아가페 사랑을 몸소 실천한 기독교 지도자입니다. 그는 평생 빈민굴 전도에 힘쓰며 살인자, 도박꾼, 창녀, 알코올 중독자, 마약 중독자를 전도하며 구제했습니다. 한번은 그의 친구가 도요히코를 찾아와서 그가 하고 있는 일을 보았습니다.

도요히코는 그때 몇 명을 앉혀놓고 예배를 드리고 있었는데 예배 중에 한 청년이 오더니 창녀를 불러내 가지를 않나, 술 취한 사람이 돌을 던져 그의 얼굴에 상처를 내지 않나, 더 심한 것은 예배에 참석해주었으니 돈을 내라고 요구하는 사람도 있었습니다. 그런 그에게 도요히코는 요구한 대로 돈을 주어 보냅니다. 이런 광경을 보고 있던 친구가 말했습니다.

"자네는 쓸데없는 짓을 하고 있군. 이것은 위선이야! 이것이 도덕적으로나 사회적으로 옳은 것인가? 도대체 어떻게 하겠다고 이 짓을 하고 있는가? 도리어 자네가 악을 조장하고 있는 것이 아닌가?"

이 말에 도요히코는 "나는 다만 예수님께서 하시던 일을 조금이나마 흉내를 내고 있을 뿐이야! 그들을 그래도 끝까지 사랑하고, 끝까지 믿어주는 수밖에 도리가 없지 않은가?"라고 대답했습니다.

기도: 사랑의 주님! 우리를 사랑하시되 끝까지 사랑하신 주님을 본받아 우리도 이웃과 세상 사람들에게 끝까지 사랑하는 모습을 가지게 하소서.

108. 인생을 바꾼 헌신

*찬송: 292장 (통415장)

오직 위로부터 난 지혜는 첫째 성결하고 다음에 화평하고 관용하고 양순하며 긍휼과 선한 열매가 가득하고 편견과 거짓이 없나니 화평하게 하는 자들은 화평으로 심어 의의 열매를 거두느니라 (약 3:17-18).

    미국 보스턴에 있는 어느 병원의 지하병실에 한 소녀가 격리 수용되어 있었습니다. 이 소녀는 정신질환이 너무나 심해서 사람들이 다가오면 괴성을 지르며 사납게 공격을 했습니다. 정신과 의사들은 치료불가능을 선언하고 독방에 수용했습니다. 소녀의 부모도 더 이상 딸에게 희망을 갖지 않고 병원에 면회오는 일도 중단했습니다. "얘는 차라리 태어나지 않는 것이 좋았을 것을……"하며 후회하기까지 했습니다.
    소녀는 온종일 독방에서 지냈습니다. 그런데 한 늙은 간호사가 이 소녀에게 사랑을 쏟기 시작했습니다. 그러나 소녀는 먹을 것을 주면 집어던졌고 말을 건네도 대답은커녕 괴성만 질러댔습니다. 그래도 늙은 간호사는 6개월 동안 끊임없이 사랑을 베풀었습니다. 그리스도의 십자가의 사랑을 생각하면서 소녀에게 사랑을 베풀었습니다. 그런 간호사의 사랑이 서서히 소녀의 마음을 움직이기 시작했습니다. 소녀는 마음 문을 열고 간호사의 사랑을 받아들였습니다. 그러자 정신질환도 서서히 치료되기 시작했습니다.
    이 소녀의 이름이 바로 앤 설리번입니다. 말도 못하고, 듣지도 못하고, 보지도 못하는 삼중고에 시달려 폐인으로 살 뻔했던 헬렌 켈러를 세계적인 인물로 키워낸 바로 그분입니다. 그녀는 자기가 받았던 사랑을 헬렌 켈러에게 아낌없이 쏟았던 것입니다.

기도: 전능하신 하나님! 아무 것도 바라지 않고 사랑을 주는 자가 되게 하시고 예수 그리스도의 사랑으로 헌신하게 하옵소서.

109. 하나님을 찾지 않음

*찬송: 523장 (통262장)

목자들은 어리석어 여호와를 찾지 아니하므로 형통하지 못하며 그 모든 양 떼는 흩어졌도다 (렘 10:21).

　제정 러시아에 전파된 기독교는 그리스정교였습니다. 황제로부터 전 국민이 전부 기독교인이 되었습니다. 그런데 국민이 전부 기독교인이 되었을 때 교회에 많은 문제가 생겼습니다. 항상 새로워져야 하는데 교회가 갱신되지 못했습니다. 먼저 교직자들의 생활이 부패했습니다. 삶이 성결하지 못했습니다. 쓸데없는 것으로 논쟁을 일삼았습니다. 교직자들은 강단카펫 색깔을 어떤 것으로 하느냐는 문제 때문에 3년을 다투었다고 합니다. 그러다가 1917년 공산당 레닌이 혁명을 일으켜 무서운 독재정치를 했습니다. 그러나 74년만인 1991년에 고르바초프 소련 대통령이 공산주의 포기선언을 해버렸습니다. 이유는 간단합니다. 공산주의는 국민들의 가장 기본적인 의식주 생활마저 해결해줄 수 없었기 때문입니다. 그 원인은 어디에 있었습니까? 그들은 하나님이 없다고 주장했기 때문입니다.

　인간들은 누구나 복 받기를 원합니다. 형통의 은혜를 받기 원합니다. 그러나 형통의 복을 받지 못하는 자들이 많습니다. 그 이유는 첫째, 인간들이 우준하여 하나님을 찾지 않기 때문입니다. 하나님은 자기를 찾는 자들에게 형통의 은혜를 주십니다. 둘째, 자기의 죄를 숨기기 때문입니다. 하나님은 죄를 버리지 않는 자에게는 복을 주시지 않습니다. 죄는 문제를 만듭니다. 병을 만듭니다. 그러므로 죄를 회개해야 복을 받습니다. 셋째, 하나님과 싸우기 때문입니다. 하나님 말씀에 불순종하는 자는 하나님과 싸우는 것입니다. 교만한 자는 하나님과 싸우는 것입니다. 교만한 자에게 하나님은 형통의 은혜를 주시지 않습니다. 그러므로 하나님께 순종해야 합니다. 하나님께 겸손해야 합니다.

기도: 구원의 하나님! 하나님이 없다고 하는 우준한 자들을 용서하시고 그들을 구원하여 주옵소서. 그들이 교만과 아집을 꺾고 예수 그리스도의 제자가 되게 하소서.

110. 신앙 교육

*찬송: 204장 (통 379장)

젖을 뗀 후에 그를 데리고 올라갈새 수소 세 마리와 밀가루 한 에바와 포도주 한 가죽부대를 가지고 실로 여호와의 집에 나아갔는데 아이가 어리더라 (삼상 1:24).
그러므로 나도 그를 여호와께 드리되 그의 평생을 여호와께 드리나이다 하고 그가 거기서 여호와께 경배하니라 (삼상 1:28).

    신앙 교육은 하루아침에 이루어지는 것이 아닙니다. 부모들로부터 믿음을 이어받아 유아세례 받은 분들의 신앙을 모태신앙이라고 합니다. 모태신앙은 좋은 것입니다. 하나님의 일꾼으로 만들기 위하여 한나는 그의 남편과 함께 4달 된 아들 사무엘을 성전에 데리고 갔습니다. 이것은 사무엘을 낳기 전에 여호와께 서원했던 것을 그대로 준수한 것입니다. 사무엘은 모태신앙인입니다. 한나는 어린 사무엘이 계속해서 믿음 교육을 바르게 받을 수 있도록 성전에 데리고 갔던 것입니다.
    "이 아이는 하나님의 선물입니다. 이 아이는 하나님의 소유입니다. 이 아이는 하나님의 기업입니다. 그러기 위해서는 하나님의 집에서 양육되어야 하겠습니다."
    이와 같은 신앙 교육으로 그 아들 사무엘을 위대한 선지자가 되게 하였습니다.
    자녀를 양육할 때는 첫째도 믿음 교육, 둘째도 믿음 교육, 셋째도 믿음 교육입니다. 하나님을 알아야 하고, 하나님을 믿어야 하고, 하나님께 예배드릴 줄 알아야 합니다.

기도: 주님! 저희가 아버지입니다. 주님! 저희가 어머니입니다. 올바른 부모의 모습으로 살게 하시고 여호와께 서원했던 것을 지키는 자가 되게 하소서. 믿음으로 자녀를 양육하게 하소서.

111. 찰스 다윈의 변화

*찬송: 357장 (통397장)

무릇 하나님께로부터 난 자마다 세상을 이기느니라 세상을 이기는 승리는 이것이니 우리의 믿음이니라 예수께서 하나님의 아들이심을 믿는 자가 아니면 세상을 이기는 자가 누구냐 (요일 5:4-5).

  찰스 다윈은 진화론 이론을 세운 사람으로 알려져 있습니다. 진화론이란 간단히 요약하면 원숭이가 진화되어 사람이 되었다는 이론입니다. 1833년 다윈이 이 진화론을 만들고 나서 고민한 끝에 원숭이가 사람이 되었다면 그 중간 존재가 있어야 한다는 결론을 얻었습니다. 즉 원숭이도 아니고 사람도 아닌 모습의 동물이 있어야 한다는 것이었습니다. 그래서 그는 배를 타고 문명의 혜택을 받지 못한 원주민이 살고 있는 남양군도에 갔습니다. 가서 보니 그 원주민들의 얼굴은 사람의 모습인데 사는 모습은 완전히 동물의 모습 그 자체였습니다. 벌거벗고 살고 무엇이든지 먹는 등 의식주생활이 동물과 다를 바가 없었습니다. 특히 식인종이라 사람고기를 먹는 것을 보고 이들이 바로 중간 존재라는 생각을 하게 되었습니다.

  그 후 30년쯤 뒤에 찰스 다윈은 젊어서 가보았던 그 남양군도에 다시 가게 되었습니다. 그런데 이게 웬일입니까? 마을에 교회가 세워져있고 마을 사람들의 사는 모습이 완전히 달라져 있었습니다. 옷을 입고 살며 성경을 들고 교회에 가는 깨끗한 문명인들이 되어 있었습니다. 그 모습을 본 다윈이 누군가에게 어떻게 된 일인지 물었고 몇 년 전에 선교사 한 분이 오셔서 복음을 증거하여 마을 사람들이 믿음을 갖게 되었고 변화되었다는 대답을 듣게 되었습니다. 큰 충격을 받은 다윈은 바로 고국으로 돌아가서 자신의 재산을 팔아 런던의 선교단체에 헌금했다고 합니다.

기도: 능력의 주님! 예수님은 능력의 주님이시오, 세상을 변화시키는 주인이십니다. 우리 한 사람 한 사람을 말씀으로 변화시켜주셔서 저희를 통하여 세상이 변화되고 주님의 나라가 확장되게 하소서.

112. 진정한 신앙인

*찬송: 358장 (통400장)

내 아들아 그러므로 너는 그리스도 예수 안에 있는 은혜 가운데서 강하고 또 네가 많은 증인 앞에서 내게 들은 바를 충성된 사람들에게 부탁하라 그들이 또 다른 사람들을 가르칠 수 있으리라 너는 그리스도 예수의 좋은 병사로 나와 함께 고난을 받으라 (딤후 2:1-3).

　　새문안교회 나희필 장로의 간증입니다. 한 번은 대통령이 그가 사단장으로 일하고 있는 부대를 방문하여 보고를 받고 저녁만찬을 베풀었습니다. 대통령은 사단의 운영 및 제반활동에 크게 만족해하면서 술을 가득 부은 술잔을 그에게 주었습니다. 그는 대통령의 술잔을 거절했을 때 그에게 닥칠 인간적인 피해, 보직과 육군소장의 계급 등의 문제를 걱정하지 않을 수가 없었습니다. 그러나 그는 결단을 하고 "대통령 각하! 저는 술을 마시지 않습니다. 혹 사이다를 주시면 감사히 받겠습니다."라며 대통령이 내린 술잔을 거절하였습니다. 순간 만찬장의 분위기는 싸늘하게 식었고 정적만 감돌았습니다. 대통령도 충격을 받았는지 순간 얼굴이 상기되었습니다. 그러자 옆자리에 있었던 장군이 "나 장군은 술을 못합니다. 그 술잔은 제가 받겠습니다."라며 술잔을 받아 그 위기를 모면케 해주었습니다.

　　그는 대통령에 대한 예의를 갖추지 못했다고 많은 선배 장군들의 질책을 받았지만 자기 자신이 그러한 신앙의 용기가 있었다는 것에 놀랐습니다. 그것은 단순한 신념이 아니라 하나님께서 함께 하신다는 믿음의 표현이었기 때문입니다. 그 후 그에 대한 대통령의 배려는 더 각별해졌습니다. 중요한 직책에 그를 기용했습니다. 그 이유는 "나 장군은 진정한 신앙인이다. 감히 대통령의 술잔까지 거부할 만큼의 진실한 그의 믿음은 어떤 부정부패라도 능히 척결할 것이며 내가 믿고 기대하는 이상으로 국민을 위하여, 국가를 위하여 소임을 다할 것이다."라는 대통령의 믿음 때문이었습니다.

기도: 저희가 십자가 군병이 되기를 원하시는 주님! 주님의 진리를 위해 십자가 군기를 들고 찬송하며 나가겠습니다. 목숨까지도 바치며 주님 위해 나가겠습니다. 저희들에게 용기를 주시고 성령께서 인도하여 주옵소서.

113. 새롭게 되어

*찬송: 455장 (통507장)

여호와를 의뢰하고 선을 행하라 땅에 머무는 동안 그의 성실을 먹을 거리로 삼을지어다 또 여호와를 기뻐하라 그가 네 마음의 소원을 네게 이루어 주시리로다 (시 37:3-4).

내 지식, 재물, 경험, 학식 등 '나'라는 자아가 살아있을 때에는 하나님께 순종할 수가 없습니다. 믿음이란 하나님 앞에 '나'를 완전히 포기하는 것입니다. 그럴 때 하나님은 나를 들어 쓰십니다. 또한 거듭난 사람 즉 주 안에서 새로워진 사람을 쓰십니다.

우리나라 초대교회 그리스도인들에게는 간증들이 많습니다. 어느 교회 장로님께서 자신이 처음 예수님을 믿을 때 겪었던 이야기를 하셨습니다.

그는 세례를 받고 나서 담배를 끊어야겠다고 결심을 했지만 매우 힘들었다고 합니다. 한 번은 주일날인데 권사님이신 어머니가 교회에 가기를 재촉하여 조그마한 성경책을 주머니에 넣고 교회에 갔습니다. 예배시간이 되어 그는 주머니에서 성경책을 꺼내놓고 열심히 기도를 드리고 있는데 옆에 앉아있던 교인들이 킥킥거리며 웃었습니다. 그것도 모르고 한참을 기도하고 눈을 떠보니 성경책인줄 알고 꺼내놓은 것이 바로 담뱃갑이었습니다. 그는 얼굴이 화끈해지면서 창피하여 견딜 수가 없었습니다. 그래서 그는 화장실로 가서 담배를 구겨버리고 그때부터 담배를 끊고 성실하게 신앙생활을 하여 나중에는 장로가 되었다고 합니다.

"너희는 유혹의 욕심을 따라 썩어져가는 구습을 따르는 옛 사람을 벗어버리고 오직 너희의 심령이 새롭게 되어 하나님을 따라 의와 진리의 거룩함으로 지으심을 받은 새 사람을 입으라"(엡 4:22-24).

기도: 주님! 제가 새롭게 되기를 원합니다. 내가 가진 마음과 심령과 육체와 생각이 모두 새롭게 되기를 원합니다. 주님의 성령께서 오셔서 저를 만져주시고 인도하여 주옵소서. 하나님의 의와 진리와 거룩함을 따르게 하옵소서.

114. 성령의 열매

*찬송: 446장 (통500장)

> 오직 성령의 열매는 사랑과 희락과 화평과 오래 참음과 자비와 양선과 충성과 온유와 절제니 이같은 것을 금지할 법이 없느니라 그리스도 예수의 사람들은 육체와 함께 그 정욕과 탐심을 십자가에 못 박았느니라 (갈 6:22-24).

후천성 면역 결핍증으로 번역되는 AIDS는 확실한 치료제가 없습니다. 한 번 감염되면 발병하기까지 3~5년 걸린다고 합니다. 그런데 한 번 감염된 사람들은 자포자기하는 마음으로 다른 사람에게 전염시킨다고 합니다. 나 혼자만 죽을 수 없다는 것입니다. 그래서 Aids Club이라는 단체를 만들어 감염시킨다는 것입니다.

《그대 영혼을 훔치다》라는 소설은 주인공인 젊은 실업가가 난잡한 생활을 하다가 Aids Club에 속한 여인에게서 Aids가 감염되고 그로 인하여 죽음을 맛보게 되는 인간의 심리를 다룬 책입니다. Aids에 감염된 줄 알았던 주인공은 좌절하여 사업도 다 망하고 마약으로 생을 연명하고 있었는데 나중에 그 병에 감염되지 않았다는 사실을 알게 됩니다.

확실히 육체는 영혼이 지배합니다. 그러므로 하나님을 떠난 육체의 소리에 귀를 기울이면 썩어진 것을 거둘 수 밖에 없습니다. 그러므로 육체의 소리를 거부하고 성령을 좇아 행하여야 합니다. 성령의 열매는 사랑, 희락, 화평, 오래 참음, 자비, 양선, 충성, 온유, 절제입니다.

그러므로 우리는 성령 충만을 구해야 합니다. 그래야 성령의 열매를 맺을 수 있습니다.

기도: 사랑의 하나님! 세상 사람들의 소리와 판단에 의해 저희들은 낙심하며 좌절합니다. 그러나 주님께서 주시는 지혜와 담대함으로 성령의 열매를 맺으며 살게 하시고, 육체의 소리를 거부할 수 있게 하옵소서.

115. 뜨거운 가슴

*찬송: 574장 (통303장)

너는 청년의 때에 너의 창조주를 기억하라 곧 곤고한 날이 이르기 전에, 나는 아무 낙이 없다고 할 해들이 가깝기 전에 해와 빛과 달과 별들이 어둡기 전에, 비 뒤에 구름이 다시 일어나기 전에 그리하라 (전 12:1-2).

우리의 가슴은 항상 뜨거워야 합니다. 하나님을 향한 열정이 있어야 합니다. 그러기 위해서는 성령의 불을 받아야 하며 그 성령의 불로 세상적인 나의 모든 조건을 태워야 합니다. 그럴 때 헌신할 수 있고 충성할 수 있습니다. 성령의 사람은 세상을 변화시키고 직장을 변화시키고 가정을 변화시킬 수 있습니다. 이 땅에 살지만 하늘의 소망을 갖고 전진의 삶을 살아가게 됩니다.

6.25사변 때에 충남 강경지방에 있었던 일입니다. 인민군들이 후퇴하면서 예배드리는 교인들을 교회 앞마당으로 모두 끌어내었습니다. 그리고 시범적으로 목사님을 죽이려고 작두에 목사님을 눕혔습니다. 그때 장로님 한 분이 달려나가 자신이 죽을 것이니 목사님을 살려달라며 자기의 목을 작두 안에 집어넣었습니다. 그러자 그 모습을 본 인민군 대장이 얼마나 감동을 받았는지 죽이지 않고 살려주면서 "나도 어렸을 때 이북에서 주일학교를 몇 번 다닌 경험이 있다. 예수 잘 믿고 천당가거라."라고 말하며 떠났다고 합니다. 그리하여 목사님도 장로님도 교회도 무사히 위기를 넘겼습니다.

어디서 이런 용기가 솟아났겠습니까? 인간의 힘도 능력도 아닙니다. 오직 성령의 능력입니다. 성령을 충만히 받으면 이런 힘과 용기를 갖게 되고 어떠한 고난도 이길 수 있습니다.

기도: 성령을 보내주신 하나님! 성령의 능력으로 가정과 이웃과 사회와 민족과 세상을 변화시키는 역군이 되게 하소서. 이 땅에 살지만 하늘에 소망을 두고 온 세상에 그리스도를 외치며 나가게 하소서.

116. 아름다운 소원

*찬송: 540장 (통219장)

우리가 마음에 뿌림을 받아 악한 양심으로부터 벗어나고 몸은 맑은 물로 씻음을 받았으니 참 마음과 온전한 믿음으로 하나님께 나아가자 또 약속하신 이는 미쁘시니 우리가 믿는 도리의 소망을 움직이지 말며 굳게 잡고 (히 10:2-23).

1985년부터 중국과 북한에 가서 선교하고 있는 미국시민권을 가진 목사님의 간증입니다.

그는 40여회나 중국에 가서 성경책을 전달하고 전도를 했습니다. 처음으로 북한에 갔을 때에 길에서 17살 된 청년을 만났습니다. 그런데 그 청년이 먼저 손을 내밀면서 악수를 청했습니다. 이때 목사님은 매우 이상하게 여겼습니다. 왜냐하면 악수하는 것은 어른이 먼저 어린 사람에게 손을 내미는 것이고 남녀 간에는 여자가 먼저 손을 내미는 것이 일반적인 예의이기 때문이었습니다. 그래도 청년이 먼저 손을 내밀기에 목사님도 손을 내밀어 악수했습니다. 그런데 그 청년은 악수만 하는 것이 아니라 그 악수하는 손가락으로 목사님의 손바닥에 십자가를 그렸습니다. 목사님은 깜짝 놀랐고 청년의 믿음의 표현에 당황할 수 밖에 없었습니다.

그 후에 목사님은 그 청년을 다시 만나 그의 소원을 들어보았습니다. 청년에게는 4가지의 소원이 있었는데 첫 번째 소원은 13살 때부터 예수를 믿었고 그때부터 공장에 다니면서 월급을 받아 십일조를 모았는데 십일조를 드릴 교회가 없으니 교회를 세우고 싶다는 것이었습니다. 그리고 두 번째 소원은 세례를 받고 싶다는 것이었습니다. 세 번째는 성찬식에 참여하고 싶다는 것이었습니다. 마지막으로는 성경을 읽고 싶다는 것이었습니다.

기도: 긍휼에 풍성하신 주님! 저희를 평안케 하시고 신앙생활에 어려움 없게 하시니 감사합니다. 주님을 믿고 싶지만 어려운 여건 때문에, 성경을 읽고 싶지만 자유가 없어서 신음하는 북녘 땅 동족들에게 은혜를 베풀어주옵소서.

117. 순교의 제물

*찬송: 147장 (통136장)

사람들이 뜰 가운데 불을 피우고 함께 앉았는지라 베드로도 그 가운데 앉았더니 한 여종이 베드로의 불빛을 향하여 앉은 것을 보고 주목하여 이르되 이 사람도 그와 함께 있었느니라 하니 베드로가 부인하여 이르되 이 여자여 내가 그를 알지 못하노라 하더라 (눅 22:55-57).

주님은 우리에게 희생과 헌신을 요구하십니다. 우리가 할 일은 오직 주님의 말씀에 충성하는 것입니다. 그것이 종의 할 일이며 종이 가야할 길입니다. 종은 오직 주인께만 영광을 돌려야 합니다.

네로 황제는 기독교인들을 잡아다가 사자의 밥이 되게 했습니다. 또한 불태워 죽이기도 했습니다. 그래서 기독교인들은 땅 밑에 굴을 파고 숨어서 살기도 했습니다. 그 때의 흔적이 지금도 남아있습니다. 카타콤이라고 합니다. 지금도 그 지하 굴에 들어가면 인도자 없이는 출입구를 찾지 못해 나오기가 힘듭니다.

너무 박해가 심했던 그 당시 베드로 사도는 잠깐 피신을 하려고 로마를 떠나고 있었습니다. 그때 흰옷을 입은 예수님께서 로마성을 향하여 걸어오고 계신 것을 발견하고 베드로가 예수님께 물었습니다. "퀴바디스 도미네"(주여! 어디로 가시나이까?). 그러자 예수님은 "나는 네가 도망가고 있기 때문에 다시 한 번 십자가에 못 박히기 위하여 로마성을 향하여 가고 있다."라고 하셨습니다.

예수님의 말씀에 베드로는 자기가 해야할 일이 무엇인지 깨닫고 정신을 차리고 뒤돌아서 로마성으로 들어갔습니다. 그리고 결국 박해자들에게 잡혀서 십자가형을 받았습니다. 그러나 베드로는 자신이 어떻게 주님과 똑같은 모습으로 십자가를 질 수 있냐며 거꾸로 매달려 순교의 제물이 되었습니다.

기도: 주님! 순교의 제물처럼 희생과 헌신이 필요하지만 저희들은 피하기만 했습니다. 주님이 다시 십자가를 져서는 안 되기에 순교의 길로 나갔던 베드로의 행동처럼 저희들도 결단하며 헌신하게 하옵소서.

118. 생명의 주인은 하나님

*찬송: 79장 (통40장)

> 우리 중에 누구든지 자기를 위하여 사는 자가 없고 자기를 위하여 죽는 자도 없도다 우리가 살아도 주를 위하여 살고 죽어도 주를 위하여 죽나니 그러므로 사나 죽으나 우리가 주의 것이로다 이를 위하여 그리스도께서 죽었다가 다시 살아나셨으니 곧 죽은 자와 산 자의 주가 되려 하심이라 (롬 14:7-9).

생명을 주실 수 있는 분은 오직 하나님이십니다. 그러므로 내 생명은 나의 것이 아니고 내 자식의 생명 또한 나의 것이 아닙니다. 오직 하나님의 것입니다.

어느 목사님의 자식이 25세의 나이에 사고로 죽었습니다. 갑자기 아들의 죽음 앞에서 목사님은 너무나 슬프고 애통했습니다. 그 슬픈 소식을 듣고 문상을 오신 목사님 한 분이 25년 전에 18세 된 아들을 사고로 잃었을 때의 간증을 하면서 위로를 하셨습니다.

목사님은 군목으로 월남에서 근무하고 있었는데 어느 날 갑자기 아들의 사고 소식을 들었습니다. 다 키운 자식을 잃은 부모의 슬픔은 말로 할 수 없었습니다. 그런데 전쟁터에서 소식을 들었기에 고국에 다녀오겠다는 말도 못하고 눈물만 흘리며 기도했습니다. 그때 하나님께서 "이 어리석은 목사야, 왜 우느냐? 그 아들이 네 아들만 되느냐? 그 아들은 내 아들이다. 천국에 왔지 않느냐?"라고 책망하시며 이제야 목사로서 슬픔 당한 가정을 위로할 수 있을 것이라는 말씀을 주셨습니다.

그렇습니다. 생명은 하나님의 것입니다. 하나님이 가져가실 수도 있습니다. 그러면 우리는 천국에 가게 되는 것입니다. 이 복을 우리에게 주시려고 그리스도께서 십자가에 죽으셨다가 부활하셨습니다. 그러므로 우리는 하나님의 섭리에 따르기만 하면 됩니다.

기도: 생명을 주관하시는 하나님! 죽이기도 하시고 살리기도 하시는 주님께 온전히 우리의 모든 것을 맡기게 하옵소서. 생명까지도 주님께 맡기고 주님을 위해 살기로 작정하는 믿음을 주옵소서.

119. 기독교는 살아있는 종교

*찬송: 96장 (통94장)

항상 우리를 그리스도 안에서 이기게 하시고 우리로 말미암아 각처에서 그리스도를 아는 냄새를 나타내시는 하나님께 감사하노라 우리는 구원 받는 자들에게나 망하는 자들에게나 하나님 앞에서 그리스도의 향기니 이 사람에게는 사망으로부터 사망에 이르는 냄새요 저 사람에게는 생명으로부터 생명에 이르는 냄새라 누가 이 일을 감당하리요 (고후 2:14-16).

　　1968년 1월 21일 청와대를 기습 공격했던 무장공비 김신조는 자수하였기에 한국정부에서 그에게 새로운 삶의 터전을 주었습니다. 그러나 그는 공산주의에 깊이 물들었던 자였기에 인생의 참다운 안정과 행복을 얻지 못했습니다. 특히 북한에 두고 온 가족에게 가해질 보복 때문에 걱정과 근심이 떠날 날이 없었습니다. 또한 사회에 적응을 하지 못해서 생기는 스트레스는 감당하기 힘들었습니다. 그래서 이름도 김재현으로 바꾸었습니다. 결혼을 하여 자녀를 두었지만 마음에 안정을 얻지 못했습니다. 술과 방탕과 도박으로 시간을 보냈습니다. 그리고 교과서에 나오는 김신조가 자신들의 아버지임을 알아버린 자녀들이 학교에 가지 않으려 해서 12번이나 집을 옮겨야 했습니다. 그러나 무장공비가족이라는 따가운 시선을 면할 수가 없었고 급기야는 이 모든 상황을 견디지 못한 아내가 중풍과 위암으로 쓰러지고 말았습니다.
　　그러나 하나님은 그와 그의 아내를 버리지 않았습니다. 그의 아내가 먼저 하나님을 만나게 되었습니다. 하나님께서 아내의 병을 고쳐주심으로 인해 아내는 독실한 그리스도인이 되었고 자녀들도 믿음을 갖게 되었습니다. 그리고 아내와 자녀들의 간절한 기도 덕분에 그도 1981년 봄에 부흥회를 통해 성령을 체험하게 되었고 회개하고 방언도 받게 되었습니다. 십자가와 부활하신 주님을 체험하게 된 것이었습니다. 그리하여 그는 13년 동안의 긴 방황을 끝내고 믿음의 일꾼이 되었습니다. 지금 그는 하나님의 말씀을 전하는 주의 종이 되어 생명을 살리는 일을 하고 있습니다.

기도: 살아 계신 하나님! 죽음과 멸망에서 구원하신 주님을 의지하고 찬양합니다. 더 이상 떨어질 곳 없는 인생, 더 이상 도망갈 곳 없는 인생이오니 주여, 돌보시고 인도하여 주옵소서.

120. 끝없는 기다림

*찬송: 578장

자녀들아 주 안에서 너희 부모에게 순종하라 이것이 옳으니라 네 아버지와 어머니를 공경하라 이것은 약속이 있는 첫 계명이니 이로써 네가 잘되고 땅에서 장수하리라 (엡 6:1-3).

　자식을 사랑하는 부모의 마음은 끝이 없습니다. 6.25사변 중인 1952년 7월 12일 5살인 화일이라는 아들을 잃어버린 부모님의 사연입니다. 이 부모님이 처음 살던 곳은 경남 울산이었습니다.
　그러다가 아버지가 취직하기 위하여 부산 좌천동에 가서 방을 얻어 살고 있었는데 어느 날 아들이 꽃상여를 따라갔다가 그만 소식이 끊어져버렸습니다. 그 후 부모님은 부산에서 아들을 찾다가 울산 집으로 돌아갔습니다. 왜냐하면 아들이 5세이었지만 울산 집의 주소를 잘 기억했었기에 꼭 찾아오리라고 생각했기 때문이었습니다.
　그로부터 40년이 넘도록 아이의 부모님은 잃어버린 아들을 기다리며 지금도 예전에 살던 그 집을 고치지도 않고 살고 있습니다. 왜 집을 고치지 않고 살고 있느냐고 물었더니 그 어머니는 지금이라도 아들이 예전의 집을 기억하고 달려올 것 같아 고칠 수가 없다고 말했습니다. 이것이 자식을 사랑하는 부모의 간절하고 변함없는 마음입니다.
　우리는 이와 같은 부모님의 사랑을 깨닫고 우리를 낳고 길러주신 부모님의 은혜에 감사하며 보답하는 삶을 살아야 합니다.

기도: 변함이 없으신 하나님! 한없는 사랑을 가진 부모님을 통해 이 땅에 태어나게 하신 하나님 감사합니다. 온 맘과 정성으로 양육하신 부모님의 사랑을 잊지 않게 하시고 평생에 감사함으로 잘 섬기게 하옵소서.

121. 주 안에서 결단

*찬송: 586장 (통521장)

주를 찾는 자는 다 주 안에서 즐거워하고 기뻐하게 하시며 주의 구원을 사랑하는 자는 항상 말하기를 여호와는 위대하시다 하게 하소서 나는 가난하고 궁핍하오나 주께서는 나를 생각하시오니 주는 나의 도움이시요 나를 건지시는 이시라 나의 하나님이여 지체하지 마소서 (시 40:16-17).

중공 치하에서 있었던 일입니다. 왕 목사라는 분이 예수 그리스도를 신봉한다는 이유로 심한 고문을 당하고 감옥에 갇혔습니다. 눈을 떴을 때 방 한 구석에 갈기갈기 찢어진 옷을 걸치고 쇠사슬에 묶여있는 한 노인을 보게 되었습니다. 자세히 보니 몇 년 전에 헤어진 자신의 어머니였습니다. 어머니는 얼굴이 많이 상했고 백발의 노인이 되어 있었습니다.

공산주의자가 그에게 십계명을 가르쳐달라고 했습니다. 그는 공산주의자들에게 십계명을 증거할 수 있는 기회라고 생각하고 암송을 했습니다. '네 부모를 공경하라'는 다섯째 계명을 암송하는 중에 공산주의자는 암송을 중지시키고 그에게 말했습니다. "나는 너에게 네 어머니를 공경할 기회를 주겠다. 지금 너의 어머니는 너의 옆에서 고난을 당하고 있다. 지금 네 믿음의 형제들의 정보를 준다면 네 어머니를 자유롭게 해주겠다. 그러면 너는 부모를 공경하라는 계명을 지킨 것이 되는 것이다."

참으로 어려운 결단을 촉구하는 유혹의 순간이었습니다. 그래서 그는 어머니에게 얼굴을 돌리며 어떻게 할 것인지를 눈으로 물었습니다. 그때 어머니는 이렇게 대답했습니다. "나는 너를 어릴 때부터 그리스도의 사랑과 그 신성한 교회에 대하여 가르쳤다. 너는 나의 고난에 대하여는 걱정하지 말고 주님과 믿음의 형제들에게 충성을 다하도록 하여라. 만일 네가 주님을 배반한다면 나는 더 이상 너의 어머니가 아닐 것이요, 너는 더 이상 내 아들이 아닐 것이다." 그리고 어머니는 돌아가셨습니다.

기도: 주님! 흔들리는 믿음, 흔들리는 사랑 붙잡아 주소서. 유혹에 흔들리지 않게 하시고, 세상 욕심과 정에 이끌려 주님을 배반하지 않도록 붙잡아 주소서.

122. 용서를 받아들이지 않아

*찬송: 261장 (통195장)

우슬초로 나를 정결하게 하소서 내가 정하리이다 나의 죄를 씻어 주소서 내가 눈보다 희리이다 내게 즐겁고 기쁜 소리를 들려 주시사 주께서 꺾으신 뼈들도 즐거워하게 하소서 (시 51:7-8).

미국 서부의 한 청년이 카드놀이를 하다가 몹시 다투던 끝에 그만 이성을 잃고 권총으로 상대방을 쏴 죽이고 말았습니다. 그래서 그는 체포되어 재판을 받고 교수형의 판결을 받았습니다. 그렇지만 그 청년을 사랑하던 친척들과 친구들이 진정서를 준비하고 많은 사람들의 서명을 받아 제출했습니다. 마침내 그 진정서가 주지사에게 전달되었고 그리스도인이던 주지사는 청년을 사면하기로 결심했습니다. 주지사는 사면장을 써서 주머니에 넣고 성경을 들고 형무소에 있는 청년을 찾아갔습니다.

주지사가 감방으로 가까이 갔을 때 청년이 벌떡 일어나 철책 문으로 다가오며 소리쳤습니다. "여기 오지 마세요. 보기도 싫습니다. 당신 같은 사람은 벌써 일곱 번이나 만났습니다. 나도 집에서 종교생활을 했단 말입니다." "젊은이! 내가 젊은이를 위하여 가장 좋은 소식을 가지고 왔소." "내가 말하지 않았습니까? 만나기 싫습니다. 당장 나가지 않으면 간수를 부르겠소."

"그렇다면 할 수 없지요. 그럼 이만 가겠소." 주지사는 슬픈 마음으로 돌아서서 나왔습니다. 잠시 후 간수가 와서 청년에게 말했습니다. "방금 주지사님이 자네를 방문하고 가셨는데……" "방금 오신 그 분이 주지사님이라구요?" "오! 이럴수가!" 안타까운 마음으로 청년은 즉시 종이와 펜을 가지고 주지사에게 편지를 써서 보냈습니다. 그 편지를 받은 주지사는 다 읽고 나서 뒷면에 "나는 이 사건에 더 이상 흥미가 없소."라는 답을 써서 보냈습니다. 청년은 결국 사형을 당하였습니다. 그것은 그의 죄 때문이 아니라 주지사의 용서를 받아들이지 않았기 때문입니다.

기도: 용서의 주님! 우리의 회개를 받아주셔서 용서하시고 새 생명을 주시니 감사합니다. 주님, 용서받고 새 생명 얻어야 할 수많은 사람들에게 용서의 은총과 영생의 복을 허락하여 주옵소서.

123. 고린도전서 13장의 권고
*찬송: 614장

내가 예언하는 능력이 있어 모든 비밀과 모든 지식을 알고 또 산을 옮길 만한 모든 믿음이 있을지라도 사랑이 없으면 내가 아무 것도 아니요 내가 내게 있는 모든 것으로 구제하고 또 내 몸을 불사르게 내줄지라도 사랑이 없으면 내게 아무 유익이 없느니라 (고전 13:2-3).

  김홍섭 판사는 진실한 그리스도인이었습니다. 그가 재판할 때 그의 책상에는 항상 성경과 육법전서가 놓여 있었습니다. 그리고 다음과 같은 말을 하고 판결을 했습니다. "하나님 앞에서 당신이나 나 모두 죄인입니다. 그러나 불행하게도 나는 대한민국의 판사가 되어 당신을 재판하게 되었으니 이해하시기 바랍니다."
  한 번은 그가 소송을 맡았는데 아이를 한 명 가진 30대 부부가 서로 성격이 맞지 않아서 이혼하려고 하는 사건이었습니다. 이혼의 원인은 별 것이 아니었습니다. 집안 정리를 하다가 방에 장롱을 놓는 위치 문제로 서로 다투게 되었고 할 말, 하지 말아야 할 말을 다 하다가 결국 이혼하자는 말까지 하게 된 것이었습니다. 그래서 이혼소송을 하게 되었고 아이양육 문제, 재산분배 문제로 또 다투게 된 것이었습니다. 김 판사는 재판 일정을 한 달 동안 늦추고 부부에게 성경 한 권을 주면서 고린도전서 13장을 하루 세 번씩 한 달 동안 읽도록 권면했습니다. 김 판사의 간곡한 권고에 부부는 집으로 돌아와 매일 성경을 읽게 되었고 성경을 읽는 중에 자신들의 사랑 없음을 깨닫고 서로 잘못을 인정하고 뉘우치며 이혼소송을 취소하게 되었습니다.
  하나님의 말씀은 사랑입니다. 하나님의 말씀은 살았고 운동력이 있습니다. 그리하여 이 말씀을 듣는 자마다 교훈을 받고 책망을 받아 바르게 되며 의로워지는 역사가 일어나게 됩니다.

기도: 사랑의 주님! 작은 것에도 화내고 용서하지 못하고 다투는 저희들을 용서해주옵소서. 십자가에 달려 죽으시면서까지 우리를 사랑하셨던 주님의 사랑을 늘 기억하며 행동하게 하옵소서.

124. 사랑하는 곳에 평화가

*찬송: 620장

아버지 하나님과 주 예수 그리스도께로부터 평안과 믿음을 겸한 사랑이 형제들에게 있을지어다 우리 주 예수 그리스도를 변함없이 사랑하는 모든 자에게 은혜가 있을지어다 (엡 6:23-24).

우리나라의 여행자들 중에 김찬삼 교수가 계시는데 그 분이 기록했던 자료 일부를 소개합니다. 김 교수님이 아프리카를 여행하는 중에 슈바이쳐 박사가 흑인들을 치료하고 계셨던 람바레네에서 일주일 간 머무른 일이 있었습니다. 머무르는 중에 박사님께 물었습니다. "박사님은 유럽 대학의 훌륭한 교수직을 그만두고 왜 아프리카로 오셔서 90평생을 바쳐 이렇게 봉사하고 계십니까?"

"나는 누가복음 16장을 읽다가 부자는 백인이요, 나사로는 흑인이라는 감동을 받았소." 슈바이쳐 박사는 백인들의 죄를 속죄하는 마음으로 아프리카에 와서 흑인들을 치료하게 되었다고 말씀했습니다. 그 곳의 환자들의 대부분은 나병환자들이어서 고름주머니를 손으로 눌러야 했습니다. 그 현장에서 일주일을 생활한 후 그리스도의 사랑을 체험하게 된 김 교수님은 헤어질 때 박사님께 인생을 살아가는 데 꼭 필요한 말씀을 해달라는 부탁을 했습니다. 그랬더니 박사님은 떠나는 교수님께 손을 흔들면서 "인류에게 평화를! 인류에게 사랑을!"이라는 말씀을 해주셨습니다.

슈바이쳐 박사는 사랑하는 곳에 평화가 있고 헌신과 희생과 봉사가 있는 곳에 평화가 있다고 생각했던 것입니다. 그래서 그리스도의 사랑을 실천하기 위하여 90평생을 아프리카에서 보냈던 것입니다.

기도: 평화의 주님! 사랑이 있는 곳에 평화가 있음을, 사랑이 있는 곳에 봉사와 헌신이 있음을 알게 하셨으니 이제 몸으로 체험하고 사랑을 행하게 하소서.

125. 어린아이들을 축복하신 예수님

*찬송: 565장 (통300장)

예수께서 보시고 노하시어 이르시되 어린아이들이 내게 오는 것을 용납하고 금하지 말라 하나님의 나라가 이런 자의 것이니라 내가 진실로 너희에게 이르노니 누구든지 하나님의 나라를 어린아이와 같이 받들지 않는 자는 결단코 그 곳에 들어가지 못하리라 하시고 그 어린아이들을 안고 그들 위에 안수하시고 축복하시니라 (막 10:14-16).

5월 5일을 우리나라에서 어린이날로 정한 것은 소파 방정환 선생님입니다. 그는 어린이가 가정과 사회, 국가의 소망임을 부르짖으며 어린이날을 지킬 것을 주장했습니다. 그 때는 우리나라가 일본에 강점되어 있을 때입니다.

어린이는 가정의 꽃입니다. 미래의 희망입니다. 국가와 사회의 기초입니다. 새싹입니다. 어린이는 약해 보이지만 언제나 새롭고 싱싱합니다. 우리는 어린이들이 튼튼하고 싱싱하게 자랄 수 있도록 보살피고 가꾸어야 합니다. 이는 어른들의 의무이며 부모들의 의무입니다. 나라의 과제입니다.

예수님은 어린아이를 데려다가 제자들 가운데 세우시고 "너희가 돌이켜 어린아이와 같이 되라"고 하셨습니다. 예수님은 어린아이를 사랑하셨습니다. 그리고 축복하셨습니다. 예수님은 어린아이들이 자기에게 오는 것을 금하지 말라고 하셨습니다. 우리도 예수님에게서 이 진리를 배워야 합니다.

기도: 은혜의 주님! 주님께서 사랑하신 어린이들을 사랑으로 양육하게 하시고, 이 나라의 모든 어린이들이 하나님께 비전을 가진 자녀로 성장할 수 있도록 인도하옵소서.

126. 올바른 자녀 양육

*찬송: 287장 (통205장)

또 아비들아 너희 자녀를 노엽게 하지 말고 오직 주의 교훈과 훈계로 양육하라 (엡 6:4).

　AFP(프랑스 통신사)가 침팬지에 의해 2년 정도 정글에서 키워진 소년이 사냥꾼들에게 발견되어 어린이집에 위탁되어 6년 동안 양육 받은 모습을 보도하였습니다. 장애인으로 태어난 이 아이는 부모에 의해 버려졌는데 침팬지가 데려다 키운 것입니다. '벨로'라는 이 소년은 6년 동안이나 어린이집에서 양육 받았으나 아직까지 말도 제대로 하지 못합니다. 마치 침팬지처럼 높이 뛰어오르고 괴성을 지르면서 손으로 머리를 때리고 밤마다 침대 사이를 뛰어다니며 땅을 손으로 짚은 채 걸어다닙니다. 이런 것을 보면 낳은 것도 중요하지만 양육도 아주 중요하다는 것을 새삼 더 깨닫게 됩니다. 자식이 잘되기를 바란다면 바르게 양육하는 부모가 되어야 합니다.

　삼미그룹의 부회장을 지낸 서상록이라는 분이 직장에서 은퇴한 후 평소에 하고 싶었던 호텔의 웨이터로 취직한 후 TV에 나와 '성공하는 사람들의 자세'라는 제목으로 강연을 한 내용입니다. 그의 친구 중에 아들이 나이 서른이 넘도록 직장도 다니지 않고, 오전 11시가 넘어서 기상을 하고, 한 달 용돈을 500만 원이나 쓰고 다녀서 버릇을 어떻게 고칠까 고민을 하더랍니다. 그래서 자기가 친구 아들을 만나 "왜 그렇게 늦게 일어나느냐? 왜 일할 생각을 하지 않느냐? 일도 안하면서 용돈을 너무 많이 쓰는 것 아니냐?"하며 조언을 했더니 그 아들은 "그 책임은 모두 부모님께 있습니다. 아기 때부터 제가 하고 싶은 대로 다 해주었기에 이렇게 될 수밖에 없었습니다. 우리 아버지 재산이 1,200억인데 제가 그렇게 평생을 써도 다 못 씁니다. 그러니 아저씨는 아저씨 아들 걱정이나 하십시오."라고 대답하더랍니다.

기도: 하나님 아버지! 저희 자녀를 바르게 양육할 수 있는 지혜를 주시고 저희가 본을 보이는 부모가 되게 하소서.

127. 어머니의 사랑

*찬송: 579장 (통304장)

예수께서 이르시되 자녀로 먼저 배불리 먹게 할지니 자녀의 떡을 취하여 개들에게 던짐이 마땅치 아니하니라 여자가 대답하여 이르되 주여 옳소이다마는 상 아래 개들도 아이들이 먹던 부스러기를 먹나이다 예수께서 이르시되 이 말을 하였으니 돌아가라 귀신이 네 딸에게서 나갔느니라 하시매 (막 7:27-29).

옛날 일본 어느 지역에 '어머니를 버리는 곳'이라는 산간 마을이 있었습니다. 그 마을에서는 어머니가 70세가 되면 깊은 산에 모셔다 버렸습니다. 한 젊은이가 70세 된 어머니를 버리기 위해 지게에 짊어지고 산으로 계속 들어가고 있었습니다.

그런데 뒤에 계시는 어머니가 계속 적당한 간격으로 나뭇가지를 꺾어 길에 버리시는 것이었습니다. 아들이 물었습니다. "어머니, 왜 나뭇가지를 꺾어 길에 버리십니까?" 그러자 어머니는 "네가 돌아갈 때 길을 잃어버릴까봐 그런다."라고 하셨습니다.

젊은 아들은 자기에게 버림을 당하면서도 끝까지 자식을 사랑하시는 어머니의 모습을 보았습니다. 그는 도저히 어머니를 버릴 수가 없었습니다. 그래서 다시 어머니를 짊어지고 돌아왔습니다.

그 어머니의 사랑이 그 지방의 잘못된 관습을 바꾸었습니다. 인생에서 가장 중요한 것은 사랑입니다. 사랑은 세상을 변화시키는 힘과 능력이 있습니다.

기도: 주님! 주님의 십자가 사랑, 부모님의 큰 사랑을 평생 잊지 않게 하시며 은혜로 갚을 수 있는 신실한 주님의 자녀가 되게 하소서.

128. 어머니의 사진

*찬송: 579장 (통304장)

네 아버지와 어머니를 공경하라 이것이 약속 있는 첫 계명이니 이는 네가 잘되고 땅에서 장수하리라 (엡 6:2~3).

　　미국이 일본을 이기고 필리핀을 점령할 때 있었던 실화입니다. 마닐라 해안이 불바다가 되고 미국 함대도 포탄에 맞아 물이 새기 시작했습니다. 그 때 톰이라는 일등병이 떠내려가는 자기 점퍼를 건지기 위해 물에 뛰어들었습니다. 중대장이 뛰어내리지 말라고 했으나 명령에 불복종하고 뛰어내린 것입니다. 마침내 전쟁이 끝이 나고 필리핀은 미국의 식민지가 되었습니다. 전쟁이 끝난 후 톰은 명령불복종으로 군사회의에 회부되었습니다. 재판관이 물었습니다. "왜 명령에 불복종했는가?"
　　톰은 말없이 그 점퍼에서 낡은 사진을 하나 꺼내어서 재판관에게 보여주며 말했습니다.
　　"전쟁 중에 돌아가신 어머님의 사진입니다."
　　그는 점퍼 때문이 아니라 점퍼 안에 있던 어머니의 사진 때문에 명령에 불복종하고 뛰어내려 점퍼를 건져왔던 것입니다. 전쟁 중에 명령불복종은 사형이나 종신형의 무거운 중벌에 처해지게 됩니다. 재판정에는 침묵이 흘렀습니다. 한참 후 재판관은 울먹이는 소리로, "어머니에 대한 효도심이 있는 병사가 있었기에 우리가 일본을 이기고 필리핀을 점령할 수 있었다."고 말하면서 톰에게 특별사면을 언도했습니다.

기도: 사랑의 주님! 자녀들을 위해 모든 것 주시고, 생명까지 내놓으신 부모님의 사랑을 깊는 자녀들이 되게 하소서. 내 생명까지도 부모님에게 드릴 수 있는 사랑의 마음을 가질 수 있게 도와주옵소서.

129. 하나님의 것을 하나님께 드림

*찬송: 38장

또 어떤 가난한 과부가 두 렙돈 넣는 것을 보시고 이르시되 내가 참으로 너희에게 말하노니 이 가난한 과부가 다른 모든 사람보다 많이 넣었도다 저들은 그 풍족한 중에서 헌금을 넣었거니와 이 과부는 그 가난한 중에서 자기가 가지고 있는 생활비 전부를 넣었느니라 하시니라 (눅 21:2-4).

　미국의 빌리 그래함 목사는 미국인들의 죄를 다음과 같이 지적하고 있습니다. "오늘날 미국인들의 가장 큰 죄악 중 하나는 하나님의 것을 도적질하는 것입니다. 우리가 십일조를 드리지 않는 것은 하나님께 대한 채무이행을 기피하는 것과 같습니다. 왜냐하면 십일조는 이미 하나님의 것이기 때문입니다. 우리가 십일조를 드리기 전에는 진정한 의미에서 헌금을 드리는 것이 아닙니다."

　루마니아의 살아있는 순교자 리챠드 범브랜트 목사는 공산치하에서 극심한 고문을 받으며 감옥생활을 할 때에도 일주일에 한 번씩은 십의 일을 하나님께 드리는 정성으로, 비록 배급되는 적은 양의 음식이지만 그것을 아껴서 더 연약한 자들을 대접했다고 합니다.

　맨솔리담을 만들어 돈을 많이 번 알버트 하이드 씨는 십일조를 드리기 시작하면서 엄청난 복을 받았는데 십일조를 제일 많이 드리는 신자가 되었고, YMCA에 수백 만 불을 헌금하였고, 일본에서 버는 돈으로 일본선교 사업비를 부담할 수 있었으며, 87세의 나이로 죽을 때는 150만 불을 선교 사업비로 헌금하기도 했습니다.

　십일조를 드리지 않아도 잘살 수 있을지도 모릅니다. 그러나 하나님이 그 재물을 보장해주시지 않으면 언제 날아가버릴지 모릅니다. 자자손손 이어지는 재물이 되지 못합니다. 그러므로 하나님의 것은 온전히 하나님께 드려야 합니다.

기도: 주님! 저희가 십일조 드리는 기쁨과 은혜를 받게 하시니 감사합니다. 온전히 하나님의 것을 하나님께 구별하여 드릴 수 있는 믿음을 늘 유지하게 하시고, 더 많은 것들을 감사하며 드리는 기쁨을 주옵소서.

130. 근신하라

*찬송: 359장 (통401장)

근신하라 깨어라 너희 대적 마귀가 우는 사자 같이 두루 다니며 삼킬 자를 찾나니 너희는 믿음을 굳건하게 하여 그를 대적하라 이는 세상에 있는 너희 형제들도 동일한 고난을 당하는 줄을 앎이라 (벧전 5:8-9).

근신하라는 말은 정신을 차리라는 뜻과 함께 건전한 마음을 가지라는 뜻도 가지고 있습니다. 맑은 정신, 질서정연한 마음, 건전한 마음을 가지라는 것입니다. 지혜로운 삶을 살라는 것입니다. 미리 준비하는 지혜를 가지라는 것입니다.

어떤 신자가 집안이 가난하여 남의 집 머슴살이를 했습니다. 그런데 그는 일은 부지런히 하는데 민첩하지 못했습니다. 그것을 답답하게 여긴 주인이 하루는 그에게 지팡이를 하나 주면서 그보다 더 미련한 사람을 만나면 주라고 했습니다.

얼마 후 주인이 중병에 걸려 죽음을 맞이하게 되었습니다. 이때 그는 주인에게 이 세상을 떠날 준비를 다 했는지 물었습니다. 그러자 주인은 말없이 눈물을 흘리며 고개를 저었습니다. 이 모습을 본 그가 말했습니다. "사람은 누구나 이 세상에 왔다가 때가 되면 본고향으로 돌아가는 나그네입니다. 그런데 주인님은 떠날 준비는 하나도 하지 않고 계시니 그보다 더 미련한 일이 어디에 있겠습니까? 전에 지팡이를 저에게 주시면서 너보다 미련한 자를 만나거든 주라고 하셨기에 지팡이를 여기 두고 갑니다." 그리고 그 지팡이를 주인에게 도로 주었다고 합니다.

우리는 다 같이 본향으로 돌아가는 나그네입니다. 그러므로 만물의 마지막이 가까왔으니 곧 구원의 날이 가까왔으니 정신을 차리고 준비해야 할 것입니다.

기도: 깨어 있으라고 하신 주님! 삼킬 자를 찾아 두루 다니는 사탄의 세력에 맞서서 이길 수 있는 굳건한 믿음을 주시고, 고난을 당하는 믿음의 형제들을 돕고 위로할 수 있는 넉넉한 사랑의 마음도 주옵소서.

131. 술 취하지 말라

*찬송: 190장 (통177장)

술을 즐겨 하는 자들과 고기를 탐하는 자들과도 더불어 사귀지 말라 술 취하고 음식을 탐하는 자는 가난하여질 것이요 잠 자기를 즐겨 하는 자는 해어진 옷을 입을 것임이니라 (잠 23:20-21).

술은 강한 흥분제입니다. 뿐만 아니라 중독을 일으킬 요소를 가지고 있습니다. 사실 술 뿐 아니라 무슨 일이든지 지나치게 빠져들면 문제가 나타납니다. 취미생활이나 운동, 사업, 정치문제 등 세상적인 일에 너무 지나치게 심취하면 삶이 잘못될 수도 있습니다. 건강이 나빠지기도 합니다. 중독이 되고 욕심이 생기면 무리하기 때문입니다.

사람의 마음은 거대한 욕망덩어리입니다. 항상 무엇인가를 추구하고 완전한 만족을 모르고 살아가는 존재입니다. 무엇이든 적당한 선에서 끝나지 않습니다. 가지면 더 가지고 싶은 것이 인간의 욕망입니다.

술에 취하는 사람들은 여러 가지 이유를 댑니다. 지루함을 달래기 위해, 피로를 풀기 위해, 자극적인 것을 맛보기 위해, 쾌락을 위해, 사교의 목적으로 등등 여러 가지 이유가 있습니다. 그러나 술은 적당한 선에서 끝나지 않기 때문에 취하게 되고 실수하게 되며 결국 술로 인해 죽음을 맞이하기도 합니다. 그래서 하나님은 "술을 즐기는 자들과 사귀지 말라. 술 취하는 자는 가난하여질 것이요" "술 취하지 말라 이는 방탕한 것이니"라고 말씀하십니다.

기도: 성실하신 하나님! 저희들도 성실하기를 원합니다. 술 취하지 않게 하시고, 게으른 자가 되지 않게 하시고, 쾌락의 유혹에 빠지지 않게 하옵소서. 저희에게 오직 성령의 충만을 받는 복을 주옵소서.

132. 지혜의 복

*찬송: 211장 (통346장)

소원을 성취하면 마음에 달아도 미련한 자는 악에서 떠나기를 싫어하느니라 지혜로운 자와 동행하면 지혜를 얻고 미련한 자와 사귀면 해를 받느니라 재앙은 죄인을 따르고 선한 보응은 의인에게 이르느니라 선인은 그 산업을 자자 손손에게 끼쳐도 죄인의 재물은 의인을 위하여 쌓이느니라 (잠 13:19-22).

　차재완 장로님의 간증입니다. 그는 오래 전에 사업에 완전히 실패하여 3억 원의 부채를 안고 망하게 되었는데 그때 독실한 믿음의 아내가 그에게 이렇게 말했다고 합니다. "여보, 용기를 내세요. 제가 아는 영화계의 어떤 사장은 5억 원의 부도를 내고 망했대요. 그것을 생각하면 우리는 2억을 벌었잖아요." 방 한 칸 없는 상황에서 아내가 들려준 이 격려의 말 한마디가 그에게는 평생 잊을 수 없는 위로와 용기를 주어 다시 일어설 수 있었다는 것입니다.

　사과 세 개를 두 아이가 어떻게 나누어 먹으면 좋겠냐고 선생님이 학생들에게 물었습니다. 그때 한 학생이 "하나씩 나눠먹고 나머지 한 개는 하나님께 드리면 됩니다."라고 대답했습니다. 그러자 선생님은 그 학생을 바보 취급하며 "하나 반씩 나눠먹는 셈도 못하니?"라고 책망했습니다.

　이런 아이들은 나눗셈도 제대로 못한다 하여 낙제점을 맞을 것입니다. 그러나 하나님을 경외한다는 것은 바로 이런 바보 같은 생각을 하는 것을 의미합니다. 모든 언행과 마음가짐에서 하나님을 인식하고 있어야 합니다. 세상의 모든 나눗셈에서 하나님을 먼저 생각해야 합니다. 세상 사람들은 미련하게 여겨도 이러한 삶이 바로 천국에 들어가는 비결이 되는 것입니다.

기도: 지혜를 주신 하나님! 하나님의 계산법은 세상의 방법과 다른 것임을 깨닫는 지혜를 허락하옵소서. 내가 가진 귀한 것을 하나님께 내어놓는 지혜와 세상 사람들에게 나누어주는 지혜를 주옵소서.

133. 기둥으로 쓰이는 나무

*찬송: 341장 (통367장)

제자들이 매우 놀라 서로 말하되 그런즉 누가 구원을 얻을 수 있는가 하니 예수께서 그들을 보시며 이르시되 사람으로는 할 수 없으되 하나님으로는 그렇지 아니하니 하나님으로서는 다 하실 수 있느니라 베드로가 여짜와 이르되 보서 우리가 모든 것을 버리고 주를 따랐나이다 (막 10:26-28).

　속이 빈 나무는 기둥이 될 수 없으며 약한 나무도 기둥이 될 수 없습니다. 비바람에 시달리고 눈바람이 쳐도 잎이 지지 않고 사시사철 잎이 무성한 상록수처럼 목질이 튼튼한 나무, 연단된 나무만이 기둥으로 쓰일 수 있습니다. 교회의 기둥도 마찬가지입니다. 교회의 기둥은 주님의 말씀으로 훈련된 자들이어야 하고 심지가 굳은 자들이어야 합니다. 그래야 주님을 배반하지 않고 주님의 명령에 절대 순종합니다. 그러므로 우리는 오직 주의 말씀만 마음속에 가득 차 있어야 하며 말씀으로 하루를 살아야 합니다.

　비뚤어졌거나 굽은 나무가 기둥이 될 수 없듯이 교회에서도 인격적으로 비뚤어진 사람은 기둥으로 사용될 수 없습니다. 인격적으로 비뚤어진 사람이란 부정적인 사람, 불화를 일으키는 사람, 말만 앞세고 실천이 없는 사람, 남의 허물만 보는 사람 등을 말합니다. 그러나 이러한 사람도 성령의 충만을 받으면 문제될 것이 없습니다. 예수님의 제자들도 허물이 너무나 많은 사람들이었습니다. 그러나 그들이 성령 충만을 받았을 때 그들의 불신이, 그들의 비뚤어진 인격이 변하여 긍정적이고 담대하고 적극적인 모습으로 변했습니다. 오직 예수 그리스도의 십자가와 부활을 증거하는 교회의 충성된 일꾼, 교회의 기둥이 되었습니다. 속이 가득 차고 단단한 기둥이 되었습니다.

기도: 주님! 주님의 제자 되기를 원합니다. 주님의 말씀으로 속이 가득차고 단단한 성도가 되게 하소서. 하나님의 전에 꼭 필요한 기둥과 같은 성도가 될 수 있도록 준비하고 훈련받는 성실함을 가지게 하소서.

134. 야곱의 생애

*찬송: 338장 (통364장)

꿈에 본즉 사닥다리가 땅 위에 서 있는데 그 꼭대기가 하늘에 닿았고 또 본즉 하나님의 사자들이 그 위에서 오르락내리락 하고. 내가 평안히 아버지 집으로 돌아가게 하시오면 여호와께서 나의 하나님이 되실 것이요 내가 기둥으로 세운 이 돌이 하나님의 집이 될 것이요 하나님께서 내게 주신 모든 것에서 십분의 일을 내가 반드시 하나님께 드리겠나이다 하였더라 (창 28:12,21-22).

야곱의 생애를 살펴보면 현대인의 삶의 모습을 보는 것 같습니다. 야곱이라는 이름의 뜻은 간교한 자, 가난한 자라는 뜻입니다. 그는 정말 간교한 자였고 축복을 위해서는 수단방법을 가리지 않는 자였습니다. 복을 받는다 하면 아버지도 속였고 형과 외삼촌도 속였습니다.

그가 외삼촌 라반을 속이고 큰 부자가 되어 고향으로 돌아오는 길에 그는 형 에서의 마중을 받았습니다. 20년 만에 돌아오는데도 형은 과거를 잊지 않고 큰 군사를 거느리고 마중을 나온 것이었습니다. 그때 야곱은 20년 전의 죄가 생각났습니다. 지금까지는 인간이 할 수 있는 방법을 모두 동원하여 살았는데 이제는 자신이 어떻게 할 수 없는 한계상황에 다다랐음을 깨달았습니다. 죽느냐, 사느냐, 모든 재산을 다 빼앗기느냐, 가족들의 생명을 구할 수 있느냐 하는 긴박한 상황이었습니다. 그때 야곱은 인간이 할 수 없는 상황임을 깨닫고 천사를 잡고 씨름하며 하나님께 매달렸습니다. 그 결과 야곱이 승리하여 '이스라엘'이라는 이름을 얻었습니다. 해결점을 찾게 된 것입니다.

우리는 어떻게 살아왔습니까? 야곱의 모습이 오늘 우리의 모습은 아닌지 생각해보아야 합니다. 인간적인 모습을 버리고 하나님이 기뻐하시는 모습이 되어야 합니다.

기도: 전능하신 하나님! 우린 야곱처럼 살았습니다. 지금도 야곱처럼 욕심을 가지고 간교하게 살아가고 있습니다. 야곱이 변하여 이스라엘이 된 것처럼 우리도 선한 주님의 사람으로 변화되게 하옵소서.

135. 샘 곁의 무성한 가지

*찬송: 570장(통453장)

당신들은 나를 해하려 하였으나 하나님은 그것을 선으로 바꾸사 오늘과 같이 많은 백성의 생명을 구원하게 하시려 하셨나니 당신들은 두려워하지 마소서 내가 당신들과 당신들의 자녀를 기르리이다 하고 그들을 간곡한 말로 위로하였더라 (창 50:20-21).

나무가 성장하는 조건은 영양분과 공기와 수분입니다. 특히 수분섭취를 하지 못하면 동물이건 식물이건 생명을 지속할 수 없습니다.

요셉의 이름의 뜻인 샘 곁의 무성한 나무란 샘의 수분을 계속하여 섭취하여 마름이 없는 나무를 말합니다. 일시적으로 무성한 나무가 아니라 항상 무성한 나무를 말합니다.

이처럼 요셉의 일생은 하나님의 은혜의 샘 곁에서 시들지 않고 마르지도 않았습니다. 많은 고난과 역경을 겪었지만 오직 하나님을 신뢰하고 정직하였기에 샘 곁의 나무처럼 형통의 은혜를 받았습니다.

샘은 하나님의 말씀, 예수 그리스도, 교회입니다. 그러기 때문에 우리는 날마다 주님을 모시고 말씀 중심, 교회 중심으로 살아야 합니다. 그럴 때 무성한 가지, 샘 곁의 가지가 되어 형통의 은혜가 넘치게 됩니다.

요셉은 엄청난 시련을 당했지만 이겨냈습니다. 어떠한 시련에도 약해지거나 흔들리지 않았고 오히려 더 힘 있고 강해졌습니다. 그는 역경 중에도 인내하며 전능하신 하나님을 의지하고 믿으며 하나님의 섭리를 바라보았습니다. 하나님이 항상 그와 함께 계심을 확실히 믿었기에 그는 승리할 수 있었습니다. 하나님이 함께 하셨기에 샘 곁의 무성한 가지가 되었습니다.

기도: 풍성하신 주님! 세상을 두려워하지 말게 하시며 오직 주님만을 바라보게 하소서. 하나님 말씀, 주님의 음성에 귀를 기울이게 하셔서 샘 곁의 무성한 나무처럼 형통의 삶을 살게 하소서.

136. 현대인의 모습

*찬송: 580장 (통371장)

슬기로운 자의 책망은 청종하는 귀에 금 고리와 정금 장식이니라 충성된 사자는 그를 보낸 이에게 마치 추수하는 날에 얼음 냉수 같아서 능히 그 주인의 마음을 시원하게 하느니라 (잠 25:12-13).

16세기 유명한 성자 네리(Phililo de Neri)가 대학교 교정을 걷고 있는 청년을 만났습니다. 네리는 청년에게 질문을 던졌습니다.

"이 대학에 무엇을 배우러 왔는가?" "법률 공부를 하러 왔습니다."

"대학공부를 마치면 무엇을 할 것인가?" "박사학위를 얻겠습니다."

"박사학위를 받고나면 무엇을 할 것인가?" "유능한 변호사로서 명성을 얻겠습니다."

"그 다음은?" "돈을 많이 벌고 높은 지위를 얻겠습니다."

"그 다음은?" "편안하게 살겠습니다."

"그 다음은?" "늙어서 죽겠지요."

"그 다음은 어떻게 되는 거지?"

청년은 대답을 할 수 없었습니다. 이것이 오늘날 현대인의 모습이며 우리의 모습입니다.

삶의 목적이 없기에 총명이 없어지고 허망하게 인생을 살기에 무지해지는 것입니다. 죄를 깨닫지 못하기에 돌같이 굳은 마음을 가지고 살아가는 것입니다. 이렇게 하나님의 생명에서 떠난 삶을 살다가 결국 사망하며 영벌을 받게 되는 것입니다.

"내 이름으로 불려지는 모든 자 곧 내가 내 영광을 위하여 창조한 자를 오게 하라 그를 내가 지었고 그를 내가 만들었느니라 눈이 있어도 보지 못하고 귀가 있어도 듣지 못하는 백성을 이끌어 내라"(사 43:7-8).

기도: 우리를 지으신 하나님! 하나님이 가르쳐주신 올바른 삶의 목적을 가지고 주님 앞에 서기를 원합니다. 창조주 하나님, 구원의 예수 그리스도를 이제 보게 하시고, 만나게 하시고, 동행하게 하옵소서.

137. 하나님이 부르시는 때
*찬송: 523장 (통262장)

> 여호와께서 그가 보려고 돌이켜 오는 것을 보신지라 하나님이 떨기나무 가운데서 그를 불러 이르시되 모세야 모세야 하시매 그가 이르되 내가 여기 있나이다 하나님이 이르시되 이리로 가까이 오지 말라 네가 선 곳은 거룩한 땅이니 네 발에서 신을 벗으라 (출 3:4-5).

모세가 부름을 받았을 때는 말할 수 없이 비참한 처지에 놓여 있었습니다. 모세는 왕자로 지내다가 살인자가 되어 도망쳐서 광야에 와 있는 처지였습니다. 그래서 왕궁이나 고향으로 갈 수도 없고 마음 놓고 사람을 만날 수도 없는 형편이었습니다. 그래서 광야에 숨어서 살고 있었던 것입니다.

또한 모세는 처가살이를 하고 있었습니다. 우리나라 옛날 말에 보리 서 말만 있어도 처가살이는 않는다는 말이 있습니다. 모세가 처가살이를 했다는 것은 모세의 형편이 좋지 않았다는 것을 말해줍니다. 살인죄를 짓고 피하여 도망치다가 광야에서 이드로 집에 머무르게 되었고, 그 집의 일을 열심히 도우다가 사위가 되기는 했지만 처가살이는 면치 못했습니다. 또한 모세는 양치는 목동으로 살았습니다. 의욕도 없어지고, 자신이 할 수 있다고 생각했던 모든 용기도 없어졌습니다. 소망도 없어졌습니다. 그래서 좌절감 속에서 기대도 없는 나날을 보내고 있었습니다.

모세가 '인생은 이런 것이구나!'라며 한탄하고 있을 때, '내 힘으로는 아무 것도 할 수 없구나!'라고 좌절하고 있을 때 하나님께서는 "모세야, 모세야" 하고 부르셨습니다. 그때 모세가 "내가 여기 있나이다"라고 대답하자 하나님은 "이리로 가까이 오지 말라 네가 선 곳은 거룩한 땅이니 네 발에서 신을 벗으라"고 말씀하셨습니다. 모세를 사용하시기 위해 선택한 것입니다.

기도: 하나님 아버지! 내가 아무것도 할 수 없을 때, 내가 모든 것을 포기하고 기대하지 못할 때 하나님이 부르시고 사용하시는 것을 믿습니다. 하나님, 내 모든 것 내려놓고 이 자리에 섰사오니 사용하여 주소서.

138. 책망할 것이 없는 자가 되라

*찬송: 324장 (통360장)

주께서 너희를 우리 주 예수 그리스도의 날에 책망할 것이 없는 자로 끝까지 견고하게 하시리라 너희를 불러 그의 아들 예수 그리스도 우리 주와 더불어 교제하게 하시는 하나님은 미쁘시도다 (고전 1:8-9).

고린도는 주전 7세기경에는 "전 헬라인의 빛"이라는 별명이 붙을 정도로 그리스의 대표적 도시였습니다. 그러나 주전 2세기 중반 로마가 고린도의 번영을 질투하여 도시를 파괴하고 시민들은 노예로 팔았습니다. 그 후 100년간 폐허로 방치되다가 주전 46년경 시이저(Julius Caesar)가 고린도를 식민도시로 재건했습니다. 그 후 고린도는 급속히 상업도시로 발전하여 인구 60만 명이나 되는 대도시가 되었습니다. 60만 명 중에 40만 명이 노예였고 자유인은 20만 명밖에 되지 않았습니다. 수십만의 노예들은 도덕적 수준이 낮아 성적타락이 극심하였습니다.

고린도에는 유명한 여신 아프로디테(aphrodite)의 신전이 있었고, 그 신전에는 일천 명의 수종을 드는 여자들이 있었는데 그녀들은 모두 창녀들이었습니다.

물질적으로 풍요하고 번창하나 도덕적으로는 타락한 도시였습니다. 이 모습이 어쩌면 오늘날 현대도시의 모습입니다.

그래도 하나님은 이 도시를 버리지 아니하시고 고린도에 사도 바울을 보내어 복음을 증거하여 구원받도록 했습니다. 복음만이 해결책이기 때문입니다. 바울은 복음을 통해 아굴라와 브리스길라와 같은 믿음의 동역자를 만나게 되었습니다.

기도: 사랑의 주님, 용서의 주님! 타락한 고린도와 죄와 우상에 빠진 사람들을 구원해주셨던 주님께서 이 시대의 도시와 사람들도 구원해주옵소서. 용서받은 주의 백성들이 되어 책망받을 것이 없는 성도로 살아가게 하소서.

139. 세 가지 종류의 사람들

*찬송: 452장 (통505장)

내가 너희를 젖으로 먹이고 밥으로 아니하였노니 이는 너희가 감당하지 못하였음이거니와 지금도 못하리라 너희는 아직도 육신에 속한 자로다 너희 가운데 시기와 분쟁이 있으니 어찌 육신에 속하여 사람을 따라 행함이 아니리요 (고전 3:2-3).

 교회는 성결의 단체입니다. 죄악 세상에서 하나님은 우리를 부르시고 우리의 죄를 용서하시고 그의 백성으로 삼으셨습니다. 그런데 교회를 다니는 사람들중에 변화되지 못하고 계속 죄악 중에 사는 자들이 있습니다. 이들은 아직까지 육신에 속한 자들이기 때문입니다.
 바울은 세 가지 인간의 모습으로 설명합니다.
 첫째, 육에 속한 사람입니다. 즉 하나님을 믿지 않는 자입니다. 하나님을 모르는 불신자를 말합니다.
 둘째, 영에 속한 사람입니다. 구원의 확신 속에 거듭난 사람입니다. 삶의 목적과, 삶의 방법과, 삶의 수단이 변화된 사람입니다. 성결케 살기를 바라는 사람입니다. 덕을 끼치며 사는 사람들입니다. 세상의 목적을 버린 사람들, 세속의 줄을 끊어버린 사람들입니다.
 셋째, 육신에 속한 사람입니다. 교회에 오면 교인이고, 세상에 나가면 불신자로 사는 사람입니다. 성령의 열매를 맺지 못한 사람입니다. 세상습관을 끊어버리지 못한 사람입니다. 이런 사람들이 교회에서 부도덕을 행하고, 세상에서 타락하고, 사회에서 지탄을 받는 죄를 저지르기도 합니다. 그런데 문제는 현대 교회에서 이를 묵인하는 것처럼 보인다는 것이 문제입니다.
 성도의 몸은 하나님의 전입니다. 너희 몸이 그리스도의 지체임을 알지 못하느냐 음행을 피하라고 주님이 명령하고 계십니다.

기도: 주님! 저는 어떤 유형의 사람입니까? 세상습관을 끊지 못하는 육신에 속한 사람이 되지 않도록 성령님께서 붙잡아주시고, 영에 속한 사람이 되어 하나님 마음에 합한 사람으로 살게 하소서.

140. 회개의 기도

*찬송: 250장 (통182장)

그 때에 히스기야가 병들어 죽게 되매 아모스의 아들 선지자 이사야가 그에게 나아와서 그에게 이르되 여호와의 말씀이 너는 집을 정리하라 네가 죽고 살지 못하리라 하셨나이다 히스기야가 낯을 벽으로 향하고 여호와께 기도하여 이르되 여호와여 구하오니 내가 진실과 전심으로 주 앞에 행하며 주께서 보시기에 선하게 행한 것을 기억하옵소서 하고 히스기야가 심히 통곡하더라 (왕하 20:1-3).

히스기야 왕은 왕으로 성공하게 되었을 때 매우 교만해졌습니다. 인간에게 교만한 것이 아니고 하나님께 교만했습니다. 교만한 자는 이유가 많고 자기가 옳다고 생각합니다.

하나님은 교만한 히스기야 왕을 쳤습니다. 그에게 죽을병이 들게 하셨습니다. 이사야 선지자를 보내서 "너는 죽고 살지 못하리라."라는 사형선고를 내리셨습니다. 이때 히스기야는 정신을 바짝 차렸습니다. 하나님께 통회 자복했습니다. 얼마나 병이 중한지 일어나지도 못하고 무릎을 꿇지도 못했습니다. 그는 얼굴을 벽 쪽으로 향하여 보며 눈물로 회개와 통곡의 기도를 드렸습니다.

그는 시편 50편 15절 말씀같이 기도했습니다. "환난 날에 나를 부르라 내가 너를 건지리니 네가 나를 영화롭게 하리로다." 예레미야 33장 3절 말씀같이 기도했습니다. "너는 내게 부르짖으라 내가 네게 응답하겠고 네가 알지 못하는 크고 은밀한 일을 네게 보이리라."

하나님은 히스기야 왕의 눈물을 보셨습니다. 그의 애절한 회개를 받으셨고 15년의 생명을 연장시켜 주셨습니다.

기도: 용서의 주님! 저희가 주님 앞에 교만할 때가 있습니다. 진실하지 못할 때도 있습니다. 주님! 이제 주님 앞에 겸손하게 나아가기 원합니다. 우리의 교만을 회개합니다. 용서하시고 하나님의 사랑하는 아들이라 불러주옵소서.

141. 고난을 통한 은혜

*찬송: 345장 (통461장)

고난당하기 전에는 내가 그릇 행하였더니 이제는 주의 말씀을 지키나이다 주는 선하사 선을 행하시오니 주의 율례들로 나를 가르치소서. 고난당한 것이 내게 유익이라 이로 말미암아 내가 주의 율례들을 배우게 되었나이다 (시 119:67-68, 71).

어느 어촌에서 있었던 일입니다. 조그마한 배가 고기잡이를 나갔는데 갑자기 풍랑을 만났습니다. 밤이 깊어졌습니다. 가족들은 바닷가에 나가서 노심초사 기다렸지만 배는 돌아오지 않았습니다. 마침 정전까지 되어 온 동네가 캄캄했습니다.

집에 아이들을 남겨두었는데 실수로 아이들이 촛불을 넘어뜨리는 바람에 집에 불이 났습니다. 바닷가에서 배를 초조하게 기다리던 가족들은 집에 난 불을 끄기 위해 달려갔습니다.

그러던 중 기다리던 배가 돌아왔습니다. 배를 타고 나갔던 어부들은 풍랑과 어둠 때문에 사방을 구별하지 못하고 있었는데 멀리서 불빛이 보여서 그 불빛을 따라왔다고 했습니다.

그 불은 바로 아이들이 촛불을 넘어뜨려 집을 태운 불입니다. 집은 바로 타버렸으나 사람의 생명은 살린 것입니다. 그래서 그들은 모두 하나님의 은혜에 감사했습니다. 집에 불이 나지 않았다면 그들은 돌아오지 못했을 것이기 때문입니다. 집에 불이 난 것이 얼마나 다행입니까?

로마서 8장 28절에 "하나님을 사랑하는 자 곧 그의 뜻대로 부르심을 입은 자들에게는 모든 것이 합력하여 선을 이루느니라"고 했습니다. 실패도, 병듦도, 고통당함도 모두 합력하여 선을 이룬다는 것입니다.

기도: 합력하여 선을 이루시는 하나님! 저희에게 은혜와 사랑을 베푸시는 하나님께 감사드립니다. 작은 것 하나에도 하나님의 뜻이 있음을 깨닫게 하시고 모든 것이 합력하여 선을 이루시는 하나님을 사랑하게 하소서.

142. 하나님이 기뻐하시는 기도

*찬송: 342장 (통395장)

하물며 하나님께서 그 밤낮 부르짖는 택하신 자들의 원한을 풀어 주지 아니하시겠느냐 그들에게 오래 참으시겠느냐 내가 너희에게 이르노니 속히 그 원한을 풀어 주시리라 그러나 인자가 올 때에 세상에서 믿음을 보겠느냐 하시니라 (눅 18:7-8).

 우리는 왜 기도해야 합니까? 우리는 연약한 인간이기 때문입니다. 환절기가 되면 감기환자가 매우 많다고 합니다. 인간이 연약한 증거입니다.

 기도는 무엇과 같을까요? 기도는 전화를 하는 것과 같습니다. 전화는 상대방의 얼굴을 보지 못해도 상대방이 있음을 알고 통화를 합니다. 전화는 조용한 곳에서 더 잘 들립니다.

 기도도 골방기도가 더 잘됩니다. 유선전화는 선이 고장이 나면 통화를 할 수 없습니다. 마찬가지로 하나님께 기도하는 자는 하나님과 사이를 이어주는 선이 고장이 없어야 합니다. 그 선의 고장은 무엇을 말하는 것입니까? 바로 죄입니다. 그러므로 죄를 회개해야 끊어진 선이 복구됩니다. 그래야 비로소 기도가 응답됩니다.

 천사가 바구니 두 개를 가지고 이 땅에 내려왔습니다. 하나는 찬송과 감사의 기도를 담는 바구니였고, 다른 하나는 소원을 바라는 기도를 담는 바구니였습니다.

 그런데 찬송과 감사를 담는 바구니는 이 세상을 다 돌아도 차지 않았습니다. 그러나 소원을 바라는 기도를 담는 바구니는 이 세상을 얼마 돌지 않아도 가득 찼다고 합니다. 하나님이 기뻐하시는 기도는 둘 중 어느 것일까요? 하나님은 찬송과 감사의 기도를 더 기뻐하실 것입니다.

기도: 주님! 저희들이 드리는 기도가 세상의 소원을 바라는 기도가 되지 않게 하소서. 하나님의 영광을 위한 기도와 하나님나라의 확장을 위한 기도를 드리기를 원합니다. 감사의 기도를 드리게 인도하옵소서.

143. 초심

*찬송: 436장 (통493장)

또 네가 참고 내 이름을 위하여 견디고 게으르지 아니한 것을 아노라 그러나 너를 책망할 것이 있나니 너의 처음 사랑을 버렸느니라 그러므로 어디서 떨어졌는지를 생각하고 회개하여 처음 행위를 가지라 만일 그리하지 아니하고 회개하지 아니하면 내가 네게 가서 네 촛대를 그 자리에서 옮기리라 (계 2:3-5).

'초심'이라는 말 아시지요? 어떤 일을 할 때 처음 가졌던 마음입니다. 사업을 처음 시작할 때의 마음입니다. 공부를 처음 시작할 때의 마음입니다. 이제 막 결혼을 했을 때의 마음입니다. 처음 남편 되고 아내 되었을 때의 마음입니다.

주의 종 목사를 통하여 하나님께서 처음 은혜를 주셨을 때 결심하였던 마음입니다. 예수를 믿었을 때, 집사가 되었을 때, 장로가 되었을 때, 권사가 되었을 때, 목사가 되었을 때 처음으로 결단하였던 마음입니다.

처음 가졌던 마음을 계속 가질 때 하나님은 계속하여 복을 주십니다. 하늘의 복과 땅의 복을 주십니다. 그러나 세월이 흐르다 보면 이 마음이 흐트러집니다. 나의 마음과 생각과 생활이 흐트러집니다.

여러분은 지금 어떠합니까? 초심이 많이 변하여 흐트러져 있지는 않습니까? 처음 결심하고 결단하였던 초심을 빨리 회복하시길 바랍니다. 특히, 하나님께 처음 받은 은혜와 하나님께 처음으로 결단하였던 서원과 약속을 꼭 기억하시고 지켜야 합니다.

기도: 주님 처음 만난 날의 기쁨을 기억하게 하시고, 첫 사랑을 잊어버리지 않게 하소서. 주님께 서원한 것을 지키도록 우리의 마음을 한결같게 하시고 담대한 믿음으로 주님께 약속한 것을 지켜나가는 믿음의 대장부가 되게 하소서.

144. 하나님 말씀에 순종

*찬송: 308장

말하되 고넬료야 하나님이 네 기도를 들으시고 네 구제를 기억하셨으니 사람을 욥바에 보내어 베드로라 하는 시몬을 청하라 그가 바닷가 무두장이 시몬의 집에 유숙하느니라 하시기로 내가 곧 당신에게 사람을 보내었는데 오셨으니 잘하였나이다 이제 우리는 주께서 당신에게 명하신 모든 것을 듣고자 하여 다 하나님 앞에 있나이다 (행 10:31-33).

    1950년 한국전쟁이 발발했을 때입니다. 3일 만에 서울이 공산당의 손에 넘어갔습니다. 그러다 유엔군의 참전으로 서울이 수복되고 북진하여 남북통일이 이루어지려던 순간 중공군이 한국전쟁에 참전하였습니다. 그래서 1951년 1.4후퇴라는 것이 있게 되었습니다. 그때 국군은 "누구든지 살고 싶은 자는 남한으로 후퇴하라."는 총동원명령을 내렸습니다. 그 말에 순종한 사람들은 남한으로 내려왔습니다. 이산가족이 되지 않았습니다. 그러나 재산 때문에 몇몇 가족을 남겨놓고 온 사람도 있었고 남한에 아무런 연고도 없다는 이유로 혼자 내려오기도 했습니다. 그 결과는 어떻습니까? 50년이 넘는 기간 동안 이산가족이 되고 말았습니다. 이제는 누구든지 다시 1.4후퇴 같은 총동원명령이 있다면 가족전체가 움직일 것입니다.

    노아가족은 총동원명령에 100% 순종함으로 심판에서 구원받았습니다. 그러나 소돔 고모라 성에 살았던 롯의 가족은 총동원명령에 불순종하여 1/2밖에 구원받지 못했습니다. 출애굽한 이스라엘 백성의 총동원도 승리하지 못했습니다. 왜 그렇습니까? 하나님의 명령에 불순종했기 때문입니다. 예수님의 승천을 목격한 제자들에게 주신 총동원명령은 120명만 승리했습니다. 고넬료는 로마 사람이었지만 그의 순종은 가족과 친척과 친구를 모두 구원받도록 했습니다.

기도: 주님! 주님께서 가라면 가고, 서라면 서고, 순종하라 하시면 순종하겠습니다. 주님이 명령하시면 어떤 것이든 순종하겠습니다. 이 결심이 지켜질 수 있도록 우리 마음을 강건하게 하옵소서.

145. 자식에게 믿음을 물려준 아버지
*찬송: 311장 (통185장)

세계가 다 내게 속하였나니 너희가 내 말을 잘 듣고 내 언약을 지키면 너희는 모든 민족 중에서 내 소유가 되겠고 너희가 내게 대하여 제사장 나라가 되며 거룩한 백성이 되리라 너는 이 말을 이스라엘 자손에게 전할지니라 (출 19:5~6).

홍광교회를 시무하시는 나선철 목사님의 간증이 있습니다. 그의 아버지는 목사님이셨는데, 나 목사님이 아버지를 생각할 때면 기도하시던 아버지의 모습이 먼저 떠오른다고 합니다.

목사님이 기억하시는 아버지의 첫 번째 기도는 목사님이 어릴 때 결핵에 걸려 고생할 때 하신 기도였습니다. "하나님, 우리 선철이를 건강하게 해주시옵소서." 아버지의 기도를 들으신 하나님은 목사님을 건강케 하셨습니다.

아버지의 두 번째 기도는 한국전쟁 때였다고 합니다. 공산당이 쳐들어왔을 때 아버지는 이렇게 기도하셨다고 합니다. "하나님, 저 공산군들의 눈을 가려주셔서 이 예배당에 아무런 문제가 없게 하소서. 우리 성도들에게 아무런 문제가 없게 하소서." 하나님께서 아버지의 기도를 들으셔서 한국전쟁 때 아버지가 시무하시는 교회 성도들에게는 아무런 어려움이 없었다고 합니다.

아버지의 세 번째 기도는 나 목사님이 20대 초반이 되었을 때 "하나님, 우리 선철이가 신학을 공부하여 주의 종 목사 되게 하소서"라는 기도였습니다. 그때 나 목사님은 마음속으로 크게 반발했다고 합니다.

'내가 왜 신학을 공부하여 구질구질한 목사가 되어야 해?'라고 생각했다고 합니다. 그러나 아버지의 기도대로 목사님은 결국 신학을 공부하고 목사가 되어, 하나님의 종으로서 목회자의 길을 걷고 있습니다.

기도: 하나님 아버지! 우리 자녀들에게 굳건한 믿음을 물려주는 선조들이 되게 하소서. 자녀들에게 기도하는 믿음의 자세를 물려주는 부모가 되게 하소서.

146. 김일성은 하나님?

*찬송: 315장 (통512장)

이 예수는 너희 건축자들의 버린 돌로서 집 모퉁이의 머릿돌이 되었느니라 다른 이로써는 구원을 받을 수 없나니 천하 사람 중에 구원을 받을 만한 다른 이름을 우리에게 주신 일이 없음이라 하였더라 (행 4:11-12).

최근에 북한에 다녀온 목사님이 전해준 내용입니다. 북한에서 발행된 책 가운데 《김일성 그이는 하나님》이라는 책이 있는데 그 책에는 사도신경을 고쳐서 "전능하신 당과 인민을 영도하시는 김일성 주석을 내가 믿사오며 그 외아들 김정일 동지를 내가 믿사오니 이는 공산당으로 잉태하사……"라는 내용이 있다고 합니다. 그 목사님이 가셨을 때가 김정일 생일 사흘 뒤였다는데 호텔에서 TV를 틀었더니 마침 김정일 생일을 축하하는 시를 낭송하고 있었다고 합니다. 내용은 이렇습니다.

"석가모니도 인류 구원을 위하여 히말라야 설산에서 7년을 고행했으나 실패하였도다. 예수 그리스도도 인류 구원을 위하여 십자가에 죽기까지 했으나 실패하였도다. 그러나 우리 김정일 장군께서는 인류 구원역사를 가장 효과적으로 성취하고 계시도다."

북한은 지금 김정일을 하나님으로 섬기는 나라입니다. 북한정권은 악한 영의 정권입니다. 예수 이름으로 무너지게 기도해야 합니다. 인간을 하나님으로 섬기는 것은 우상숭배 가운데 최고의 우상숭배라고 할 것입니다.

기도: 주님! 황무한 이 땅에 예수 그리스도의 향기가 발하게 하소서. 성령의 바람으로 삼천리 방방곡곡을 치유하여 주옵소서. 동토의 땅 북한에서 우상을 제하여 주시고 우리 주님이 주인 되시는 날이 속히 오게 하소서.

147. 중보자 예수

*찬송: 314장 (통511장)

내가 비옵는 것은 그들을 세상에서 데려가시기를 위함이 아니요 다만 악에 빠지지 않게 보전하시기를 위함이니이다 내가 세상에 속하지 아니함 같이 그들도 세상에 속하지 아니하였사옵나이다 그들을 진리로 거룩하게 하옵소서 아버지의 말씀은 진리니이다 (요 17:15-17).

근간에 아가페 출판사에서 번역하여 출판한 《교황 대신 예수를 선택한 49명의 신부들》이란 책이 있습니다. 그 내용은 사제선임을 받아 일하던 49명의 현역 신부들이 구세주는 오직 예수 그리스도 한 분뿐임을 알고 믿게 된 후 자신들이 걷던 길이 잘못된 길임을 깨닫고 신부의 옷을 벗고 예수님께로 돌아와 그들의 신앙을 고백한 것입니다. 그들은 교황이 무오하다는 것은 잘못된 것이며 그들도 한때 중보자 노릇을 했던 것을 회개하며 교회로 돌아온 것입니다.

천주교는 시편 110편 4절을 인용하여 주교가 신부를 안수하여 세울 때 "네가 하나님과 사람사이의 중보자가 되었다."고 합니다. 그래서 신부들은 성도들이 고해성사를 할 때 예수님과 같이 "네 죄를 사한다."라고 선언하는 것입니다.

그러나 우리는 착각하면 안 됩니다. 중보자는 예수 그리스도 한 분뿐입니다. 그러므로 회개는 예수님께 해야 합니다. 디모데전서 2장 5절입니다. "하나님은 한 분이시요 또 하나님과 사람 사이에 중보자도 한 분이시니 곧 사람이신 그리스도 예수라."

신부가 중보자가 될 수 없습니다. 물론 목사도 중보자가 될 수 없습니다. 이 49명의 신부들은 그것을 깨닫고 천주교에서 나온 것입니다. 성경으로 돌아온 것입니다. 예수님께로 돌아온 것입니다.

기도: 우리의 중보자 되신 주님! 우리의 죄와 죽음의 문제를 위해 십자가를 지신 주님께 감사드립니다. 오직 주님만이 우리의 구원자이시며 우리를 용서해주심을 믿고 십자가를 바라보는 신앙을 갖게 하소서.

148. 올바른 성도의 모습

*찬송: 327장 (통361장)

전에 아람 사람이 떼를 지어 나가서 이스라엘 땅에서 어린 소녀 하나를 사로잡으매 그가 나아만의 아내에게 수종들더니 그의 여주인에게 이르되 우리 주인이 사마리아에 계신 선지자 앞에 계셨으면 좋겠나이다 그가 그 나병을 고치리이다 하는지라 (왕하 5:2-3).

아람 나라의 나아만 장군은 나병이 들었지만 군대장관의 지위를 유지하고 있었습니다. 어느 나라이든지 중병이 들면 그 위치에 그대로 머무를 수가 없습니다.

그러나 그는 좋은 왕을 만났기에 군대장관의 지위를 유지하고 있었습니다. 또한 그는 좋은 아내를 만난 사람입니다. 나병 든 남편을 싫다 하지 않고 치료해주기 위하여 힘을 쓴 것을 보면 알 수 있습니다. 그리고 좋은 종을 만나기도 한 사람입니다.

그 계집종은 이스라엘에서 포로로 잡혀온 하나님의 백성이었습니다. 그 여자아이는 포로생활 중에서도 복음을 증거하였습니다. 주인이 몹쓸 병이 들어 있는 것을 보고 엘리사 선지자를 소개하였습니다.

나아만은 이 소녀의 말을 들었고 이스라엘에 있는 엘리사선지자를 찾아가 선지자의 지시에 순종하여 요단강에 일곱 번 목욕을 했습니다. 그리고 나병이 치료되는 기쁨을 맛보았습니다. 이 소녀는 고난 중에서도 절망하지 않고 생명을 살리는 복음을 증거한 것입니다. 믿음생활을 잘하는 성도의 모습입니다. 우리도 이러한 모습으로 살아야 합니다. 고난과 환난이 있다고 해도 자신이 해야 할 사명을 감당해야 하는 것입니다.

기도: 하나님! 우리의 사명을 잊지 않게 하옵소서. 일평생 주는만을 증거하던 믿음의 선진들을 본받게 하시며, 우리의 생명이 다하는 날까지 주님의 복음을 증거하는 아름다운 인생이 되게 하소서.

149. 하나님을 찾는 자의 바른 자세

*찬송: 309장 (통409장)

하나님이여 사슴이 시냇물을 찾기에 갈급함같이 내 영혼이 주를 찾기에 갈급하니이다 (시 42:1).

'갈급하다'라는 말은 목이 타는 듯이 몹시 조급하다는 말입니다. 물이 귀한 팔레스타인의 남부 사막지대에서 살고 있는 사슴은 뙤약볕 아래에서 풀을 뜯다가 목이 마르면 시냇물을 찾아 헤맨다고 합니다.

목이 마르면 괴상한 소리를 지르며 물을 찾는다고 하는데, 이는 다른 짐승에 비해서 유독 갈증을 참지 못하기 때문이랍니다. 목이 마른 사슴은 그 무슨 좋은 식물을 주어도 소용없고 오직 물만 찾는다고 합니다.

시편 기자는 사슴의 습성을 누구보다도 잘 알기에 하나님을 찾기에 갈급한 자의 심정을 목마른 사슴에 비유해서 말하고 있습니다. 이 시편의 저자는 다윗입니다. 다윗은 시골의 보잘것없는 목동이었습니다. 그러나 하나님을 사랑하는 다윗의 중심을 보신 하나님은 그를 사랑하셨습니다. 하나님은 그를 높이 들어쓰셔서 이스라엘의 두 번째 왕으로 삼으셨습니다.

다윗은 사슴이 물을 찾아 헐떡거림과 같이 자신의 영혼이 주를 찾기에 갈급하다고 고백하고 있습니다. 자기 영혼을 하나님께 온전히 맡기려는 열망이 있습니다.

기도: 하나님! 우리 영혼이 지쳐있습니다. 목이 마릅니다. 주님, 이 시간에 오셔서 우리 영혼의 목마름에 생수를 부어주시옵소서. 목마른 사슴이 시내를 찾듯이 내 영혼이 주님을 찾기에 갈급하오니 해갈시켜 주옵소서.

150. 하나님을 찾아서 할 일

*찬송: 35장 (통50장)

내 영혼이 하나님 곧 살아 계시는 하나님을 갈망하나니 내가 어느 때에 나아가서 하나님의 얼굴을 뵈올까 사람들이 종일 내게 하는 말이 네 하나님이 어디 있느뇨 하오니 내 눈물이 주야로 내 음식이 되었도다 (시 42:2-3).

'하나님을 뵈옵는다'는 것은 '하나님을 배알한다'는 뜻입니다. 하나님 앞에 나아와 경배한다는 것입니다. 하나님께 예배드린다는 뜻입니다.

북한은 우리가 아는 대로 김일성을 하나님으로 섬기는 나라입니다. 김정일을 하나님으로 섬기는 나라입니다. 예수를 믿으면 엄청난 핍박을 받게 되고 생명까지 잃게 됩니다.

그러나 그런 와중에도 지하에서 비밀리에 예배드리는 기독교인들이 있다고 합니다. 지하교인이라고 합니다.

어느 목사님이 북한에 갔다가 시장을 구경하러 갔답니다. 그런데 어떤 여자 한 사람이 계속 따라다니더랍니다.

목사님은 공산당에서 보낸 당원이 자기를 미행하는 줄 알았답니다. 그래서 서 있었더니 그 여자가 자기 옆을 지나가면서 조그만 목소리로 목사님의 귀에 '할렐루야'라고 속삭이고 급히 지나가더랍니다.

우리는 지금 대한민국에서 자유롭게 예배드릴 수 있음을 하나님께 감사할 수 있어야 합니다. 그러므로 예배드리는 일을 게을리해서는 안 됩니다.

기도: 자유를 주신 하나님! 마음껏 예배할 수 있게 하시고 찬송할 수 있음에 감사합니다. 그러나 우리는 감사를 잊어버리고 감격하지 못하고 형식적인 예배를 드릴 때가 많습니다. 용서하여 주시고 진정한 예배를 드리게 하소서.

151. 우리에게 남은 3분

*찬송: 527장(통317장)

> 엘리야가 모든 백성에게 가까이 나아가 이르되 너희가 어느 때까지 둘 사이에서 머뭇머뭇 하려느냐 여호와가 만일 하나님이면 그를 따르고 바알이 만일 하나님이면 그를 따를지니라 하니 백성이 말 한마디도 대답하지 아니하는지라 (왕상 18:21)

영국에서 있었던 일입니다. 신학대학을 졸업하고 목사안수를 받은 후 군목시험을 치르는 응시자에게 군종감이 물었습니다.

"목사님, 지금 내가 전쟁터에서 싸우다가 피를 흘리며 죽어가고 있는 병사라고 생각해봅시다. 이제 내가 숨쉴 수 있는 시간은 3분 밖에 없습니다. 이런 상황에서 어떻게 하면 내가 구원을 받을 수 있을까 말씀해 보십시오."

젊은 목사는 심각한 얼굴로 눈을 감았습니다. 골똘히 생각해 보았습니다. 시간이 흐르자 군종감은 재촉했습니다.

"목사님, 시간이 30초 밖에 남지 않았습니다. 빨리 한 말씀이라도 하십시오……. 시간이 다 지났습니다. '주 예수를 믿어라 그리하면 너와 네 집이 구원을 얻으리라' 당신은 이말 한마디를 못하는 것입니까? 당신은 불합격입니다."

'예수 믿어라'는 말 한마디를 하면 됩니다. 우리의 구원은 오직 예수 그리스도 한 분뿐입니다. 예수님만 말하면 성령께서 역사해주십니다. 구원을 주십니다. 그런데 지금 우리는 "예수 믿으세요"라는 말 한마디를 못할 때가 있지는 않습니까?

기도: 주님! 우리에게 남은 시간이 3분 밖에 없다면 어떻게 해야 합니까? 한 생명이라도 더 구원할 수 있는 뜨거운 열정을 가지게 하시고 영혼구원을 향한 열망이 식지 않게 하옵소서.

152. 하나님의 뜻

*찬송: 428장 (통488장)

범사에 감사하라 이것이 그리스도 예수 안에서 너희를 향하신 하나님의 뜻이니라 (살전 5:18).

고훈 목사님의 '감사'라는 시입니다.

도둑맞았다 해도
잃은 것은 없습니다
도둑맞은 물질이 그 가족의 생계비로 쓰일는지
그 자녀의 학비가 될는지
그 누구의 치료비가 될는지 누가 알겠습니까?

자식을 잃었다 해도
잃은 것은 아닙니다.
가출했다면 요셉이 되어있을지 모를 일입니다

건강을 잃었다 해도
결코 잃은 것은 아닙니다
이 일로 겸손해지고 주님을 가까이 하며
하늘을 소망하며 남은 시간이 소중함을 알았다면
손실이 아니라 더 큰 소득입니다

능히 감사할 조건으로 걱정하고 살았으나
감사절 아침
우리의 깨달음으로 제물 되게 하소서.

기도: 나를 능하게 하신 주님! 범사에 감사합니다. 생명주시고 하늘의 소망주시니 감사합니다. 모든 일에 감사하며 살게 하시고, 물 한 모금, 풀 한 포기 작은 것 하나에도 감사하며 살게 하옵소서.

153. 죽음의 두려움

*찬송: 607장 (통292장)

> 그러나 이제 그리스도께서 죽은 자 가운데서 다시 살아나사 잠자는 자들의 첫 열매가 되셨도다 (고전 15:20).

죽음이란 비극입니다. 그러기에 누구든지 죽음을 싫어합니다. 죽음은 누구에게나 온다는 일반성이 있습니다. 죽음은 연기할 수도, 피할 수도 없습니다. 누군가가 대신할 수도 없습니다. 죽음은 영원한 이별입니다. 아무리 유능한 의사라도 생명을 연장시킬 수는 없습니다.

부활은 무엇입니까? 다시 살아나는 것입니다. 하나님으로부터 다시 생명을 얻는 것입니다. 그러므로 기독교는 부활의 종교이며 참 생명의 종교입니다. 부활주일은 기쁨의 날입니다. 잔치의 날입니다. 생명을 구원하는 날입니다.

영국의 엘리자베스 1세는 대영제국의 의술을 총동원하여도 자신의 죽음을 막을 수 없게 되자 "내 생명을 촌각만이라도 더 연장해준다면 100만 파운드를 주겠다."라고 안타까워하면서 죽었다고 합니다. 그녀는 70년 동안이나 인간이 소유할 수 있는 최고의 부와 명성을 누려왔고 '해가 지지 않는 나라'라는 말을 들을 만큼 광대한 제국을 다스렸었지만 그녀도 죽음을 두려워하는 사람에 불과했습니다.

죽음 앞에서는 인간의 부와 명성이 소용없습니다. 권세와 지식과 인기가 소용없습니다. 다만 죽음의 날에 우리의 생명을 그리스도께 맡길 수 있는가가 중요합니다. 왜냐하면 예수님만이 죽음과 죄 문제를 해결하셨기 때문입니다.

기도: 부활의 주님! 다시 사신 주님을 찬양합니다. 죽음을 두려워하지 않고 성도로서 부활의 소망을 가지고 주님의 증인이 되게 하소서.

154. 부자가 되는 비결

*찬송: 325장 (통359장)

> 곧 너와 네 아들과 네 손자들이 평생에 네 하나님 여호와를 경외하며 내가 너희에게 명한 그 모든 규례와 명령을 지키게 하기 위한 것이며 또 네 날을 장구하게 하기 위한 것이라 이스라엘아 듣고 삼가 그것을 행하라 그리하면 네가 복을 받고 네 조상들의 하나님 여호와께서 네게 허락하심 같이 젖과 꿀이 흐르는 땅에서 네가 크게 번성하리라 (신 6:2-3).

고아출신으로 갑부가 된 깁슨이라는 부자가 있었습니다. 어느 날 매우 가난하게 살고 있는 친구가 찾아와서 "자네와 나는 여전에 같이 깡통을 차고 살던 거지가 아니었던가? 그런데 자네는 이렇게 부자가 되고 난 여전히 거지니 참 불공평하지 않은가?"라고 말했습니다. 그 친구의 말에 깁슨은 다음과 같이 말했습니다.

"내가 지금 부자가 되는 네 가지 비결을 가르쳐줄테니 이 네 가지를 어기지 말고 10년만 잘 지키게. 만약 10년 동안 지켜도 부자가 되지 않으면 내 재산의 절반을 주겠네. 첫째, 하나님을 잘 믿고 주일은 반드시 교회에 가서 예배를 드리고 둘째, 술과 담배는 절대 입에 대지 말고 셋째, 십일조는 꼭 하나님께 드리고 마지막으로 무슨 일을 하든지 감사한 마음으로 열심히 하는 것이네."

너무나 쉬운 조건에 거지 친구는 자신 있게 그렇게 하겠다고 대답했습니다. 그 후 그는 철공소에 취직하게 되었는데 월급이 얼마 되지 않았습니다. 그러나 그는 돈을 버는 데 관심을 두지 않고 네 가지만을 잘 지키려고 노력했습니다. 안 되면 친구의 많은 재산 중 절반은 자기 것이 될 것이기 때문이었습니다. 그런데 10년이 채 되기도 전에 그는 철공소 사장의 신임을 얻어 공장장을 거쳐 지점장이 되면서 큰 부자가 되었습니다.

기도: 하나님! 저희들은 세상의 물질과 명예와 권력을 붙잡기 위해 동분서주하고 있습니다. 저희의 이러한 미련함을 용서해주시고 하나님께 충성하며 주님을 위해 일하는 사람이 되게 하소서.

155. 주님께 맡기는 삶

*찬송: 531장 (통321장)

만일 우리가 죄가 없다고 말하면 스스로 속이고 또 진리가 우리 속에 있지 아니할 것이요 만일 우리가 우리 죄를 자백하면 그는 미쁘시고 의로우사 우리 죄를 사하시며 우리를 모든 불의에서 깨끗하게 하실 것이요 (요일 1:8-9).

우리는 모든 것을 주님께 내어놓고 맡겨버려야 합니다.

침례교는 장로교와는 다르게 세례를 베풉니다. 집례를 할 때 강이나 바다에 가서 세례를 받는 사람이 물속에 완전히 들어갔다가 나옵니다. 그래서 침례교라고 합니다. 미국의 어느 침례교회에서 있었던 이야기입니다.

어떤 성도가 세례를 받기 위해 호숫가에 가서 세례를 받기 전에 호주머니에서 무엇인가를 꺼내어 바위 위에 내려놓았습니다. 집례하시는 목사님이 그 사람에게 물었습니다.

"무엇입니까?"

"네. 돈을 넣은 지갑입니다."

"다시 넣으십시오. 그 돈지갑도 세례를 받아야 합니다."

"다른 것은 모두 회개했는데 돈주머니가 회개하지 않으면 온전한 십일조를 하나님께 드릴 수 없게 됩니다. 감사의 삶을 살아가지 못합니다. 하나님께 인색하고 어려운 이웃을 돕는데도 인색합니다." 라고 말했다고 합니다.

기도: 주님! 저희는 주님께 모든 것을 내어놓는다고 하면서도 얼마나 많은 것을 감추고 있는지 모릅니다. 주님! 이제 주님께 모든 것을 다 맡기고 내어놓은 신실한 믿음의 자녀가 되게 하옵소서.

156. 실패한 것을 잊어라

*찬송: 135장 (통133장)

하나님의 말씀을 너희에게 일러 주고 너희를 인도하던 자들을 생각하며 그들의 행실의 결말을 주의하여 보고 그들의 믿음을 본받으라 예수 그리스도는 어제나 오늘이나 영원토록 동일하시니라 (히 13:7-8).

찬송가 120장을 작사한 필립은 하버드 대학을 졸업한 후 사립고등학교의 교사로 취직을 했습니다. 그는 명문대학을 졸업했지만 학생들을 가르치는 일에는 매우 서툴렀습니다. 당시 그의 누이동생에게 보낸 편지의 내용을 보면 상황을 잘 알 수 있습니다.

"내가 강단에 서면 학생들은 하나같이 악귀로 변한다. 내가 가르치는 것을 방해한다. 그들은 악마다. 나는 견딜 수가 없다."

그가 학생들과 싸운 것이 학부형들에게 알려져 그는 권고사직을 당하게 되었습니다. 학교를 쫓겨난 그는 할 일이 없었습니다.

실업자가 된 그는 주일날이면 교회에 와서 목사님 심부름을 하곤 했는데 목사님이 계시지 않는 어느 날 원치 않게 설교를 하게 되었습니다. 교사로 교단에 설 때는 말도 더듬고 헤매던 그가 강단에 서서 말씀을 증거할 땐 전혀 그렇지 않았습니다. 그리하여 목사님께서 필립에게 신학대학에 갈 것을 권면하였습니다. 그는 신학대학을 졸업한 후 훌륭한 목사가 되었습니다. 실패는 또 다른 새로운 길을 열어주는 기회라는 사실을 기억해야 합니다.

기도: 주님! 저희는 실패할 때마다 원망과 불평으로 한숨을 짓는 믿음 없는 자들입니다. 그러나 실패는 성공의 어머니라는 말과 같이 하나님께서 새로운 길을 열어주는 기회라는 사실을 믿고 이기게 하옵소서.

157. 성령의 능력

*찬송: 184장 (통173장)

그 때에 그 스랍 중의 하나가 부젓가락으로 제단에서 집은 바 핀 숯을 손에 가지고 내게로 날아와서 그 것을 내 입술에 대며 이르되 보라 이것이 네 입에 닿았으니 네 악이 제하여졌고 네 죄가 사하여졌느니라 하더라 (사 6:6-7).

30세에 목사가 된 카메론 페리 박사는 60세가 되기까지 30년간 목회를 하면서도 성령의 능력을 체험하지 못했습니다. 그러던 중에 그의 아내가 갑자기 병에 걸리게 되었습니다. 페리 박사는 그의 아내가 병이 들게 되자 신유의 은사를 받기 위해 성경을 연구하게 되었습니다. 그는 성경을 연구하면서 어제나 오늘이나 영원토록 동일하신 예수님이 오늘도 병을 고쳐주심을 확신하게 되었습니다. 그래서 하루에 한 시간씩 집중적으로 성령 충만을 위하여 기도하였습니다. 그의 집중적인 기도의 결과 하나님께로부터 성령 충만과 함께 신유의 은사를 받게 되었습니다. 그가 성령 충만의 기쁨을 간증하며 전도한 2개월 동안의 열매가 30년간 목회하면서 얻은 것보다 더 많은 열매를 얻었습니다.

카메론 페리 박사에게 역사하신 성령은 오늘 우리에게도 역사하십니다. 하나님께 믿고 구하면 성령의 충만과 성령의 은사를 주십니다. 하나님이 주신 성령의 힘과 능력으로 세상을 변화시키고 하나님나라의 확장을 위해 노력해야 합니다.

기도: 우리의 맘과 몸을 치료하시는 하나님! 우리 육체뿐만 아니라 영혼까지 깨끗하게 치료하시며 부족하지만 제가 하나님의 도구가 되어 세상을 변화시키는 역할을 감당할 수 있게 사용하여 주옵소서.

158. 하나님의 문지기

*찬송: 208장 (통246장)

주의 궁정에서의 한 날이 다른 곳에서의 천 날보다 나은즉 악인의 장막어 사는 것보다 내 하나님의 성전 문지기로 있는 것이 좋사오니 여호와 하나님은 해요 방패이시라 여호와께서 은혜와 영화를 주시며 정직하게 행하는 자에게 좋은 것을 아끼지 아니하실 것임이니이다 만군의 여호와여 주께 의지하는 자는 복이 있나이다 (시 84:10-12).

  감리교 광림교회를 섬기시던 김선도 목사님이 공군 군목으로 계실 때 그 부대의 제일 높은 지휘관장군을 전도했습니다. 김선도 목사님의 전도를 받은 그 장군은 예수님을 영접하였습니다. 장군은 세례를 받는 날 스스로 자기가 가지고 있던 술, 담배 등을 모두 쓰레기통에 넣어버리고 세례를 받은 후 목사님께 "이제 세례교인이 되었으니 제가 봉사할 일거리를 맡겨주십시오."라고 하였답니다. 그러자 목사님은 그 장군에게 주일날 예배 전에 예배당 문 앞에서 예배순서지를 나눠주며 안내를 하라고 했습니다. 장군은 그대로 순종하였습니다.

  주일날 장군은 정장을 하고 꾸벅꾸벅 인사를 하며 주보를 나누어주었습니다. 이 사실을 모르는 부하 장병들은 예배당에 들어오다가 감히 고개를 들고 가까이 쳐다보지도 못하던 장군이 인사를 하며 나눠주는 주보를 받아들고는 기절할 정도로 놀랐습니다. 제일 높은 분이 제일 낮은 자리에서 봉사하는 것을 보고 그 부대원들이 감동을 받았습니다. 그리고 예수 믿는 사람이 점점 많아져 부대전체가 복음화 되었다고 합니다.

기도: 하나님의 궁정에서 생활하는 행복을 잊어버리지 않게 하시며, 성전의 문지기라도 감사하는 자세로 봉사하게 하소서. 작은 일에 충성하는 자가 큰 일에도 충성할 수 있음을 알고 지혜롭게 행하게 하옵소서.

159. 교회부흥은 기도를 통해

*찬송: 368장 (통486장)

여호와여 위대하심과 권능과 영광과 승리와 위엄이 다 주께 속하였사오니 천지에 있는 것이 다 주의 것이로소이다 여호와여 주권도 주께 속하였사오니 주는 높으사 만물의 머리이심이니이다 부와 귀가 주께로 말미암고 또 주는 만물의 주재가 되사 손에 권세와 능력이 있사오니 모든 사람을 크게 하심과 강하게 하심이 주의 손에 있나이다 (대상 29:11).

평양의 어느 초대교회에 기도를 많이 하시는 성령 충만한 목사님이 목회를 성실히 하셔서 교회가 크게 부흥하였습니다. 그때 교인들 입에서 우리교회도 큰 교회가 되었으니 학력이 좋은, 외국에 유학 다녀온 목사님을 담임목사님으로 모셨으면 좋겠다는 말들이 나왔습니다. 그 말이 교인들 간에 동의를 얻었고 교회가 술렁술렁하였습니다. 그 말이 목사님 귀에까지 들어갔고 목사님은 아무 말 없이 다른 교회로 전임하셨습니다.

그 후 그 교회는 교인들이 원했던 대로 학력이 좋은 목사님을 담임목사님으로 모셨습니다. 그런데 점점 그 교회는 교회모임도 잘 안되고 교인이 줄어들기 시작했습니다. 은혜가 없었습니다. 냉기가 가득 찬 교회가 되었습니다. 목사는 영적인 일을 감당하는 사람인데 새로 부임한 목사가 이것을 왜 모르겠습니까? 그래서 어느 날 목사님이 사찰집사에게 물었습니다.

"집사님, 전에 계시던 목사님과 제가 무엇이 다른지 솔직하게 말씀해 주십시오."

"목사님은 다 같은 목사님이지 다르기는 무엇이 다르겠습니까? 똑같습니다."

"아니오. 집사님이 본 대로 말씀해주십시오."

사찰집사님은 한참을 망설이다가 대답했습니다.

"전에 계시던 목사님은 강단에서 무릎 꿇고 기도하는 시간이 많으셨는데 목사님이 그렇게 하시는 것을 보지 못했습니다."

기도: 하나님의 교회의 부흥과 하나님나라의 확장은 기도를 통한 성령의 역사 밖에 없음을 고백합니다. 주님! 저희가 기도를 쉬지 않도록 도와주옵소서.

160. 마음의 중심을 지켜라

*찬송: 455장 (통507장)

모든 지킬 만한 것 중에 더욱 네 마음을 지키라 생명의 근원이 이에서 남이니라 구부러진 말을 네 입에서 버리며 비뚤어진 말을 네 입술에서 멀리 하라 (잠 4:23-24).

에이브러햄 링컨은 학교는 많이 다니지 못했으나 열심히 공부하여 변호사 시험에 합격하여 변호사로 일하고 있었습니다. 어느 날 한 사람이 찾아와서 다음날 자기를 변호해달라고 간곡하게 부탁을 했습니다. 그러나 링컨은 그 사람의 사정이야기를 다 듣고 나서는 변호하기를 거절했습니다.

"선생님의 이야기를 들어보니 선생님은 불의한 사람입니다. 저는 선생님을 변호할 수 없습니다."

"무슨 소리입니까? 변호사는 어떤 사건이든 막론하고 변호해주어야 하는 것 아닌가요? 나를 변호해주면 평생 먹고 살 만한 재물을 주겠소. 그래도 변호를 거절할 것입니까?"

"평생 먹고 살 것은 하나님 아버지께서 이미 약속해주셨습니다. 저는 하나님께서 기뻐하시지 않는 불의한 변론은 할 수 없습니다. 그만 돌아가주십시오."

링컨은 간곡하게 거절하며 그 사건을 맡지 않았습니다. 링컨은 훗날 미국의 16대 대통령이 되어 수백만 명의 흑인노예를 채찍과 쇠사슬에서 해방시키는 위대한 일을 감당했습니다.

중요한 것은 우리의 중심입니다. 하나님 앞에 바로 서는 나의 중심입니다.

기도: 하나님! 우리가 사람의 마음에 드는 인생을 살지 않게 하시고 하나님의 마음에 드는 인생을 살게 하옵소서. 우리의 마음과 중심이 하나님의 마음에 합당하게 여김을 받게 하소서.

161. 어떤 교회를 소개할까요?

*찬송: 450장 (통376장)

이르시되 우리가 다른 가까운 마을들로 가자 거기서도 전도하리니 내가 이를 위하여 왔노라 하시고 이에 온 갈릴리에 다니시며 그들의 여러 회당에서 전도하시고 또 귀신들을 내쫓으시더라 (막 1:38-39).

어떤 변호사 내외가 지방에 출장을 갔다가 그곳에서 주일을 보내게 되었습니다. 주일날 아침 차를 몰고 나가서 어느 교회를 가야할 지 몰라 헤매다가 교통순경을 만나 좋은 교회를 소개해달라고 부탁했습니다. 그러자 순경은 한 교회를 소개해주었습니다.

변호사 내외는 그 교통경찰이 가르쳐준 대로 차를 운전하며 가다가 여러 교회를 지나치게 되었습니다. 가는 길에도 교회가 여러 곳이 있는데 순경은 왜 그 교회를 소개해주었을까 의아해하면서 교회에 도착하여 예배를 드리고 나왔습니다. 그리고 돌아오는 길에 그 교통순경을 또 만나게 되었습니다. 변호사 내외는 순경에게 굳이 왜 그 교회를 소개해주었는지를 물었습니다. 그러자 순경은 이렇게 대답했습니다.

"글쎄요, 저도 워낙 바쁜 몸이어서 이 교회, 저 교회를 다 다녀보진 못했지만 일요일 오전에 교통정리를 하면서 볼 때 그 교회에서 나오는 교인들의 얼굴이 가장 밝고 명랑해 보여서 그 교회를 소개해드린 것입니다."

기도: 주님! 저희는 예수님의 향기를 품고 사는 하나님의 자녀들입니다. 우리의 얼굴과 우리의 행동이 예수님을 대신해서 나타냅니다. 주님의 얼굴, 주님의 향기를 나타내면서 세상을 향하게 하옵소서.

162. 배워야 합니다

*찬송: 453장 (통506장)

> 악한 사람들과 속이는 자들은 더욱 악하여져서 속이기도 하고 속기도 하나니 그러나 너는 배우고 확신한 일에 거하라 너는 네가 누구에게서 배운 것을 알며 (딤후 3:14).

공자는 70세를 산 후 이런 말을 했습니다.

"나는 15세에 학문에 뜻을 두었다. 30살에 학문에 바로 서게 되었다. 40세에 유혹에 빠지지 않았다. 50세에 천명을 알게 되었다. 60세에 귀가 순해져서 남의 말을 듣게 되었다. 70세에 마음이 원하는 대로 도를 닦는 데 어그러지지 않았다."

70세가 되어서야 제대로 배우게 되었다는 말입니다.

에이브러햄 링컨은 학교 교육을 많이 받은 사람이 아닙니다. 그러나 그는 미국에서 가장 존경받는 대통령이 되었습니다. 비록 학교 교육은 적게 받았으나 계속 공부했습니다. 그래서 변호사 시험에 합격했습니다. 독학으로 합격한 것입니다.

윌리엄 캐리는 구두 수선공이었습니다. 그런 상황 속에서도 그는 라틴어, 헬라어를 공부하여 인도 선교사로 주님을 섬겼습니다.

소크라테스는 노령에 악기를 공부했습니다.

정치가 케토는 86세에 헬라어를 공부했습니다.

발명가 에디슨은 학교 교육을 적게 받았으나 1,000개 이상의 발명품을 만들었습니다. 계속 배우고 공부한 결과입니다. 학력이 중요한 것이 아니라 계속 배우려고 하는 것이 중요합니다.

기도: 주님! 저희는 부족합니다. 늘 배우고 공부하는 성숙한 그리스도인이 되기를 소망합니다. 겸손한 자세로 늘 배우는 그리스도인이 되게 하소서.

163. 성령 충만한 가르침

*찬송: 190장(통177장)

세월을 아끼라 때가 악하니라 그러므로 어리석은 자가 되지 말고 오직 주의 뜻이 무엇인가 이해하라 술 취하지 말라 이는 방탕한 것이니 오직 성령으로 충만함을 받으라 (엡 5:16-18).

무디는 18세까지는 평범한 교인이었습니다. 어느 날 교회학교 교사가 그에게 물었습니다.

"성령 충만의 체험이 있는가?"

"없습니다. 기독교를 좋게는 생각하지만 기독교에 빠지고 싶지는 않습니다." 무디의 대답이었습니다.

1837년 2월 5일, 킴볼 집사가 무디의 직장인 구둣방에서 그를 위하여 기도하였습니다. 킴볼 집사님의 기도로 무디는 성령 충만을 받았습니다. 성령 충만을 체험하니 전도하고 싶은 열망이 생겼습니다. 그래서 교회학교 교사를 지원했으나 거절당했습니다. 그때 그가 출석하는 교회의 교회학교는 교사 12명에 학생은 겨우 16명에 불과했기 때문에 교사가 더 이상 필요하지 않았던 것입니다. 게다가 무디는 학력이 부족해서 교사로는 자격이 안 된다고 생각했기 때문이었습니다. 그런데도 무디가 계속 하고 싶다고 하니까 목사님은 그러면 직접 아이들을 모아서 가르쳐보라고 하셨습니다. 무디는 목사님의 말대로 부둣가 골목에서 아이들을 모아서 가르치기 시작했습니다. 처음에는 16명이 모였고 다음에는 100명, 200명, 300명, 500명, 1000명으로 늘어났습니다. 성령 충만한 후의 전도와 가르침의 결과입니다.

기도: 성령 하나님! 성령 충만하길 원합니다. 성령 충만하여 주님의 복음을 전하게 하시고, 하나님의 말씀을 가르치게 하셔서 성령의 역사가 일어나며 이적과 기사가 나타나게 하옵소서.

164. 기독교는 감사의 종교

*찬송: 135장 (통133장)

예수께서 들으시고 이르시되 건강한 자에게는 의사가 쓸 데 없고 병든 자에게라야 쓸 데 있느니라 너희는 가서 내가 긍휼을 원하고 제사를 원하지 아니하노라 하신 뜻이 무엇인지 배우라 나는 의인을 부르러 온 것이 아니요 죄인을 부르러 왔노라 하시니라 (마 9:12-13).

인도에서 있었던 일입니다. 어떤 어머니가 추수감사헌금으로 분에 넘치는 쌀을 하나님께 드렸습니다. 그 지역을 순회하시는 목사님이 그 이유가 궁금하여 이 어머니에게 "이 헌금은 무엇 때문이요?"라고 물었습니다.

"아들이 중한 병으로 고통 받을 때 아들의 병이 치료되면 하나님께 드리겠다고 약속한 것입니다."

"아들이 건강해졌습니까?"

"아닙니다. 아들은 지난 주에 죽었습니다."

"그런데 왜……?"

목사님은 말을 잇지 못했습니다. 그러나 그 어머니는 "치료가 되었으면 좋았겠지만 치료가 되지 않았다고 해서 저는 실망하지 않습니다. 그 아이는 천국에 갔기 때문입니다. 그래서 하나님께 약속한 헌금을 감사함으로 드리는 것입니다."라고 했습니다.

그렇습니다. 믿는 자는 오늘 이 생명이 끝나도 그 영혼은 천국에 간다는 사실을 믿습니다. 그러므로 감사할 수밖에 없는 것입니다. 이 감사를 배우는 자세가 필요합니다.

기도: 자녀의 죽음까지도 감사하는 모습을 통해 감사의 본질을 깨닫게 하옵소서. 우리의 생명까지도 주관하시는 하나님의 섭리에 감사하며, 천성 문을 향해 나아가게 하신 주님께 감사하게 하소서.

165. 흑인 전도자 톰 스키너

*찬송: 453장 (통506장)

그러므로 사랑하는 자들아 너희가 이것을 미리 알았은즉 무법한 자들의 미혹에 이끌려 너희가 굳센 데서 떨어질까 삼가라 오직 우리 주 곧 구주 예수 그리스도의 은혜와 그를 아는 지식에서 자라 가라 영광이 이제와 영원한 날까지 그에게 있을지어다 (벧후 3:17-18).

    미국의 유명한 흑인 전도자 톰 스키너가 있습니다. 그는 100만 이상의 영세민이 살고 있는 뉴욕의 할렘가에 살았던 흑인 목사의 아들이었습니다. 그는 7세 때부터 교회에 출석하여 학교에서는 장학생, 교회에서는 모범신자로 칭찬을 받았습니다. 그러나 그는 성장하면서 백인에 대한 증오심에 사로잡히게 되었고 마침내 할렘로드라는 깡패단에 들어가게 되었습니다. 못된 짓을 많이 했고 결국 깡패 두목이 되었습니다. 분노, 적개심, 도둑질, 강도, 살인, 마약 등 온갖 나쁜 짓을 다 행하였습니다.
    그 당시 할렘가에는 5대 깡패단이 있었는데 이들은 헤게모니 쟁탈전을 벌였습니다. 결전을 앞둔 날 밤 그는 우연히 방송에서 들려오는 설교자의 음성을 듣게 되었습니다. 그 설교의 본문은 "그런즉 누구든지 그리스도 안에 있으면 새로운 피조물이라 이전 것은 지나갔으니 보라 새 것이 되었도다"(고후 5:17)라는 말씀이었습니다. 그 말씀을 듣는 순간 톰은 책상을 치면서 회개했습니다. 그리고 하나님께 기도드렸습니다. "이 설교자의 말씀이 사실이라면 저의 죄를 용서해주십시오. 내 생애를 바꾸어주십시오." 그는 예수님을 주님으로 그 마음에 모시어 들였습니다. 그리고 그는 변화되었고 그리스도인이 되었습니다. 그 후 흑인 깡패들에게 복음을 전하기 시작한 그는 흑인과 백인의 다리를 잇는 전도자가 되었습니다.

기도: 주님! 저희들이 행복을 전하여주는 행복전도자들이 되게 하여 주옵소서. 주님이 주신 사랑으로 세상에 평화를 잇는 다리가 되게 하여 주옵소서.

166. 축복

*찬송: 28장 (통28장)

너를 축복하는 자에게는 내가 복을 내리고 너를 저주하는 자에게는 내가 저주하리니 땅의 모든 족속이 너로 말미암아 복을 얻을 것이라 하신지라 (창 12:3).
만민이 너를 섬기고 열국이 네게 굴복하리니 네가 형제들의 주가 되고 니 어머니의 아들들이 네게 굴복하며 너를 저주하는 자는 저주를 받고 너를 축복하는 자는 복을 받기를 원하노라 (창 27:29).

아브라함의 아들 이삭은 나이가 많이 들자 어느 날 큰아들 에서에게 별미를 만들어오도록 했습니다. 내가 너를 축복하겠다는 것이었습니다. 그 내용을 그의 아내 리브가가 듣고 둘째아들 야곱에게 별미를 만들어 아버지께 드리고 에서가 받을 축복기도를 가로채도록 시켰습니다. 그래서 아버지 이삭의 축복기도를 야곱이 받고 말았습니다.

도덕적으로 볼 때는 야곱이 아버지를 속이고 형이 받을 축복기도를 가로챈 것 같아 보입니다. 그러나 형 에서는 죽 한 그릇에 그가 받을 장자의 직분을 경홀히 팔아넘긴 일이 있었습니다. 간단히 말해서 하나님의 복을 경홀히 여긴 것입니다. 그래서 하나님은 그를 버리시고 장자직분을 야곱에게 주신 것입니다.

마태복음 1장에 예수님의 족보를 보면 "아브라함이 이삭을 낳고 이삭은 야곱을 낳고 야곱은 유다와 그의 형제를 낳고"라고 적혀 있습니다. 부모님 여러분! 자녀들을 축복하시기 바랍니다. 그리고 하나님께서 복을 주신다는 사실을 반드시 자녀들에게 가르쳐야 합니다. 하나님께 복을 구하는 자녀들이 되어야 합니다. 그러면 하나님이 복을 주십니다.

기도: 우리에게 복 주시기를 원하시는 하나님께 간구하는 자녀들이 되길 원합니다. 사랑하는 우리의 자녀들이 만물의 주인이신 하나님께 구하는 기도를 어릴 때부터 알게 하시고, 믿게 하시고, 기도하게 하소서.

167. 깨끗한 백지와 같은 어린이　　*찬송: 570장 (통453장)

여호와는 나의 목자시니 내게 부족함이 없으리로다 그가 나를 푸른 풀밭에 누이시며 쉴 만한 물 가로 인도하시는도다 내 영혼을 소생시키시고 자기 이름을 위하여 의의 길로 인도하시는도다 내가 사망의 음침한 골짜기로 다닐지라도 해를 두려워하지 않을 것은 주께서 나와 함께 하심이라 주의 지팡이와 막대기가 나를 안위하시나이다 주께서 내 원수의 목전에서 내게 상을 차려 주시고 기름을 내 머리에 부으셨으니 내 잔이 넘치나이다 내 평생에 선하심과 인자하심이 반드시 나를 따르리니 내가 여호와의 집에 영원히 살리로다 (시 23:1-6).

　어린이는 예수님을 믿기가 쉽습니다. 아이들은 그 마음이 깨끗한 백지와 같기 때문입니다. 하얀 도화지에 그리는 대로 그림이 되듯이 아이들의 마음에 심어지는 대로 꿈이 되고 인생의 목표가 그려집니다. 어린아이 때 신앙생활을 하도록 이끌어주면 평생을 우상숭배하지 않고 하나님의 자녀로서 복된 삶을 살아가게 되는 것입니다.

　부모님은 자녀들을 양육할 때 특히 믿음생활에 본을 보여야 합니다. 자녀들이 잘되기를 바란다면 입으로만이 아니라 생활로 본을 보여야 합니다.

　어떤 아버지가 딸만 낳다가 늦게야 아들을 하나 낳았습니다. 그래서 그 아들을 귀하게 기르려고 애를 썼습니다. 어느 눈 내리는 겨울날에 아버지가 술집에 가서 술을 마시고 노름을 하러 가는데 아들이 따라왔습니다. 아버지가 돌아보면서 아들에게 어디를 가는지 물었습니다. 그러자 아들은 눈의 발자국을 가리키며 "아버지의 발자국을 따라가요."라고 말했습니다. 그 말에 아버지는 큰 충격을 받았습니다. 생각해보니 자기를 따라오면 술주정뱅이에 노름에 빠진 몹쓸 사람이 될 것이 분명했습니다. 그래서 아버지는 발걸음을 교회로 향했습니다. 예수를 믿게 되고 마침내는 장로가 되었습니다. 그 후 그의 아들은 목사가 되었다고 합니다.

기도: 하얀 백지와 같은 우리 아이들의 마음에 예수 그리스도가 그려지길 바랍니다. 깨끗한 아이들의 심령에 주님의 사랑으로 채워지게 하소서. 그리하여 하나님의 사람으로 사용되는 진실한 일꾼들이 되게 하소서.

168. 보이지 않는 조선의 마음 (선교사 언더우드의 시) *찬송: 569장 (통442장)

도둑이 오는 것은 도둑질하고 죽이고 멸망시키려는 것뿐이요 내가 온 것은 양으로 생명을 얻게 하고 더 풍성히 얻게 하려는 것이라 나는 선한 목자라 선한 목자는 양들을 위하여 목숨을 버리거니와 (요 10:10-11).

주여! 지금은 아무것도 보이지 않습니다.

주님, 메마르고 가난한 땅 나무 한 그루 시원하게 자라 오르지 못하고 있는 이 땅에 저희들을 옮겨와 앉히셨습니다! 그 넓고 넓은 태평양을 어떻게 건너 왔는지 그 사실이 기적입니다! 주께서 붙잡아 뚝 떨어뜨려 놓으신 듯한 이곳 지금은 아무것도 보이지 않습니다. 보이는 것은 고집스럽게 얼룩진 어둠뿐입니다. 어둠과 가난과 인습에 묶여 있는 조선사람뿐입니다.

그들은 왜 묶여 있는지도, 고통이라는 것도 모르고 있습니다! 의심부터 내고, 화부터 냅니다. 조선 남자들의 속셈이 보이지를 않습니다. 이 나라 조정의 내심도 보이지를 않습니다. 가마를 타고 다니는 여자들을 영영 볼 기회가 없으면 어쩌나 합니다. 조선의 마음이 보이지를 않습니다.

그러나 주님, 순종하겠습니다. 겸손하게 순종할 때 주께서 일을 시작하시고 그 하시는 일을 우리들의 영적인 눈이 볼 수 있는 날이 있을 줄 믿나이다! '믿음은 바라는 것들의 실상이요, 보지 못하는 것들의 증거니' 라고 하신 말씀을 따라 조선의 믿음의 앞날을 볼 수 있게 될 것을 믿습니다!

지금은 우리가 황무지 위에 맨손으로 서 있는 것 같사오나 지금은 우리가 서양귀신, 양귀자라고 손가락질 받고 있사오나 저들이 우리 영혼과 하나인 것을 깨닫고, 하늘나라의 한 백성 한 자녀임을 알고 눈물로 기뻐할 날이 있음을 믿나이다! 주여! 오직 제 믿음을 붙잡아 주소서!

기도: 주님! 주님께 나의 가진 것 아낌없이 모두 드립니다. 이제 주님께 드릴 것은 이 몸뿐입니다 라는 고백을 할 수 있게 하소서. 내가 가진 이 모든 것 주님이 주신 것이니 주님께 모두 바칩니다 라는 고백을 하게 하소서.

169. 신앙생활의 중심

*찬송: 210장(통245장)

내가 속히 네게 가기를 바라나 이것을 네게 쓰는 것은 만일 내가 지체하면 너로 하여금 하나님의 집에서 어떻게 행하여야 할지를 알게 하려 함이니 이 집은 살아 계신 하나님의 교회요 진리의 기둥과 터니라 (딤전 3:14-15).

어떤 일이든 기초가 중요하고 중심이 중요합니다. 기본이 잘못되고 중심이 잘못되면 아무리 힘쓰고 노력해도 열매가 없습니다.

성결교의 유명한 부흥사 이성봉 목사님이 6.25사변 때 피난을 가지 못하고 있다가 목포 지방에서 공산군에게 잡혔습니다. 인민군 대장이 그를 문초하였습니다. 예수 믿는 사람들을 고문하고 생명이 위협받던 시기였습니다.

"영감, 예수를 왜 믿나?"
"천당 가려고 믿는 것입니다."
"그러면 천당 가봤어?"
"천당 본점은 가보지 못했어도 지점은 가봤습니다."
"천당 지점이 어디야?"
"예배당입니다. 은행도 본점이 있고 지점이 있듯이 천당도 본점이 있기에 지점인 예배당이 있는 것입니다."

인민군 대장은 그의 말에 "이 영감은 진짜 예수쟁이구먼!"하면서 그를 석방시켜 주었답니다.

우리는 하나님나라에 대한 확실한 기초와 믿음이 있어야 합니다. 기초가 튼튼해야 집이 무너지지 않듯이 신앙의 기초도 튼튼해야 합니다.

기도: 신앙생활의 중심인 교회를 사랑하길 원합니다. 우리 믿음의 기초가 든든히 세워지게 하시고, 하나님을 향한 사랑의 기둥이 튼튼하게 뿌리박히게 하소서.

170. 사람에게 제일 귀한 것

*찬송: 211장 (통346장)

사람이 만일 온 천하를 얻고도 제 목숨을 잃으면 무엇이 유익하리요 사람이 무엇을 주고 제 목숨과 바꾸겠느냐 (마 16:26).

    일본의 대학자가 어느 날 나룻배로 강을 건너게 되었습니다. 꽤 넓은 강이라 배를 타는 시간이 길어 무료해진 학자는 사공에게 말을 건넸습니다.
    "사공 양반! 희랍의 철학자 플라톤을 아시오?"
    "이이고! 제가 그런 분을 어찌 알겠습니까?"
    "그래요? 당신은 철학을 모르기 때문에 인생의 절반을 잃어버린 거요. 그는 대단히 훌륭한 철학자였다오. 그럼, 프랑스가 어디쯤 있는 나라인 줄 아시오?"
    "웬걸요? 그런 것을 제가 어떻게 아나요?"
    "쯧쯧, 당신은 인생의 4분의 1을 잃어버렸소. 프랑스는 유럽에 있소. 예술의 나라라오."
    계속 모른다는 사공에게 학자는 자꾸만 난감한 질문을 하였습니다.
    "그럼, 시(詩)라는 것에 대하여 좀 아십니까?"
    "어르신, 그런 것 다 모릅니다."
    계속 질문을 퍼붓던 학자는 불쌍하다는 듯이 사공을 쳐다보았습니다. 그러는 사이 배가 강 건너편에 다다르게 되었습니다. 그런데 갑자기 불어닥친 큰 바람에 그만 배가 뒤집혀 버렸습니다. 학자나 사공이나 모두 물에 빠져 허우적거렸습니다. 그때 사공이 학자에게 물었습니다.
    "선생님! 수영할 줄 아십니까?"
    "어푸, 어푸, 난 수영 못하오!"
    "그렇다면 선생님은 생명을 아예 잃어버린 것입니다."

기도: 우리에게 가장 중요한 것을 잃어버리지 않는 지혜를 허락하옵소서. 하나님이 주신 예수 그리스도, 내 인생의 지침서인 성경, 우리에게 주신 건강, 이 모든 것을 잘 지켜나가는 지혜를 주옵소서.

171. 예수님을 만나야 합니다

*찬송: 527장 (통317장)

지금부터는 아버지의 아들이라 일컬음을 감당하지 못하겠나이다 나를 품꾼의 하나로 보소서 하리라 하고 이에 일어나서 아버지께로 돌아가니라 아직도 거리가 먼데 아버지가 그를 보고 측은히 여겨 달려가 목을 안고 입을 맞추니 (눅 15:19-20).

  1971년에 일본 삿포로에서 동계올림픽이 개최되었을 때 북한 스피드 스케이팅선수 중 한필화 선수가 있었습니다. 그 선수의 오빠인 한필성 집사의 간증입니다.

  고향이 진남포인 그는 16세 때 6.25사변을 만나게 되었습니다. 이북에서는 17세만 되면 강제징집이 되기 때문에 징집을 피하기 위하여 이웃에 사는 또래 친구 세 명과 같이 부모님이 싸주신 미숫가루와 간단한 짐 보따리를 짊어지고 남한으로 내려오게 되었답니다.

  그런데 그것이 그만 가족과의 영원한 이별이 되고 만 것입니다. 잠시 헤어져 있을 줄 알았는데 영영 가지도 오지도 못하는 신세가 되고 말았습니다. 시간이 흘러 16세이던 어린 소년이 1971년에 38세의 장년이 되었을 때 자신이 16세 때 헤어졌던 어린 동생이 일본에 선수로 온다는 것이었습니다. 그는 정부의 주선으로 여동생인 한필화 선수를 만나러 일본으로 갔습니다. 그러나 북한 공작원들의 방해공작으로 동생을 만나지 못하고 전화로만 동생의 이름을 부르며 눈물을 흘렸답니다. 16세 소년시절 남한으로 내려와 고향을 그리워하며 전국 방방곡곡을 헤매며 살아왔는데 동생을 만날 수 있는 귀한 기회를 놓쳤으니 얼마나 슬펐겠습니까?

  우리는 고향을 떠나 가족과 헤어진 사람들처럼 하나님을 떠난 사람들이었습니다. 이제 다시 주님을 만나야 합니다. 하나님께 돌아와야 합니다.

기도: 우리가 돌아오길 기다리시는 하나님 아버지! 주님의 품으로 이제 돌아갑니다. 수많은 영혼들이 주님께 돌아오도록 우리에게 주신 사명을 감당하길 원하오니 우리의 입술과 발걸음을 성령께서 인도하여 주옵소서.

172. 예수님을 만난 사람들

*찬송: 528장 (통318장)

수고하고 무거운 짐 진 자들아 다 내게로 오라 내가 너희를 쉬게 하리라 나는 마음이 온유하고 겸손하니 나의 멍에를 메고 내게 배우라 그리하면 너희 마음이 쉼을 얻으리니 이는 내 멍에는 쉽고 내 짐은 가벼움이라 하시니라 (마 11:28-30).

교회에는 나오지만 아직 예수님을 만나지 못하신 분은 없습니까? 그 이유는 주변에만 머무르고 있기 때문입니다. 교회 중심에 들어와야 합니다. 그 때 예수님을 만날 수 있습니다.

미국 남부에 장성한 아들 넷을 둔 어머니가 임종을 맞이해서 세 아들에게는 굿나잇(Good-night)하며 키스를 부탁했고, 막내아들에게만 굿바이(Good-bye)하면서 키스를 부탁했습니다. 그러자 막내아들이 "왜 형들과는 굿나잇 키스를 하면서 저와는 굿바이 키스를 하십니까?"라고 물었습니다. 그러자 어머니는 "너의 형들은 예수님을 믿기 때문에 천국에서 만나지만 너는 믿지 않아 영원한 이별이 될 수 있기 때문에 굿바이란다."라고 말했습니다. 막내아들은 침대에 엎드려 통곡하며 "어머니! 저도 굿나잇 키스하겠습니다. 저도 이 진리를 믿겠습니다. 저도 교회에 나가 예수님을 믿겠습니다."라고 했습니다.

우리 모두 예수님을 만나야 합니다. 감사의 삶을 살아야 합니다. 그리고 복음을 증거하는 삶이 되어야 합니다. 우리 마음의 중심이 예수 그리스도에게로 향해 있어야 합니다. 예수님과 만나고, 예수님과 동행하는 삶을 살아야 합니다.

기도: 주님이 나의 중심에 오셔서 나의 주인이 되어주옵소서. 내 삶의 주인이 되어주셔서 내 인생을 주관하여 주옵소서. 이제 내가 사는 것이 아니라 예수 그리스도가 내 안에서 주인되어 사는 인생이 되게 하옵소서.

173. 시험

*찬송: 342장 (통395장)

시험을 참는 자는 복이 있나니 이는 시련을 견디어 낸 자가 주께서 자기를 사랑하는 자들에게 약속하신 생명의 면류관을 얻을 것이기 때문이라 사람이 시험을 받을 때에 내가 하나님께 시험을 받는다 하지 말지니 하나님은 악에게 시험을 받지도 아니하시고 친히 아무도 시험하지 아니하시느니라 (약 1:12-13).

아주 어렵게 살던 시절에 빈민촌에서 선교하던 한 목사님의 간증입니다.

새벽기도를 마친 어느 이른 아침, 목사님은 청년 한 명을 데리고 넝마를 주우러 나갔습니다. 그 새벽에 앞서가던 청년이 길에서 많은 돈이 든 가방을 주웠습니다. 청년은 그 자리에서 집게와 망태를 던져버리고 그 가방을 가지고 도망을 가서는 돈 가방을 주인에게 찾아줄 생각은 하지 않고 그 돈을 물 쓰듯 쓰기 시작했습니다. 술집에 가서 팁도 엄청나게 주었습니다.

그렇게 흥청망청 돈을 쓰다가 몇 일 후에 술을 실컷 마신 후 돈 가방을 가지고 처마 밑에서 잠들었다가 돈을 몽땅 잃어버렸습니다. 그 뒤로 청년은 넝마를 주우려하지 않고 외상술을 먹고 다녔습니다. 그러다가 경찰서에 구속되었습니다. 남의 집 담을 넘다가 잡혔던 것입니다.

목사님은 그 청년을 면회하러 가서 성경책을 넣어주며 말했습니다. "이 사람아! 자네는 괜히 돈을 주워서 신세를 망쳤구먼! 마음을 잡고 성경책 읽다가 나오게. 내가 망태와 집게는 준비해 놓겠네. 잃어버린 그 돈은 자네의 것이 아니네. 이제 그 돈은 모두 잊어버리게."

재물이 좋고 세상이 너무 좋으면 예수님의 제자가 되기 힘듭니다.

기도: 하나님! 세상에는 많은 시험이 있습니다. 우리의 힘으로 그 시험들을 이기기 힘듭니다. 성령님께서 늘 함께 하셔서 우리를 시험에서 이기게 하시고 그 시험에서 피할 길을 열어 주옵소서.

174. 가정복음화

*찬송: 347장 (통382장)

만일 여호와를 섬기는 것이 너희에게 좋지 않게 보이거든 너희 조상들이 강 저쪽에서 섬기던 신들이든지 또는 너희가 거주하는 땅에 있는 아모리 족속의 신들이든지 너희가 섬길 자를 오늘 택하라 오직 나와 내 집은 여호와를 섬기겠노라 하니 (수 24:15).

어느 가정에 초등학교 5학년 아이가 있었습니다. 그런데 그 아이는 닷새째 학교도 가지 않고 밥도 먹지 않았습니다. 부모가 이유를 물어도 그 아이는 중대한 일이라며 쉽사리 대답하지 않았습니다. 애가 탄 부모는 어떤 요구를 해도 다 들어줄 것이니까 말하라고 했습니다. 그러자 아이가 드디어 말을 했습니다.

"나는 예수님을 믿고 구원을 얻었지만 부모님은 예수님을 믿지 않으므로 지옥에 가게 되었으니 내가 학교에 가면 무엇을 하며 밥을 먹으면 무엇을 하겠습니까?"

그 말을 들은 그 아이의 부모는 큰 감동과 충격을 받았습니다. 아이의 부모님은 예수님을 믿기로 작정하고 그때부터 교회에 나가 신앙생활을 잘하였습니다. 아버지는 장로가 되고 어머니는 권사가 되었으며, 그 아이는 성장하여 목사가 되었다고 합니다. 어린아이라도 부모님을 전도하겠다는 마음이 간절할 때 주님께서 역사해주신 것입니다.

눈물로 뿌린 씨는 기쁨으로 거두게 됩니다. 그리고 하나님께서 전도할 문을 열어주시도록 기도해야 합니다. 담대한 결단은 신비로운 결실을 거두게 됩니다. 하나님께서 좋은 열매를 주실 것입니다.

기도: 오직 나와 내 집은 여호와를 섬기겠다는 결단을 우리도 하게 하소서. 사랑하는 가족들에게 우리의 몸을 바쳐서라도 구원시키는 일에 나서게 하시고, 가족들을 향한 구원의 기도를 하나님께서 응답하여 주옵소서.

175. 재물

*찬송: 383장 (통43장)

네가 말하기를 여호와는 나의 피난처시라 하고 지존자를 너의 거처로 삼았으므로 화가 네게 미치지 못하며 재앙이 네 장막에 가까이 오지 못하리니 그가 너를 위하여 그의 천사들을 명령하사 네 모든 길에서 너를 지키게 하심이라 (시 91:9-11).

우리에게 있는 재물은 모두 하나님의 것임을 알아야 합니다. 내가 가진 것은 내가 살아있을 때 관리하라고 맡겨진 것입니다.

바나바를 보십시오. 그는 밭이 있을 때 팔아서 하나님께 헌금하였습니다. 재산 전부를 하나님께 드렸습니다. 전 재산을 선교 사업에 모두 바쳤습니다. 삭개오는 재산의 절반을 하나님께 드렸습니다. 남의 것을 빼앗은 일이 있으면 네 배나 갚겠다고 했습니다.

1940년대에 황해도에 큰 부자가 있었습니다. 재산이 워낙 많으니 한 해 소출도 엄청나게 많았습니다. 그가 십일조를 드리면 교회의 살림 전부를 감당하고 해마다 교회를 한 개씩 건축할 수 있을 정도의 헌금이 됩니다. 그러나 그는 아까운 생각이 들었습니다. 그래서 그는 집사이면서도 온전한 십일조를 드리지 않았습니다. 그러다 8.15해방 후 김일성의 공산군이 들어왔습니다. 공산당은 집사님의 모든 재산을 다 압수했습니다. 모든 재산을 모두 빼앗긴 후 그 집사님은 그제야 통곡하면서 후회했습니다. 하나님께 십일조 한 번 제대로 드리지 못하고 다 빼앗겼으니 얼마나 한심한 일입니까? 그러나 이미 때가 늦었습니다.

기도: 하나님이 우리에게 맡긴 모든 것은 하나님이 주인이심을 항상 기억하게 하소서. 내게 욕심이 일어날 때마다 기억나게 하시고 주님께서 피 흘리신 사랑의 빚을 갚는 삶을 살아가게 하소서.

176. 교회를 찾은 무당

*찬송: 40장 (통43장)

하나님이 모든 것을 지으시되 때를 따라 아름답게 하셨고 또 사람들에게는 영원을 사모하는 마음을 주셨느니라 그러나 하나님이 하시는 일의 시종을 사람으로 측량할 수 없게 하셨도다 (전 3:11).

일곱 귀신이 들어 일생동안 무당으로 살다가 예수 믿고 집사가 된 여자 성도가 있었습니다.

그녀는 무당을 하면서도 '내가 섬기는 신을 바꿔야 살지, 내가 신을 바꿔야 살지……'라고 생각했다고 합니다. 그래서 '일곱 귀신보다 더 나은 신은 뭘까?'라고 생각하다가 예수님 신일 것이라고 생각했습니다. 그러나 단 한 번도 자기를 찾아와 예수 믿으라고 말하는 자가 없었습니다. 그녀는 답답하고 초조했습니다.

늘 고민하다가 평소에 안면이 있는 사람 가운데 예수를 믿는 집사를 초청했습니다. 자기에게 예수 믿으라는 말을 해줄 것이라고 생각했던 것입니다. 그러면 무당을 그만두고 그 집사를 따라 교회에 갈 마음이었습니다. 그런데 그 여집사는 무당 집에 오더니 얼어붙어 사방을 두리번거리다가 바쁘다며 도망쳐버렸습니다. 무당은 마음속으로 귀신보다 더 강한 신은 예수님 신인데 그런 예수님을 믿는 자가 저 모양이라고 비웃었습니다. 그리고 그녀는 자기 발로 교회를 찾아갔고 예수님을 믿었습니다. 세례를 받고 집사가 되었습니다.

우상숭배에 빠진 사람들조차 하나님을 찾고자 노력하는 경우가 많습니다. 그러나 그들을 교회로 인도하는 사람이 없기에 그들은 방황하고 고통 속에 살아가고 있습니다. 당신을 기다리는 사람들이 많다는 사실을 깨닫고 하나님을 기다리는 그들에게 생명의 복음을 전해주십시오.

기도: 모든 사람을 구원하시기를 원하시는 주님! 구원의 복음을 기다리는 많은 사람들이 있습니다. 그들이 무당이기도 하고, 우상숭배자들이기도 합니다. 그들조차 사랑하는 마음을 갖게 하시고, 구원의 소식을 전하게 하소서.

177. 신앙생활은 기도생활

*찬송: 365장 (통484장)

형제들아 내가 우리 주 예수 그리스도와 성령의 사랑으로 말미암아 너희를 권하노니 너희 기도에 나와 힘을 같이하여 나를 위하여 하나님께 빌어 (롬 15:30).

성경은 신앙과 행위의 유일무이한 법칙입니다. 이 위대한 성경에 기도와 관련된 단어들이 많이 나옵니다. 이 성경에는 '기도'라는 말이 93번, '기도하다'라는 말이 201번, '구하다'라는 말이 418번, '구하게 하다'라는 말이 5번, '간구'라는 말이 26번, '간구하다'라는 말이 98번, '간청하다'라는 말이 7번, '도고'라는 말이 1번, '빌다'라는 말이 31번, '부르짖다'라는 말이 256번 나와 기도에 관한 말씀을 전부 합하면 1,136번이나 됩니다. 간단히 한 마디로 정리하면 기도가 이렇게 중요하다는 것입니다.

신앙생활은 기도생활입니다. 그러므로 기도가 없는 신앙생활은 바른 신앙생활이라고 할 수 없습니다. 기도가 없으면 신앙이 성장할 수 없습니다. 기도가 없기에 큰 복과 거리가 멀어지는 것입니다. 하나님은 전능하신 아버지이십니다. 기도는 그 아버지의 무한한 보화를 내 것으로 만드는 것입니다.

기도하면 하나님은 지혜를 주십니다. 솔로몬은 기도하여 하나님께 지혜를 받았습니다. 다윗은 기도하여 대국을 건설하였습니다. 모세는 기도하여 홍해를 건넜습니다. 바울은 기도하여 이방인들을 구원하였습니다. 베드로는 기도하여 죽은 자도 살렸습니다. 기도는 능력입니다. 기도는 복을 받는 신앙생활의 첩경입니다.

기도: 우리에게 기도하라고 하신 하나님! 쉬지 말고 기도하는 하나님의 자녀가 되길 원하오니 내게 주신 능력인 기도를 온전히 사용할 수 있는 지혜를 얻게 하시고, 하나님과 대화의 통로가 활짝 열려있게 하소서.

178. 기록된 말씀 성경

*찬송: 202장 (통241장)

하나님의 말씀은 살아 있고 활력이 있어 좌우에 날선 어떤 검보다도 예리하여 혼과 영과 및 관절과 골수를 찔러 쪼개기까지 하며 또 마음의 생각과 뜻을 판단하나니 지으신 것이 하나도 그 앞에 나타나지 않음이 없고 우리의 결산을 받으실 이의 눈 앞에 만물이 벌거벗은 것 같이 드러나느니라 (히 4:12-13).

하나님은 36명의 기자들을 통하여 구약성경 39권과 신약성경 27권을 기록하여 우리에게 주셨습니다. 성경은 하나님의 감동 곧 성령께서 기록하신 것입니다. "모든 성경은 하나님의 감동으로 된 것으로 교훈과 책망과 바르게 함과 의로 교육하기에 유익하니 이는 하나님의 사람으로 온전하게 하며 모든 선한 일을 행할 능력을 갖추게 하려 함이라."(딤후 3:16-17)

성령께서 기록하게 하신 성경은 교훈을 주십니다. 성경은 책망을 주십니다. 성경은 바르게 사는 길을 지도해주십니다. 성경은 의로 교육해주십니다. 성경은 하나님의 사람을 만들어주십니다. 성경은 모든 선한 일을 행할 수 있도록 인도하십니다. 성경은 온전한 삶을 살아가도록 인도하십니다.

하나님의 말씀은 수술하는 칼보다 예리합니다. 그 칼로 인간들의 혼을 수술합니다. 영을 수술합니다. 관절을 수술합니다. 골수를 수술합니다. 마음을 수술합니다. 생각을 수술합니다. 뜻을 감찰합니다. 그래서 우리가 버릴 것은 버리게 하고 승리의 삶을 살도록 인도합니다. 그러므로 기록된 하나님의 말씀을 우리는 늘 가까이 하고 묵상해야 합니다. 그리고 말씀대로 실천해야 합니다.

기도: 성령의 인도하심으로 기록된 하나님의 말씀을 읽고 묵상하게 하소서. 말씀을 통하여 저희가 거듭나게 하시고, 변화되게 하시고, 힘을 얻게 하시고, 선한 일을 하게 하시며, 능력을 행할 수 있게 하소서.

179. 평안의 복

*찬송: 408장 (통466장)

> 평안을 너희에게 끼치노니 곧 나의 평안을 너희에게 주노라 내가 너희에게 주는 것은 세상이 주는 것과 같지 아니하니라 너희는 마음에 근심하지도 말고 두려워하지도 말라 내가 갔다가 너희에게로 온다 하는 말을 너희가 들었나니 나를 사랑하였더라면 내가 아버지께로 감을 기뻐하였으리라 아버지는 나보다 크심이라 (요 14:27-28).

한남동 어느 큰 주택에 예수님을 잘 믿는 집사님이 파출부로 들어갔습니다. 이 집사님은 설거지를 하면서도, 화장실 청소를 하면서도 입에서 찬송이 끊이지 않았습니다. 얼굴엔 기쁨이 넘쳤습니다. 시간이 지나도 파출부 집사님의 입술의 찬송이나 일하는 솜씨나 얼굴에 넘치는 기쁨과 즐거움은 변화가 없었습니다.

이 모습이 주인아주머니는 너무 궁금했습니다. 그래서 하루는 주인아주머니가 물었습니다. "아주머니, 어찌 그리 매일 즐거우세요?" 자기는 수백억을 주무르며 많은 돈을 쌓아 놓았지만 평안이 없고 항상 인상을 쓰고 사는데 파출부는 즐겁게 사는 것이 신기하고 부러웠던 것입니다.

"기쁘지요. 우리 주님을 마음에 모시고 사니까 즐겁지요!"

"주님이 누구예요?"

"주님은 예수 그리스도를 말해요. 그분은 우리에게 평화를 주시려고 오셨어요. 그래서 예수님을 주님으로 모시면 저처럼 기쁘고 즐겁답니다."

"그러면 그 예수님은 어떻게 믿는 것입니까?"

"저와 같이 교회에 가시면 되요."

이것이 무엇입니까? 예수님을 믿는 자의 평안입니다. 우리의 평안한 모습을 통해 생활전도가 이루어집니다. 이와 같은 삶이 우리에게 있어야 합니다.

기도: 평화의 주님! 평안을 우리에게 주시고, 세상의 평화를 만드시는 주님께 감사드립니다. 이제 주님이 주신 평안으로 기쁨으로 세상을 살겠습니다. 저의 평안을 통하여 다른 이들에게 평안을 소개해주는 일을 감당하게 하소서.

180. 자손들에게 물려줄 유산
*찬송: 569장 (통442장)

내 아들아 나의 법을 잊어버리지 말고 네 마음으로 나의 명령을 지키라 그리하면 그것이 네가 장수하여 많은 해를 누리게 하며 평강을 더하게 하리라 인자와 진리가 네게서 떠나지 말게 하고 그것을 네 목에 매며 네 마음판에 새기라 그리하면 네가 하나님과 사람 앞에서 은총과 귀중히 여김을 받으리라 (잠 3:1-4).

무슨 일이든지 우리는 잘 심으려고 노력해야 합니다. 콩을 심으면 콩을 거두게 되고 팥을 심으면 팥을 거두게 됩니다. 심은 대로 거두는 것입니다. 그러므로 성실해야 합니다. 부지런해야 합니다. 최선을 다해야 합니다. 그럴 때 열매가 있기 때문입니다.

동남아시아에서 비교적 잘사는 나라 가운데 말레이시아가 있습니다. 이 나라의 주산물은 생고무입니다. 생고무는 나무에서 채취하는 것인데 이는 전부 할아버지 대에서 심어놓은 것을 손자들이 거두는 것입니다. 선조들이 물려준 유산이 없었다면 그들은 무엇으로 살아가겠습니까? 그러므로 내가 거두지 못한다고 심는 것을 게을리하면 안 됩니다. 내가 미리미리 준비하여 잘 심어야 내 자녀들이 잘 거둡니다. 내 손자들이 잘 거둡니다. 내가 잘못 심으면 내 자손들에게 저주가 내릴 수도 있는 것입니다.

지금은 개량을 많이 하여 나무가 10년 이상이 되면 수확을 볼 수 있다고 하지만 예전에는 유자나무를 심어 제대로 열매를 거두려면 50년이 걸린다고 합니다. 그러니 할아버지, 아버지가 심어 놓은 것을 자손들이 거두는 것입니다. 자손들에게 어떤 유산을 물려줄 것입니까? 당신은 어떤 유산을 준비하고 있습니까?

기도: 주님! 믿음의 유산을 물려받게 하시니 감사합니다. 저희도 믿음의 유산을 후손들에게 물려줄 수 있는 믿음의 선조가 되게 하시고, 믿음의 열매를 후손들이 거둘 수 있도록 준비하는 자가 되게 하소서.

181. 주를 위해 살겠으니

*찬송: 471장 (통528장)

내가 죽지 않고 살아서 여호와께서 하시는 일을 선포하리로다 여호와께서 나를 심히 경책하셨어도 죽음에는 넘기지 아니하셨도다 (시 118:17-18).

나겸일 목사님이 간암에 걸려 치료받은 간증입니다.

목사님이 병원에 입원하여 병과 싸우고 있는데 토요일이 되니 교회에서 전화가 왔더랍니다. 혹시 돌아가셨으면 주일날 예배시간에 광고하기 위해서랍니다. 섭섭한 마음이 들었지만 주님의 십자가 피 공로를 믿고 병상에서 계속 기도했답니다. 간혹 낙심되는 생각이 들 때가 있었지만 그래도 십자가를 붙잡았습니다. 주일 아침 교회에서 또 전화가 왔습니다. 섭섭했지만 어쩌겠습니까? 그렇게 주일을 보냈습니다. 배는 복수가 차서 남산만큼 솟아올라 숨쉬기도 힘들었습니다.

그런데 월요일 새벽에 용변을 보고 싶은 생각이 들어서 화장실을 갔는데 세숫대야 두 개에 찰 만큼의 많은 피와 고름을 밑으로 쏟았습니다. 불룩하게 나왔던 배가 꺼졌습니다. 배에 찼던 복수가 다 빠져나간 것입니다. 그리고 살아나게 되었답니다. 간암에서 회복된 것입니다. 하나님이 살려주신 것입니다. 나목사님의 기도를 들으시고 응답해주신 것입니다. 지금 목사님은 힘 있게 목회하고 계십니다.

하나님의 일을 하겠다고 하는 사람, 주님을 위해서 살겠다는 사람의 기도는 응답됩니다. 하나님이 원하시면 죽음에서 건지시고 하나님께서 하시는 일을 선포하는 증인으로 사용하십니다.

기도: 주님을 위해 살겠다는 고백을 드립니다. 주님! 주를 위해 살겠으니 우리를 고쳐주시고, 싸매어주시고, 회복시켜주옵소서. 십자가 든든히 붙잡고 주님 앞에 나가오니 영과 육의 건강을 주옵소서.

182. 감사로 제사를 드리는 자

*찬송: 309장 (통409장)

감사로 제사를 드리는 자가 나를 영화롭게 하나니 그의 행위를 옳게 하는 자에게 내가 하나님의 구원을 보이리라 (시 50:23)

　우리는 기쁘게 인생을 살아야 하지만 화를 내지 않을 수는 없습니다. 그러나 성경은 "분을 내어도 죄를 짓지 말며 해가 지도록 분을 품지 말고 마귀에게 틈을 주지 말라"(엡 4:26-27)고 했습니다. 분은 낼 수 있으나 계속 품고 있지는 말라는 것입니다. 계속 분을 품고 있으면 마귀가 틈을 탑니다. 결국 내가 손해를 보게 됩니다. 미워하는 마음이 있으면 내 마음이 평화롭지 못합니다. 그래서 결국 내 건강에 해를 끼칩니다. 그러면 어떻게 해야 합니까? 용서해야 합니다. 이해해야 합니다.
　하나님이 기뻐하시는 것은 감사의 삶입니다.
　"감사로 제사를 드리는 자가 나를 영화롭게 하나니……"(시 50:23).
　예수님이 성전에 가셨을 때의 일입니다. 예수님은 사람들이 하나님께 헌금 드리는 모습을 보고 계시다가 한 과부가 두 렙돈을 바쳤을 때 큰소리로 이 여인이 가장 많은 헌금을 드렸다고 칭찬하시며 기뻐하셨습니다.
　두 렙돈은 적은 금액이었지만 그 과부에게는 생활비 전부였습니다. 헌금을 단순히 돈이라고 생각해서는 안 됩니다. 헌금은 정성입니다. 헌금은 죽을 죄에서 구원받은 은혜를 감사해서 드리는 내 몸입니다. "그러므로 형제들아 내가 하나님의 모든 자비하심으로 너희를 권하노니 너희 몸을 하나님이 기뻐하시는 거룩한 산 제물로 드리라 이는 너희가 드릴 영적 예배니라"(롬 12:1). 우리의 몸을 드리는 표시로 드리는 헌금이기에 감사로 제사를 드리는 자를 주님은 기뻐하십니다.

기도: 영화로우신 하나님! 우리가 온전히 감사함으로 주님께 예배하게 하시고 주님께서 기뻐하시는 감사하는 삶을 살게 하소서.

183. 감사는 하나님의 뜻

*찬송: 182장 (통169장)

감사함으로 그의 문에 들어가며 찬송함으로 그의 궁정에 들어가서 그에게 감사하며 그의 이름을 송축할지어다 여호와는 선하시니 그의 인자하심이 영원하고 그의 성실하심이 대대에 이르리로다 (시 100:4-5).

"구주를 주신 하나님께 감사하고 일용할 것을 마련해 주신 것을 감사합니다.
이젠 추억이 된 시대를 감사하고 예수께서 내 편이심을 감사합니다.
즐겁고 향기로운 봄철 주심을 감사하고 어둡고 음산한 가을 주심도 감사합니다.
이젠 잊혀진 눈물을 감사하며 내 영혼에 주신 평화를 감사합니다.
기도의 응답을 감사하며 무응답도 감사합니다.
모진 풍파와 폭풍 주심도 감사하며 공급해 주신 모든 것을 감사합니다.
아픔 주심을 감사하며 즐거움 주심도 감사합니다.
절망 중에 위로 주심을 감사하며 측량할 수 없는 은총을 감사하며 비할 수 없는 사랑을 감사합니다.
길가에 장미를 주심을 감사하며 줄기에 가시를 두신 것도 감사합니다.
가정을 주시고 단란함을 주심을 감사하고 아름다운 소망의 노래 주심을 감사합니다.
기쁨 주심을 감사하며 슬픔 주심도 감사하고 주님의 하늘 평화 주심을 감사합니다.
내일의 소망 주심을 감사하고 영원한 나라 허락하심을 감사합니다."

이 글은 스트롬의 감사 찬송입니다. 복음성가로 만들어져 모두가 좋아하는 찬송이기도 합니다.

기도: 우리의 생명이 되시는 하나님! 우리에게 소망을 주시고 절망 속에서도 희망을 주셔서 이길 수 있는 용기를 주셨으니 감사합니다. 감사하는 입술이 되게 하소서.

184. 작은 일에 감사

*찬송: 370장 (통455장)

또 무엇을 하든지 말에나 일에나 다 주 예수의 이름으로 하고 그를 힘입어 하나님 아버지께 감사하라 (골 3:17).

오래 전에 미국 미시간 호에 연락선 하나가 침몰한 적이 있었습니다. 그 때 그 배 안에 수영선수가 한 사람 있었습니다. 그는 뛰어난 수영실력 덕분에 23명의 생명을 건져낼 수 있었습니다. 그로부터 30년이 지난 후 어떤 목사님이 우연히 그 수영선수를 다시 만나게 되어 그에게 물었습니다.

"당신은 그때 23명의 목숨을 건져주었습니다. 가장 인상 깊었던 것은 무엇이었습니까?"

"글쎄요, 한 사람도 고맙다는 말을 전해오지 않은 것이라고나 할까요."

생명을 건져준 사람에게 한 번도 고마웠다는 인사를 담은 카드 한 장 보내오지 않았다는 것입니다. 감사를 모르고 살아가는 사람들의 모습입니다.

우리가 일상생활 중에 하나님께 받은 은혜는 무궁무진합니다. 하나님은 우리에게 일용할 양식을 주셨습니다. 굶지 않고 살아가게 하신 은혜입니다. 길을 다닐 때 안전하게 보호해주심도 감사한 일입니다. 직장생활을 아무런 어려움 없이 하게 하신 것도 감사한 일입니다. 하루 동안 건강하게 지내게 하심도 감사한 일입니다. 이 모든 것이 하나님의 은혜입니다. 당신은 감사하고 계십니까?

기도: 은혜로우신 하나님! 저희들은 큰 것만을 바라면서 삽니다. 작은 것에 만족하며 감사하는 생활이 되게 하소서.

185. 기쁨의 삶

*찬송: 220장 (통278장)

무릇 시온에서 슬퍼하는 자에게 화관을 주어 그 재를 대신하며 기쁨의 기름으로 그 슬픔을 대신하며 찬송의 옷으로 그 근심을 대신하시고 그들이 의의 나무 곧 여호와께서 심으신 그 영광을 나타낼 자라 일컬음을 받게 하려 하심이라 (사 61:3).

아무리 세상을 둘러봐도 그리스도인 아니고는 세상을 기쁘게 살아가는 자가 없습니다. 기뻐해야 할 일이 별로 없는 세상이 된 것입니다. 그러니 화를 많이 내게 되고 짜증을 내는 경우가 많습니다. 그러나 화를 내는 것은 매우 나쁜 결과를 낳습니다.

엘머 게이츠 박사가 사람의 호흡을 액체 공기로 냉각했더니 다음과 같은 빛깔로 나타났다고 합니다.

1) 화를 낼 때는 밤색입니다.
2) 슬픔과 고통이 가득할 때는 회색입니다.
3) 후회가 있을 때는 분홍색입니다.
4) 기뻐할 때는 청색입니다.

중요한 것은 밤색 침전물을 분석하여 연구했더니 무서운 독소가 포함되어 있었고, 그것을 쥐에게 주사했더니 몇 분 지나지 않아 죽어버렸다는 것입니다. 엘머 게이츠 박사는 말합니다. 사람들이 한 시간 동안 계속 화를 내면 80명을 죽일 정도의 독소가 발생하고 온몸에 독소가 퍼지며 주위의 사람에게도 독이 퍼진다는 것입니다.

그러니 화를 내는 당사자에게는 얼마나 해롭겠습니까? 화내고 우울해하면 당신 자신의 건강을 해친다는 사실을 알아야 합니다. 내 건강이 나빠지는 것입니다. 화를 내지 마십시오. 화를 내지 않는 것도 은혜입니다.

기도: 기쁨을 우리에게 주신 하나님 감사합니다. 우리 인생이 슬픔 대신에 기쁨이 되게 하시고, 눈물 대신에 찬송을 부를 수 있도록 인도하여 주옵소서.

186. 따뜻한 사랑

*찬송: 222장 (통524장)

사람은 그 지혜대로 칭찬을 받으려니와 마음이 굽은 자는 멸시를 받으리라 (잠 12:8).
도가니로 은을, 풀무로 금을, 칭찬으로 사람을 단련하느니라 (잠 27:21).

1970년대 중반에 사람을 17명이나 살해한 '김대두'라는 젊은이를 기억하시는 분들이 있을 것입니다. 그가 왜 희대의 살인마가 되었는지 그 이유를 알 필요가 있습니다. 김대두가 인격이 비뚤어진 것은 시골에 살다가 광주라는 큰 도시에 유학을 와서 살 때부터였습니다. 그는 광주에서 중학교를 다녔습니다. 그런데 고등학교 시험에서 그만 떨어지고 말았습니다. 그러면 기대를 조금 낮추어 학교를 보내면 될 터인데 반드시 일류 고등학교를 보내야 한다는 부모의 욕심이 아이를 자포자기하게 만들었습니다. 칭찬이 없었던 것입니다. 아무리 공부해도 안 되니 인생을 포기하게 되었고, 그만 그와 같은 범죄자가 되고 만 것입니다.

벤자민 훼스트는 미국의 유명한 화가입니다. 그가 어렸을 때의 일입니다. 어머니가 외출한 사이 그는 동생과 집을 보다가 물감으로 동생의 얼굴을 그렸습니다. 그 바람에 방바닥과 벽이 물감으로 더러워졌습니다. 어머니가 돌아오셔서 "어떻게 된 거니?"라고 물었습니다. 그는 동생의 초상화를 그린 것이라고 대답하였습니다. 그러자 어머니는 책망하지 않고 도리어 그림을 잘 그렸다고 칭찬하며 벤자민의 뺨에 뽀뽀를 해주었습니다. 나중에 그는 유명한 화가가 되어 고백했습니다. "그때 어머니의 사랑과 격려가 있었기에 오늘의 제가 있습니다." 칭찬은 자녀를 교육하는 방법입니다.

기도: 주님! 자녀를 칭찬하는 부모가 되게 하옵소서. 세상 사람들을 비난하지 않고 칭찬하며 살아가는 그리스도인이 되게 하옵소서. 그래서 이 땅이 살만한 나라, 평화가 깃드는 나라가 되게 하소서.

187. 교만은 패망의 선봉

*찬송: 212장 (통347장)

여호와를 경외하는 것은 악을 미워하는 것이라 나는 교만과 거만과 악한 행실과 패역한 입을 미워하느니라 (잠 8:13).
교만은 패망의 선봉이요 거만한 마음은 넘어짐의 앞잡이니라 (잠 16:8).

인도 선교사로서 유명한 윌리엄 케리 목사님이 있는데, 그는 선교사뿐만이 아니라 언어학자로서도 유명했습니다. 그는 성경 전부를 혹은 일부를 인도의 34가지 방언으로 번역하는 혁혁한 공로를 감당하신 분입니다. 그러나 그는 인생을 시작할 때 구두 수선공이었습니다. 윌리엄 케리에게 전도한 분은 교회 집사인데 구두 수선을 하고 있는 청년이 발전성이 있어 보여서 늘 권면했다고 합니다. 구두만 고치지 말고 하나님의 일도 해보라고 말입니다.

그가 선교사로서 인도에 갔을 때 모두 그를 경멸의 눈으로 지켜보았습니다. 하잘 것 없는 사람이었다는 것입니다. 어느 만찬회 석상에서 거드름 피우던 한 사람이 케리 목사를 망신시키기 위해 여러 사람에게 들리도록 큰 소리로 "케리씨, 당신은 옛날에 구두를 만드는 사람이었다고요?" 라고 말했습니다. 그러자 다른 사람들 모두가 케리 목사를 쳐다보았습니다. "아닙니다. 각하, 저는 구두 만드는 사람이 아니라 구두 수선공이었습니다." 즉 구두를 만들 수 조차 없었던 수선공이었다고 대답했다는 일화입니다. 스스로를 높이는 인간을 좋아하는 사람은 아무도 없습니다.

기도: 하나님! 제가 겸손한 자가 되기를 원합니다. 교만하여 패망하지 않게 하시고 겸손하게 남을 섬기는 자가 되게 하소서.

188. 사랑은 희생이다

*찬송: 293장 (통414장)

무례히 행하지 아니하며 자기의 유익을 구하지 아니하며 성내지 아니하며 악한 것을 생각하지 아니하며 (고전 13:5).

　빅토르 위고가 쓴 소설 가운데《9 to 9 - FREE》라는 소설이 있습니다. 프랑스 혁명 후에 숲을 지나가고 있던 병사들이 배고픔에 허덕이고 있는 세 자녀를 거느리고 있는 어머니를 목격하게 되었습니다. 너무 비참하니까 상관이 빵 덩어리 하나를 던져주었습니다. 그랬더니 그 어머니가 받은 빵 한 조각을 세 조각으로 나누어 자기 자녀에게 하나씩 주더라는 것입니다. 이 모습을 본 병사가 조그맣게 중얼거렸습니다. "저 어머니는 배가 고프지 않은 모양이지? 아이들에게만 주고 자기는 하나도 먹지 아니하네" 그 말을 들은 상관이 말했습니다. "그게 아니야. 어머니이기 때문이야." 어머니의 사랑이 이기심을 극복한 것입니다.

　어떻게 이기심을 극복할 수 있겠습니까? 나의 이기적인 욕망이 부딪혀 올 때에는 "아니다."라고 선언하고, 하나님의 뜻을 행할 때에는 '예'로서 순종할 때만이 극복할 수 있는 것입니다. "주여, 내 뜻대로 마옵시고 아버지의 뜻대로 하옵소서." 이것이 주님이 겟세마네 동산에서 드린 기도의 한 구절입니다. 만약 주님께서 자기의 유익만을 구하였다면 인류에게 십자가의 선물은 없었을 것입니다. 인류 구원의 희생도 사라졌을 것입니다. 그의 사랑, 희생이 저와 여러분들을 구원하신 것입니다.

기도: 주님! 내 자신의 유익을 구하지 아니하고 타인을 위해 희생할 수 있는 사람이 되게 하소서. 내 뜻대로 마옵시고 하나님의 뜻에 순종하게 하소서.

189. 대접하기를 즐겨하라

*찬송: 308장

그러므로 무엇이든지 남에게 대접을 받고자 하는 대로 너희도 남을 대접하라 이것이 율법이요 선지자니라 (마 7:12)

미국 미네소타 주에 있는 로체스터 시는 도시 안에 있는 병원으로도 더 유명했다는 기록이 있습니다. 하루는 병원에 있는 메이오 박사가 자동차를 타고 일을 보러 가는데 고갯길 위에서 차가 고장이 났습니다. 아무리 기다려도 다른 자동차가 오지를 않았습니다. 불볕이 내려 쪼여 마냥 기다릴 수 없었던 메이오 박사는 도움을 청하려고 먼 길을 걸어서 산 밑에 있는 부락까지 왔습니다. 어떤 집 대문을 두드리니 주인아주머니가 나왔습니다. 아주머니가 이 사람을 보니 몹시 피곤하고 지쳐있는 것 같아 빨리 들어오라고 하면서 차가운 우유 한잔을 대접했습니다. 한 잔을 더 달라고 하여 차가운 우유 두 잔을 마시고 나니까 힘이 솟구쳐서 차를 수리하는 곳을 안내받아서 자기의 볼일을 잘 마쳤다는 것입니다.

여러 해 후에 그 부인이 중대한 병에 걸려서 메이오 병원에 입원해서 대수술을 받고 살아났습니다. 퇴원을 해서 요양하고 있는 어느 날 남편이 자기 부인 방에 들어갔더니 부인이 병원에서 온 치료비 청구서를 보여주었습니다. 1,500불이 기록되어 있었습니다. 그러나 그 청구서에는 놀랍게도 아래 부분에 "1,500불의 치료비는 차가운 우유 두 잔으로서 이미 모두 지불되었음. 메이오박사." 라고 기록되어 있었습니다.

신앙생활은 사랑을 심는 것입니다. 사랑을 심을 때 사랑을 거둡니다. 그러나 원망을 심으면 원망만 돌아옵니다.

기도: 하나님! 저희들이 사랑을 심는 자들이 되게 하시고, 원망을 심는 자들이 되지 않게 하소서. 노하기를 더디 하며 마음을 잘 다스리는 자가 되게 하소서.

190. 진리를 기뻐하라

*찬송: 368장 (통486장)

말씀이 육신이 되어 우리 가운데 거하시매 우리가 그의 영광을 보니 아버지의 독생자의 영광이요 은혜와 진리가 충만하더라 (요 1:14).
불의를 기뻐하지 아니하며 진리와 함께 기뻐하고 (고전 13:6).

　참된 사랑은 진리를 수호합니다. 우리 주변에 종종 잘못된 교리를 가지고 그것이 옳은 것인양 주장하면서 믿는 가정을 방문하여 괴롭히는 자들이 있습니다. 유다서 1장 6절에서는, 그런 사람은 집에 들이지도 말고, 이야기하지도 말고, 인사하지도 말라고 가르쳐줍니다. 그래서 집에 들이지도 아니하고 대화도 안 하고 상종하지도 아니합니다. 그러면 예수 믿는 사람이 왜 그렇게 사랑이 없냐고 할 것입니다. 그런데 중요한 것은 사랑은 진리와 함께 기뻐한다는 것입니다. 잘못된 주장이나 교리까지 용납하고 옹호하는 태도는 사랑이 아닙니다. 사랑은 진리와 함께 기뻐하는 것입니다.

　마르틴 루터가 1517년 10월 31일 종교개혁을 일으켰습니다. 그런데 교회사를 연구해보면, 마르틴 루터가 종교개혁을 일으키기 전에 종교개혁자가 많이 있었습니다. '존 후스'라고 하는 분도 그때의 사람입니다. 그분은 가톨릭의 성경해석이 잘못된 것을 지적했다가 종교재판에 회부되어 사형선고를 받았습니다. 그때의 종교재판은 무서운 재판이었습니다. 사형선고를 할 수 있는 재판입니다. 사형집행은 화형으로 하는데 사람을 묶어서 장작불을 지피고 그 위에 태워죽이는 형벌입니다. 사형을 집행하던 사람이 존 후스에게 말했습니다. "마지막으로 당신의 성경해석이 틀렸다는 것을 인정하면 이 자리에서 석방하여 주겠다." 이에 존 후스는 "나는 내가 지금까지 입술로만 증언한 바를 이제 피로서 보증하기를 원하노라."고 하면서 불에 타 죽임을 당했습니다.

기도: 진리이신 예수님! 참 진리이신 예수님만 신뢰하며 증거하는 삶을 살게 하옵소서. 참된 진리를 사랑하고 끝까지 지키는 성도가 되게 하소서.

191. 합력하여 선을 이룸

*찬송: 471장 (통528장)

하나님을 사랑하는 자 곧 그 뜻대로 부르심을 입은 자들에게는 모든 것이 합력하여 선을 이루느니라 (롬 8:28)

　김찬종 목사는 20대 후반에 폐결핵으로 각혈까지 했습니다. 경남 마산에 있는 병원에 여덟 달 동안 입원하여 치료하였습니다. 그는 그때 고독이 무엇인지 알았습니다. 여름이 지나고 가을, 겨울이 될 무렵 낙엽은 지고 쌀쌀한 날씨가 될 때 결핵환자는 위험합니다. 낮밤의 기온 차이가 심해지면 각혈을 하다가 죽을 수도 있기 때문입니다. 낙엽은 지는데 결핵은 낫지 않습니다. 아내도 보고 싶고 아들도 보고 싶은데 자신은 병원에 있습니다. 그때 고독을 체험했습니다. "하나님! 살려주옵소서."라고 기도했습니다. 하나님은 그의 기도를 들어주셔서 건강을 회복시켜 주셨습니다. 그 후 신학을 공부하고 목사가 되었습니다. 그에게 이런 곤고가 없었다면 신학공부는 하지 않았을 것입니다. 복음을 선포하는 자가 되지 않았을 것입니다. 곤고는 그를 목사로 만들었습니다. 큰 복을 받는 기회가 주어졌습니다.
　병들었기에 하나님을 믿는 사람이 많습니다. 어려움을 당했기에 "천부여 의지 없어서 손들고 옵니다."라는 찬송을 부르며 주님께 나온 사람들이 많습니다. 지금 어려움을 당하고 계십니까? 하나님은 더 좋은 길을 마련해 놓으셨습니다. 여호와 이레로 준비하고 계십니다. 더 유익한 길을 주실 것입니다. 그러므로 절대로 낙심하지 마십시오. 더 감사하시고, 더 기도하십시오. 주님께서 평강의 길로 인도해 주실 것입니다.

기도: 하나님 아버지! 제가 연약하고 부족하고 고통 중에 있지만 감사드립니다. 늘 하나님께서 합력하여 선을 이루실 줄 믿고 감사하게 하옵소서.

192. 하나님의 권능

*찬송: 472장 (통530장)

그가 이르되 그대의 말이 어리석은 여자 중 하나의 말 같도다. 우리가 하나님께 복을 받았은즉 재앙도 받지 아니하겠느냐 하고 이 모든 일에 욥이 입술로 범죄하지 아니하니라 (욥 2:10)

  히스기야는 죽을 병이 들었을 때 하나님께 통회하고 자복하며 부르짖어 기도했습니다. 하나님은 그의 기도를 들으셔서 그의 생명을 15년 연장해 주셨습니다. 얼마나 귀한 복입니까? 그런데 여러분 한번 생각해보십시오. 생명을 15년 연장을 받았으니 10년쯤 살았으면 '앞으로 5년은 남았구나'라고 생각할 것입니다. 그러나 1년쯤이나 6개월쯤이나 1개월쯤 남았으면 일을 할 수 있겠습니까? 일이 손에 잡히지 않을 것입니다. '1개월 후에 나는 죽을 것인데......'하고 말입니다. 그러나 인간의 곤고한 날은 하나님만 아십니다. 때문에 그것을 알려고 하면 안 됩니다. 욥기 5장 9-11절에 "하나님은 헤아릴 수 없이 큰 일을 행하시며 기이한 일을 셀 수 없이 행하시나니 비를 땅에 내리시고 물을 밭에 보내시며 낮은 자를 높이 드시고 애곡하는 자를 일으키사 구원에 이르게 하시느니라."고 하였습니다. 하나님의 하시는 일을 인간은 알 수 없습니다. 측량할 수 없고 셀 수 없습니다.

  어거스틴이 큰 은혜를 받고 하나님의 말씀을 공부하는 중에 하나님의 권능과 지혜와 전지를 알려고 했지만 아무리 공부해도 알 수 없었다고 합니다. 한 번은 그가 꿈을 꾸었는데 자기가 바닷가에 앉아서 바닷물을 조개껍질로 옮길 것이라고 하면서 바닷물을 뜨고 있더랍니다. 잠에서 깬 후 그는 "주여! 저는 죄인이로소이다"라고 회개했다고 합니다.

기도: 하나님! 저희는 현재의 상황에 얽매여 하나님의 권능을 잊고 살 때가 많습니다. 하나님을 신뢰하는 삶을 살도록 인도하옵소서.

193. 언제나 동일하신 예수님
*찬송: 80장 (통101장)

예수 그리스도는 어제나 오늘이나 영원토록 동일하시니라 (히 13:8).

　　세상은 자꾸 변화합니다. 물질도, 자연도, 사상도 변합니다. 인간이 만든 것은 변하지 않는 것이 하나도 없습니다. 공산주의를 신봉하는 자들은 그 사상이 국민들을 잘 먹이고 잘 입히고 잘 살게 만들 줄 알았지만 공산주의 종주국인 소련은 공산주의를 시작한 지 74년 만에 공산주의를 포기하고(1991년) 말았습니다. 고르바초프 때입니다. 그때까지 U.S.S.R(소비에트연방공화국)이었지만 연방국가가 다 독립을 했습니다. 그렇다면 공산주의를 왜 포기했습니까? 공산주의로는 도저히 국민들을 잘 살게 할 수가 없었기 때문입니다. 지금 북한은 공산주의 체제처럼 보이지만 더 자세히 살펴보면 김일성 독재정권의 정권 유지를 위한 수단에 불과합니다.

　　핵무기 개발도 그 차원에서 보아야 합니다. 북한은 철저한 통제 속에 있습니다. 그러나 얼마 가지 못할 것입니다. 하나님을 대적하는 국가나 개인이나 정권은 하나님께서 그냥 두지 않습니다. 2차 세계대전 때 독일과 일본이 패한 것은 하나님이 역사하신 것입니다. "많은 군대로 구원 얻은 왕은 없다"(시 33:16)고 성경은 말합니다.

　　권력도 변합니다. 유한합니다. 시대도 변합니다. 풍물도 변합니다. 사람들도 변합니다. 사람들의 마음도 변합니다. 사람들의 관습도 변합니다. 오직 예수 그리스도만 영원하십니다.

기도: 영원토록 동일하신 주님! 완전한 것이 없는 세상을 바라보지 않게 하시고 영원하신 하나님을 바라보는 삶을 살게 하소서.

194. 낙타무릎처럼

*찬송: 364장 (통482장)

나라면 하나님을 찾겠고 내 일을 하나님께 의탁하리라 하나님은 헤아릴 수 없이 큰 일을 행하시며 기이한 일을 셀 수 없이 행하시나니 비를 땅에 내리시고 물을 밭에 보내시며 (욥 5:8-10).

　욥은 극난한 고통 중에서도 기도했습니다. 낙타무릎이 되었습니다. 하나님은 그의 기도를 들으셨습니다. 그의 인생에 회복의 은혜를 주셨습니다.
　이상근 박사님은 대구 제일교회에서 30년간 시무하셨는데 그가 저술한 《신약주해》라는 책은 한국교회 목사님들은 모두 가지고 있을 정도로 유명한 책입니다. 그런데 이 목사님의 사모님은 남편을 위하여 평생 동안 다른 분들의 아내와는 다른 일을 해야 했는데, 그것은 목사님의 한쪽 양말 뒤꿈치 속에 솜을 넣어 깁는 것이었습니다. 왜냐하면 솜을 넣지 않으면 발뒤꿈치가 아파서 걷기가 불편하기 때문이었습니다. 목사님께 이런 불편함이 생긴 것은 십대 중반이었습니다. 당시 다리를 크게 다쳤는데 다친 후 3년간 바깥출입을 하지 못하였고, 그 3년간 목사님은 성경을 수백 번 읽게 되었으며 낙타무릎이 되었다고 합니다. 그 후 평생 고통을 안고 사셨고 사모님은 양말에 솜 넣는 일을 계속 감당한 것입니다. 그런데 목사님께서 70세에 은퇴하신 후 외과 의사인 어느 장로님께서 목사님의 발을 정밀 진단해 본 결과 1.5센티 크기의 가느다란 철사가 발뒤꿈치에 박혀있는 것을 발견하여 수술로 깨끗이 치료하였다고 합니다. 그것을 모르고 평생 동안 양말에 솜을 넣고 사셨다는 것입니다. 그러나 목사님은 후회하지 않으셨습니다. 그것 때문에 10대 중반에 벌써 낙타무릎이 되었고 성경을 수백 번 정독하여 성경주해를 쓸 수 있는 기본자세와 실력이 주어졌다는 것입니다. 알지 못하는 병 때문에 고생은 했으나 도리어 하나님께 감사하였습니다.

기도: 하나님! 지금 제게 주어진 고통은 하나님의 더 큰 뜻이 있음이요, 더 기도하게 하신 것으로 믿고 감사하게 하옵소서.

195. 천하보다 귀한 생명

*찬송: 436장 (통493장)

사람이 만일 온 천하를 얻고도 자기를 잃든지 빼앗기든지 하면 무엇이 유익하리요 (눅 9:25).

　사람의 목숨이 온 천하보다 귀하다는 말입니다. 온 천하를 얻는다 해도 목숨을 잃으면 아무 유익이 없습니다. 목숨을 잃는다는 것은 돈을 잃는 것이 아닙니다. 물질을 잃는 것이 아닙니다. 생명을 잃는 것입니다. 아무리 큰 재산과 명예와 권력을 얻는다 해도 생명을 잃으면 아무 유익이 없습니다.
　현재 세계에서 제일 큰 부자는 컴퓨터 황제라고 일컬어지는 미국의 빌 게이츠입니다. 귀한 것은 빌 게이츠가 자신의 재산 중 270억 달러를 가지고 자선사업 재단을 만들어 많은 사람에게 베푸는 일을 하고 있는 것입니다. 거기에 감동을 받은 세계 2위의 부자인 워렌 버핏도 자신의 전 재산의 85%인 370억 달러를 빌 게이츠 재단에 기부하였습니다. 게다가 더 귀한 일은 워렌 버핏의 세 자녀가 뉴욕 타임즈와의 인터뷰에서 아버지께서 하신 일을 자랑스러워하며 아버지의 일을 전폭적으로 지지한 것입니다.
　그러나 재물을 가진 모든 사람들이 이렇게 물질을 바르게 사용하지는 않습니다. 어느 사회이든 사회의 큰 문제는 물질을 많이 가진 자들이 그 물질을 올바르게 사용하지 않는 데 있습니다. 그래서 범죄가 생기고 사회가 혼란해집니다. 나아가서 아무리 많은 재산을 가지고 있다 해도 목숨을 잃으면 아무 유익이 없습니다.

기도: 사랑의 하나님! 온 천하보다 귀한 생명주심을 감사합니다. 물질과 재물에 얽매이지 않고 물질을 나누며 살아가는 자가 되게 하옵소서.

196. 환영하시는 주님

*찬송: 96장 (통94장)

수고하고 무거운 짐 진 자들아 다 내게로 오라 내가 너희를 쉬게 하리라 (마 11:28).

　도적은 도적질하고 살인하고 강도짓 하기 위해 옵니다. 그러나 예수님이 오신 것은 우리에게 생명을 주시기 위함입니다. 풍성하게 주시기 위해 오셨습니다. "내게 오는 자는 내가 결코 내쫓지 아니하리라"(요 6:37)고 하셨습니다. 누가 오든지 주님은 환영해주십니다. 일곱 귀신을 섬기던 여인도 주님의 음성을 들었을 때 순종하여 정상적인 사람이 되었습니다. 참 생명을 얻었다는 말입니다. 세리로 인생을 살던 삭개오도 주님은 환영해주셨습니다. 12년 동안이나 피 흘리는 병으로 고생하던 여인도, 엄마 품에 안겨오는 아이들도 주님은 환영하셨습니다. 고기잡이 어부도, 지성인의 대표되는 사울 청년도 환영하셨습니다.

　세계에서 제일 크고 권위 있는 상은 노벨상입니다. 알프레드 노벨은 평생 독신으로 살면서 전 세계적으로 350개 이상의 특허권을 가지고 있었고 폭탄 제조공장과 탄약 제조공장을 비롯한 90여 개가 넘는 사업체를 거느리고 있었습니다. 1888년에 그의 친형 루드비그 노벨이 프랑스 칸에서 죽었을 때 신문기자가 실수로 알프레드 노벨의 사망으로 기사를 쓰면서 '죽음의 상인 사망하다'라고 부음기사를 내보냈습니다. 노벨은 자기가 죽은 기사를 미리 신문을 통해 보면서 '나는 겨우 죽음의 상인으로 기억되는구나.'라고 충격에 휩싸였습니다. 그래서 노벨상을 제정하게 되었습니다.

기도: 우리를 언제나 환영해주시는 주님! 우리의 욕망과 죄를 사해주시고 세상 사람들에게 사랑을 전하는 메신저가 되게 하옵소서.

197. 천국의 소망

*찬송: 337장 (통363장)

너희는 마음에 근심하지 말라 하나님을 믿으니 또 나를 믿으라 내 아버지 집에 거할 곳이 많도다 (요 14:1).

> 저 하늘에는 눈물이 없네 거기는 기쁨만 있네
> 저 하늘에는 눈물이 없네 거기는 찬송만 있네
> 세상의 근심은 사라져버리고 영광만 가득 차겠네
> 우리의 주님과 함께 있을 때는 영원한 기쁨 있겠네

이 찬송은 백인들에게 억압 받으며 노예로서 슬픈 인생을 살아가던 흑인들이 부르던 찬송입니다. 키가 훤칠하게 크고 잘생긴 백인들의 기준으로 볼 때 흑인은 인간으로 보이지 않았습니다. 백인들은 흑인들을 핍박했고 인간 취급을 하지 않았습니다. 그래서 흑인들은 이 땅에서 누리지 못하는 평화를 천국에서 누릴 것을 기대하면서 이 찬송을 부른 것입니다.

천국에는 죽음이 없습니다. 고통과 괴로움도 없습니다. 광풍과 밤이 없습니다. 이별과 슬픔이 없습니다. 시험과 근심이 없습니다. 장마나 폭우가 쏟아지는 일도, 수능시험도 없습니다. 그곳이 천국이며, 여러분이 가실 나라입니다. 우리는 언제일지 모르지만 천국에 가게 될 것입니다.

태어나면서부터 시각장애가 있었던 아이가 있었습니다. 후에 현대의학의 도움으로 수술을 받았습니다. 눈을 뜨자마자 그 소녀는 엄마에게 "엄마, 세상이 이렇게 아름답다고 왜 말해주지 않았어요?"라고 물었습니다. 그러자 엄마는 "얘야! 내가 아무리 설명을 해주어도 네가 알 수 없었을 거야!"라고 대답하였답니다. 천국도 이와 같습니다.

기도: 자비로운 주님! 저희가 이 땅에 살면서 근심이 있을 때 천국을 바라보는 믿음으로 근심을 이기고 승리하게 하옵소서.

198. 복 받는 비결

*찬송: 429장 (통489장)

야베스가 이스라엘 하나님께 아뢰어 이르되 주께서 내게 복을 주시려거든 나의 지역을 넓히시고 주의 손으로 나를 도우사 나로 환난을 벗어나 내게 근심이 없게 하옵소서 하였더니 하나님이 그가 구하는 것을 허락하셨더라 (대상 4:10).

　복은 하나님께서 주셔야 받습니다. 복은 두 가지로 하늘의 신령한 복 즉 영적인 복과 땅의 기름진 복 즉 물질의 복이 있습니다. 우리에게 이 두 가지 복이 다 중요합니다. 그러나 우리의 욕심과 의지대로 복을 받을 수 있는 것이 아닙니다. 복 받을 행동을 해야 이에 합당한 열매를 얻을 수 있습니다.

　미국 어느 곳의 통나무 집 앞에는 다음과 같은 글이 적혀 있습니다. "이 집은 작습니다. 그러나 이 집은 위대한 집입니다. 이 집의 후손이 미국을 빛나게 하였습니다." 이 집의 주인은 조나단, 사라 부부로 그들은 12명의 아이를 낳았고 11명이 건강하게 성장하였습니다. 아름다운 믿음의 가정을 이루었습니다. 역사가들이 5대에 걸쳐 그 가계를 조사했더니 '부통령 1명, 주지사 3명, 대도시 시장 3명, 대학 총장 13명, 변호사 139명, 판사 33명, 목사와 선교사 116명, 사업가 75명, 발명가 25명, 의사 68명, 교수 66명, 고위 관리 82명'을 배출해 내었다고 합니다.

　'직선지가 필유여경(積善之家 必有餘慶)'이라고 했습니다. 착한 일을 많이 하는 가정에는 반드시 경사스러운 일이 많다고 했습니다. 착한 일은 하나님을 바로 믿는 것입니다. 그리고 이웃을 섬기는 일에 최선을 다해 사는 것입니다. 이것이 복 받는 비결입니다.

기도: 주님! 우리에게 구원의 복 주심을 감사합니다. 늘 하늘의 신령한 복과 땅의 기름진 복을 받는 사람이 되도록 하옵소서.

199. 형통

*찬송: 384장 (통434장)

내가 그들에게 대답하여 이르되 하늘의 하나님이 우리를 형통하게 하시리니 그의 종들인 우리가 일어나 건축하려니와 오직 너희에게는 예루살렘에서 아무 기업도 없고 권리도 없고 기억되는 바도 없다 하였느니라 (느 2:20).

하나님께 돌아오는 것이 형통입니다. 교회를 떠났다가 교회로 돌아오는 것이 형통입니다. 왜냐하면 형통을 주시는 분은 하나님이시기 때문입니다. 믿는 사람이라고 고통이 없는 것이 아닙니다. 실패도 있습니다. 넘어지기도 합니다. 시험을 당합니다. 병들 때도 있습니다. 낙심이 될 때도 있습니다. 그러나 완전히 절망하지는 않습니다. 그때 십자가를 붙잡습니다. 예수님을 바라봅니다. 그 고통을 넘어 하나님의 구체적인 보호와 더 큰 은혜를 바라보는 것입니다. 그리하여 나중에는 모든 것이 합력하여 선을 이루게 됩니다. 이것이 형통입니다.

유명한 지휘자 토스카니니는 본래 관현악 지휘자가 아니라 바이올린 연주자였습니다. 그는 바이올린을 연주할 때 악보를 완전히 외워서 연주했습니다. 이유는 그가 선천적으로 시력이 나빠서 악보를 보면서 연주하기가 힘들었기 때문입니다. 그래서 그는 자기가 연주할 악보뿐 아니라 전체 악보를 외웠습니다. 그래야 실수하지 않기 때문입니다. 어느 날 비가 많이 와서 연습시간에 지휘자가 나오지 못했습니다. 지휘자 없이는 연습이 불가능했기에 단원 중 한 사람이 토스카니니가 악보를 모두 외우고 있으니 대신해서 지휘를 맡겨 연습하자고 제안했습니다. 그런데 그가 얼마나 지휘를 잘했던지 그 후 그 악단의 지휘자가 되었습니다. 눈이 어두워서 고생했고 악보를 외우는 데 힘들었지만 그 어려움이 도리어 세계적으로 유명한 지휘자 토스카니니가 되게 했던 것입니다.

기도: 은혜로우신 하나님! 성령님께서 우리 인생길을 인도하시고, 형통의 길로 갈 수 있도록 지켜주옵소서.

200. 선행

*찬송: 321장 (통351장)

죄가 있어 매를 맞고 참으면 무슨 칭찬이 있으리요 그러나 선을 행함으로 고난을 받고 참으면 이는 하나님 앞에 아름다우니라 (벧전 2:20).

> 아침에는 예수로 잠을 깨게 하시고
> 저녁에는 예수로 잠을 자게 하소서
> 예수여 내 주여 내 중심에 오셔서
> 예수 한 분만으로 만족하게 하소서

탈무드 이야기에 어느 날 임금님이 한 신하에게 입궐 지시를 내렸습니다. 갑자기 당한 일에 겁이 났던 신하는 세 친구에게 같이 동행하기를 부탁했습니다. 첫 번째 친구는 일언지하에 거절했고 두 번째 친구는 대궐 문 밖까지 동행했습니다. 세 번째 친구는 두말없이 따라나서 동행을 자처했습니다.

세 친구는 누구입니까? 첫 번째 친구는 돈입니다. 두 번째 친구는 가족입니다. 세 번째 친구는 선행입니다. 즉, 죽음 이후 하나님 앞에 설 때에 첫 번째 친구인 돈은 같이 갈 수 없습니다. 두 번째 친구인 가족, 즉 배우자나 자녀들은 무덤까지는 갈 수 있으나 그 이상은 아닙니다. 그런데 세 번째 친구인 선행, 즉 이웃 사랑과 봉사는 하나님 앞에 설 때 함께 있게 되는 것입니다. 하나님은 행위로 판단하시기 때문입니다. 이것을 분명히 알고 우리는 자녀를 양육할 때 이웃을 아는 자녀, 봉사할 수 있는 자녀, 자립정신이 있는 자녀가 되도록 가르쳐야 합니다. 또한 믿음, 진실, 정직, 겸손을 가르쳐야 합니다. 그러기 위해서는 부모가 먼저 진실해야 하고 정직해야 하며 겸손해야 합니다.

기도: 선하신 주님! 저희 마음이 진실하게 하시고, 우리의 생활이 정직한 삶이 되게 하소서. 겸손한 주님의 제자가 되게 하소서.

201. 2세 교육에 대한 신념

*찬송: 574장 (통303장)

오직 너 하나님의 사람아 이것들을 피하고 의와 경건과 믿음과 사랑과 인내와 온유를 따르며 믿음의 선한 싸움을 싸우라 영생을 취하라 이를 위하여 네가 부르심을 받았고 많은 증인 앞에서 선한 증언을 하였도다 (딤전 6:11-12).

유대인들은 자녀교육에 큰 관심을 보입니다. 가장 중요시하는 것이 교육입니다. 주후 70년 로마군들이 예루살렘을 침입하여 내일이면 성이 함락될 위기에 처했을 때 당시 예루살렘의 지도적 위치에 있던 랍비(Rabbi) 아키바는 야음을 틈타 로마사령관을 만나러 갔습니다. 그 이유는 내일 성을 함락하더라도 성 안의 회당(Synagogue)은 절대 부수지 말아달라는 부탁을 하기 위해서였다는 이야기가 전해오고 있습니다.

유대에 전해오는 이야기 가운데 다음과 같은 일화가 있습니다. 산에서 나무를 해 생계를 유지하던 히레루라는 가난한 소년이 있었는데 그는 학비가 없어서 정식으로 학교에 입학해 공부할 수가 없었습니다. 그러나 공부에 대한 열망은 대단했습니다. 그래서 학교 지붕에 올라가 지붕을 조금 뜯어내고 틈새로 그 안을 들여다보며 공부를 했습니다. 그런데 어느 날 공부를 하다가 피곤해서 잠이 들었고 밤사이에 눈이 와서 이 소년을 덮어버렸습니다. 마을 사람들이 지붕에서 잠을 자는 소년을 발견했습니다. 그의 사정을 알게 된 마을 사람들의 도움으로 히레루는 열심히 공부하여 훌륭한 학자가 되었습니다. 히레루의 일이 충격이 되어 유대에는 무상 의무교육이 실시되었습니다. 이 이야기는 유대의 부모가 그 자녀에게 반드시 해주는 이야기입니다.

기도: 우리의 갈 길을 인도하시는 주님! 이 민족의 장래를 책임질 후손들에게 복을 주시옵소서. 꿈과 희망을 안고 나아가는 청소년들을 주님께서 어루만져주시고 친히 인도하옵소서.

202. 감사를 실천하는 사람

*찬송: 400장 (통463장)

내가 하늘에 올라갈지라도 거기 계시며 스올에 내 자리를 펼지라도 거기 계시니이다 내가 새벽 날개를 치며 바다 끝에 가서 거주할지라도 거기서도 주의 손이 나를 인도하시며 주의 오른손이 나를 붙드시리이다 (시 139:8-10).

백발노인 한 분이 매일같이 보스턴 해안가에서 싱싱한 새우를 갈매기들에게 던져주었습니다. 사람들은 그것을 보면서 "비싼 새우를 갈매기들에게 던져주다니 낭비가 아닌가?"라고 말했습니다. 그 노인은 제2차 세계대전에 참전했던 해군장성이었는데 그가 탔던 군함이 독일군의 어뢰를 맞고 침몰하게 되자 많은 군인들이 물속으로 빨려 들어가고 단 몇 사람만이 구사일생으로 구명정에 올라타게 되었습니다. 이 장군도 구명정에 올라타기는 했지만 심한 풍랑과 뜨거운 태양빛에 시달려서 거의 정신을 잃고 있었습니다. 게다가 먹을 물과 비상식량도 떨어지자 모두가 기진맥진하게 되었습니다. 부하들은 하나둘씩 죽어갔습니다.

마지막까지 버티던 장군도 마침내 정신이 희미해지면서 죽음의 그림자를 맞게 되는 순간, 바로 옆에 하얀 물체 하나가 검은 안경을 통해 들어왔습니다. 정신을 차리고 보니 갈매기였습니다. 그런데 그 갈매기는 도망갈 생각을 하지 않고 계속 장군 곁으로 다가오는 것이었습니다. 그는 떨리는 손으로 하나님께 기도를 드렸습니다. "하나님, 저 갈매기를 붙들게 해주십시오. 그러면 제가 저 갈매기를 먹고 며칠을 버틸 수 있을 것 같습니다. 그러다가 이 목숨이 죽지 않고 살게 되면 평생 하나님의 은혜를 잊지 않겠습니다." 기도가 끝나자마자 갈매기가 장군의 손아귀에 들어왔습니다. 장군은 그 갈매기를 먹고 며칠을 더 버티다가 어느 섬에 도착하게 되었고 구조선을 만나게 되었습니다. 세월이 흐른 뒤 그 장군은 전역하였고 백발의 노인이 된 지금 그때의 고마움을 잊지 않았던 것입니다.

기도: 내가 힘들고 지쳐 쓰러졌을 때 일으켜 세워주시고 힘 주셨던 하나님 감사합니다. 캄캄함 속에 빛으로 오신 주님, 내게 생명을 주신 주님께 영원토록 감사하며 살게 하소서.

203. 어디서나 가르쳐야 합니다

*찬송: 460장 (통515장)

너희는 주께 받은 바 기름 부음이 너희 안에 거하나니 아무도 너희를 가르칠 필요가 없고 오직 그의 기름 부음이 모든 것을 너희에게 가르치며 또 참되고 거짓이 없으니 너희를 가르치신 그대로 주 안에 거하라 (요일 2:27).

유대인은 세계적으로 우수한 민족으로 인정받고 있습니다. 미국에는 유대인이 약 650만 명이 거주하고 있습니다. 미국 전체 인구의 3.2퍼센트에 지나지 않습니다. 그러나 그 적은 인구가 미국의 정치, 경제, 언론, 교육 등 각 분야에 엄청난 영향력을 행사하고 있습니다. 미국 노벨상 수상자의 24퍼센트가 유대인입니다. 미국 유명 대학 교수의 30퍼센트가, 미국을 움직이는 30명의 인물 중 5명이 유대인입니다. 1896년부터 시작된 노벨상 수상자 중 32%가 유대인입니다.

유대 민족이 이렇게 세계적으로 우수한 민족이 된 근거는 어디에 있습니까? 한마디로 그들의 교육에 있습니다.

기원후 70년 예루살렘 성이 로마군의 침략으로 포위를 당했습니다. 당시 예루살렘 성내에서는 랍비 아키바가 지도자로 있었습니다. 그는 얼마 못 가서 예루살렘 성이 멸망할 것을 알았습니다. 그러나 성은 멸망하더라도 절대 파괴해서는 안 될 것이 있다고 생각했습니다. 그것은 성 안에 있는 유일한 학교(회당) 건물이었습니다. 그래서 그는 침략군 대장을 만나 그 학교를 파괴하지 말 것을 부탁했습니다. 이와 같은 교육정신으로 2,000년 동안 나라 없이 지내다가 1948년에 이스라엘을 세웠고, 1967년 아랍과의 6일 전쟁에서 300만 인구가 1억 5천만의 인구를 이겼던 것입니다.

기도: 역사의 주인이신 하나님! 하나님의 자녀요 사랑스런 우리 자녀들에게 살아 계신 하나님의 말씀을 가르치고 주님이 하신 역사와 진리를 참되게 전하는 믿음의 선조들이 되게 하소서.

204. 요셉과 함께 하신 하나님

*찬송: 337장 (통363장)

요셉은 무성한 가지 곧 샘 곁의 무성한 가지라 그 가지가 담을 넘었도다.
요셉의 활은 도리어 굳세며 그의 팔은 힘이 있으니 이는 야곱의 전능자 이스라엘의 반석인 목자의 손을 힘입음이라 (창 49:2, 24)

    요셉은 엄청난 시련을 당했지만 이겨냈습니다.
    먼저, 형들의 시기가 극심하여 그는 마음에 큰 상처를 입었습니다. 형들의 미움을 받아 노예로 팔려가게 되었습니다. 천신만고 끝에 보디발 장군 집의 가정총무라는 직무를 맡았으나 여주인의 유혹을 받았습니다. 그것을 물리쳤더니 아무런 잘못도 저지르지 않았는데도 주인이 감옥에 보냈습니다. 그리고 하나님이 주신 지혜로 감옥에서 동료 죄수들의 꿈을 해석해 주었으나 배은망덕한 그들은 그를 잊었습니다.
    그러나 그는 이겨냈습니다. 성경의 말씀같이 요셉의 활이 도리어 건강했습니다. 그의 믿음은 더 힘이 있었고 더 강해졌습니다. 약해지지 않았습니다. 그는 역경을 당해도 약해지는 인물이 아니었습니다. 하나님의 섭리를 바라보았습니다. 그는 이스라엘의 목자인 하나님이 함께 계심을 확실히 믿었습니다.
    그가 받은 복은 "네 아버지의 하나님께로 말미암나니 그가 너를 도우실 것이요 전능자로 말미암나니 그가 네게 복을 주실 것이라 위로 하늘의 복과 아래로 깊은 샘의 복과 젖먹이는 복과 태의 복이리로다."(창 49:25)입니다.

기도: 진실하신 하나님! 시험과 환난에서 건져주시고 힘을 주신다고 약속하신 주님을 의지합니다. 요셉처럼 진실하게 하시고 요셉과 같은 믿음을 주셔서 샘 곁의 무성한 가지처럼 하나님의 은혜를 풍성하게 받게 하옵소서.

205. 하나님을 기쁘시게

*찬송: 191장 (통427장)

여호와께서 우리를 기뻐하시면 우리를 그 땅으로 인도하여 들이시고 그 땅을 우리에게 주시리라 이는 과연 젖과 꿀이 흐르는 땅이니라 (미 14:8).

효자는 부모님을 기쁘게 합니다.
직장에서 인정받는 사람은 사장을 기쁘게 하는 사람입니다. 맡은 일에 충성하는 사람입니다.
좋은 친구는 기쁨을 주는 친구입니다.
믿음을 가진 우리는 누구에게든지 기쁨을 주는 사람이 되어야 합니다. 평안을 주는 사람이 되어야 합니다.
예수님은 제자들을 파송할 때 어느 집에 가든지 그 집이 평안하기를 빌라고 했습니다. 부활하신 주님께서 숨어 있는 제자들에게 나타나셔서 처음 주신 말씀도 "너희에게 평강이 있을지어다"라고 하신 축복의 말씀이었습니다.
이스라엘이 출애굽하여 행진할 때도 어느 곳에 가든지 평화를 선포했습니다. 그러나 이들의 평화를 다른 민족이 받아주지 않을 때 전쟁이 일어났습니다. 그때 일어난 전쟁은 하나님이 책임져주셨습니다.
제사장이 백성을 축복할 때도 "하나님이 지켜주시기를 원하며, 하나님이 은혜 베푸시기를 원하며, 하나님이 평강 주시기를 원하노라"고 했습니다.
기독교는 평강의 종교입니다. 기독교는 기쁨과 즐거움을 주는 종교입니다. 그러므로 우리는 어떤 형편에서든지 기쁨을 전하는 성도가 되어야 합니다. 그럴 때 우리는 하나님을 기쁘시게 하는 자녀가 됩니다.

기도: 하나님을 기쁘시게 하는 자녀 되기를 소원합니다. 평강을 나누어주는 성도가 되길 소망합니다. 사랑을 전하는 메신저가 되길 소원합니다. 주님! 하나님과 세상에 기쁨을 주는 성도가 되게 하소서.

206. 영의 자녀를 낳는 방법

*찬송: 518장 (통252장)

지혜 있는 자는 궁창의 빛과 같이 빛날 것이요 많은 사람을 옳은 데로 돌아오게 한 자는 별과 같이 영원토록 빛나리라 (단 12:3).

　　전도는 영의 자녀를 낳는 것입니다. 우리는 반드시 영의 자녀를 낳아야 합니다. 교회에서는 이 일을 잘하기 위하여 전도폭발훈련을 받습니다. 그런데 중요한 것은 아무리 이론이 분명해도 열매가 없으면 안 됩니다. 반드시 영의 열매를 맺어야 합니다.

　　킴볼은 평생에 무디 한 사람을 전도했습니다. 그러나 그 무디는 백만 명 이상을 예수 믿게 한 전도자가 되었습니다. 또한 우리나라의 김익수 전도사는 김익두라는 깡패를 전도했는데, 김익두는 변화가 되어 신학공부를 하여 한국 초대교회의 대부흥사가 되었습니다. 그리고 백유계는 최봉석 청년을 전도해서 예수 믿게 하였는데, 최봉석은 후에 목사가 되어 가는 곳곳마다 큰 능력을 행하여 '최권능 목사'라고 불렸습니다.

　　사랑하는 성도 여러분! 예수 믿은 지 몇 년 되셨습니까? 몇 명이나 영의 자녀를 낳았는지 생각해보십시오. 우리나라에는 120년 전만해도 예수 믿는 사람이 하나도 없었는데, 지금은 천만 명이 넘습니다. 이는 하나님이 기뻐하시는 전도를 통하여 이루어진 것입니다.

기도: 주님! 전도는 영의 자녀를 낳는 비결이기에 오늘도 복음 들고 세상으로 나아가겠습니다. 이 복음 전하는 사역을 방해하는 사탄의 세력을 멸하여 주옵소서. 세상을 변화시키는 주의 복음이 땅 끝까지 전해지게 하옵소서.

207. 하고 싶어서 하는 일

*찬송: 595장 (통372장)

마침 알렉산더와 루포의 아버지인 구레네 사람 시몬이 시골로부터 와서 지나가는데 그들이 그를 억지로 같이 가게 하여 예수의 십자가를 지우고 예수를 끌고 골고다라 하는 곳(번역하면 해골의 곳)에 이르러 (막 15:21-22).

인간은 일을 해야 합니다. 하나님은 인간이 땀을 흘려야 살 수 있게 하셨습니다. 그런데 사람마다 일을 하는 태도가 다릅니다.

첫째, 감격으로 일을 하는 사람이 있습니다. 이는 소명감이 있는 사람입니다.

둘째, 의무감으로 일을 하는 사람이 있습니다. 하고 싶지 않지만 해야만 하기 때문에 하는 사람입니다.

셋째, 억지로 하는 사람이 있습니다. 시키니까 할 수 없이 하는 사람입니다.

이 중에 감격으로 하는 사람에게 당연히 열매가 많을 것입니다.

사법고시에 합격한 장승수 씨의 기사는 젊은이들에게 교훈을 줍니다. 그는 1990년도에 고등학교를 졸업하고 집이 가난하여 중장비 조수, 식당배달원, 택시기사, 가스배달원, 공사판 막노동 일을 하면서 공부하여 서울대 법대에 합격했고, 드디어 45회 사법고시에 합격했습니다. 그는《공부가 가장 쉬웠어요》라는 수기를 펴낸 사람입니다. 무엇이 그를 이렇게 만들었을까요? 하고 싶어서 하는 공부였기에 성공할 수 있었던 것입니다.

기도: 주님! 저희는 세상을 살면서 억지로 일을 할 때가 많습니다. 이제부터 우리에게 맡겨진 일들을 하고 싶어서 하게 하시고, 주님 주신 사명도 하고 싶어서 하는 사역이 되게 하소서.

208. 협력하는 믿음

*찬송: 545장 (통344장)

무리들 때문에 예수께 데려갈 수 없으므로 그 계신 곳의 지붕을 뜯어 구멍을 내고 중풍병자가 누운 상을 달아 내리니 예수께서 그들의 믿음을 보시고 중풍병자에게 이르시되 작은 자야 네 죄 사함을 받았느니라 하시니 (막 2:4-5).

마가복음 2장 초반부는 중풍병이 든 사람이 예수님께 가기만 하면 자신의 병이 치료될 수 있을 것이라는 믿음으로, 친구 네 명에게 부탁하여 예수님께 데리고 가 줄 것을 부탁하여 일어난 상황입니다. 친구들은 기꺼이 협조했습니다. 그런데 사람들이 너무 많아서 예수님께 병든 친구를 데려갈 수가 없었습니다. 그래도 그들은 포기하지 않았습니다. 다른 방법을 의논했습니다.

그들은 병든 친구를 지붕 위로 들고 올라갔습니다. 그리고 지붕을 뜯고 구멍을 내었습니다. 중풍병자를 달아 내릴 수 있을 만큼 큰 구멍을 낸 것입니다. 네 사람이 달아서 예수님이 계신 곳까지 내렸습니다.

예수님은 그들의 믿음을 보셨습니다. 지붕을 뚫고 중풍병자가 누워 있는 침상을 내리는 친구들의 협조적인 믿음과 환자의 믿음을 보신 것입니다. 그리고 "안심하라 네 죄 사함을 받았느니라"고 축복의 말씀을 하셨습니다.

중풍병자는 일어나 건강한 모습으로 집으로 돌아갔습니다. 무리들은 권세 있는 예수님의 모습에 두려움을 느꼈고 하나님께 영광을 돌렸습니다. 협력하는 믿음과 사랑은 아름다운 결과를 만듭니다.

기도: 축복하시기를 원하시는 하나님! 저희가 세상 사람들에게 축복하는 자들이 되게 하시고, 우리의 손길이 필요한 약한 이웃을 위해 사랑을 나누는 넉넉한 마음과 손길이 되도록 인도하여 주옵소서.

209. 사랑이 이깁니다

*찬송: 298장 (통35장)

누가 우리를 그리스도의 사랑에서 끊으리요 환난이나 곤고나 박해나 기근이나 적신이나 위험이나 칼이랴 기록된 바 우리가 종일 주를 위하여 죽임을 당하게 되며 도살당할 양 같이 여김을 받았나이다 함과 같으니라 그러나 이 모든 일에 우리를 사랑하시는 이로 말미암아 우리가 넉넉히 이기느니라 (롬 8:35-37).

    2004년 3월 19일 오후, 삼성의료원 3층 중환자실에 있었던 일입니다. 16일 간경화로 4년째 투병중이시던 시어머니(52세)에게 자신의 간 60퍼센트(584g)를 떼어드린 결혼 3년차 며느리 이효진 씨가 이식수술 후 처음으로 시어머니를 만나 손을 꼭 잡고 있었습니다.
    가정학습지 방문교사인 효진 씨는 2002년 4월 경기도 안산에서 야채 도매상을 하는 남편과 결혼한 뒤로 경기도 시흥에서 시부모, 시동생과 함께 살고 있었습니다. 그런데 시어머니의 증세가 간경화 말기까지 악화되어 간 이식 수술을 위해 시아버지와 아들 3형제 모두 이식 가능여부를 조사해보니, 간염 보균자로 판정되어 간 기증이 불가능했습니다. 그래서 며느리가 다른 가족 몰래 검사해보니 이식이 가능하다는 결과가 나와 10시간의 수술 끝에 성공적으로 시어머니에게 간을 떼어주게 된 것이었습니다.
    기증 사유란에는 "나는 그분을 사랑하기 때문입니다"라고 적혀 있었다고 합니다. 그렇습니다. 시어머니를 사랑하니까 생명의 위험을 감수하면서까지 간을 떼어주게 된 것입니다. 사랑이 세상을 이깁니다. 사랑이 죽음도 이깁니다. 사랑이 생명을 살립니다.

기도: 사랑의 하나님! 생명을 내어주시면서 십자가의 사랑을 우리에게 보여주신 주님의 사랑과 은혜에 감사합니다. 이 사랑의 힘으로 저희도 사랑의 실천자가 되게 하소서. 사랑을 통해 세상을 이기게 하소서.

210. 예수님을 만나지 못한 자

*찬송: 121장 (통121장)

베들레헴 에브라다야 너는 유다 족속 중에 작을지라도 이스라엘을 다스릴 자가 네게서 내게로 나올 것이라 그의 근본은 상고에, 영원에 있느니라 (미 5:2).
 오늘 다윗의 동네에 너희를 위하여 구주가 나셨으니 곧 그리스도 주시니라 (눅 2:11).

십자가에 못 박혀 죽으신 예수님이 부활 승천하신 후 45년쯤 후(기원후 78년)의 일입니다. 늙은 노인 한 분이 베들레헴 부근 마을에 살고 있었습니다. 어느 날 한 소년이 그 할아버지에게 물었습니다.

"할아버지! 오래 전에 예수님이 태어나실 때 할아버지께서 이 언덕의 양 치는 목동 중의 한 분이었다고 들었어요. 그때 할아버지는 그 아기 예수님을 보았겠지요? 그 아기 예수님 어머니는 어떻게 생겼어요? 정말로 예수님이 다니시는 곳에는 사람들이 많이 모였나요?"

그때 소년의 말을 들은 할아버지는 눈물을 흘리며 수염을 쓸어내리면서 말했습니다.

"그래, 나는 그 목동들과 같이 있었단다. 그러나 나는 양을 돌보느라 너무 바빴기 때문에 가보지 못했단다. 결국 나는 그분을 볼 수 없었단다."

베들레헴에 살았으면서도 예수님을 만나지 못한 자의 한숨입니다. 바빠서 인류의 구세주 예수님을 만나지 못했다는 것입니다. 우리들도 그와 같은 핑계가 얼마나 많습니까? 그러나 꼭 기억해야 합니다. 마지막 날 심판대 앞에서는 핑계가 받아들여지지 않는다는 사실입니다.

기도: 온 인류의 구세주 되신 주님! 우리를 찾아 이 땅에 오신 예수 그리스도를 영접하지 못한 많은 사람들에게 생명의 복음을 전하게 하옵소서. 심판 날에 후회하지 않는 이웃들과 형제들이 될 수 있도록 주님께 인도하게 하소서.

211. 신앙고백

*찬송: 545장 (통344장)

네가 만일 네 입으로 예수를 주로 시인하며 또 하나님께서 그를 죽은 자 가운데서 살리신 것을 네 마음에 믿으면 구원을 받으리라 사람이 마음으로 믿어 의에 이르고 입으로 시인하여 구원에 이르느니라 (롬 10:9-10).

우리나라 노래 중에 갑돌이와 갑순이 이야기를 아시지요? 그들은 서로 사랑했으면서도 결혼하지 못했습니다. 왜 그들은 사랑의 결실을 이루지 못했습니까? 갑돌이와 갑순이는 입으로 사랑을 고백하지 않았기 때문에 서로의 마음을 확인하지 못했던 것입니다.

그러므로 신앙생활에서도 믿음의 신앙고백이 반드시 필요합니다. "예수님이 나의 구주이신 것을 믿습니다. 예수님이 나를 위하여 십자가에 죽으신 것을 믿습니다. 예수님이 부활하신 것을 믿습니다."라고 반드시 입으로 고백해야 합니다. 하나님은 그 고백을 들으십니다.

"주는 그리스도시요 살아 계신 하나님의 아들이시니이다"(마 16:16)라는 고백은 베드로의 신앙고백입니다. "나의 주시며 나의 하나님이시니이다"(요 20:28)라는 말씀은 도마의 고백입니다. 또한 "다른 이로써는 구원을 받을 수 없나니 천하 사람중에 구원을 받을 만한 다른 이름을 우리에게 주신 일이 없음이라"(행 4:12)는 말씀은 앉은뱅이를 일으킨 베드로가 대제사장의 심문에 대답한 고백입니다. 이러한 고백이 있었기에 제자들은 핍박과 고난을 이기고 승리할 수 있었던 것입니다.

우리도 시험과 역경을 이기는 하나님의 은총을 받기 위해서는 올바른 신앙고백을 할 수 있는 믿음을 가져야 합니다.

기도: 전능하신 하나님! 우리의 입술이 진실한 신앙고백을 하게 하옵소서. 십자가의 사랑과 부활하심을 고백하게 하시고 주님 다시 오심을 믿는 신앙을 날마다 고백하는 믿음의 사람이 되게 하소서.

212. 예수님을 살리신 하나님

*찬송: 390장 (통444장)

비록 하늘에나 땅에나 신이라 불리는 자가 있어 많은 신과 많은 주가 있으나 그러나 우리에게는 한 하나님 곧 아버지가 계시니 만물이 그에게서 났고 우리도 그를 위하여 있고 또한 한 주 예수 그리스도께서 계시니 만물이 그로 말미암고 우리도 그로 말미암아 있느니라 (고전 8:5-6).

생명에는 여러 가지 비밀이 있습니다.

첫째, 생명 그 자체가 신비입니다. 과학의 발달로 인간의 장기를 만들어 내기도 합니다. 심장을 만들고 피부를 만들고 뼈를 만들어 냅니다. 또 다른 사람의 장기를 이식하기도 합니다. 각막을 이식할 수도 있습니다. 신장을 이식할 수도 있습니다. 그러나 생명 자체를 만들어내지는 못합니다. 그것은 하나님만이 하실 수 있는 일이기 때문입니다.

둘째, 성장의 신비입니다. 태어날 때 그렇게 작은 것이 어떻게 하여 자랄 수 있는가 하는 신비입니다. 보잘것 없이 작은 몸이 성장하여 커지는 것은 신비 중의 신비입니다.

셋째, 닮음의 신비입니다. 부모들은 누구나 생각합니다. 내가 저 아이에게 준 것이 무엇이기에 어쩜 저렇게 나와 닮을 수 있을까 생각합니다. 말투도 닮고 얼굴도 닮고 표정도 닮고 걸음걸이까지 닮습니다.

넷째, 부활의 신비입니다. 하나님이 죽은 자 가운데서 살리셨다는 것은 하나님의 일이지만 신비 중의 신비입니다. 예수님은 죽어서 무덤에 장사되었다가 살아나셨습니다.

이러한 모든 비밀은 누가 한 일입니까? 하나님이 하신 일입니다. 생명의 주체, 생명의 주관자는 하나님이시기 때문입니다.

기도: 생명의 주관자이신 하나님 아버지! 우리의 생사화복을 주관하시는 하나님의 능력에 영광과 감사를 돌리게 하시고 우리 연약한 인생의 모든 것을 하나님께 맡기며 살게 하소서.

213. 효(孝)

*찬송: 526장 (통316장)

이는 네 생명의 회복자이며 네 노년의 봉양자라 곧 너를 사랑하며 일곱 아들보다 귀한 네 며느리가 낳은 자로다 하니라 (룻 4:15).

몇 년 전 까리따스 노인 학대 상담센터의 발표에 의하면 한 해 동안 접수된 노인 학대 사례 2,281건(중복학대 건수 포함)을 분류하면 네 가지 유형으로 나타나고 있다고 합니다.

1) 언어적, 정서적 학대: 1,004건   2) 방임적 학대: 631건
3) 신체적 학대: 377건   4) 경제적 학대: 269건

언어적, 정서적 학대는 부모님께 버릇없게 말을 하여 정신적으로 상처를 받게 하는 것입니다. "노인이 죽지도 않는다, 밥을 너무 많이 먹는다, 냄새가 난다, 옷을 너무 자주 갈아입는다." 등등의 말입니다. 방임적 학대는 장기간 밥을 주지 않거나 부양을 거부하는 것입니다. 이런 가정에서는 어른들이 점심을 얻어먹지 못하는 경우가 많습니다. 신체적 학대는 부모님을 폭행하는 것입니다. 말로 되지 않으면 폭행합니다. 자식이 부모를 살해하는 경우도 많습니다. 경제적 학대는 부모님께 용돈을 주지 않거나 부모님의 재산을 부당하게 사용하는 것을 말합니다. 유산을 물려주었는데도 부모님을 학대하는 것입니다. 학대하는 자는 아들(41%), 며느리(29%), 딸(9%), 배우자(8%), 사위(2%), 손자 손녀(2%), 친척 순이었습니다.

한마디로 오늘날은 노인들이 존경받지 못하는 시대입니다. 그러나 우리가 반드시 알아야 할 것이 있는데 우리가 이 땅에 존재하는 이유는 그 분들을 통하여 세상에 태어났다는 사실입니다.

기도: 주님! 자식이 부모를 살해하는 일이 일어나기도 하는 세상입니다. 사랑이 식고 위로가 없는 삭막한 세상에서 평화와 사랑이 넘치는 가정과 사회를 만들어가는 도구가 되게 하소서.

214. 나라를 구한 사랑

*찬송: 304장 (통404장)

모든 사람이 죄를 범하였으매 하나님의 영광에 이르지 못하더니 그리스도 예수 안에 있는 속량으로 말미암아 하나님의 은혜로 값없이 의롭다 하심을 얻은 자 되었느니라 (롬 3:23-24).

중국 위나라 때에 제나라가 큰 군대를 거느리고 침입해 왔습니다. 그때 젊은 부인 한 사람이 두 아이를 데리고 머리에 보따리를 이고 피난을 가고 있었는데 한 아이는 업고 한 아이는 손을 잡고 걸어가고 있었습니다. 그런데 침입해오는 군인들이 말을 타고 급하게 오자, 그 부인은 업고 있었던 갓난아이는 길 옆에 버려두고 대신 손을 잡고 가던 큰 아이를 업고 도망을 쳤습니다. 침략군 대장이 유심히 이 광경을 보다가 그 부인을 잡아오게 하였습니다. 그리고 그 이유를 물었습니다. 부인은 눈물을 흘리며 다음과 같이 이야기했습니다.

"업고 가던 아이는 제가 낳은 아이이고, 손을 잡고 걸어가던 아이는 형님의 아이입니다. 형님이 병들어 피난을 가지 못하기에 아이를 제가 책임지려고 했는데, 피난길에 잘못하면 두 아이를 모두 죽일 것 같아 제 아이를 버리고 형님의 아이를 업고 도망가던 중이었습니다."

이 여인의 이야기를 들은 제나라의 대장은 잠깐 생각에 잠기더니 군사를 불러들여 자기 나라로 돌아갔습니다. 그러면서 그는 "저렇게 의로운 여인이 있는 나라를 침입하여 사람을 죽이면 결코 승리할 수 없어."라는 말을 했답니다. 그 여인으로 말미암아 나라가 전쟁을 겪지 않고 구원을 받았습니다.

기도: 사랑이 충만하신 하나님! 내가 사랑받기 보다는 먼저 남을 사랑하는 자가 되게 하소서. 나의 유익을 얻기 위한 행동이 아니라 남에게 유익을 끼치는 행동을 하는 그리스도인으로 살게 하소서.

215. 관용하라

*찬송: 303장 (통403장)

주 안에서 항상 기뻐하라 내가 다시 말하노니 기뻐하라 너희 관용을 모든 사람에게 알게 하라 주께서 가까우시니라 (빌 4:4-5).

평안은 관용에서 얻어집니다. 관용은 온유함을 말합니다. 용서와 사랑을 말합니다. 또한 부드러운 마음을 말합니다. 어떤 때는 절제로 번역되기도 합니다. 용서가 있을 때 마음은 평안해집니다. 사랑이 없는 용서는 없습니다. 사랑할 때 마음이 평안해집니다.

어느 가정에서 형과 동생이 놀다가 싸웠습니다. 그것을 본 어머니가 형을 야단쳤습니다. 분을 참지 못한 아이는 뒷동산에 올라가서 "나는 너를 미워한다"라고 고함을 쳤습니다. 그러자 앞산에서 "나는 너를 미워한다"라는 소리가 들려왔습니다. 아이는 황급히 돌아와서 어머니에게 말했습니다.

"엄마, 산 너머에 저에게 '나는 너를 미워한다'고 소리치는 아이가 있어요."

이 말을 듣고 어머니가 아들에게 일렀습니다.

"다시 동산에 올라가서 이번에는 '나는 너를 사랑한다'라고 소리 질러 보아라."

동산에 올라간 아이는 "나는 너를 사랑한다"라고 소리쳤습니다. 그러자 산 너머에서 "나는 너를 사랑한다"라는 소리가 들려왔습니다.

기도: 주님! 온 세상을 사랑하신 하나님의 자녀답게 온 세상 사람들을 사랑하며 살기를 원합니다. 그런데 사랑하는 것이 어찌 이리 힘드는지요? 주님께서 주신 마음으로 세상 사람들을 사랑할 수 있도록 도와주옵소서.

216. 겸손의 은혜

*찬송: 212장 (통347장)

교만은 패망의 선봉이요 거만한 마음은 넘어짐의 앞잡이니라 겸손한 자와 함께 하여 마음을 낮추는 것이 교만한 자와 함께 하여 탈취물을 나누는 것보다 나으니라 (잠 16:18-19).

　제2차 세계대전 후 패전국인 독일과 일본의 모습은 크게 비교가 됩니다. 독일은 유대인 학살을 인정하고 철저히 사죄하며 보상했습니다. 또한 교과과정에 유대인 학살내용을 넣어서 역사적인 잘못을 인정했습니다. 그러나 일본은 왜곡된 역사를 만들었고 수많은 문제 등을 인정하지 않고 교과서에서 슬그머니 내용을 빼고 있습니다. 진실함과 정직함이 없는 것입니다. 교만한 모습입니다.

　링컨이 대통령에 당선되어 취임식을 하러 의회에 갔을 때, 나이 든 의원 한 사람이 그를 비웃으며 말했습니다. 구두 만드는 자의 아들이 대통령에 당선된 것이 못마땅해서 던진 말입니다. "링컨 씨, 지금 내가 신고 있는 이 구두는 당신 아버지가 만든 것이라오." 그때 링컨은 조금도 불쾌한 감정을 나타내지 않고 그에게 말했습니다. "제 아버지는 구두를 만드는 분이셨습니다. 혹시 제 아버지가 만든 구두에 문제가 생기면 제가 잘 수선해 드리겠습니다."

　대통령에 취임하는 자신에게 인격을 모독하는 말을 해도 겸손히 받아들였습니다. 과연 그는 훌륭한 인격자였고, 참된 그리스도인이었습니다. 그의 겸손이 미국 대통령 가운데 제일 존경받는 대통령이 되게 하였습니다.

　하나님의 교회를 섬기는 분들도 겸손의 은혜를 받아야 화목둥이가 됩니다. 그럴 때 교회가 평화롭습니다.

기도: 주님! 교만하고 거만하여 하나님께 버림받는 자가 되지 않게 하옵소서. 겸손한 자가 되어 하나님께 인정받고 사람들에게 평화를 만들어 나가는 화목둥이가 되게 하여 주옵소서.

217. 평화를 좋아하는 사람

*찬송: 478장 (통78장)

너희는 너희가 거주하는 땅을 더럽히지 말라 피는 땅을 더럽히나니 피 흘림을 받은 땅은 그 피를 흘리게 한 자의 피가 아니면 속함을 받을 수 없느니라 (민 35:33).

사람들은 평화를 좋아합니다. 평화를 싫어한다면 그 사람은 정신이상자일 것입니다. 공산주의자일 것입니다. 마귀의 지배를 받고 있는 사람일 것입니다.

예수님은 이 세상에 평화를 주러 오셨습니다. 그가 탄생했을 때 "지극히 높은 곳에서는 하나님께 영광이요 땅에서는 하나님이 기뻐하신 사람들 중에 평화로다"(눅 2:14)라고 천사들이 찬양하였습니다. 주님께서는 "평안을 너희에게 끼치노니 곧 나의 평안을 너희에게 주노라 내가 너희에게 주는 것은 세상이 주는 것 같지 아니하니라"(요 14:27)고 말씀하셨습니다.

세상이 주는 기쁨은 승진하면 기쁘고, 건강하면 기쁘고, 돈 잘 벌면 기쁘고, 합격하면 기쁜 것입니다. 하지만 이런 기쁨들은 오래가지 못합니다. 인간은 욕심덩어리기 때문에 더 많은 것들을 또 바라게 됩니다. 그러나 주님이 주시는 기쁨은 오래갑니다. 영원토록 갑니다. 그래서 부활하신 주님께서는 제자들에게 "너희에게 평강이 있을지어다"(요 20:19)라고 축복하셨습니다. 제자들을 전도자로 파송하실 때에도 어느 집에 가든지 "이 집이 평안할지어다"라고 축복하라고 하셨습니다 (마 10:12).

그러므로 세상의 평화를 만드는 것이 우리의 사명입니다. 우리는 주님의 평화를 비는 자들이 되어야 합니다.

기도: 세상의 평화를 원하시는 주님! 주님이 주신 사명인 평화의 도구가 되게 하소서. 평화를 만들어가는 평화의 일꾼이 되게 하소서. 이 땅에 평화를 심는 평화의 농사꾼이 되게 하소서.

218. 사랑이 포함된 교육

*찬송: 284장 (통206장)

이르되 하늘의 하나님 여호와 크고 두려우신 하나님이여 주를 사랑하고 주의 계명을 지키는 자에게 언약을 지키시며 긍휼을 베푸시는 주여 간구하나이다 이제 종이 주의 종들인 이스라엘 자손을 위하여 주야로 기도하오며 우리 이스라엘 자손이 주께 범죄한 죄들을 자복하오니 주는 귀를 기울이시며 눈을 여시사 종의 기도를 들으시옵소서 나와 내 아버지의 집이 범죄하여 주를 향하여 크게 악을 행하여 주께서 주의 종 모세에게 명령하신 계명과 율례와 규례를 지키지 아니하였나이다 (느 1:5-7).

미국 오하이오 주에 있는 교회에서 목수 일을 하는 어떤 분이 여러 해 동안 주일학교 교사로 봉사했습니다. 그러면서 같은 반의 학생 네 명을 6년 동안 계속 맡아 가르쳤습니다. 그는 많이 배우지는 못했지만 진실한 사랑으로 가르쳤습니다. 그가 70세 생일이 되던 날, 그는 예전에 자신이 가르쳤던 네 명의 학생에게서 생일축하 카드를 받았습니다. 한 장은 대통령, 한 장은 국무장관, 한 장은 목사, 한 장은 대통령 비서관에게서 온 것이었습니다. 사랑이 있는 교육은 이렇게 좋은 열매를 맺습니다.

사랑이 있는 선교도 열매가 많습니다. 1866년 대동강에서 영국의 젊은 토마스 목사가 순교한 후 20년 만에 언더우드와 아펜젤러가 공식적으로 이 땅에 복음을 전하게 되었습니다. 그 과정에서 한국기독교는 엄청난 박해를 받았습니다. 한국교회는 순교자의 피 흘림으로 크게 성장했습니다.

하나님은 사랑이 있는 곳에 성장을 주십니다. 헌신이 있는 곳에 은총을 베푸십니다. "내가 내게 있는 모든 것으로 구제하고 또 내 몸을 불사르게 내줄지라도 사랑이 없으면 내게 아무 유익이 없느니라"(고전 13:3).

기도: 사랑이신 주님! 사랑이 없으면 아무 유익이 없다는 말씀에 따라 모든 일에 사랑으로 진행하게 하소서. 사랑을 베풀어 사랑의 열매를 많이 생산하게 하소서.

219. 허다한 죄를 덮는 사랑

*찬송: 309장 (통409장)

> 무엇보다도 뜨겁게 서로 사랑할지니 사랑은 허다한 죄를 덮느니라 서로 대접하기를 원망 없이 하고 각각 은사를 받은 대로 하나님의 여러 가지 은혜를 맡은 선한 청지기 같이 서로 봉사하라 (벧전 4:8-10).

빅토르 위고가 지은 《레미제라블》 즉 '가난한 사람들'이라는 책의 내용입니다.

주인공 장발장은 누님의 아들이 배고파 우는 것을 보다 못해 빵가게에서 빵 한 조각을 도둑질하였습니다. 그것 때문에 19년 동안 교도소에서 징역을 살게 되었습니다.

형을 마치고 감옥에서 출감하게 된 장발장은 막상 출감했으나 갈 곳이 없어서 어느 성당의 신부님 집에서 신세를 지게 되었습니다. 신부님은 그를 따뜻하게 대접하고 하룻밤 잠자리까지 제공해주었습니다. 그러나 장발장은 다음날의 생활을 걱정하다가 신부님 집에 있던 은촛대를 훔쳐 도망을 갔습니다. 그러다가 경찰의 불심검문에 걸려 신부님 댁에 경찰과 함께 오게 되었습니다. 잡혀온 장발장을 본 신부님은 그에게 "아니, 저쪽 것도 가지고 가라 했는데 왜 그것만 갖고 갔습니까?"라고 했습니다.

신부님의 이해와 용서의 그 사랑에 19년 동안 비정한 사회와 법 때문에 꽁꽁 얼어있던 장발장의 마음이 봄눈 녹듯 녹아내렸습니다. 그도 사랑하는 자가 되었습니다. 그 후 그는 열심히 사랑하는 인생을 살아 시장까지 되었습니다.

기도: 주여! 사랑은 허다한 죄를 덮는 줄 알면서도 사랑하며 살지 못했습니다. 용서하여 주시고 나의 죄를 용서하신 주님의 사랑에 빚 갚는 심정으로 세상 사람들과 원수까지도 사랑하며 살게 하소서.

220. 주는 자가 받는 자보다 복이 있다 *찬송: 311장 (통185장)

여러분이 아는 바와 같이 이 손으로 나와 내 동행들이 쓰는 것을 충당하여 범사에 여러분에게 모본을 보여준 바와 같이 수고하여 약한 사람들을 돕고 또 주 예수께서 친히 말씀하신 바 주는 것이 받는 것보다 복이 있다 하심을 기억하여야 할지니라 (행 20:34-5).

가진 것이 많이 있어서 남에게 주는 것이 아닙니다. 적은 것이라도 나눌 때 복이 있는 것입니다.

세속적인 사랑은 두 가지입니다. '만일'의 사랑과 '때문에'의 사랑입니다. '만일'의 사랑은 조건부의 사랑입니다. 내가 이 사람에게 이것을 주면 내게 어떤 유익이 있을까 하고 계산이 앞서는 사랑입니다. 예수님께서도 이러한 사랑에 대하여 "너희가 너희를 사랑하는 자를 사랑하면 무슨 상이 있으리요 세리도 이같이 아니하느냐"(마 5:46)라고 말씀하셨습니다.

'때문에'의 사랑은 현재의 주어진 결과에 대하여 만족하게 되면 사랑하는 것입니다. 나를 사랑해주었으니 나도 사랑한다는 식입니다. 그러나 우리가 가져야 할 사랑은 이를 초월하는 사랑입니다. 구제는 이웃사랑입니다. '만일'의 사랑이나 '때문에'의 사랑이 아닙니다. 상대방이 나를 사랑하지 않아도, 상대방에게 사랑을 베풀 이유가 없어도 사랑해야 합니다. 이런 사랑을 '그럼에도 불구하고'의 사랑이라고 합니다.

주는 자가 되는 사랑의 표준은 예수님의 십자가 사랑입니다. 예수님은 죄 없이 우리를 위해 죽으셨습니다. 희생하셨습니다. 그 사랑을 우리가 받았기에 우리는 주는 자가 되어야 합니다. 거기에 참된 기쁨이 있습니다.

기도: 그럼에도 불구하고의 사랑을 원하시는 주님! 지금까지 저희는 받는 사랑에 익숙해 있습니다. 이제부터 주는 사랑에 익숙하게 하시고 받았기 때문에 사랑하는 것이 아니라 사랑하고 싶기에 사랑하는 자가 되게 하소서.

221. 바른 물질관

*찬송: 50장 (통71장)

하나님은 이르시되 어리석은 자여 오늘 밤에 네 영혼을 도로 찾으리니 그러면 네 준비한 것이 누구의 것이 되겠느냐 하셨으니 자기를 위하여 재물을 쌓아 두고 하나님께 대하여 부요하지 못한 자가 이와 같으니라 (눅 12:20-21).

인도의 항구 도시인 캘커타에 지부를 둔 영국선교협회의 한 직원이 그 도시에서 이름난 상인을 찾아가 선교헌금을 요청하였습니다. 그 상인은 달갑지 않은 표정으로 250달러짜리 수표를 어렵게 끊어주었습니다. 감사인사를 하고 밖으로 나오려다가 급한 전보가 배달되는 것을 보았습니다. 그 전보를 받은 상인의 얼굴이 사색이 되었습니다.

"혹시 무슨 사고라도?"

"예! 물건을 가득 싣고 오던 저희 회사의 배 한 척이 침몰되었다는 연락입니다. 미안하지만 아까 드린 수표를 돌려주시지 않겠습니까?"

선교부 직원은 이해가 간다는 듯이 "그러죠"하며 주머니 속에 넣었던 250달러짜리 수표를 돌려주었습니다. 그 수표를 받아든 상인은 잠깐 생각하더니 다른 수표책에 금액을 써넣어 그에게 주었습니다. 거기에는 처음보다 네 배가 더 많은 1,000달러가 적혀있었습니다.

"아니! 어떻게 된 것입니까?" 하고 당황한 선교부 직원이 묻자 상인은 눈물을 머금은 음성으로 말했습니다.

"지금 내가 받은 전보는 하나님이 보내신 것입니다. '네 보물을 하늘에 쌓아두어라 너를 위하여 땅에 쌓아놓지 말라'는 경고입니다."

기도: 하늘의 소망이 되시는 주님! 우리 가진 것 아낌없이 나누고 주님께 드릴 수 있는 믿음을 간구합니다. 주님 원하시면 나의 생명이라도 기꺼이 내놓을 수 있는 담대한 믿음을 주옵소서.

222. 전해주어야 할 복음

*찬송: 508장 (통270장)

하나님의 지혜에 있어서는 이 세상이 자기 지혜로 하나님을 알지 못하므로 하나님께서 전도의 미련한 것으로 믿는 자들을 구원하시기를 기뻐하셨도다 (고전 1:21).

    이 세상의 지혜로는 하나님을 알지 못합니다. 그래서 자기 지식에 맞는 하나님을 만들어버립니다. 눈에 보이는 어떤 물건을 만들어놓고 섬깁니다. 그것이 무엇입니까? 우상숭배입니다. 어떤 사람을 우상으로 섬기기도 합니다. 사람을 섬기는 것도 우상숭배입니다. 인간이 만든 모든 종교는 우상숭배가 될 수밖에 없습니다. 그것은 하나님께서 제일 싫어하시는 것입니다. 인간의 지식과 지혜로는 하나님을 알 수 없습니다. 그러므로 우리가 믿는 예수를 말해주어야 합니다. 그것이 전도입니다.
    손자가 예수 믿는 것을 반대하던 할아버지가 있었습니다. 할아버지는 손자를 교회에 가지 못하게 했습니다. 그러나 손자는 할아버지의 반대에도 불구하고 열심히 교회에 나갔습니다. 한 번은 할아버지가 손자를 불러서 목에 칼을 대며 예수를 믿으면 죽이겠다고 말했습니다. 그러자 손자는 "할아버지가 저를 죽이셔도 저는 예수를 믿겠습니다."라고 담대하게 말했습니다. 그때 할아버지는 칼을 거두고 손자의 뺨을 때리면서 "그렇게 좋은 예수라면 왜 나한테는 예수 믿으라고 말하지 않았느냐?"고 했답니다. 그 후 할아버지도 손자와 함께 교회에 나갔다고 합니다. 생명보다 더 귀중한 예수님을 우리만 알고 산다는 것은 죄입니다.

기도: 좋으신 하나님! 세상 사람들은 하나님을 알 수 있는 지혜가 없습니다. 복음을 전하는 전도가 없다면 저들은 하나님의 나라에 갈 수가 없습니다. 주여! 우리를 복음을 전하는 도구로 사용하셔서 많은 생명을 살리게 하소서.

223. 감동시키는 기도

*찬송: 361장 (통480장)

또 너희는 기도할 때에 외식하는 자와 같이 하지 말라 그들은 사람에게 보이려고 회당과 큰 거리 어귀에 서서 기도하기를 좋아하느니라 내가 진실로 너희에게 이르노니 그들은 자기 상을 이미 받았느니라 너는 기도할 때에 네 골방에 들어가 문을 닫고 은밀한 중에 계신 네 아버지께 기도하라 은밀한 중에 보시는 네 아버지께서 갚으시리라 (마 6:5-6).

인간의 마음을 감동시켜서 그 마음을 여시는 분은 누구입니까? 성령님 뿐입니다. 그 성령께서 역사하시려면 기도해야 합니다. 골로새서 4장 3절을 보면 바울 사도는 로마감옥에 갇혀 있으면서도 골로새 성도들에게 "하나님이 전도할 문을 우리에게 열어주사 그리스도의 비밀을 말하게 하시기를 구하라 내가 이 일 때문에 매임을 당하였노라."고 말하며 기도를 부탁합니다.

헤셀포드 목사님이 미국의 남부지방에서 부흥회를 인도하실 때 있었던 일입니다. 목사님은 마지막 시간에 가정복음화가 안 된 어떤 부인에게 말했습니다.

"남편의 구원을 위하여 철야기도를 해보셨습니까? 금식기도를 해보셨습니까?"

"그렇게 한 적 없습니다."

목사님은 "기도하셔야 합니다."라고 권면하였습니다. 그 젊은 여성도는 집에 돌아가 아기를 재워놓고 기도하기 시작했습니다. 그녀의 남편은 철도 기관사인데 야간근무를 하다가 전에 느끼지 못했던 감동을 느끼게 되었습니다. 그리고 갑자기 집에 가고 싶어져서 동료들에게 부탁을 하고 집에 와 보니 아내가 자기의 구원을 위하여 눈물로 기도하고 있는 것이었습니다. 기관사인 남편은 크게 감동하여 예수님을 믿겠다고 약속을 하였답니다. 진실한 기도, 은밀한 기도는 성령께서 역사하셔서 응답을 받게 됩니다.

기도: 기도를 쉬지 말라고 하신 주님! 항상 기도를 쉬지 않게 하소서. 은밀한 중에 기도하게 하시며, 진실한 기도를 드리게 하소서. 그리하여 성령의 인도를 받아 기도가 응답되는 기쁨을 맛보게 하소서.

224. 손이 부지런한 사람

*찬송: 496장 (통26장)

눈물을 흘리며 씨를 뿌리는 자는 기쁨으로 거두리로다 울며 씨를 뿌리러 나가는 자는 반드시 기쁨으로 그 곡식 단을 가지고 돌아오리로다 (시 126:5-6).

58세 된 아버지와 30세 된 딸이 있었습니다. 아버지는 직장이 없고 딸은 직장생활을 잘하다가 나이가 들어가면서 직장에서 밀려났습니다. 5,000만 원의 퇴직금을 타서 아버지와 함께 서울로 와서 옥탑방을 얻은 후 부녀는 6개월 이내에 10억을 만들지 못하면 자살해 죽자고 약속을 했습니다. 그리고 2,500만 원은 주식에 투자하고 2,500만 원은 로또복권을 구입했습니다. 6개월이 지나서 10억은 고사하고 5,000만 원 전부를 날려버렸습니다.

딸이 먼저 목을 매어 자살을 했습니다. 아버지는 딸의 시체를 수습해놓고 자기도 죽으려고 했습니다. 그때 집주인이 월세를 받으러 왔다가 그 광경을 목격하고 경찰에 신고를 했습니다. 그 아버지는 죽지도 못하고 자살방조죄로 경찰에 구속되었습니다. 2004년 9월 초에 있었던 사건입니다. 이것은 우리 사회의 씁쓸한 단면을 보여준 사건입니다.

이들 부녀에게 꼭 필요했던 것은 10억이 아니라 복음이었습니다. 그들이 복음을 알았더라면 열심히 일하면서 살았을 것입니다. 하나님은 열심히 일하는 자에게 복을 주십니다. 하나님은 일확천금을 노리는 요행을 원하는 분이 아니십니다. 맡은 일에 충성하는 자를 사랑하십니다.

기도: 진실하신 주님! 눈물로 씨를 뿌리는 농부처럼 최선의 노력으로 세상을 살아가게 하옵소서. 세상의 요행이나 운을 바라지 않게 하시고 노력한 대가를 통해 기쁨을 가질 수 있는 신실함을 가진 자가 되게 하옵소서.

225. 화평

*찬송: 406장 (통464장)

그는 우리의 화평이신지라 둘로 하나를 만드사 원수 된 것 곧 중간에 막힌 담을 자기 육체로 허시고 법조문으로 된 계명의 율법을 폐하셨으니 이는 이 둘로 자기 안에서 한 새 사람을 지어 화평하게 하시고 또 십자가로 이 둘을 한 몸으로 하나님과 화목하게 하려 하심이라 원수 된 것을 십자가로 소멸하시고 (엡 2:14-15).

늘 싸움만 하던 부부가 있었습니다. 부부는 이렇게 싸우는 것보다는 서로 헤어져서 각자의 인생을 살아가는 것이 좋겠다는 결론을 내렸습니다. 그런데 여섯 살 난 딸아이가 마음에 걸렸습니다. 그들은 이혼을 하기로 하고 가정법원에 가서 재판을 기다렸습니다. 판사가 그들 부부에게 "딸아이는 어떻게 할 것이오?"라고 묻자, 남편과 부인은 서로 자기가 아이를 키우겠다고 말했습니다.

그러자 판사가 아이에게 말했습니다. "너는 아빠와 살고 싶으면 아빠에게 가고, 엄마와 살고 싶으면 엄마에게 가야 한다. 이제부터 네 부모님은 헤어져서 살게 되었단다." 그러자 아이는 "아빠도 내 아빠요, 엄마도 내 엄마이니 나는 아무하고도 헤어질 수가 없어요."라며 처량하게 울었습니다. 그러자 남편과 부인은 마음이 아파서 화를 풀고 아이를 위해 이혼하지 않기로 마음을 정했습니다. 아이가 화목둥이가 된 것입니다.

우리에게도 화목을 만드는 능력이 있습니다. 바로 십자가입니다. 십자가가 있는 곳에 화목이 있습니다. 십자가의 도가 멸망하는 자에게는 어리석은 것이나 구원을 얻는 자에게는 하나님의 능력입니다.

기도: 화평을 주시는 하나님! 내가 있기에 평화가 깃들게 하소서. 평화를 만드는 내가 있기에 세상이 화목하게 하소서. 전쟁의 소문이 더해가는 세상에 평화를 만들어가는 크리스천이 있어 행복하게 하소서.

226. 복음의 씨

*찬송: 497장 (통274장)

사도들은 그 이름을 위하여 능욕 받는 일에 합당한 자로 여기심을 기뻐하면서 공회 앞을 떠나니라 그들이 날마다 성전에 있든지 집에 있든지 예수는 그리스도라고 가르치기와 전도하기를 그치지 아니하니라 (행 5:41-42).

어느 의사인 집사님의 간증입니다. 〈"제가 예수를 믿은 것은 한상동 목사님이 전도해주셨기 때문이었는데, 어느 날 목사님이 의학적으로 어떤 병에 대해 설명을 하시는 것이 너무 마음에 들지 않아 교회에 나가지 않게 되었습니다. 신학은 모르지만 의학은 의사인 제가 더 잘 알았기 때문입니다. 그런데 한 2년쯤 후에 아침에 집 마당에서 머리를 감고 있는데 갑자기 누가 등을 치면서 "예수 믿읍시다!"라고 고함을 질렀습니다. 그래서 일어나서 보니 늙은 할머니였습니다. 그래서 저는 "그렇게 하면 누가 예수를 믿겠소?" 하며 쏘아주었습니다. 그런데 이상한 일이 생겼습니다. 그 일이 있고부터는 병원에 출근하여 청진기에 귀를 대고 환자를 진료할 때도, 진찰 후 손을 씻을 때도 귀에서 "예수 믿읍시다"라는 말만 들려오는 것이었습니다. 무슨 일을 해도 계속 그 말만 귀에 윙윙거렸습니다. 결국 노이로제에 걸리고 말았습니다. 그래서 다시 교회에 나가기 시작했는데 교회에 나가니 이 증상이 말끔히 없어졌습니다. 그 후 저는 세례도 받고 십일조 헌금도 드리게 되고 집사까지 되었습니다. 이제는 예수님이 좋아서 이렇게 간증도 하게 되었습니다. 저는 그 할머니를 모르지만 확실한 것은 그 분은 기도를 많이 하시는 분임에 틀림없다는 것입니다."〉 복음의 씨는 누가 뿌리든지 자라게 하시는 분은 하나님이십니다. 아이이건 어른이건 복음의 씨가 땅에 뿌려지면 그 복음의 씨는 반드시 성장하게 되어 있습니다.

기도: 전도하기를 원하시는 주님! 날마다 복음을 전하는 사도들의 발자취를 따르게 하옵소서. 복음의 씨를 뿌리게 하셔서 복음이 열매 맺게 하옵소서. 온 세상에 성령의 바람이 불게 하시며 복음으로 가득 찬 세상이 되게 하소서.

227. 불평과 감사

*찬송: 453장 (통506장)

내 영혼아 여호와를 송축하라 내 속에 있는 것들아 다 그의 거룩한 이름을 송축하라 내 영혼아 여호와를 송축하며 그의 모든 은택을 잊지 말지어다 (시 103:1-2).

로빈슨 크루소는 28년 동안 무인도에서 혼자 살았습니다. 그와 같이 배에 타고 있던 사람은 모두 죽었지만 혼자 살아서 무인도에 흘러가 생존했던 것입니다. 그가 무인도에서 혼자 살아남은 비결은 한마디로 감사하는 마음을 가졌다는 데 있었습니다. '왜 하필이면 내게 이런 불행한 일이 생겼단 말인가?'라고 생각하지 않았습니다. 그는 불평하지 않고 도리어 감사했습니다. 그는 이렇게 감사했습니다.

첫째, 다른 사람은 다 죽었지만 자신은 죽지 않고 살아남은 사실 한 가지만으로도 감사했습니다.

둘째, 무인도에 먹을 수 있는 과일이 풍부함에 감사했습니다.

셋째, 무인도라 옷을 구할 수가 없었는데, 옷을 입지 않고서도 얼마든지 살아갈 수 있는 따뜻한 날씨이기에 감사했습니다.

넷째, 친구할 수 있는 새와 나무가 있다는 데 감사했습니다.

다섯째, 아무 데서나 씻을 수 있는 물이 있음에 감사했습니다.

여섯째, 총 한 자루 외에는 아무런 무기가 없지만 섬 안에 자기를 해칠 만한 맹수가 살고 있지 않다는 데 감사했습니다.

그래서 그는 '이 세상에서 가장 비참한 사람은 무인도에 홀로 남은 사람이 아니라 어디서든지 감사할 조건을 찾지 못하고 불평하는 사람'이라는 것을 스스로 깨달았습니다.

기도: 주님! 모든 것에 감사할 수 있는 마음을 주시니 감사합니다. 내게 작은 것 하나라도 부족하지 않게 인도하시니 감사합니다. 천국의 소망을 주신 하나님이 모든 것 되어주신 것에 감사하게 하소서.

228. 건강

*찬송: 436장 (통493장)

그가 네 모든 죄악을 사하시며 네 모든 병을 고치시며 네 생명을 파멸에서 속량하시고 인자와 긍휼로 관을 씌우시며 좋은 것으로 네 소원을 만족하게 하사 네 청춘을 독수리 같이 새롭게 하시는도다 (시 103:3-5).

유명한 부흥사 이성봉 목사님의 '13분'이란 이야기가 있습니다.

어떤 젊은이가 어려운 상황에서 열심히 공부하여 사법고시를 치렀습니다. 그리고 발표를 기다리는 중에 건강이 좋지 않아 의사의 진찰을 받았더니 중병이 들어 불과 13분 밖에 생명이 남지 않았다는 것입니다. 째깍째깍 시간이 갔습니다. 2분이 지났습니다. 이제 생명이 11분 밖에 남지 않았습니다. 그런데 그 때 사법고시 합격통지서가 왔습니다. 또 시간이 지났습니다. 이제는 8분 밖에 남지 않았을 때 사귀는 여자가 부모님께 결혼승낙을 받았다는 소식을 전해주었습니다. 또 시간이 흘렀습니다. 6분이 남았을 때 큰 재벌인 숙부 내외가 불의의 교통사고로 모두 사망하면서 막대한 유산을 그에게 남겼다는 연락을 받았습니다. 그는 재벌이 되었습니다. 그러나 그에게는 6분 밖에 남지 않았습니다. 세상 모두를 가졌어도 건강하지 않으면 아무 소용이 없습니다. 건강하지 않으면 그 어떤 일도 감당할 수 없게 됩니다.

그러므로 최고의 감사는 건강에 대한 감사입니다. 건강은 누가 주셨습니까? 하나님이 주셨습니다. 그러므로 우리에게 건강을 허락하신 하나님께 감사할 수 있어야 합니다.

기도: 치료의 하나님! 우리에게 건강을 주시고 생명을 연장시켜주신 하나님께 감사드립니다. 세상에서 하나님의 사역을 더 하시라는 명령으로 우리에게 건강을 주셨다는 것을 믿게 하시고 주님 주신 건강으로 소명을 감당하게 하소서.

229. 감사는 주어진 조건이 아니다

*찬송: 435장 (통492장)

여호와께 감사하라 그는 선하시며 그 인자하심이 영원함이로다 (시 107:1).

> 감사는 계절도 시간도 없습니다
> 감사는 어느 곳에서든 캐낼 수 있는
> 마음 따뜻한 선물입니다.
> 어느 때든 어느 곳에서든
> 감사를 캐어내면 감사가 되고
> 불평을 캐어내면 불평이 나옵니다.
> 감사는 주어진 조건이 아니라 만들어지는 해석입니다.
> 부족하여도 감사를 잉태한 자는 감사를 낳고
> 풍족하여도 불평을 잉태한 자는 불평을 낳습니다.
> 감사는 소유의 크기가 아니라
> 생각의 크기이고 믿음의 크기입니다.
> 소유에 비례하는 감사는 소유에 비례한 불평을 낳고
> 믿음의 감사는 조건에 매이지 않아
> 세상을 행복하게 하고 자신을 풍요롭게 합니다.
> 감사는 은혜를 아는 자의 마음의 열매이며
> 섭리를 수용하는 자의 사유의 방식입니다.
> 감사한 만큼 삶은 여유가 있고 따뜻합니다.

(김필곤 목사의 시 '감사')

기도: 주님! 부족하여도 감사하는 자가 되게 하소서. 고난이 와도 감사하는 자가 되게 하소서. 부족한 후에 풍성함이, 고난 후에 평화가 얼마나 감사한지 깨닫게 하시고 주님께 찬송하게 하소서.

230. 진실한 자세

*찬송: 321장 (통351장)

내가 내 자녀들이 진리 안에서 행한다 함을 듣는 것보다 더 즐거움이 없도다 (요삼 1:4).

　어느 초등학교에서 시험을 보는 중이었는데 감독하는 선생님이 보니 평소에 공부를 잘하는 학생 하나가 답안지를 써내려가다가 한 문제에서 막힌 것 같았습니다. 그래서 이 학생이 애를 쓰고 있는데 이것을 바로 옆에 있던 친구가 보고는 자기는 아는 문제였으므로 손으로 쿡 찌르고는 답을 보여주었습니다. 그러나 학생은 보지 않겠다며 고개를 돌렸습니다. 친구는 계속 답을 보라고 했지만 학생은 계속 안 보겠다고 했습니다. 선생님은 이것을 멀리서 모르는 척 하면서 지켜보았습니다.

　그런데 한참 있으니까 그 학생이 답을 써넣더랍니다. 그래서 선생님은 "이놈, 그만 넘어갔구나."라고 생각하고 있는데 시간이 다 되어 모두 답안지를 제출했습니다. 그런데 이 학생은 답안지를 내지 않고 있다가 모든 학생들이 낸 다음 답안지를 가지고 오면서 "선생님, 저 0점 주세요!"라고 하더랍니다.

　그 때에 선생님은 그 어린 학생을 끌어안고는 "네가 그것을 보고 쓰지 않으려고 얼마나 애쓰는지 내가 보았다. 너는 지금 이렇게 말함으로써 승리하였다"라고 칭찬해주었다고 합니다. 합격과 출세보다 더 중요한 것은 정직과 진실입니다.

기도: 주님! 언제나 진리를 위해 사셨고, 진리를 위해 목숨까지 버리셨던 주님을 본받게 하시며, 저의 삶이 늘 진실하게 하소서.

231. 정직한 믿음

*찬송: 320장 (통350장)

내가 두 가지 일을 주께 구하였사오니 내가 죽기 전에 내게 거절하지 마시옵소서 곧 헛된 것과 거짓말을 내게서 멀리 하옵시며 (잠30:7-8).

미국에서 있었던 일입니다. LA에 사는 어떤 집사님이 다른 도시에 가서 주차장에 차를 주차하다가 옆의 차를 긁었습니다. 이 때 사람들은 유혹을 받습니다. 아무도 보는 사람이 없었기에 그냥 지나칠 수 있었습니다. 그러나 이 집사님은 자기의 주소와 전화번호를 정확히 기록하여 남겨놓고 갔습니다.

일을 마치고 나와 보니 자기 차에 편지가 한 장 꽂혀 있었습니다. 그 편지에는 차 수리에 대한 내용은 없고 당신같이 정직한 사람은 처음 보았다고 하면서 어느 차 대리점에 가서 새 차를 한 대 가지고 가라는 내용이 기록되어 있었습니다. 차의 주인은 바로 포드 자동차 사장이었던 것입니다. 그래서 새 차가 생겼다는 간증입니다.

정직한 사람, 진실한 사람은 복있는 사람이 됩니다. 존귀한 삶을 살게 됩니다.

기도: 길이요 진리요 생명이신 주님! 거짓된 세상에서 지지 않고 승리하게 하시고 정직한 삶을 살 수 있도록 성령님께서 늘 인도하옵소서.

232. 기적을 낳는 감사

*찬송: 588장 (통307장)

이는 그가 사랑하시는 자 안에서 우리에게 거저 주시는 바 그의 은혜의 영광을 찬송하게 하려는 것이라 (엡1:6).

　어느 교회 목사 사모님이 위암에 걸렸습니다. 병원에서 수술을 하려고 개복해보았더니 식도와 장까지 암세포가 퍼져서 손을 쓸 수가 없는 상황이어서 완전히 포기했습니다. 며칠 후 퇴원한 사모님은 남편 목사님을 원망했습니다. 목회에 시달려서 결국 자기가 병들었다고 생각했기 때문입니다. 목사님은 "여보! 그동안 인생에 있었던 감사를 찾아보세요. 그리고 찬송하면서 노트에 적어보세요."라고 아내에게 권면했습니다. 그러자 아내는 "무슨 감사가 있겠어요?"라며 거칠게 대답했습니다.
　며칠 후 성령의 감동이 있었는지 사모님은 감사를 기록하기 시작했습니다. 학생 시절에 기뻤던 일을 기록하기 시작했고, 나중에는 구원의 감사와 지금 죽어도 천국에 갈 수 있는 천국시민이 된 것을 기록하면서 감사했습니다. 그러자 찬양이 입에서 흘러나오기 시작했습니다. 그러다가 '죽기 전에 고마운 분들에게 감사해야지' 하는 생각이 들었습니다. 그래서 가장 가까운 분들부터 찾아가서 감사하다는 인사를 하였습니다. 그리고 감사기도를 하였습니다. 그러던 중에 신기하게도 통증이 사라지고 새 힘이 솟았습니다. 10일 밖에 살지 못한다는 진단이었는데 한 달이 지났습니다. 다시 검사를 해보니 암세포가 사라지고 없었습니다. 의사들이 놀랐습니다. 건강을 회복하게 된 것입니다.

기도: 전능하신 하나님! 이미 모든 것을 가졌음에도 불평하며 사는 저희를 용서하여 주시고, 작은 것에도 감사하며 살아가는 생활이 되게 하옵소서.

233. 충성

*찬송: 333장 (통381장)

사람이 마땅히 우리를 그리스도의 일꾼이요 하나님의 비밀을 맡은 자로 여길지어다 그리고 맡은 자들에게 구할 것은 충성이니라 (고전 4:1-2)

죽을 힘을 다하여 열심히, 성실히 맡겨진 사명을 다하는 것이 충성입니다. 주인이 보지 않아도 열심히 일하는 것이 충성입니다. 직장에서 충성하는 사람은 일찍 출근합니다. 그날 일은 그날에 합니다. 미루지 않습니다. 감사하는 마음으로 일을 합니다.

요셉은 아버지의 사랑을 받는 아들이었으나 형들에게 팔려 종살이를 했습니다. 세상사람 같았으면 신세타령했을 것입니다. 그러나 요셉은 입에서 불평과 원망이 없었습니다. 신세 한탄하지 않았습니다. 돈을 받고 자신을 상인들에게 팔아버린 형들을 원망하지 않았습니다. 나중에 반드시 원수를 갚겠다고도 하지 않았습니다. 하나님께서 함께 하시면 반드시 좋은 날이 있을 것이라고 생각했기 때문입니다.

이명박 장로님의 간증을 들어보면 그는 항상 어머니의 가르침을 잊지 않았다고 했습니다. 쓰레기를 치우는 청소부 노릇을 하고 날품팔이를 하면서 고생하는 아들에게 어머니는 항상 "반드시 좋은 일이 있을 것이다. 낙심하지 말아라"라고 권면하셨다고 합니다. 그는 살아계신 하나님을 믿고 이 말씀을 붙잡고 승리했다고 합니다. 그는 고려대학교를 졸업했고 젊은 나이에 현대건설 사장을 지냈고, 국회의원과 서울시장을 지냈고 현재 우리나라를 대표하는 대통령이 되었습니다.

기도: 충성하라고 하신 주님! 하나님께서 우리에게 맡겨주신 사명에 충성하게 하시고, 정직한 일꾼의 모습으로 이 땅에서 불평하지 않고 충성하는 자로 살게 하소서.

234. 내 사정을 아뢰는 기도

*찬송: 369장 (통487장)

아무 것도 염려하지 말고 다만 모든 일에 기도와 간구로, 너희 구할 것을 감사함으로 하나님께 아뢰라 그리하면 모든 지각에 뛰어난 하나님의 평강이 그리스도 예수 안에서 너희 마음과 생각을 지키시리라 (빌 4:6-7)

기도는 전능하신 하나님께 내 사정을 아뢰는 것입니다.

운보 김기창 화백은 청각 장애인입니다. 듣지도 못하고 말도 못합니다. 그러나 그는 동양화가로서 유명한 분이십니다. 그는 성인이 되었을 때 어머니를 회고하면서 다음과 같이 말했습니다. "어머니가 없었다면 오늘의 저는 있을 수가 없었을 것입니다. 저는 정상적으로 성장할 수도 없었을 것입니다. 오늘의 제가 있음은 어머니의 기도 덕분입니다. 어머니는 앉아서만 기도하신 것이 아니라 서서도 기도하셨고, 입으로 기도하셨고, 손으로 기도하셨습니다." 그 어머니의 기도가 청각 장애인인 아들을 유명한 동양화가로 만들었던 것입니다.

어린아이들은 자기에게 닥친 문제가 크든 작든 간에 부모님께 가지고 갑니다. 작은 일에도 "엄마!" 하면서 달려갑니다. 이것은 엄마가 전능한 사람이라고 믿기 때문입니다. 기도도 이렇게 해야 합니다. 우리는 어떤 일이든지 하나님께 아뢸 수 있습니다. 작은 일이든, 큰 일이든 문제될 것이 없습니다. 아이들은 자기에게 일어난 어떤 일이라도 부모가 관심이 있을 것이라고 믿어 의심치 않습니다. 작은 승리도, 실망도, 자기가 받은 상처도, 때린 상처도, 자기가 좋아하는 모든 일도 모두 다 부모님께 말하고 싶어합니다. 부모님은 언제나 자기 말을 다 들어줄 것으로 믿어 의심치 않는 것입니다. 우리도 하나님께 대하여 이같이 해야 합니다.

기도: 전능하신 하나님 아버지! 언제나 지켜주시는 하나님을 의지하게 하시고 모든 것을 주님께 아뢰며 기도하는 삶을 살게 하소서.

235. 기쁘게 사는 인생

*찬송: 360장 (통402장)

그러나 귀신들이 너희에게 항복하는 것으로 기뻐하지 말고 너희 이름이 하늘에 기록된 것으로 기뻐하라 하시니라 (눅 10:20).

　월남전이 한창이던 시절, 전쟁에서 부상당하여 돌아온 군인들을 위한 대대적인 위문공연을 준비하고 있을 때입니다. 프로그램의 총책임을 맡은 감독은 당시 미국의 최고 인기 코미디언 밥 호프를 초청하여 위문공연을 하면 그 공연이 빛이 날 것으로 생각했습니다. 그러나 밥 호프는 너무 바빴기 때문에 참여할 수 없다고 거절했습니다. 밥 호프가 없는 공연은 의미가 없다고 생각한 감독은 단 5분이라도 좋으니 반드시 얼굴을 비쳐달라고 간곡히 부탁했습니다. 결국 밥 호프는 단 5분간 무대에 서겠다고 약속을 했습니다.

　드디어 공연 당일 날 밥 호프가 무대에 서서 이야기를 시작하자 사람들은 웃기 시작했습니다. 그런데 밥 호프는 5분이 지나도 공연을 끝낼 생각을 하지 않았고 10분, 20분이 넘었는데도 공연을 계속했습니다. 밥 호프가 거의 40분 동안 공연을 하고 내려왔을 때 그의 얼굴에는 눈물이 흐르고 있었습니다. 감독은 어떻게 5분이 40분이 되었고 왜 눈물을 흘리고 있는지를 물었습니다. 그러자 그는 앞에 앉아있는 두 사람 때문이라고 했습니다. 감독이 나가보니 앞줄에 팔을 잃은 두 사람이 열심히 박수를 치며 기뻐하는 모습이 보였습니다. 한 사람은 왼팔을 잃었고 한 사람은 오른팔을 잃었는데 두 사람이 함께 박수를 치고 있었던 것입니다. 그 광경을 본 밥 호프는 유명한 말을 남겼습니다. "두 사람이 함께 기뻐하는 것, 참 기쁨이 무엇인지 가르쳐주었습니다. 나는 참된 기쁨을 배웠습니다."

기도: 주님! 하나님께서는 많은 은사를 저희에게 주셨지만 우리가 세상과 이웃을 위해 사용했는지요? 세상과 약한 이웃에게 참된 기쁨을 전하는 사람이 되게 하소서. 기쁨의 인생을 살게 하옵소서.

236. 평화

*찬송: 412장 (통469장)

화평하게 하는 자는 복이 있나니 그들이 하나님의 아들이라 일컬음을 받을 것임이요 (마 5:9)

　　영국의 왕 루이스가 평복을 입고 민정 시찰을 나가서 여러 곳을 다녔지만 평안하고 행복을 느끼며 사는 사람을 만나보지 못했습니다. 그는 자기의 정치가 잘못된 것이 아닌지 후회가 되기도 했습니다. 그러다 피곤하고 지친 몸으로 어느 산골짜기 물방앗간 옆에서 쉬고 있을 때였습니다. 그 물방앗간 옆에서 들려오는 노랫소리에 그는 감동을 받았습니다.

　　세상사람 날 부러워 아니하여도
　　나도 또한 세상사람 부럽지 않네
　　우리 주님 십자가 사랑 생각하면은
　　나도 모르게 웃음이 저절로 나네

　　쉬지 않고 들려오는 노랫소리에 왕은 '여기에 참 평화와 행복이 있구나'라고 느꼈습니다. 그래서 "여보시오!"라고 부르며 그 노래의 주인을 찾았습니다. 그랬더니 그 주인공은 나이가 많은 할머니였습니다. 루이스 왕은 "할머니! 그 노래의 2절은 없습니까?"라고 물었습니다. 할머니가 "2절이 있는지 없는지 모르겠지만 난 몰라요"라고 하자, 루이스 왕은 "그럼 제가 가르쳐드리지요"라고 하며 노래를 불렀습니다.

　　세상사람 날 부러워 아니하여도
　　영국의 왕 루이스가 부러워하네
　　우리 주님 십자가 사랑 생각하면은
　　나도 모르게 웃음이 저절로 나네.

기도: 만복의 하나님! 세상사람 부러워하지 않는 사람이 되게 하시고 주님 한 분만으로 만족하며 사는 신앙인이 되게 하소서.

237. 허물을 덮는 사랑

*찬송: 342장 (통395장)

미움은 다툼을 일으켜도 사랑은 모든 허물을 가리느니라(잠 10:12).
허물을 덮어주는 자는 사랑을 구하는 자요, 그것을 거듭 말하는 자는 친한 벗을 이간하는 자니라 (잠 17:9).

　인간의 마음속 깊은 곳에는 누구나 남의 잘못을 고발하고 싶은 욕망이 있습니다. 남의 허물을 동정하기는커녕 즐깁니다. 참된 사랑은 이웃의 허물이나 결함을 인내하며 그의 변화를 기도하며 기다려주는 것입니다. 사랑은 오래참고 모든 것을 참는 것입니다.
　미국의 16대 대통령인 링컨이 입후보했을 때 그를 모욕한 스텐톤이란 사람이 있는데, 그는 링컨을 가리켜 말하기를 "저급하고 교활한 어릿광대이고 고릴라의 원종이다." 라고 했습니다. 그러나 링컨이 대통령이 되었을 때 자기를 그렇게 모욕한 스텐톤을 국방 장관에 임명했습니다. 왜냐하면 그 직책에는 그가 적임자라고 여겼기 때문입니다. 그가 자기를 모욕한 정적이었지만 링컨은 최대의 예의를 베풀었습니다. 세월이 여러 해 흘렀습니다. 극장에서 공연을 관람하는 중에 링컨이 저격자의 총에 맞아서 죽음을 당했습니다. 대통령의 유해가 있는 방에서 혼자 눈물을 흘리며 서 있는 스텐톤은 이렇게 고백했습니다. "여기 세계 역사상 가장 훌륭한 통치자가 누워 있다."

기도: 주님! 십자가를 지시면서까지 참으셨던 주님을 본받게 하시고 어려움과 시험을 당할 때에 오래 참을 수 있는 믿음을 허락하소서.

238. 행복한 기다림

*찬송: 312장 (통341장)

그러나 여호와께서 기다리시나니 이는 너희에게 은혜를 베풀려 하심이요 일어나시리니 이는 너희를 긍휼히 여기려 하심이라 대저 여호와는 정의의 하나님이심이라 그를 기다리는 자마다 복이 있도다 (사 30:18).

> 뿌연 안개가 하늘로 올라가는 새벽
> 초록빛으로 덮인 들길에 서서
> 행여 찾아올지도 모르는 그대를 기다립니다.
> 혹시 내가 보고 싶어 이곳을 찾아올지도 모르는 그대를 기다린다는 것은
> 설레임과 행복한 기다림입니다.
> 난 오늘도 그 자리에 서서 먼 하늘을 바라보며
> 그리움으로 밀려오는 아픔을 안고
> 풀잎에 맺힌 이슬처럼 그대를 기다리렵니다.

이해인의 시 '행복한 기다림'입니다. 산다는 것은 기다림입니다. 밤이 되면 아침을, 겨울이 되면 봄을 기다립니다. 약속시간을, 또 다른 기회를, 더 성숙한 사람 되기를, 더 좋은 세상을 기다립니다. 처녀총각들은 사랑하는 사람을, 새 생명 잉태한 엄마들은 위대한 탄생을, 부모들은 자녀가 장성하여 행복한 가정 꾸리기를, 한반도 백성들은 하나님 손에서 민족이 평화롭게 하나 되기를 기다립니다.

우리는 고된 삶 한복판에 위로와 소망과 지혜와 능력을 주시는 주님을 기다립니다. "내가 진실로 속히 오리라!"하신 온 세상 역사의 주인이신 예수님, 이 세상 끝 날에 모든 인생 결산하고 모든 역사 심판하고 새 하늘 새 땅 눈부신 하나님나라 완성하실 그분을 기다립니다.

기도: 속히 오실 주님! 오늘도 주님을 기다리는 담대한 희망으로, 내일도 주님을 기다리는 꼿꼿한 믿음으로, 남은 믿음의 순례길 승리하게 하옵소서. 우리 삶의 하루하루가 주님을 기다리는 행복한 기다림이 되게 하옵소서.

239. 참된 예배

*찬송: 620장

하나님은 영이시니 예배하는 자가 영과 진리로 예배할지니라 (요 4:24).

어떤 흑인이 주일날 예배시간에 늦어서 자기가 다니는 교회에 가지 못했습니다. 그래서 자기 동네에서 제일 가까운 백인교회에서 예배를 드려야겠다고 생각하고 백인교회에 갔습니다. 그런데 그가 백인교회에 들어가려고 하는데 안내하는 곳에서 막았습니다. "여기는 백인들만 모이는 교회라서 당신 같은 검둥이는 못 들어옵니다."

주일날 교회에 와서 예배드리고 싶은데 못 들어오게 한 것이었습니다. 얼마나 안타깝겠습니까? 그래서 층계에 앉아 울고 있었습니다. 그런데 누가 와서 등을 쳤습니다. 뒤를 돌아보니까 예수님이 오셔서 자기의 등을 치는 것이었습니다. "왜 울고 있는가?" "주님 웬일이십니까? 제가 예배당에 들어가서 예배를 드리려고 왔는데 저 사람들이 내 얼굴이 검다고 못 들어오게 해서 예배를 드리지 못해 울고 있었습니다." 그러자, 예수님께서 "나도 저 안에 들어가 보지 못했네."라고 하셨습니다.

교회는 하나님의 집입니다. 누구든지 예배당에 들어와서 예배를 드릴 수 있으며 예수님을 믿는 자마다 멸망치 않고 구원을 얻습니다. 인종의 차별이 있을 수 없습니다. 큰 나라의 제왕도, 병자도, 세상 사람들에게 형편없는 여자라고 손가락질받던 여인도, 일곱 귀신들이 들어서 인간취급을 받지 못한 막달라 마리아 같은 여인도 예수님께 와서 구원을 받았습니다. 누구든지 구원을 받습니다.

기도: 의로우신 하나님! 우리의 예배를 받아주옵소서. 세상의 모든 연약하고 불쌍한 죄인들을 용서하시고 진정한 예배를 드리도록 도와주옵소서.

240. 참된 진리

*찬송: 279장 (통337장)

여호와여 나의 말에 귀를 기울이사 나의 심정을 헤아려 주소서 나의 왕, 나의 하나님이여 내가 부르짖는 소리를 들으소서 내가 주께 기도하나이다 (시 5:1-2).

    미국의 유명한 부흥사 닉키 크로스 목사는 유명한 깡패 두목이었습니다. 돈, 술, 여자를 원하는 대로 손에 넣었고, 자기 마음대로 부하를 죽이기도 하고 살리기도 했습니다. 그러나 밤에는 방문을 몇 개나 걸어 잠그고 베개 밑에 권총을 넣고 나서야 잠을 잘 수가 있었고, 마음 깊숙한 곳에서는 양심의 소리가 들려왔습니다. "수없이 많은 사람들을 협박하고 공갈하고 경찰관과 총격전을 벌이며, 밤에는 불안과 공포 속에 사는 것이 인생이란 말인가? 나는 좀 더 의롭게, 올바르게, 진실되게 살아갈 수가 없는가?"라고 고민했습니다.

    어느 날 뉴욕거리를 지나는데 월커슨 목사님이 "하나님은 여러분을 사랑하십니다. 예수 믿고 구원 얻으십시오."라고 전도하셨습니다. 그는 목사님에게 발길질을 하고 때려서 피를 흘리게 해 놓고 유유히 지나갔습니다. 그 이튿날도 그 거리를 또 지나가는데 월커슨 목사님이 손에 붕대를 감고 얼굴이 시퍼렇게 멍이 든 상태에서 "하나님은 사랑이십니다. 예수 믿고 구원 얻으십시오." 라며 전도를 하고 있었습니다. 그는 가까이 가서 "야! 지옥가거라"라고 고함을 쳤습니다. 그때 월커슨 목사님이 어디에서 그런 힘이 났는지 한 손으로 닉키 크로스의 허리끈을 잡고는 "당신, 지금 이 시간 회개하지 않으면 지옥에 갈 것이고 또 나중에 예수님을 어떻게 만날 것인가? 지금 당장 회개하라."고 눈을 부릅뜨고 그의 얼굴을 쳐다보았습니다. 닉키 크로스는 그 자리에서 자복했습니다. "내가 밤마다 눈물 흘리며 찾던 진리가 여기 있었구나."라고 깨닫게 되었습니다. 그 후 그는 깡패 생활을 청산하고 미국과 유럽에서 모르는 사람이 없을 정도로 훌륭한 주의 종이 되었습니다.

기도: 길이요 진리이신 주님! 우리를 죄의 길에서 돌이키게 해주시니 감사합니다. 늘 진리의 길을 걸을 수 있도록 인도하여 주옵소서.

241. 먼저 할 일

*찬송: 312장 (통341장)

그런즉 너희는 먼저 그의 나라와 그의 의를 구하라 그리하면 이 모든 것을 너희에게 더하시리라 (마 6:33)

미국의 유명한 백화점 왕인 존 워너메이커는 23대 대통령인 벤자민 헨리슨 대통령 재임시에 체신부 장관으로 재임하기까지 했습니다. 늘 바쁘다 보니 시간이 없어서 쩔쩔 맸습니다. 그때 어떤 분이 "워너메이커 장관! 주일학교 일을 하지 않으면 시간이 남을 것 아닙니까?"라고 말하자, 그는 "아닙니다. 주일학교 교장과 교사 일은 나의 본업입니다. 다른 일은 들러리입니다. 제가 벌써 45년 전에 '너희는 먼저 그 나라와 그의 의를 구하라 그리하면 이 모든 것을 너희에게 더하시리라'라는 말씀으로 은혜를 받았기 때문에 주일학교 교사와 교장 일은 쉴 수가 없습니다."라고 대답했다고 합니다.

여러분! 이 교회에서 맡은 일은 무엇입니까? 어떤 일이든 충성하시기 바랍니다. 이것이 주님 앞에서 해야 할 일입니다. "지혜 있고 진실한 청지기가 되어 주인에게 그 집 종들을 맡아 때를 따라 양식을 나누어 줄 자가 누구냐" (눅 12:42)라고 주님이 묻고 계십니다. 바로 여러분이 지혜 있고 진실한 청지기가 되어야 합니다.

기도: 진실한 청지기를 찾으시는 주님! 우리가 먼저 할 일이 무엇인지 깨닫게 하시고, 먼저 하나님나라와 그의 의를 구하는 하루가 되게 하소서.

242. 하나님께 드리는 헌금

*찬송: 50장 (통71장)

저들은 그 풍족한 중에서 헌금을 넣었거니와 이 과부는 그 가난한 중에서 자기가 가지고 있는 생활비 전부를 넣었느니라 하시니라 (눅 21:4)

　　서양 사람들은 하나님께 헌금을 드리는 것에 아주 인색하다고 합니다. 그러나 서양 교회가 선교 사업을 많이 하는 이유는 다른 데 있는 것이 아니고 마지막 유산처리를 잘하기 때문이라고 합니다. 마지막 돌아가실 때 유산을 교회와 고아원, 양로원, 선교단체 등에 기부하라고 유언하기 때문에 하나님의 일을 많이 할 수 있다는 것입니다. 그런데 우리는 인색해서 헌금은 조금 할 줄 알지만 마지막 정리 때는 유산을 자손들에게 물려 주어 서로 싸우다가 법정까지 가기도 합니다.

　　스코트 시에 나이 많은 할아버지 장로님이 계셨습니다. 이 장로님은 얼마나 인색한지 자녀들에게 용돈 한 번 주지 않았다고 합니다. 그래서 온 동네에서 엄청난 구두쇠로 통했습니다. 그런데 이 장로님이 돌아가시고 유언장이 공개되었는데, "내 재산 전부를 죠지 뮬러 목사에게 드려라"라는 유언이었습니다. 죠지 뮬러 목사님은 고아 2천 명을 돌보는 분이었습니다. 이 유언장을 본 아들들은 모두 "우리 아버지가 최고다"라고 했답니다. 이처럼 마지막을 멋있게 보내야 합니다. 어리석은 부자의 죄는 이처럼 써야 할 곳에 쓰지 않은 것이었습니다. 혹시, 우리 자신들이 쓰는 돈보다 자식들에게 쓰는 돈의 액수가 작아지고, 부모님께는 더 작아지고, 하나님께는 더욱 더 작아지지는 않습니까?

기도: 풍성케 하시는 주님! 주님께서는 우리를 위해 목숨까지 주셨지만 저희들은 물질조차 아까워하고 있습니다. 내게 있는 모든 것 주님께 드리는 믿음 주옵소서.

243. 때를 얻든지 못 얻든지

*찬송: 500장 (통258장)

너는 말씀을 전파하라 때를 얻든지 못 얻든지 항상 힘쓰라 범사에 오래 참음과 가르침으로 경책하며 경계하며 권하라 (딤후 4:2).

　　1962년 어느 날 밤 시애틀에 있는 한 호텔에서 빌리 그레함 목사님께서 주무시다가 밤중에 일어났습니다. 그것은 꼭 한 사람에게 지금 급하게 복음을 전해야 된다는 영적인 갈급함 때문이었습니다. '저 사람에게 전도해야 한다.' '저 사람에게 복음을 가르쳐 주어야 한다.' 그 사람은 바로 당시 최고 인기 절정에 있었던 마릴린 먼로였습니다. 그 이튿날도 마찬가지로 목사님은 마릴린 먼로에게 빨리 전도해야 되겠다는 성령의 명령을 가슴으로 느끼게 되었습니다.

　　그래서 그녀에게 전화를 했습니다. 그런데 비서가 "목사님, 죄송하지만 스케줄이 다 짜여 있어서 목사님을 만날 시간이 2주일 후쯤 되어야 할 것 같습니다."라고 했습니다. 그러나 인기 정상에 있던 마릴린 먼로는 그날 밤에 잠을 이루지 못하다가 수면제를 대량으로 먹고 다음 날 시체로 발견되었습니다. 복음을 받아보지도 못하고 복음을 들어보지도 못한 채 이 세상을 떠났습니다. 그녀는 마지막에 "나의 인생은 파장하여 문 닫는 해수욕장과 같습니다."라는 말을 남겼습니다. 인간의 마지막은 아무도 모릅니다. 우리의 부모님, 남편, 아내, 자손, 형제, 가까운 친구들이 너무 늦기 전에 하나님을 만날 수 있는 기회를 가질 수 있도록 해야 합니다.

기도: 주님! 온 세상 사람들이 구원받기를 원하시는 주님의 명령에 따라 오늘도 복음 들고 어디든지 갈 수 있는 주님의 신실한 제자가 되게 하옵소서.

244. 확신하는 기도의 응답

*찬송: 368장 (통486장)

일을 행하시는 여호와, 그것을 만들며 성취하시는 여호와, 그의 이름을 겨호와라 하는 이가 이와 같이 이르시도다 너는 내게 부르짖으라 내가 네게 응답하겠고 네가 알지 못하는 크고 은밀한 일을 네게 보이리라 (렘 33:2-3).

초등학교에 다니는 어린 아들이 정원 의자에 앉아서 쉬고 있는 아버지 옆에서 놀고 있었습니다. 먹구름이 뒤덮인 하늘에는 당장 비가 올 것 같았습니다. 아빠는 아들에게 비를 맞으면 안 되는 화분들을 실내로 옮기자고 했습니다. 그런데 작은 화분은 옮기기 쉬워도 어린 아들 앞에 있는 큰 화분은 옮기기가 쉽지 않았습니다. 어린 아들은 큰 화분을 혼자서 옮겨보려고 힘을 썼습니다. 그러나 혼자서는 도저히 옮길 수가 없었습니다.

그것을 보고 아버지가 말했습니다. "애야, 너는 네가 가진 힘을 다 사용하지 않고 있구나!" "아니예요. 저는 지금 최선을 다한 걸요. 그러나 이 큰 화분은 옮길 수가 없어요." 그러자 아버지가 말했습니다. "너는 나에게 도와달라고 청하지 않았잖니. 그것도 너의 힘이란다."

우리는 기도하지 않기 때문에 하나님의 위대한 능력을 얻을 수 없는 것입니다. 하나님은 기도하는 자에게 복을 주십니다. 기도는 하나님의 위대한 힘을 내 것으로 만드는 동력입니다.

기도: 주님! 하나님께 구하면 다 이루어주시는 것을 믿는다고 하면서도 기도하지 않을 때가 많습니다. 늘 하나님께 기도하는 삶을 살게 하소서.

245. 네 부모를 공경하라

*찬송: 579장 (통304장)

네 부모를 공경하라 그리하면 네 하나님 여호와가 네게 준 땅에서 네 생명이 길리라 (출 20:12).

    어떤 청년이 교회를 잘 다녔습니다. 그런데 부모님께서 기독교는 조상숭배를 하지 않는다며 교회 다니는 것을 결사반대하셨습니다. 특히 당신들이 돌아가시면 제사 지낼 사람이 없어서 안 된다는 것이었습니다.
    이 청년은 어떻게 해야 부모님의 마음을 감동시킬 수 있을지 하나님께 지혜를 구했습니다. 하루는 부모님이 주무시는 방 앞에 평소 부모님이 좋아하시는 음식을 차려놓고 부모님이 깨시기를 기다리며 무릎을 꿇고 있었습니다. 밤중에 그의 아버지가 잠에서 깨어 이 모습을 보시고 무슨 일인지를 물었습니다. 그러자 아들은 "아버지와 어머니가 주무시기에 음식을 준비했습니다. 잡수시라고요"라고 대답했습니다.
    그의 말에 아버지는 어이가 없어 "이 녀석아! 자는 사람이 어떻게 음식을 먹을 수 있냐?"라고 했습니다. 그러자 아들이 "아버지, 자는 사람도 음식을 먹지 못하는데 죽은 사람이 어떻게 음식을 먹을 수 있겠습니까?"라고 말씀드렸다고 합니다. 즉 제사를 지내봐야 죽은 사람은 먹을 수 없다는 것입니다. 아버지는 바로 깨달으시고 아들을 따라 교회에 나가셔서 좋은 성도가 되었다고 합니다. 효도의 최고의 방법은 '주 안에서'입니다. 안 믿으시는 부모님이 계시면 복음을 전해드리는 것이 최고의 효도입니다.

기도: 은혜가 풍성하신 주님! 믿지 않는 가족과 친척들에게 복음을 전하여 구원을 받을 수 있도록 제게 지혜와 담대함을 주옵소서.

246. 순종하는 가정

*찬송: 578장

아비를 조롱하며 어미 순종하기를 싫어하는 자의 눈은 골짜기의 까마귀에게 쪼이고 독수리 새끼에게 먹히리라 (잠 30:17).

　고부간에 사이가 좋지 않은 가정이 있었습니다. 며느리는 시어머니가 미워서 죽을 지경입니다. 그래서 동네에 지혜 있는 어른께 의논을 드렸습니다. 시어머니 때문에 못 살겠으니 표가 나지 않게 돌아가시게 하는 방법이 없냐고 물었습니다. 심각하게 들은 그 어른은 방법이 있다고 가르쳐주었습니다. 시장에 가서 밤을 몇 되 사다가 잘 삶아서 하루에 꼭 5개씩 한 달만 시어머니께 잡수시라고 드리면 돌아가실 것이라고 했습니다.

　며느리는 그대로 실천했습니다. 시어머니는 밤을 맛있게 드셨고 생전 안 하던 효도를 받으니 기분이 좋아지셨고 영양 많은 밤을 드시니 건강도 좋아졌습니다. 두 주일쯤 계속 간식을 잡수신 시어머니는 며느리가 그렇게 사랑스러울 수가 없어서 동네에 다니면서 며느리 자랑도 하고, 며느리 옷을 새로 맞추어 주기도 하고, 금반지도 빼어서 며느리에게 주었습니다. 그러자 며느리도 기분이 좋아지고 시어머니가 좋아졌습니다.

　이윽고 한 달이 다 되어가자 이제는 시어머니가 돌아가실까봐 걱정이 되어 동네 어른을 다시 찾아가 자기가 잘못했다면서 시어머니를 살릴 방법을 가르쳐달라고 했습니다. 그러자 그 어른이 빙그레 웃으시며 사실은 그런 방법으로 사람이 죽지 않는다고, 자기가 둘의 사이가 좋아지라고 꾀를 낸 것이라고 알려주었습니다. 며느리는 너무 기뻐하며 감사의 인사를 하고서 집으로 돌아갔습니다.

기도: 하나님 아버지! 우리를 낳으시고 길러주신 부모님께 효도하게 하시고 우리의 모든 것으로 진실한 마음으로 섬기게 하옵소서.

247. 아름다운 가정

*찬송: 559장 (통305장)

아내들이여 자기 남편에게 복종하기를 주께 하듯 하라 (엡 5:22).
그러므로 교회가 그리스도에게 하듯 아내들도 범사에 그 남편에게 복종할지니라 (엡 5:24).

남자들끼리 술을 마시고 지나가는데 한 청년이 골목길에 서서 "예수 믿고 천당 가세요!"라고 전도하고 있었습니다. 그 때 술친구 가운데 한 친구가 술에 취하여 "하나님을 보여 달라, 그러면 내가 믿겠다."라고 했습니다. 그러자 놀랍게도 술친구 가운데 다른 한 명이 자기를 따라오면 하나님을 보여주겠다며 자기 집으로 데려갔습니다.

집 앞에 도착하자 발길로 대문을 차면서 자기 부인을 부르자 그의 아내가 나오면서 웃는 얼굴로 "취하셨군요."라고 말했습니다. 그 소리가 듣기 싫어 잔소리가 많다며 그 아내에게도 발길질을 했습니다. 그리고 "빨리 저녁 준비해!"하고 고함을 쳤습니다. 그러자 그 아내는 역시나 상냥하게 부엌으로 가서 음식을 만들면서 "내 주를 가까이 하려 함은 십자가 짐 같은 고생이나 내 일생 소원은 늘 찬송하면서 주께 더 나가기 원합니다."라고 찬송을 불렀습니다.

그러자 그 남편은 친구들에게 문틈으로 자기 아내를 보라고 하면서 "우리는 지금 하나님을 보고 있는 것이네"라고 말했다고 합니다. 부인이 음식상을 들고 와서 "부족하지만 정성껏 준비했으니 많이 잡수세요."라고 말하고 나가자 그 남편은 다시 한 번 친구들에게 "자네들은 지금 하나님을 보았네."라고 하더랍니다.

기도: 아름다운 가정을 주신 하나님! 예수 그리스도 안에서 화목하게 하시니 감사합니다. 서로 양보하고 사랑하는 가정을 이루어 가는 가족들이 되도록 인도하옵소서.

248. 눈물의 십일조

*찬송: 49장 (통72장)

만군의 여호와가 이르노라 너희의 온전한 십일조를 창고에 들여 나의 집에 양식이 있게 하고 그것으로 나를 시험하여 내가 하늘 문을 열고 너희에게 복을 쌓을 곳이 없도록 붓지 아니하나 보라 (말 3:10).

김선도, 김홍도, 김국도, 김건도 목사는 감리교단에서뿐 아니라 한국교회와 세계교회에서 인정하는 훌륭한 목회자들입니다. 기독교 2천 년 역사상 4형제가 모두 수만 명의 교인을 섬기고 목회했던 일은 거의 없을 것입니다. 이들 형제가 이렇게 큰 복을 받은 것은 어머니 이숙녀 전도사님의 믿음의 십일조 때문입니다.

이숙녀 전도사님은 6.25전쟁 때 북한에서 피난 나와 군산에서 어린 6남매를 데리고 살았습니다. 큰아들 김선도는 군복무 중이었고, 생활은 둘째아들인 김홍도와 전도사님이 책임을 지고 있었습니다. 하루 벌어서 하루 먹고 사는 가난 속에서, 심지어는 아이들에게 술찌끼를 먹이면서도 십일조를 빼먹지 않았습니다. 그때 전도사님의 십일조는 생명 자체였으나 그는 이를 실천했습니다. 그 믿음의 실천으로 아들 4형제가 대성하는 목회자들이 되었습니다.

신길동에서 시무하시던 박용묵 목사님이 대구 문화촌교회를 시무하실 때의 일이었습니다. 어느 날 심방을 가려고 대문을 나서는데 코가 문드러지고 손이 꼬부라진 나병환자가 십일조를 바치러 왔다면서 35원을 내어놓았습니다. 5원 짜리 3장과 1원 짜리 20장이었습니다. 목사님은 민망해서 도로 드리려고 하자 그 환자는 "내가 비록 몹쓸 병이 들어 거지가 되었지만 십일조 드리는 기쁨마저 없으면 어떤 마음으로 살겠습니까?"라고 했다고 합니다.

기도: 만물의 주인이신 하나님! 하나님의 것을 하나님께 온전히 구별하여 드리는 십일조 생활을 온전하게 하시고, 하나님의 것을 도적질하지 않는 신앙인이 되게 하소서.

249. 겸손한 입술

*찬송: 212장 (통347장)

그가 이르되 그대의 말이 한 어리석은 여자의 말 같도다 우리가 하나님께 복을 받았은즉 화도 받지 아니하겠느냐 하고 이 모든 일에 욥이 입술로 범죄하지 아니하니라 (욥 2:10).

　복도 입술로 나오고 저주도 입술로 나옵니다. 한 입에서 복도, 저주도 나올 수 있습니다. 그러나 믿는 자의 입에서는 복만 나와야 합니다. 자동차 일급 정비기사 자격증을 가진 미국 청년 하나가 낡은 차 한 대를 사서 타고 다녔습니다. 그런데 어느 날 길 가운데서 자동차가 고장이 나버렸습니다. 엔진 부분을 열어놓고 이것, 저것에 손을 대면서 고쳐보았지만 도무지 고쳐지지 않았습니다. 땀을 뻘뻘 흘리고 있는데 웬 노인이 지나가다가 차를 세우고는 청년의 어깨 너머로 보면서 도와주겠다고 말했습니다. 그러자 청년은 "쓸데없는 소리 마세요. 내가 일급 정비사요!"라면서 면박을 주었습니다. 그런 후 아무리 고쳐보아도 고쳐지지 않았습니다.
　그때 그 노인이 들여다보더니 엔진을 탁탁 치고는 시동을 걸어보라고 했습니다. 일급 정비사 청년이 고개를 갸우뚱하면서 시동을 걸어보니 엔진에 시동이 걸렸습니다. 무안해진 청년은 노인에게 물었습니다. "할아버지는 누구십니까?" 그러자 할아버지는 "나는 이 자동차를 만든 회사의 사장인 헨리 포드요."라고 대답했습니다.
　믿는 자는 교만할 자유가 없습니다. 오직 겸손해야 합니다.

기도: 약한 자의 힘이 되신 주님! 입술로 교만하여 죄를 짓지 않게 하시며 늘 겸손하게 하소서. 그리하여 주님께 인정받게 하소서.

250. 약속을 믿는 믿음의 고백 　　　*찬송: 545장 (통344장)

여호와께서 아브람에게 이르시되 너는 너의 고향과 친척과 아버지의 집을 떠나 내가 네게 보여 줄 땅으로 가라 (창 12:1).
이에 아브람이 여호와의 말씀을 따라갔고 롯도 그와 함께 갔으며 아브람기 하란을 떠날 때에 칠십오 세였더라 (창 12:4).

　하나님께서는 아브라함을 부르시고 일곱 가지 복을 약속하셨습니다 (창 12:1-4).
　1) 너로 큰 민족을 이루게 하겠다.
　2) 네게 복을 주겠다.
　3) 네 이름을 창대케 하겠다.
　4) 너는 복의 근원이 될 것이다.
　5) 너를 축복하는 자는 내가 복을 주겠다.
　6) 너를 저주하는 자는 내가 저주하겠다.
　7) 땅의 모든 족속이 너를 인하여 복을 얻을 것이다.

　실로 엄청난 하나님의 약속입니다. 그러나 이 약속에는 조건이 있었습니다. "너는 너의 고향과 친척과 아버지의 집을 떠나 내가 네게 보여준 땅으로 가면 이 복을 주겠노라"하는 것입니다. 고향과 친척, 가족을 버리고 떠난다는 것은 쉬운 일이 아닙니다. 고향을 떠난다는 것은 생명의 위험을 무릅쓴 모험이 될 수도 있습니다. 그래도 아브라함은 하나님의 말씀에 순종하였습니다. 그랬더니 약속대로 하나님은 아브라함의 후손인 이스라엘로 하여금 큰 민족을 이루게 하셨습니다. 아브라함은 복 받는 표본입니다. 아브라함과 같이 하나님께 순종하는 자는 하나님의 넘치는 복을 받을 수 있습니다.

기도: 주님! 아브라함과 같이 하나님 말씀에 순종하는 자가 되게 하시며, 저희도 복의 근원이 되는 복을 허락하옵소서.

251. 경건의 훈련

*찬송: 312장 (통341장)

망령되고 허탄한 신화를 버리고 경건에 이르도록 네 자신을 연단하라 육체의 연단은 약간의 유익이 있으나 경건은 범사에 유익하니 금생과 내생에 약속이 있느니라 (딤전 4:7-8).

세상의 모든 일은 훈련으로 이루어집니다. 청년들이 군에 입대하면 훈련소에 입소하게 됩니다. 훈련을 받기 위함입니다. 기초훈련을 잘 받아야 정병이 됩니다. 군인으로서 책임과 사명과 규율과 자세를 훈련받아야 합니다. 병기 사용의 훈련을 받아야 합니다. 방어에 대한 훈련도 필요하고 공격에 대한 훈련도 필요합니다. 장비가 아무리 좋아도 훈련을 받지 않은 군대는 전쟁에서 승리하지 못합니다. 군인뿐만 아닙니다. 운동선수들의 훈련은 매우 고됩니다. 피아니스트가 제대로 피아노 연주를 하려면 하루에 4시간 이상 매일 연습을 해야 한다고 합니다.

이처럼 신앙생활도 훈련이 필요합니다. 그럴 때 영적인 성장이 있습니다. 디모데는 풍부한 경험이 있고 훌륭한 자질을 갖춘 사역자였지만, 여전히 하나님을 경외하며 하나님의 사랑에 붙잡혀서 하나님과 함께 하기를 갈망하는 경건이 필요했던 것입니다. 결국 이것은 디모데뿐 아니라 오늘을 사는 우리 그리스도인들에게 필요한 것입니다. 우리의 삶 전체가 하나님과 동행하기를 갈망해야 합니다. 이러한 경건이 우리에게 필요합니다. 그럴 때 칭찬받는 그리스도인이 될 수 있습니다.

기도: 주님! 망령되고 허탄한 신화를 버리게 하옵소서. 예수 그리스도를 닮도록 경건에 이르는 훈련을 쉬지 않도록 도와주옵소서.

252. 무릎꿇고 기도

*찬송: 361장 (통480장)

이러므로 내가 하늘과 땅에 있는 각 족속에게 이름을 주신 아버지 앞에 무릎을 꿇고 비노니 (엡 3:14-15).

김익두 목사님이 황해도 신천에서 전도인으로 있을 때의 일입니다. 그는 장날마다 열심히 전도했습니다. 사람이 많이 모이는 곳에 가서 노방전도를 하는데, 한 사람이 얼마나 심하게 욕을 하던지 그 욕 한 마디가 쌀 한 알씩이라면 쌀이 몇 섬 될 정도였습니다. 어떤 이는 돌멩이를 던져서 갓 꼭대기를 뚫어놓았습니다. 어떤 날은 키 큰 사람이 구정물 바가지를 가지고 와서 끼얹기도 했습니다. 어떤 날은 그의 멱살을 잡고 때리는 사람도 있었습니다.

이렇게 열 달 동안 전도를 했지만 핍박만 있었고 믿는 사람은 한 명도 없었습니다. 하루는 산에 올라가 세 사람만 믿게 해달라고 울면서 기도했습니다. 그리고 이튿날 전도를 하는데 어떤 총각이 믿겠다고 하고, 어떤 부인도 믿겠다고 했습니다. 그리고 상투를 맨 네 사람이 믿겠다고 했습니다. 하나님께 세 사람을 달라고 기도했는데 30명이나 보내주셨습니다. 그러다 300명이 되고 나중에는 800명이 모이는 교회가 되었습니다. 그 교회에서 목사가 11명이 나왔습니다. 기도는 이렇게 귀한 것입니다.

기도: 하늘에 계신 하나님! 우리가 기도를 쉬는 죄를 짓지 않게 하시고 주님의 명령인 복음전파를 위한 기도가 이루어지게 하소서.

253. 황홀한 고백

*찬송: 293장 (통414장)

사랑은 오래 참고 사랑은 온유하며 투기하는 자가 되지 아니하며 사랑은 자랑하지 아니하며 (고전 13:4).

이해인 시인의 '황홀한 고백'이란 시가 있습니다.

> 사랑한다는 말은
> 가시덤불 속에 핀
> 하얀 찔레꽃의 한숨 같은 것.
>
> 내가 당신을 사랑한다는 말은
> 한 자락 바람에도 문득 흔들리는 나뭇가지
> 당신이 나를 사랑한다는 말은
> 무수한 별들을 한꺼번에 쏟아내는
> 거대한 밤하늘이다.
>
> 어둠 속에서도 훤히 얼굴이 빛나고
> 절망 속에서도 키가 크는 한 마디의 말
> 얼마나 놀랍고도 황홀한 고백인가
> 우리가 서로 사랑한다는 말은.

제일 잘 아는 것 같은데 실제는 잘 알지 못하는 것, 제일 많이 말하면서 제일 많이 실천하지 못하는 것, 그러면서 이것이 없이는 살아갈 수 없는 것. 그것이 바로 사랑입니다.

기도: 사랑의 하나님! 오래 참게 하시고, 온유하게 하시며, 자랑하지 않고 겸손하게 사랑하는 사람이 되게 하소서.

254. 사랑은 희생하는 것

*찬송: 303장 (통403장)

또 네 이웃을 사랑하고 네 원수를 미워하라 하였다는 것을 너희가 들었으나 나는 너희에게 이르노니 너희 원수를 사랑하며 너희를 박해하는 자를 위하여 기도하라 (마 5:43-44).

술주정뱅이며 노름꾼인 아버지가 누군가에게 맞아서 죽었습니다. 그런데 아들은 아마 어머니가 죽였을 것이라고 짐작하여 자기가 아버지를 죽였다고 주장하고, 어머니는 아들이 죽였을 것이라고 짐작하여 자신이 남편을 죽였다고 주장했습니다.

어머니는 구멍가게를 하면서 남편의 사업자금을 대주려고 계를 하다가 잘못되어 사기죄로 교도소 생활까지 했습니다. 그러나 남편은 살던 집의 전세보증금까지 빼내어 노름으로 다 날리고 딸을 음식점에 취직시키고서는 그 월급까지 받아 노름밑천으로 쓸 정도였던 사람이었습니다. 그리고 친구들이 모아서 준 돈 200만 원을 아들이 TV밑에 숨겨두었는데 그것을 노름밑천으로 쓸려고 했던 사람이었습니다.

그래서 어머니와 아들은 이러한 이유 때문에 서로 아버지와 남편을 죽였을 것이라고 생각했던 것입니다. 나중에 범인을 잡고 보니 제3의 인물인 노름을 같이 했던 친구가 아령으로 아버지를 살해했다는 사실이 밝혀졌습니다. 어머니는 아들을 위해서, 아들은 어머니를 위해서 서로 본인들이 살인죄를 저질렀다고 하면서 서로의 잘못을 덮어주려고 한 사랑은 참으로 애틋했습니다. 사랑은 이렇게 희생하는 것입니다.

기도: 주님! 세상에 살면서 남에게 사랑을 받으려고 하기보다는 남에게 먼저 사랑을 주는 생활을 하게 하옵소서. 사랑은 희생하는 것임을 깨닫게 하소서

255. 사랑의 말

*찬송: 304장 (통404장)

그런즉 믿음, 소망, 사랑 이 세 가지는 항상 있을 것인데 그 중의 제일은 사랑이라 (고전 13:13).

"나는 당신을 사랑합니다."라고 말하며 실천할 수 있어야 합니다.

작은 시골에 있는 성당에서 주일미사에서 신부를 돕고 있던 한 소년이 실수를 하여 제단의 성찬으로 사용할 포도주 그릇을 떨어뜨렸습니다. 신부는 즉시 소년의 뺨을 치며 소리를 질렀습니다. "어서 물러가고 다시는 제단 앞에 오지마라!" 이 소년이 장성하여 공산주의 대지도자인 유고의 티토 대통령이 되었습니다.

다른 큰 도시의 성당에서 미사를 돕던 한 소년이 역시 성찬용 포도주 그릇을 떨어뜨렸습니다. 신부는 곧 이해와 동정이 어린 사랑의 눈으로 그를 바라보며 조용히 속삭였습니다. "괜찮아, 네가 앞으로 훌륭한 신부가 되겠구나." 이 소년은 자라서 유명한 대주교 훌톤 쉰이 되었습니다.

티토 소년은 신부의 말대로 제단 앞에서 물러가 하나님을 비웃는 공산주의의 지도자가 되었고, 쉰 소년은 신부의 말 그대로 귀한 하나님의 일꾼이 된 것입니다. 내 입에서 어떤 말들이 흘러나오고 있습니까? 사랑의 말과 긍정의 말이 나오고 있습니까? 사랑은 성령의 열매입니다.

기도: 하나님! 우리의 입술이 긍정의 입술이 되게 하소서. 사랑한다는 말이 우리 입술에서 끊이지 않게 하옵소서.

256. 포기하지 않는 전도

*찬송: 505장 (통268장)

주의 약속은 어떤 이들이 더디다고 생각하는 것같이 더딘 것이 아니라 오직 주께서는 너희를 대하여 오래 참으사 아무도 멸망하지 아니하고 다 회개하기에 이르기를 원하시느니라 (벧후 3:9).

일본의 인내심 많은 어떤 목사님이 한 노인에게 전도엽서를 계속 보냈습니다. 처음 3년 동안은 아무 회답도 없었습니다. 목사님은 다시 3년 동안 꾸준히 계속해서 엽서를 보냈습니다. 그리고 이번에는 봉함엽서를 보냈습니다. 그러나 이번에도 아무 반응이 없었습니다.

그래도 목사님은 단념치 않고 더욱 정중하게 두루마리 종이에 붓으로 써서 보냈습니다. 역시 반응이 없자 목사님은 직접 찾아갔습니다. 그때 크게 실망하였습니다. 지금까지 정성들여 보낸 편지는 휴지로, 두루마리는 가늘게 꼰 끈이 되어 담뱃대 청소에 쓰이고 있었습니다.

그 노인은 목사님의 인사를 받기가 무섭게 "그것 참, 담뱃대 청소에는 두루마리 종이가 아주 좋습디다."라고 했습니다. 이 말에 인내심이 많은 목사님도 실망과 분노가 치밀지 않을 수 없었습니다.

그러나 속으로 생각하니 그것은 목사 자신의 경솔함이었습니다. "하나님은 아무도 멸망치 않고 다 회개하기에 이르기를 원하시느니라"는 말씀을 기억하며 무던히 참고 기다리기로 했습니다. 그리고 전날과 다름없이 계속 주님의 사랑을 받아들이기를 간곡하게 호소하는 편지를 보냈습니다. 얼마 후 그 노인은 말쑥한 정장을 하고 교회에 들어섰습니다. 예배를 마친 후 그 노인은 전날의 일들을 정중히 사과하고 진심으로 용서를 빌었습니다. 물론 하나님께 회개를 한 것은 말할 나위도 없었습니다.

기도: 주님! 마음의 문을 꼭 닫고 있는 자들에게 복음을 전하게 하옵소서, 인내와 사랑과 기도로 그들을 주님께 돌아오게 하옵소서.

257. 인내하는 자

*찬송: 342장 (통395장)

보라 인내하는 자를 우리가 복되다 하나니 너희가 욥의 인내를 들었고 주께서 주신 결말을 보았거니와 주는 가장 자비하시고 긍휼히 여기시는 이시니라 (약 5:11).

성공이란 천재들에게만 찾아오는 것이 아닙니다. 재산이란 우연히 떨어지는 과일이 아닙니다. 고통스러운 노동과 신중한 계획과 참을성이 성공을 가져오는 것입니다. 성공은 인내로써 주어지는 선물입니다. 참고 견딜 때 성공이 주어집니다. 역사를 볼 때 인내를 통하여 크게 성공한 사람은 에이브라함 링컨입니다.

그는 1832년에 직장을 잃었습니다. 그 해에 주의회 선거에서 패배했습니다. 1833년에 사업에 실패했으나 1834년에 주의회의원에 당선되었습니다. 1835년에는 애인을 잃었고 1836년에 주의회 의장선거에서 낙선했습니다. 그리고 1843년에 하원의원 지명선거에서 패배했습니다. 그러다 1846년에 하원의원에 당선되었고 다시 1848년에 하원의원 지명선거에서 패배했습니다. 1849년에 토지국 임원의 지위를 박탈당했고 1854년에는 상원의원 선거에서 패배했습니다. 1856년에 부통령 지명선거에서 패배했고 1858년에도 상원의원 선거에서 낙선했으나 드디어 1860년에 미합중국 대통령에 당선되었습니다. 최후의 승리는 끈기있게 모든 역경을 참는 사람에게 반드시 돌아옵니다.

기도: 끝까지 참으시는 하나님! 우리가 세상에서 자주 넘어지고 쓰러집니다. 그러나 주님을 의지하고 세상에서 끝내 승리할 수 있도록 성령님께서 도와주옵소서.

258. 편견

*찬송: 401장 (통457장)

너희 관용을 모든 사람에게 알게 하라 주께서 가까우시니라 (빌 4:5).

　어느 시골 중학교 교실에서 있었던 일입니다. 선생님이 첫 시간에 출석을 부르는데 한 학생의 입에서 술 냄새가 났습니다.
　선생님은 왜 술을 먹고 학교에 왔느냐고 야단을 쳤습니다. 한 달 후 가정방문을 했을 때 선생님은 그 학생이 먹을 것이 없어서 아침식사 대신에 술을 거르고 난 찌꺼기를 먹고 학교에 왔었다는 것을 알게 되었습니다. 나중에 선생님은 학생에게 진심으로 사과를 했습니다.
　남의 사정도 모르고 밖으로 드러나는 것으로만 판단하는 것, 이것을 편견이라고 합니다. 특별히 교회에서 봉사하는 사람은 이런 면에서 정말 조심해야 합니다. 한쪽 말만 듣고 말하거나 평가해서는 안 됩니다.
　편견이 아주 많았던 청년 사울은 기독교를 박해할 때 충성스러운 집사 스데반을 돌로 쳐 죽이는 무서운 일에 앞장섰습니다. 그러나 그는 예수님의 부르심을 받고나서 로마서 12장 1절에서 "그러므로 형제들아 내가 하나님의 모든 자비하심으로 너희를 권하노니 너희 몸을 하나님이 기뻐하시는 거룩한 산 제물로 드리라 이는 너희가 드릴 영적 예배니라"고 말씀하고 있습니다.

기도: 공평하신 하나님! 저희가 편견으로 인해 다른 사람들에게 상처를 주지 않게 하시고 늘 자비한 마음을 가지게 하소서.

259. 자비로운 자

*찬송: 289장 (통208장)

너희 아버지의 자비로우심 같이 너희도 자비로운 자가 되라 (눅 6:36).

　인류의 역사 이래 인간문명은 상상할 수 없을 만큼 발달했습니다. 지식도 급속도로 발달했습니다. 그러나 오늘날만큼 인간이 사나워지고 조급해지고 무정하고 무절제한 시대가 없었습니다. 사람의 목숨이 파리 목숨으로 취급됩니다. 돈벌이가 된다면 아무것도 모르는 아이도 유괴합니다. 얼마나 무정합니까?

　영국 웨일즈 지방의 어느 시골에 한 소년이 위험한 병으로 중태에 빠졌습니다. 그의 과부 어머니는 아들을 살리고자 비가 퍼붓는 밤길 20리를 달려 의사에게 갔습니다. 의사는 여러 가지로 망설였습니다. '이 비오는 밤길 20리를 어떻게 가나? 치료비는? 소년의 생명을 건져보았자 노동자에 불과할텐데!' 그러나 의사는 자비로운 마음을 갖고 왕진을 갔습니다. 경각에 달린 소년의 생명을 살렸습니다.

　이 소년이 장래 영국 정치계를 지도한 내무장관, 군수장관, 국방장관을 역임한 로이트 조지 경이었습니다. 로이트 조지가 재무장관이 되던 날, 그 의사는 다음과 같이 말했습니다. "비가 퍼붓는 밤길 20리를 가서 그 시골의 가난한 농가의 소년을 구한 것이 바로 영국의 대 지도자의 목숨을 구한 것이라고는 생각조차 못했습니다."

기도: 자비로우신 하나님! 무섭고 험한 세상에서 빛과 소금이 되어 자비를 베풀어 예수님의 사랑을 전하는 삶을 살게 하소서.

260. 선으로 악을 이기라

*찬송: 308장

네 원수가 주리거든 먹이고 목마르거든 마시게 하라 그리함으로 네가 숯불을 그 머리에 쌓아 놓으리라 악에게 지지 말고 선으로 악을 이기라 (롬 12:20-21).

　1907년 한국 초대교회에 일곱 목사가 탄생했습니다. 한석진, 서경조, 이기풍, 길선주, 방기창, 손인서, 양전백 목사입니다. 이 목사님들 중 이기풍 목사님은 깡패 출신이었습니다. 평양신학교를 세운 사무엘 마펫 목사님이 시장 거리에서 "예수 믿으세요!"라고 전도를 하고 있었습니다. 그때 깡패 이기풍이 목사님께 돌멩이를 던져 목사님의 이마에서 피가 났습니다. 목사님은 그를 잡아 고발할 수 있었습니다. 그러나 목사님은 그렇게 하지 않았습니다. 인내와 용서입니다.

　평양 장대재교회를 세울 당시에 예배당이 없었던 교인들이 기쁜 마음으로 헌신 봉사하여 예배당을 세웠습니다. 그런데 난데없이 깡패들이 몰려와 세워놓은 예배당을 부수었습니다. 그 일을 하던 깡패들의 대장은 이기풍이었습니다. 그러나 교회는 대항하지 않았습니다. 선으로 악을 이기는 모습을 보여주었습니다.

　결국 그들은 회개하고 교회로 돌아왔고 교회는 과연 다르다는 고백을 했습니다. 그래서 교회가 부흥되었습니다. 이기풍도 회개하고 1903년에 평양 장로회신학교에 입학했습니다. 그리고 1907년에 졸업하여 목사가 되었고 제주도에 선교사로 갔습니다. 선으로 악을 이긴 열매입니다. 의의 열매가 맺혀졌습니다.

기도: 선하신 주님! 우리를 핍박하고 괴롭히는 자들을 위해 기도할 수 있는 힘을 주시고, 선으로 악을 갚을 수 있는 믿음을 주옵소서.

261. 먼저 손 내밀라

*찬송: 310장 (통410장)

그가 우리를 위하여 목숨을 버리셨으니 우리가 이로써 사랑을 알고 우리도 형제들을 위하여 목숨을 버리는 것이 마땅하니라 (요일 3:16).

> 내가 먼저 손 내밀지 못하고
> 내가 먼저 용서하지 못하고
> 내가 먼저 웃음주지 못하고 이렇게 머뭇거리고 있네
> 그가 먼저 손 내밀기 원했고
> 그가 먼저 용서하기 원했고
> 그가 먼저 웃음주길 원했네 나는 어찌된 사람인가
> 오! 간교한 나의 입술이여
> 오! 더러운 나의 마음이여
> 왜 나의 입은 사랑을 말하면서
> 왜 나의 맘은 화해를 말하면서
> 왜 내가 먼저 져줄 수 없는가
> 왜 내가 먼저 손해볼 수 없는가
> 오늘 나는 오늘 나는
> 주님 앞에서 몸둘 바 모르고 이렇게 흐느끼며 서있네
> 어찌할 수 없는 이 맘을 주님께 맡긴 채로

이 복음성가를 지은 사람이 시골 교회에 있었을 때 자기가 전도한 사람과 다투었다고 합니다. 그래서 관계가 소원해졌습니다. 교회에 가면 그 사람과 화해해야지 했는데 그렇게 하지 못했습니다. 그러다가 전도했던 그 사람이 갑자기 사고로 죽게 되었습니다. 그는 그날 밤 밤새 통곡하며 이 찬송을 만들었다고 합니다.

기도: 주님! 남을 용서하지 못하고 살았던 것을 용서하옵소서. 이제 주님을 사랑하는 마음으로 이웃을 사랑하게 하옵소서.

262. 온유한 사람

*찬송: 311장 (통185장)

그러나 온유한 자들은 땅을 차지하며 풍성한 화평으로 즐거워하리로다 (시 37:11).

나에게 잘못한 자에 대하여 보복을 한다면 보복은 또 다른 보복을 낳습니다.

톨스토이의 '계란 한 개'라는 이야기를 아십니까?

시골 동네에서 이웃끼리 화목하게 잘 살고 있었는데 어느 날 한 집의 암탉이 자기 집이 아닌 이웃집에 가서 계란을 낳았습니다.

그것을 보고 그 집 아이가 이웃집 아이에게 계란을 달라고 했습니다. 그 아이가 가보고 오더니 없다고 했습니다. 아이가 숨긴 것입니다. 그래서 다투게 되었습니다. 오후에 아버지들이 일터에서 돌아와서 그 일에 대해서 듣고는 가족 간의 다툼이 일어났습니다.

화가 난 아버지 한 사람이 불을 질렀습니다. 그때 하필 바람이 심하게 불어 양쪽 집 모두 다 타버렸습니다. 그때서야 후회를 했지만 때는 이미 늦었습니다.

온유한 사람은 조용히 앉아서 소화 작업을 하는 사람입니다. 부드럽고 겸손한 말로 원한의 불길을 진화시키는 사람이 온유한 사람입니다.

기도: 좋으신 하나님! 우리에게 잘못한 사랑을 용서하게 하시고, 부드럽고 겸손한 말로 사람들을 대하는 온유한 사람이 되게 하소서.

263. 불평하지 말자

*찬송: 429장 (통489장)

네 길을 여호와께 맡기라 그를 의지하면 그가 이루시고 네 의를 빛같이 나타내시며 네 공의를 정오의 빛같이 하시리로다 여호와 앞에 잠잠하고 참고 기다리라 자기 길이 형통하며 악한 꾀를 이루는 자 때문에 불평하여 말지어다 (시 37:5-7).

우스갯소리의 하나인 '얄미운 여자' 시리즈를 알고 계십니까?

10대에 가장 얄미운 여자는 예쁘고 공부도 잘 하는 여자입니다.

20대에 가장 얄미운 여자는 실컷 놀았는데 시집 잘 가는 여자이고,

30대에 가장 얄미운 여자는 같이 성형수술 했는데 표가 안 나는 여자랍니다.

그리고 40대는 별로 신경도 안 썼는데 아이들이 대학에 척척 잘 들어가는 여자이고, 50대는 먹어도 먹어도 배가 안 나오는 여자입니다.

60대는 남편이 돈 많이 벌어놓고 일찍 죽은 여자랍니다.

이것이 세상 사람들이 지껄이는 이야기입니다. 세상이 다 그렇습니다. 내 마음대로 되는 것이 아닙니다. 그러므로 세상을 보고 불평하면 안 됩니다. 또한 우리가 인생을 살아갈 때 악한 자의 번성과 성공을 볼 때가 있습니다. 분명히 불평할 수밖에 없는 상황일 때가 많습니다. 그러나 우리는 불평하지 말아야 합니다. 불평하지 않을 때 하나님은 복을 주시는 것입니다.

기도: 의로우신 하나님! 인간의 욕망은 끝이 없습니다. 욕심대로 안 되면 불평합니다. 불평하지 않고 하나님의 뜻을 기다리는 신앙인이 되게 하소서.

264. 하나님의 말씀

*찬송: 200장 (통235장)

하나님의 말씀은 살아 있고 활력이 있어 좌우에 날선 어떤 검보다도 예리하여 혼과 영과 및 관절과 골수를 찔러 쪼개기까지 하며 또 마음의 생각과 뜻을 판단하나니 (히 4:12).

　　루터는 1517년 10월 31일, 교회가 고쳐야 할 95개의 조항을 독일 비텐베르크 예배당 정문에 붙여놓고 당시 교권주의자들에게 토론할 것을 제의했습니다. 그때 당시 교회는 선한 행위가 구원의 조건이라고 너무 강조했기 때문입니다. 루터는 율법준수가 구원의 조건이 아닌 것을 밝히려고 했습니다. 그는 "하나님 앞에서 아무도 율법으로 말미암아 의롭게 되지 못할 것이 분명하니 이는 의인이 믿음으로 살리라 하였음이라."(갈 3:11)는 말씀에서 해답을 찾았습니다. 그래서 용기를 내어 종교개혁이라는 위대한 일을 감당할 수 있게 된 것입니다.

　　루터 후에 장로교의 뼈대를 만든 분은 칼뱅입니다. 그에게 주신 하나님의 말씀은 이사야 53장 5절이었습니다. "그가 찔림은 우리의 허물때문이요 그가 상함은 우리의 죄악때문이라 그가 징계를 받으므로 우리는 평화를 누리고 그가 채찍에 맞으므로 우리는 나음을 받았도다." 이 말씀을 읽는 중에 그는 하나님의 음성을 들은 것입니다. 그가 27세 때 완성한 《기독교 강요》는 불후의 명작입니다. 우리 장로교의 기본을 정리한 책입니다.

기도: 생명의 말씀이신 하나님! 하나님의 말씀을 통해 저희가 이 세상을 살아가게 하시고, 하나님 말씀을 올바로 전하는 사람이 되게 하소서.

265. 능력의 말씀

*찬송: 205장 (통236장)

낮에와 같이 단정히 행하고 방탕하거나 술 취하지 말며 음란하거나 호색하지 말며 다투거나 시기하지 말고 오직 주 예수 그리스도로 옷 입고 정욕을 위하여 육신의 일을 도모하지 말라 (롬 13:13-14).

중세 천년을 대표하는 신학자는 어거스틴입니다. 그는 젊었을 때 크게 방황했는데 스무 살이 되기 전에 기생집에 드나들었습니다. 어머니 모니카는 방황하는 아들을 위하여 많은 눈물을 흘리며 기도했습니다. 그러나 아들은 어머니가 살아계실 때 하나님 품속으로 돌아오지 못했습니다. 그래도 어머니는 낙심하지 않았습니다.

어머니는 그 아들이 분명히 하나님께 돌아올 것을 확신했습니다. 어머니가 돌아가신 후 어느 날 어거스틴은 정원을 거닐다가 불현듯 성경을 읽고 싶은 마음이 용솟음쳤습니다. 그래서 그가 읽은 성경이 로마서 13장 13-14절입니다. "낮에와 같이 단정히 행하고 방탕하거나 술 취하지 말며 음란하거나 호색하지 말며 다투거나 시기하지 말고 오직 주 예수 그리스도로 옷 입고 정욕을 위하여 육신의 일을 도모하지 말라."

이 말씀이 어거스틴의 가슴을 수술했습니다. 그는 못된 버릇을 깨끗이 버렸습니다. 신학을 공부하고 위대한 신학자가 되었습니다. 그는 《신의 도성》이라는 책을 저술했는데 당시 세계를 지배하던 로마는 멸망할 수밖에 없다는 것을 지적한 것입니다. 그 이유는 죄악 때문이라는 것입니다.

인간들은 강대한 로마제국이 영원할 것으로 믿었습니다. 그러나 영원히 멸망하지 않을 나라는 이 세상 나라가 아니라 예수 그리스도의 보혈의 피로 구원받은 성도들이 사는 하나님이 세워주신 천국이라고 했습니다.

기도: 하나님 아버지! 이 세상의 정욕과 욕망에 이끌려 살지 않게 하시고 하나님 말씀에 붙잡혀 사는 하나님의 자녀가 되게 하소서.

266. 다미안 신부의 사랑

*찬송: 270장 (통214장)

수고하고 무거운 짐 진 자들아 다 내게로 오라 내가 너희를 쉬게 하리라 나는 마음이 온유하고 겸손하니 나의 멍에를 메고 내게 배우라 그리하면 너희 마음이 쉼을 얻으리니 (마 11:28-29).

다미안 신부가 하와이 군도의 나환자 수용소 몰로카이 섬에 갔을 때 그곳은 지옥이나 다름없었습니다. 사람들 간에 격렬한 싸움은 그칠 줄 몰랐고 자살하는 자도 많았습니다.

다미안 신부는 그들을 위해 힘껏 일하려고 노력했으나 오히려 비웃음거리만 되었습니다. "하나님 사랑 좋아하시네. 사랑이 있다면 우리를 이 모양 이 꼴로 썩어 문드러지게 내버려둬? 그따위 사랑타령은 당신과 같은 건강한 사람만이 할 수 있는 잠꼬대 같은 거야!"하고 빈정댔습니다. 그들의 마음에는 조그마한 빛도 없는 흑암뿐이었습니다.

이 때 다미안 신부는 무릎을 꿇고 "오! 주여, 나로 하여금 나병환자가 되게 하소서! 그리하여 이들의 마음을 깨우치게 하소서!"라며 간절히 기도하였습니다. 하나님은 그의 기도에 응답하셔서 손에 나병이 들어 썩어가기 시작했습니다. 그 때 그는 "나도 당신들과 같은 나병환자입니다. 비록 나의 육체는 썩어가지만 나의 마음에는 평화가 있습니다. 사랑하는 형제들이여, 나를 따라 하나님을 믿으십시오."라고 외쳤습니다. 다미안은 진정으로 그들을 사랑하고 있다는 증거를 보여준 것입니다. 그의 진실한 사랑에 감동되어 몰로카이 섬은 자살자가 줄어들고 그리스도가 주시는 광명한 빛을 받아 평화를 회복하였습니다.

기도: 끝까지 우리를 사랑하시는 주님! 주님 닮은 다미안 신부처럼 불쌍한 영혼을 위해 십자가 따르는 삶을 살 수 있도록 용기를 주옵소서.

267. 푯대를 향하여

*찬송: 491장 (통543장)

형제들아 나는 아직 내가 잡은 줄로 여기지 아니하고 오직 한 일 즉 뒤에 있는 것은 잊어버리고 앞에 있는 것을 잡으려고 푯대를 향하여 그리스도 예수 안에서 하나님이 위에서 부르신 부름의 상을 위하여 달려가노라 (빌 3:13-14).

성도들이 하나님이 주시는 상을 받기 위해서는 주님께 붙잡혀서 앞에 있는 푯대를 향하여 달려가야 합니다.

첫째, 현재에 머물러서는 안 됩니다. 그러기 위해서는 뒤에 있는 것을 다 잊어버리고 전진해야 합니다. 경기하는 자는 하나의 목적, 즉 우승을 목표로 하여 싸우고 그 외의 모든 것은 잊어버려야 합니다. 신앙은 단순해야 합니다.

둘째, 앞으로 전진만 해야 합니다. 위대한 국가, 민족은 모두 앞을 바라보면서 희망에 선 사람들입니다. 아브라함이 그러했고, 모세도 그랬고, 선지자들이 모두 앞만 바라보았습니다. 앞을 바라보며 희망을 쏘는 위대한 전진이 있는 곳에 하나님의 복이 있습니다. 바울은 본래 푯대가 잘못 정해져있었지만 다메섹 도상에서 예수님의 부르심을 받고난 후 새로운 목표를 발견하고 그 푯대를 향해서 전진하게 된 것입니다.

셋째, 필사의 노력이 있어야 합니다. 그리스도인이 되려면 과거의 업적을 잊어버리고 영원히 앞에 있는 결승점만을 바라보고 달려야 합니다.

우리는 날마다 시시각각으로 분투하고, 주님 앞에 놓인 그 거룩한 상을 얻기까지 달려야 합니다. 신앙생활은 게으른 사람은 승리하지 못합니다.

기도: 우리에게 상을 주시기를 원하시는 주님! 우리의 죄와 인생의 후회와 잘못된 것은 잊어버리게 하시고, 우리 앞에 놓인 하나님의 상 주심과 주님이 정해주신 푯대를 향하여 전진하는 그리스도인이 되게 하소서.

268. 주님 한 분만으로 만족합니다
*찬송: 588장 (통307장)

또 무엇을 하든지 말에나 일에나 다 주 예수의 이름으로 하고 그를 힘입어 하나님 아버지께 감사하라 (골 3:17).

나의 모든 일체는 주님의 것 되고
주의 모든 일들은 나의 것 되네
예수님 내 주여 내 중심에 오소서
주님 한 분만으로 만족하옵니다.

예수 없는 사업은 성공 같되 실패요
예수 있는 생활은 만사 유익합니다
예수님 내 주여 내 중심에 오소서
주님 한 분만으로 만족하옵니다.

예수님은 내 생명 또한 나의 기쁨
예수 없인 내 생전 잠시도 못 사네
예수님 내 주여 내 중심에 오소서
주님 한 분만으로 만족하옵니다.

아침에는 예수로 눈을 뜨게 하시고
저녁에는 예수로 잠을 자게 하소서
예수님 내 주여 내 중심에 오소서
주님 한 분만으로 만족하옵니다.

이것이 믿음으로 사는 자의 아름다운 모습입니다.

기도: 나의 모든 것 되신 주님! 항상 주님 한 분만으로 만족하게 하시고 내 인생의 중심에 주님이 계시기를 원합니다.

269. 복음을 부끄러워하지 말라

*찬송: 516장 (통265장)

내가 복음을 부끄러워하지 아니하노니 이 복음은 모든 믿는 자에게 구원을 주시는 하나님의 능력이 됨이라 먼저는 유대인에게요 그리고 헬라인에게로다 (롬 1:16).

어느 장로님이 북한에 살 때 큰 제과공장을 운영했는데 8.15해방 후에 김일성 공산당이 들어와서 24시간 이내에 떠나라고 했습니다.

장로님은 가족과 의논하여 남한으로 가자는 결론을 얻어 짐을 싸는데 성경을 넣느냐, 마느냐 때문에 고민이 되었습니다. 38선을 넘을 때 성경이 짐 속에서 발견되면 군인들에게 잡혀서 구속된다는 이야기를 들었기 때문이었습니다.

그래서 짐 속에 성경을 넣었다, 뺐다를 반복했습니다. 그때 '그래도 내가 안수집사인데 성경은 가지고 가야지'라는 생각이 들어서 가방에 성경을 넣었습니다.

아니나 다를까 38선에서 군인들이 짐 조사를 하다가 성경이 발견되었습니다. 그 때 한 인민군이 장로님 가족을 데리고 500미터쯤 가서 "아까 그 길로 가면 소련 군인들이 있습니다. 이 길로 가십시오. 나도 예수 믿는 사람입니다."라고 말했답니다. 그 후 장로님은 성경을 매년 6독씩 하셨습니다. 성경을 사랑하셨습니다. 복음을 사랑하는 모습입니다. 복음을 부끄러워하지 않는 모습입니다.

기도: 생명의 주님! 저희가 복음을 부끄러워하지 않게 하시고 언제 어디서든지 복음을 자랑하는 그리스도인이 되게 하소서.

270. 천사의 얼굴

*찬송: 461장 (통519장)

그들이 돌로 스데반을 치니 스데반이 부르짖어 이르되 주 예수여 내 영혼을 받으시옵소서 하고 무릎을 꿇고 크게 불러 이르되 주여 이 죄를 그들에게 돌리지 마옵소서 이 말을 하고 자니라 (행 7:59-60).

'최후의 만찬'은 레오나르도 다빈치가 그린 그림입니다. 그는 예수님을 그리기 위하여 젊고 믿음이 좋고 천사의 얼굴을 가진 사람을 찾았습니다. 그는 여러 사람을 찾다가 페데르 반디넬로라는 성가대원이면서 교회 봉사도 잘 하는 청년을 적격자로 생각하여 그를 모델로 예수님의 초상화를 그렸습니다. 몇 년 후 그는 가룟 유다를 그릴 차례가 되었는데 모델이 없었습니다. 그는 어두운 뒷골목, 교도소, 술집 등을 드나들었지만 구하지 못했습니다.

그러던 중 드디어 가룟 유다의 모델이 될 만한 사람을 찾게 되었습니다. 깡마른 얼굴, 번뇌에 찬 모습, 살기등등한 눈빛을 가진 술주정뱅이였습니다. 화가는 그에게 가룟 유다의 모델이 되어 달라고 요청을 했습니다. 그의 말에 그 주정뱅이가 말했습니다. "여보시오! 화가 선생, 나를 모르겠소? 나를 자세히 보시오. 내가 바로 예전에 예수의 모델이 되었던 사람이오."

같은 사람이더라도 주님을 모시고 살면 천사의 얼굴이 되고 주님을 떠나 살면 가룟 유다와 같은 사탄의 얼굴이 됩니다.

기도: 선하신 목자이신 주님! 오늘 하루를 살면서 사탄의 얼굴이 아닌 천사의 얼굴을 가지고 기도하며 사는 하루가 되게 하소서.

271. 진실은 통하는 것

*찬송: 321장 (통351장)

우리가 살아도 주를 위하여 살고 죽어도 주를 위하여 죽나니 그러므로 사나 죽으나 우리가 주의 것이로다 (롬 14:8).

어떤 회사가 노사분규로 힘든 지경에 있었습니다. 노동자들은 사장이 탐욕에 취하여 노동자의 임금을 착취하고 혼자서 호의호식한다며 파업에 들어갔습니다. 그런데 실제로 그 회사의 사장은 크리스천으로 신실하고 정직한 사람이었습니다. 파업이 장기화되면서 계속 기계가 돌아가지 않고 수출물량이 나가지 못하게 되자 회사는 부도위기에 빠졌습니다. 부도가 나면 사원들은 직장을 잃게 됩니다. 사장은 어느 날 경리를 맡은 이사와 이 문제를 심각하게 논의하였습니다. 사장이 물었습니다.

"얼마나 버틸 수 있을까요?"

"사장님, 이제는 일 주일도 버티기 힘듭니다."

"큰일이네요. 부도가 나면 저 사람들이 모두 다 직장을 잃게 될 텐데 어떻게 하면 좋겠습니까?"

사장의 마음을 알지 못했던 노동조합의 책임자가 지나가다 그 소리를 듣게 되었습니다. 노조 책임자는 그제야 자신들이 사장에 대해서 잘못 생각하고 있었음을 깨닫게 되었습니다. 그리고 쟁의하는 곳에 가서 자기가 들은 것을 전했습니다. 그들은 쟁의를 끝내고 다시 합심하여 열심히 일했습니다. 회사는 다시 살아났고 노동자들도 일자리를 잃지 않게 되었습니다. 진실은 통하는 것입니다.

기도: 주님! 저희가 늘 진실하게 하소서. 오직 진리이신 주 예수 그리스도만 바라보고 진실한 그리스도인으로 살아가게 하소서.

272. 자립심

*찬송: 325장 (통359장)

그러나 너는 배우고 확신한 일에 거하라 너는 네가 누구에게서 배운 것을 알며 또 어려서부터 성경을 알았나니 성경은 능히 너로 하여금 그리스도 예수 안에 있는 믿음으로 말미암아 구원에 이르는 지혜가 있게 하느니라 (딤후 3:14-15).

　류태영 박사가 쓴《천재를 만드는 유대인의 가정 교육법》이라는 책을 보면, 유대인들은 아기 때부터 자립심을 가르친다고 합니다. 돌이 되기 전에 혼자 서는 법을 가르쳐주는 것입니다. 서 있다가 넘어져도 잡아주지 않습니다. 류 박사가 초청받아 간 집에서 마침 아기에게 서는 법을 가르치고 있었다고 합니다. 그것을 모르던 류 박사가 넘어진 아기를 일으켜 주었더니 그 부모들은 류 박사의 행동을 만류하며 다음과 같은 말을 했답니다.

　"사람은 결국 혼자 살아가는 것 아니겠습니까? 그러니까 아주 어려서부터 자립심을 길러주어야 합니다. '이제부터 너에게는 아무도 없다. 이 세상은 너 혼자 헤쳐나가야 한다.' 이런 마음을 무의식중이라도 심어주는 것이지요."

　아기 때부터 이렇게 교육을 받고 자란 유대인들이 지혜로운 자들이 되어 세계를 움직입니다. 노벨상 수상자의 33%가 유대인입니다. 미국의 유명한 대학의 교수 40%가 유대인입니다. 세계 금융의 중심지 미국 맨해턴의 증권가를 지배하는 사람들이 바로 유대인입니다.

기도: 하나님! 우리 자녀들을 바로 세울 수 있는 가르침을 전하게 하소서. 그래서 우리 자녀들이 교회와 이 민족을 바로 세우고 부흥시키는 주역이 되게 하소서.

273. 최고의 효도

*찬송: 384장 (통434장)

 자녀들아 주 안에서 너희 부모에게 순종하라 이것이 옳으니라 네 아버지와 어머니를 공경하라 이것은 약속이 있는 첫 계명이니 이로써 네가 잘되고 땅에서 장수하리라 (엡 6:1-3).

　일본에서 있었던 일입니다. 단둘이 살아가던 부녀가 있었는데 딸은 예수를 잘 믿는 반면 아버지는 살인강도였습니다. 딸이 아무리 권유해도 아버지는 예수를 믿지 않는 것은 물론이고 강도짓을 그만두지 않았습니다. 딸은 생각다 못해 한 가지 결단을 내렸습니다. 손가락을 깨물어 피로 유서를 쓴 후에 빈 가방에 신문지를 가득 채우고 변장을 하고서 아버지가 숨어 강도짓을 하는 곳으로 갔습니다. 아버지는 딸인지도 모르고 칼로 찌르고 가방을 빼앗아 도망을 쳤습니다.
　집에 와서 가방을 풀어보니 신문지만 가득 들어있고 피로 쓴 딸의 유서가 들어있었습니다. 딸의 유서에는 "저는 아버지가 지옥에 가시는 것을 원하지 않기 때문에 이 길을 택합니다. 이 글을 보시고 부디 예수 믿고 천국에서 아버지를 만나기를 바랍니다."라고 쓰여 있었습니다. 아버지는 통곡하며 회개하고 자수하여 형을 받았습니다. 그리고 마침내 예수를 믿어 구원을 받았고 새로운 삶을 살다가 천국에 갔다고 합니다.
　우리는 이 세상을 살면서 어떤 대가를 지불하더라도 부모님을 예수 믿도록 해야 최고의 효도를 하는 것임을 알아야 합니다.

기도: 하나님 아버지! 저희가 이 땅에 오게 하신 부모님에게 몸과 정성을 다하여 효도하게 하시고 천국 가는 날까지 사랑하게 하소서.

274. 감사

*찬송: 310장 (통460장)

시와 찬송과 신령한 노래들로 서로 화답하며 너희의 마음으로 주께 노래하며 찬송하며 범사에 우리 주 예수 그리스도의 이름으로 항상 아버지 하나님께 감사하며 그리스도를 경외함으로 피차 복종하라 (엡 5:19-21)

언젠가 독일에 큰 흉년이 들었을 때 노인 한 분이 가난한 아이들에게 매일 빵을 만들어 나누어준 일이 있었습니다. 할아버지는 자루에 빵을 가득 넣어가지고 와서 "꼭 한 개씩만 가지고 가야 한다. 그리고 내일 이 시간에 다시 오너라. 그러면 또 빵을 나누어주겠다."고 하며 빵을 나누어주었습니다.

굶주린 아이들은 개미떼처럼 모여들어 빵을 한 개씩 집어갔습니다. 모두 이왕이면 큰 빵을 골라갔습니다. 그러나 그레첸이라는 소녀는 한 구석에 가만히 서 있다가 맨 마지막에 제일 작은 빵 하나를 집어 들고는 "할아버지, 감사합니다."라는 인사를 꼭 하고는 집으로 돌아가는 것이었습니다. 그레첸은 집으로 돌아가서는 항상 그 빵을 어머니와 함께 나누어 먹었습니다. 어느 날 또 빵을 얻어간 그레첸은 어머니와 나누어 먹기 위해 빵을 쪼개었습니다. 그런데 그 빵 안에 금반지가 여섯 개나 들어있었습니다. 그레첸은 이 금반지는 빵을 만들어주는 할아버지의 것이니 빨리 돌려주어야 된다고 생각하고 할아버지에게 가지고 갔습니다. 할아버지는 그레첸의 머리를 쓰다듬으시면서, 감사할 줄 아는 착한 어린이에게 주려고 이 반지를 넣은 것이라며 걱정 말고 가져가라고 하였습니다.

기도: 자비로우신 하나님! 부족함 없이 채워주신 하나님께 감사하지 못할 때가 많습니다. 이제 하나님의 은혜에 늘 감사하며 살게 하옵소서.

275. 역경에도 감사

*찬송: 144장

내가 산을 향하여 눈을 들리라 나의 도움이 어디서 올까 나의 도움은 천지를 지으신 여호와에게서로다 (시 121:1-2).

우리 찬송가에 크로스비(F. J. Crosby: 1820~1915) 여사가 지은 찬송이 스무 곡이 넘게 실려 있습니다. 그녀는 95세까지 장수하였는데 맹인으로 평생을 사신 분입니다. 크로스비가 태어난 지 얼마 되지 않아 열병을 앓았는데 의사의 잘못된 치료로 맹인이 되었습니다. 성인이 되어서는 절망하면서 방황도 하였으나 하나님의 은혜를 체험하고 나서 그녀는 감사의 인생을 살 수 있었습니다. 노년이 되었을 때 그녀는 이런 고백을 했습니다.

"나를 잘못 치료하여 맹인으로 만든 그 의사를 오늘 만난다면 나는 그에게 감사하겠습니다. 나는 맹인이 되었기에 하나님을 만날 수 있었고 깊은 은혜를 체험할 수 있었기 때문입니다."

크로스비 여사가 작사한 찬송은 6,000여 편이나 됩니다. 그 중 우리가 익숙하게 부르는 찬송이 많습니다. '예수 나를 위하여, 예수로 나의 구주 삼고, 예수께로 가면, 나의 갈 길 다가도록'등입니다. 크로스비 여사는 육적으로는 볼 수 없었지만 영적인 눈은 환히 열려있었던 것입니다. 그렇기에 찬송할 수 있었던 것입니다.

기도: 모든 것을 합력하여 선을 이루시는 하나님! 저희가 역경에 처했을 때 주님을 바라보게 하시고 가장 선한 것을 주심을 믿고 감사하게 하소서.

276. 푯대를 향하여

*찬송: 491장 (통543장)

형제들아 나는 아직 내가 잡은 줄로 여기지 아니하고 오직 한 일 즉 뒤에 있는 것은 잊어버리고 앞에 있는 것을 잡으려고 푯대를 향하여 그리스도 예수 안에서 하나님이 위에서 부르신 부름의 상을 위하여 달려가노라 (빌 3:13-14).

성도들이 하나님이 주시는 상을 받기 위해서는 주님께 붙잡혀서 앞에 있는 푯대를 향하여 달려가야 합니다.

첫째, 현재에 머물러서는 안 됩니다. 그러기 위해서는 뒤에 있는 것을 다 잊어버리고 전진해야 합니다. 경기하는 경기자는 하나의 목적, 즉 우승을 목표로 하여 싸우고 그 외의 모든 것을 잊어버려야 합니다. 신앙은 단순해야 합니다.

둘째, 앞으로 전진만 해야 합니다. 위대한 국가, 민족은 모두 앞을 바라보면서 희망에 선 사람들입니다. 아브라함이 그러했고, 모세도 그랬고, 선지자들이 모두 앞만 바라보았습니다. 앞을 바라보며 희망을 쏘는 위대한 전진이 있는 곳에 하나님의 복이 있습니다. 바울은 본래 푯대가 잘못 정해져있었지만 다메섹 도상에서 예수님의 부르심을 받고난 후 새로운 목표를 발견하고 그 푯대를 향해서 전진하게 된 것입니다.

셋째, 필사의 노력이 있어야 합니다. 그리스도인이 되려면 과거의 업적을 잊어버리고 영원히 앞에 있는 결승점만을 바라보고 달려야 합니다.

우리는 날마다 시시각각으로 분투하고, 주님 앞에 놓인 그 거룩한 상을 얻기까지 달려야 합니다. 신앙생활은 게으른 사람은 승리하지 못합니다.

기도: 우리에게 상을 주시기를 원하시는 주님! 우리의 죄와 인생의 후회와 잘못된 것은 잊어버리게 하시고, 우리 앞에 놓인 하나님의 상 주심과 주님이 정해주신 푯대를 향하여 전진하는 그리스도인이 되게 하소서.

277. 잃어버린 예수

*찬송: 438장 (통495장)

그 날들을 마치고 돌아갈 때에 아이 예수는 예루살렘에 머무셨더라 그 부모는 이를 알지 못하고 동행 중에 있는 줄로 생각하고 하룻길을 간 후 친족과 아는 자 중에서 찾되 만나지 못하매 찾으면서 예루살렘에 돌아갔더니 (눅 2:43-45).

　　1970년도 후반에 카터 대통령이 한국을 방문하였습니다. 그때 박 대통령은 카터 대통령에게 신세 한탄을 했습니다.
　　"각하, 저는 너무 외롭습니다. 조국 근대화한다고 불철주야 힘쓰다 보니까 장기 집권한다고 비판을 받고 있고, 아내까지도 적의 손에 죽고 말았습니다. 어쩌면 좋겠습니까?"
　　카터는 "각하, 예수 믿으시지요. 세상 권력은 모두 무상한 것입니다. 예수 믿고 교회 나가셔야 합니다. 그러면 평강이 주어집니다."라고 전도하였습니다. 그는 미국 침례교의 믿음이 좋은 집사였던 것입니다. 그래서 예수님을 그 마음에 모시도록 권면한 것입니다. 그러나 그 후에 박 대통령이 예수님을 믿었다는 말은 없습니다. 박 대통령은 어릴 때 교회에 다녔었는데도 지미 카터의 전도에 다시 예수님을 영접하지 않았습니다. 박 대통령은 예수를 잃어버린 것입니다. 미국 대통령을 지낸 분들 중에 재임 기간보다 퇴임 후에 더 존경받는 분이 지미 카터입니다. 무엇이 그를 존경받는 지도자로 만들었습니까? 그의 마음에 예수님이 계시기 때문입니다.

기도: 주님! 저희가 주님을 잃어버리지 않도록 우리의 마음을 지켜주옵소서. 죽는 날까지 주님만을 따르게 하옵소서.

278. 예수님은 누구신가?

*찬송: 287장 (통205장)

여자가 이르되 주여 옳소이다마는 개들도 제 주인의 상에서 떨어지는 부스러기를 먹나이다 하니 이에 예수께서 대답하여 이르시되 여자여 네 믿음이 크도다 네 소원대로 되리라 하시니 그 때로부터 그의 딸이 나으니라 (마 15:27-28).

　나이 많은 노인이 있었습니다. 그는 죽은 뒤의 세계가 어떻게 될 것인가를 생각할 때마다 두려움을 가졌습니다. 어느 날 길에서 전도지를 받게 되었습니다. "주 예수를 믿으라 그리하면 너와 네 집이 구원을 얻으리라"는 글이 적혀 있었습니다. 그는 교회로 달려갔습니다. 마침 그때 교회에서는 장례식을 거행하고 있었습니다. 그는 어떤 젊은이에게 "여브게 젊은이, 예수가 어떤 분이신가?"라고 물었습니다. 그러자 그는 "할아버지, 저는 지금 너무 슬퍼요."하면서 그 노인을 쳐다보지도 않았습니다.
　며칠 후 교회에서 경로잔치를 한다고 옆집에 사는 아주머니가 모시러 왔습니다. 그는 기쁜 마음으로 따라갔습니다. 노인은 음식을 나르는 여자 집사에게 "예수는 어떤 분이세요?"라고 또 물었습니다. 그러자 그 집사는 "할아버지, 지금은 바빠서 나중에 말씀드릴테니 지금은 음식이나 잡수세요." 하며 가버렸습니다. 노인은 지난번과 같이 허탈한 심정으로 집으로 돌아왔습니다. 그리고 마음속으로 생각했습니다. '예수는 별로 중요한 사람이 아닌가보구먼. 그 전도자를 만나면 예수에 대하여 다시 생각해보라고 해야겠어.'
　여러분은 예수님에 대해서 어떻게 설명하십니까?

기도: 주님! 우리는 예수 그리스도를 바르게 증거하는 주님의 제자들이 되기를 원합니다. 죽어가는 영혼을 위해 기도하는 사람이 되게 하소서.

279. 인내하는 모습

*찬송: 342장 (통395장)

다만 이뿐 아니라 우리가 환난 중에도 즐거워하나니 이는 환난은 인내를, 인내는 연단을, 연단은 소망을 이루는 줄 앎이로다 (롬 5:3-4).

집안이 가난하여 학교에 다니면서 신문배달을 하게 된 소년이 있었습니다. 신문보급소 소장은 이 소년에게 "얼마 동안은 네가 신문 부수를 늘려야 한다. 그러기 위해서는 우리 신문을 보지 않는 집에 넣도록 해라. 그러나 저 언덕 위의 저택은 미국에서 살다가 와서 영자신문을 보기 때문에 우리 신문은 보려고 하지 않으니 넣지 말도록 해라."라고 말하였습니다. 그러나 이 소년은 보급소 소장과 다른 생각을 했습니다. '한글을 익히려면 한글신문을 보아야지…….'

소년은 며칠 후 그 저택에 찾아가서 집주인을 만났습니다.
"신문 구독하지 않으시겠어요?"
"우리는 신문을 보고 있단다."
"영자신문이지요?"
"그렇단다."
"그러나 한국에 사시려면 한글을 익혀야 하니까 한글신문을 보셔야 합니다."
"그렇구나. 내일부터 신문을 넣도록 해라."
소년은 너무나 기뻤습니다. 만일 안 된다고 포기했다면, 인내하지 못했다면 신문을 넣을 수 없었을 것입니다.

기도: 하나님! 우리가 시험 당할 때에 힘을 주시고 용기를 주옵소서. 주 예수님을 믿는 믿음으로 낙심치 말고 승리하게 하소서.

280. 근심하지 마라

*찬송: 345장 (통461장)

평안을 너희에게 끼치노니 곧 나의 평안을 너희에게 주노라 내가 너희에게 주는 것은 세상이 주는 것과 같지 아니하니라 너희는 마음에 근심하지도 말고 두려워하지도 말라 (요 14:27).

자기 힘으로 안 된다고 생각되면 염려하게 됩니다. 그럴 때는 그냥 앉아서 걱정만 하지 말고 전능하신 하나님께 기도해야 합니다. 인간에게는 엄청나게 큰 일이라도, 하나님께는 지극히 작은 일입니다.

미국의 한 의사가 환자들을 조사했더니, 40%가 불필요한 근심을, 30%가 자기 힘으로 불가능한 근심을, 12%가 건강에 대한 근심을, 10%가 안 해도 되는 근심을 하고 있고, 8%만이 꼭 필요한 근심을 하고 있더라고 보고했습니다. 미국에 1년 동안 자살하는 사람이 1만 5,000명, 일본은 1만 4,000명이라고 합니다.

우리나라는 자살률이 세계에서 1위입니다. 이 사람들은 모두 불필요한 근심에 빠졌다가 자살하는 것입니다. 이와 같은 인간들을 향하여 예수님은 "너희 중에 근심함으로 키를 한 자나 더할 수 있느냐?"고 하셨습니다. 무슨 말입니까? 근심은 필요 없는 것이라는 말입니다. 근심해보았자 문제가 해결되지 않는다는 말입니다. 성경에는 '두려워하지 말라'는 말이 365회나 기록되어 있습니다.

기도: 하나님! 근심하지 말라고 하신 주님을 의지합니다. 주님께서 평안을 주시고 두려움 없이 전진하는 삶을 살게 하소서.

281. 인생은 잠깐

*찬송: 180장 (통168장)

범사에 기한이 있고 천하 만사가 다 때가 있나니 날 때가 있고 죽을 때가 있으며 심을 때가 있고 심은 것을 뽑을 때가 있으며 죽일 때가 있고 치료할 때가 있으며 헐 때가 있고 세울 때가 있으며 (전 3:1-3).

    예수님은 33세에 돌아가셨습니다. 33세면 얼마나 젊은 나이입니까? 그러나 예수님은 당신의 할 일을 완전히 마치셨습니다. 그러므로 젊어서 갔다고 해서 반드시 잘못된 것은 아닙니다. 그리고 우리는 항상 인생의 마지막을 준비해야 합니다.
    누군가 존 웨슬리에게 물었습니다.
    "만약 당신이 내일 밤에 죽는다면 죽기 전까지 무엇을 할 것입니까?"
    "나는 꼭 내가 계획한 대로 할 것입니다. 나는 오늘 밤에 글로스터에서 전도하고 내일 아침에 다시 전도할 것입니다. 그 후에 투크스베리에 말을 타고 달려가서 오후에 전도하고 저녁에도 전도할 것입니다. 다음에 나는 친구 마틴의 집에 가서 그 가족과 함께 담소하고 기도하고 10시에 내 방으로 돌아가서 나 자신을 하나님께 맡기고 영광으로 일어나기 위해 잠들겠습니다."
    죽음을 두려워하지 않고 맡겨진 일을 성실히 감당하는 성도의 바른 자세입니다.

기도: 사랑의 하나님! 저희가 오늘 하루도 충실하게 하시고 주님께서 원하시는 삶을 살 수 있도록 성령님께서 인도하옵소서.

282. 감사할 줄 아는 인생

*찬송: 428장 (통488장)

예수께서 대답하여 이르시되 열 사람이 다 깨끗함을 받지 아니하였느냐 그 아홉은 어디 있느냐 이 이방인 외에는 하나님께 영광을 돌리러 돌아온 자가 없느냐 하시고 그에게 이르시되 일어나 가라 네 믿음이 너를 구원하였느니라 하시더라 (눅 17:17-19)

18세기 초 영국의 유명한 건축가였던 크리스토퍼 우렌 경이 성 바울 성전을 건축하게 되었습니다. 많은 물자와 장비가 동원되어 큰 공사가 벌어지고 있었습니다. 우렌 경은 평복으로 갈아입고 공사현장을 시찰하면서 몇몇의 석공들에게 물었습니다.

"당신은 지금 무슨 일을 하고 있습니까?"

그의 물음에 한 석공은 아무런 표정도 없이 "보시다시피 아침부터 저녁까지 이렇게 돌을 깎고 있지 않습니까?"라고 하였고, 다른 석공은 "배운 재주가 이 돌 깎는 재주밖에 없어 이 짓을 하고 있습니다.'라고 불평스런 말투로 대답했습니다. 그러나 한 석공은 이렇게 대답했습니다. "예, 저는 부족한 인간이지만 이렇게 세계적인 건축가 우렌 경의 지휘 하에 이루어지는 바울 성당의 건축에 저도 한몫 맡아서 일을 하고 있습니다. 얼마나 감사한지 이루 다 말할 수가 없습니다."

같은 일을 하면서도 이렇게 마음가짐이 다릅니다. 무슨 일을 하든지 자세가 문제입니다. 감사가 있을 때 하나님이 복을 주십니다.

기도: 주님! 지금 제가 하는 일이 주님께서 믿고 맡기신 일이라 믿고 감사하게 하시고, 기쁜 마음으로 충성하게 하소서.

283. 영혼이 잘됨같이

*찬송: 438장 (통495장)

사랑하는 자여 네 영혼이 잘됨같이 네가 범사에 잘되고 강건하기를 내가 간구하노라 (요삼 1:2).

인간들은 모두가 잘되기를 소원합니다. 그러나 잘되지 않는 이유는 순서가 잘못되었기 때문입니다. '화무십일홍이요 권불십년'이란 말이 있습니다. 어떤 꽃도 10일 이상 피는 꽃이 없고, 어떠한 권세도 10년 이상 가지 못한다는 것입니다. 그런데 우리 그리스도인들도 자꾸 세상에 미련을 둡니다. 그렇게 되면 영적인 일에 소홀해져서 영혼이 잘되지 않습니다. 그래서 성경은 일관되게 우선 할 일과 그 다음에 할 일을 분명하게 가르쳐주고 있습니다.

고00이라는 등산가가 있었습니다. 한국인으로서는 최초로 1977년 9월 15일에 에베레스트 산을 등반한 사람입니다. 그가 8,800미터가 넘는 산을 정복하여 정상에 태극기를 꽂는 모습을 TV에서 보도했습니다. 그때 그의 가방 속에는 성경이 있었다고 합니다. 기도하며 등반한 그를 하나님께서 승리케 하신 것입니다. 그런데 독신이었던 그가 무당의 딸과 결혼을 하였습니다. 그 후 알래스카의 산을 등반하게 되었습니다. 매킨리 산(6,194미터)이었는데 그는 그곳에서 실족하여 죽고 말았습니다. 그때 그의 가방에는 성경 대신 부적이 있었다고 합니다.

우리는 영혼이 잘되어야 합니다. 예수를 구주로 믿을 때에 죽은 영혼이 살아납니다. 영혼이 잘되게 됩니다. 영혼이 잘되는 사람은 하나님께 절대 순종합니다.

기도: 사랑의 주님! 우리의 영혼이 먼저 잘되게 하시고, 범사가 잘되며, 건강한 삶을 살 수 있게 인도하옵소서.

284. 성경을 상고

*찬송: 205장 (통236장)

너희가 성경에서 영생을 얻는 줄 생각하고 성경을 연구하거니와 이 성경이 곧 내게 대하여 증언하는 것이니라 그러나 너희가 영생을 얻기 위하여 내게 오기를 원하지 아니하는도다 (요 5:38-39).

영국 국왕의 대관식 때는 반드시 성경을 앞에 놓고 하나님께 서약을 합니다. 미국 대통령의 취임식에서도 반드시 성경을 앞에 놓고 서약을 합니다. 이것은 나라의 일을 하나님의 뜻이 담긴 성경의 진리대로 다스려 나가겠다는 것을 의미합니다.

빅토리아 여왕은 영국 역사상 최고의 황금시대를 이룬 가장 훌륭한 왕이었습니다. 한 번은 아프리카 우간다 왕이 영국을 방문했을 때의 일입니다. 우간다 왕은 영국의 찬란한 문화에 감탄하여 영국이 부강한 원인을 물었습니다.

"폐하! 어떻게 하여 이같이 아름다운 문화를 이루고 나라를 부강하게 만들었습니까?"

그의 물음에 빅토리아 여왕은 대답은 하지 않고 곁에 있는 낡은 성경 한 권을 들고서 "우리나라는 이 책에 기초를 삼고 그 위에 나라를 세웠기 때문입니다."라고 대답했다고 합니다.

성경을 상고하면 시냇가에 심은 나무와 같이 열매를 맺습니다. 성경을 상고하는 민족은 세계민족 위에 뛰어난 민족이 됩니다. 하나님의 거룩한 백성이 됩니다. 형통의 은총을 주십니다.

기도: 말씀으로 오신 주님! 하나님 말씀에 기초하여 사는 저희들이 되게 하시고, 늘 말씀을 묵상하는 신앙인이 되게 하소서.

285. 받아들이는 마음

*찬송: 285장 (통209장)

이르시되 내가 은혜 베풀 때에 너에게 듣고 구원의 날에 너를 도왔다 하셨으니 보라 지금은 은혜 받을 만한 때요 보라 지금은 구원의 날이로다 (고후 6:2).

크리스마스 이브 저녁, 어느 마을의 교회에 청년들이 모여 금년부터 마을에 사는 어려운 할머니를 돕기로 의논을 했습니다. 그리고 그날 바로 크리스마스 카드와 떡과 담요를 사가지고 할머니 집을 방문했습니다. 청년들은 방 앞에서 할머니를 불렀습니다.

"할머니"
"밖에 누가 왔소?"
"교회 다니는 청년들입니다."
"무슨 일이오?"
"내일이 예수님이 탄생하신 날이라 저희들이 할머니께 조그만 선물을 드리려고 왔습니다."
"무슨 말이오? 나는 필요 없소."

할머니는 한마디로 거절해버렸습니다. 젊어서 혼자된 이 할머니는 남에게 준 일도, 얻어먹은 일도 없이 인생을 살아오신 분이었기에 성탄선물을 받지 않고 거절한 것입니다. 청년들은 모처럼의 정성이라 할머니께 선물을 계속 전해드리려 했지만 안으로 잠긴 문은 끝내 열리지 않았습니다. 할 수 없이 청년들은 그냥 돌아갔습니다. 그런데 며칠 후 그 할머니는 굶주림과 추위에 얼어 죽은 시체로 동네사람들에게 발견되었습니다.

기도: 사랑의 하나님! 받는 것보다 주는 사람이 되게 하시며, 사랑을 서로 주고 받는 넉넉한 마음을 저희들에게 허락하옵소서.

286. 지혜를 구하라

*찬송: 429장 (통489장)

너희 중에 누구든지 지혜가 부족하거든 모든 사람에게 후히 주시고 꾸짖지 아니하시는 하나님께 구하라 그리하면 주시리라 (약 1:5).

성공하는 사람들 중에는 남다른 지혜를 가지고 있는 사람들이 많습니다. 현대그룹의 창업주 정주영 씨가 그 중 하나입니다. 특히 그가 바다를 매립하여 만든 서산 농장에 관한 이야기를 읽으면서 역시 지혜로운 사람이라는 것을 알게 되었습니다. 그는 1980년대 초 충남 서산과 홍성 사이의 7,704미터 길이의 바다를 막아 농토를 만들었습니다. 그런데 바다를 막을 때 마지막 270미터는 파도가 너무 심해 물길을 막을 방도가 없었습니다.

이 때 정주영 씨는 270미터가 넘는 폐유조선을 그곳에 가라앉혀 물길을 막았습니다. 그리고 가라앉혔던 22만 톤의 유조선은 공사를 끝내고 나서 고철로 분해했습니다. 이것을 속칭 유조선공법이라고 합니다. 그로 인해 공사 기간이 45일이나 단축되었고, 공사비는 4억 원이 절감되었습니다. 그리고 그곳을 매립하여 생긴 토지는 여의도의 10배 가까이 되는 3,300만 평이나 되었고, 그곳에서 생산되는 식량이 4만 2천 톤이라고 합니다. 현대는 세계적인 기업입니다. 그 현대를 만든 사람의 지혜가 세계적인 기업을 만든 것입니다. 그의 학력은 초등학교 졸업이 전부입니다. 이를 통해서 볼 때 지혜는 꼭 학력과 관계있지 않음을 알 수 있습니다.

우리 기독교인들에게 세상의 지혜도 필요하지만, 영적 지혜가 더 필요합니다. 지혜의 근본이신 하나님 아버지께 지혜를 구할 때 흔들어 넘치게 하십시다.

기도: 주님! 저희에게 지혜를 주옵소서. 하나님과 예수 그리스도를 아는 지혜와 세상을 이기는 능력을 주옵소서.

287. 순종의 지혜

*찬송: 311장 (통185장)

사무엘이 이르되 여호와께서 번제와 다른 제사를 그의 목소리를 청종하는 것을 좋아하심 같이 좋아하시겠나이까 순종이 제사보다 낫고 듣는 것이 숫양의 기름보다 나으니 (삼상 15:22)

많은 하인을 거느리고 사는 어느 부자가 회갑잔치를 열었습니다. 며칠 전부터 냄새를 풍기며 음식준비에 분주했습니다. 그런데 잔칫날 당일이 되자 주인은 남자 하인들을 전부 오라고 하더니 오늘은 밖에 나올 생각하지 말고 창고에 들어가 하루 종일 가늘고 튼튼하게 새끼를 꼬고 있으라고 하면서 창고 문을 밖에서 잠가버렸습니다.

그랬으니 하인들의 불평이 얼마나 많았겠습니까? 아무리 인권이 없던 시대라 할지라도 음식 냄새가 진동을 하는데 하루 종일 굶으면서 새끼를 꼬고 있으라니 기가 막힐 일입니다. 이럴 때 사람들은 두 종류로 나누어집니다. '주인에게 무슨 뜻이 있나 보다' 하고 지혜롭게 순종하는 사람과 불평하며 제대로 일을 하지 않는 사람입니다. 또한 불평하는 사람은 혼자 하지 않습니다. 다른 사람을 선동해서 편당을 짓습니다.

드디어 저녁시간이 되어 주인은 창고 문을 열고 하인들에게 말했습니다. "자기가 꼰 새끼에 엽전을 끼워가지고 갈 수 있는 만큼 가지고 가거라." 주인의 말에 순종하여 새끼줄을 튼튼하고 길게 꼰 사람은 많은 돈을 가지고 갈 수 있었습니다. 그리고 자유로운 신분으로 새로운 인생을 살 수 있었습니다. 그러나 불평하며 게을리 일한 자들은 엽전 몇 개 달랑달랑 새끼줄 끝에 꿰어가지고 갔습니다. 그들은 돈이 없어 가족들을 데리고 자유를 찾아갈 수도 없었습니다.

기도: 하나님! 저는 연약합니다. 늘 진실하게 순종하며 사는 지혜를 가지게 하시고 아무리 어려운 일을 만나더라도 담대하게 견딜 수 있는 믿음을 주옵소서.

288. 예수님의 향기를 풍기는 제자   *찬송: 38장

이는 그들로 마음에 위안을 받고 사랑 안에서 연합하여 확실한 이해의 모든 풍성함과 하나님의 비밀인 그리스도를 깨닫게 하려 함이니 그 안에는 지혜와 지식의 모든 보화가 감추어져 있느니라 (골 2:2-3).

하루는 성 프랜시스가 제자들에게 말했습니다.
"오늘은 마을에 내려가서 전도하도록 하자."
여러 명의 제자들은 선생님을 따라 마을로 내려갔습니다. 사람들은 프랜시스 선생님과 제자들을 보고 손을 모으며 인사를 했습니다. 그러나 프랜시스는 누구에게도 예수 믿으라는 말을 하지 않았습니다. 그래서 궁금한 제자가 물었습니다.
"선생님, 오늘 전도하러 가자고 하지 않으셨습니까? 그런데 마을 사람들한테 왜 한 마디도 예수 믿으라는 말씀을 하지 않으십니까?"
"우리는 전도를 했느니라."
"언제 전도했다는 말입니까?"
"그래, 우리는 말은 하지 않았지. 그러나 마을 사람들은 우리를 보았고 우리가 예수 믿는 자들인 것을 잘 알고 있단다."
"그야 그렇지요. 우리가 예수 믿는 자들인 것을 모르는 사람은 없지요."
"그렇다. 그들이 우리들을 보고 예수를 믿지 못하면 어떤 말을 해도 믿지 않을 것이란다."
그리스도인은 가정에서든, 직장에서든 어디서든지 예수님의 향기가 풍겨야 합니다. 그래야 복음 전도가 이루어집니다. 이것이 생활전도입니다.

기도: 주님! 하나님의 형상으로 창조된 우리를 통해 모든 사람들이 예수님을 만나게 되기를 소원합니다. 예수의 향기를 풍기는 주님의 제자 되기를 원하오니 예수님의 발자취를 따라가는 저희들이 되게 하소서.

289. 차별이 없는 복음 *찬송: 64장(통13장)

주는 나의 하나님이시니 나를 가르쳐 주의 뜻을 행하게 하소서 주의 영은 선하시니 나를 공평한 땅에 인도하소서 여호와여 주의 이름을 위하여 나를 살리시고 주의 의로 내 영혼을 환난에서 끌어내소서 (시 143:10-11).

　　마하트마 간디는 학생시절에 신약성경을 읽고서 크게 감동을 받고 기독교인이 되어야겠다고 결심했습니다. 예수님의 가르침이 인종문제와 계급의 차이를 해결해주리라고 느꼈기 때문입니다.
　　그가 남아프리카에 있을 때였습니다. 어느 주일에 교회를 찾아갔습니다. 예배를 드린 후에 목사님께 믿음의 지도를 받아야겠다고 생각했습니다. 그런데 예배당 문을 들어서자 안내하는 사람이 "흑인들이 다니는 교회로 가시면 어떻겠습니까?"라는 말을 했습니다. 아마 그 교회는 백인들만 다니는 교회였던 것 같습니다. 그때 그 말을 들은 간디는 그리스도인이 되지 않기로 결심을 했습니다.
　　'그리스도인들도 저렇게 서로 차별한다면 그냥 힌두교인으로 있는 것이 낫겠다'라는 생각을 한 것입니다. 차별이 없는 종교가 기독교라고 믿고 찾아간 간디는 실망할 수밖에 없었습니다. 그리하여 간디는 영영 그리스도인이 되지 못했습니다.
　　우리는 교회에 처음 나오신 분들에게 좋은 인상을 주어야 합니다. 우리 때문에 예수님을 믿는 사람이 생겨야 합니다. 불신자는 우리의 말, 행동, 생활을 보고 예수님을 찾기 때문입니다. 이것이 먼저 예수님을 믿은 사람의 책임입니다.

기도: 공평하신 하나님! 모든 사람에게 구원의 은총을 베푸시는 하나님의 뜻을 전하는 저희들이 되게 하소서. 우리의 말과 행동과 생활이 믿지 않는 사람들이 본받을 만한 것들이 되도록 인도하여 주옵소서.

290. 사람을 강권하여

*찬송: 90장 (통98장)

주인이 종에게 이르되 길과 산울타리 가로 나가서 사람을 강권하여 데려다가 내 집을 채우라 내가 너희에게 말하노니 전에 청하였던 그 사람들은 하나도 내 잔치를 맛보지 못하리라 하였다 하시니라 (눅 14:23-24).

스펄전 목사님은 독특한 전도 방법을 사용했습니다. 그것은 사람을 강권하는 것이었습니다. 한 번은 길을 가는데 빈 마차가 지나가고 있는 것을 보고 뛰어 올라탔습니다. 놀란 마부가 물었습니다.

"당신은 뉘신데 남의 마차에 주인의 허락도 없이 타는 거요?"

"너무 화내지 마십시오. 나는 당신을 위해 탔습니다. 당신에게 급히 전할 소식이 있어서 탔습니다." "급한 소식이라니요?"

"하나님께서 당신에게 전하라고 하셨습니다. 당신이 회개하고 예수님을 믿지 않으면 지옥에 가게 된다는 급한 소식입니다."

"별사람 다 보겠네. 나는 관심 없으니 빨리 내리시오."

"당신이 교회에 오겠다는 약속을 하기 전에는 절대로 내리지 않을 것입니다." "그러면 교회에 나갈테니 내리시오."

마부는 약속을 잘 지키는 사람이었습니다. 주일에 교회에 나왔고 목사님은 그를 앞자리에 앉혔습니다. 그리고 예배 후에 이렇게 물었습니다.

"교회에 나온 소감이 어떻습니까?" "나는 관심 없소. 다음에는 절대 오지 않겠소."

그 후 목사님은 또 마부를 찾아갔고 마부는 목사님을 보자 도망을 쳤습니다. 목사님은 끝까지 따라가 권면했고 결국 마부는 목사님의 극성에 못 이겨 교회에 다시 나오게 되었습니다. 그리고 은혜를 받고 좋은 그리스도인이 되었습니다.

기도: 살아 계신 하나님! 강권하여 데려다가 내 집을 채우라고 명령하신 주님의 말씀에 순종하게 하소서. 세상일에 바빠서 주님을 알지 못하는 많은 사람들에게 생명의 소식, 기쁨의 소식을 전하여 하나님의 성전을 강권하여 채우게 하소서.

291. 끝까지 함께

*찬송: 235장 (통222장)

예수께서 나아와 말씀하여 이르시되 하늘과 땅의 모든 권세를 내게 주셨으니 그러므로 너희는 가서 모든 민족을 제자로 삼아 아버지와 아들과 성령의 이름으로 세례를 베풀고 내가 너희에게 분부한 모든 것을 가르쳐 지키게 하라 볼지어다 내가 세상 끝날까지 너희와 항상 함께 있으리라 하시니라 (마 28:18-20)

미국의 빌 클린턴 대통령은 1994년 미국 전투기 조종사 오글제디 대위의 전투기가 임무 중 보스니아 적진에서 격추되었을 때 40대의 미군기를 급파하여 조종사를 구출해냈습니다. 그때 구출된 조종사가 현지에서 대통령과 통화한 내용입니다.

대통령: 온 국가가 당신 때문에 큰 걱정을 했습니다. 귀관은 정말 위대한 영웅이었습니다.

대위: 아닙니다. 대통령 각하! 저를 구출해낸 전우들이 영웅입니다. 각하! 한 말씀 드려도 되겠습니까?

대통령: 말씀하십시오,

대위: 대통령 각하! 미국이라는 나라는 정말 강한 나라입니다. 하나님! 감사합니다. 이 나라에 복을 주소서.

대통령: 아멘!

미국 대통령이 적국에 추락한 공군 대위를 구출하고 그와 통화했을 때 하나님께 감사하며 기도하는 모습입니다. 너무나 귀한 모습입니다. 하나님은 그들과 분명히 함께 하신 것입니다. 또한 조국을 위해 일한 생명은 반드시 구출한다는 대통령과 온 국민의 의지, 결코 한 사람도 포기하지 않는 노력이 바로 미국의 힘입니다. 미국이 강대국이 된 이유가 바로 여기에 있습니다.

기도: 임마누엘의 하나님! 우리를 사랑하시되 끝까지 사랑하시는 주님께 의지하오니 이 세상 끝날까지 저희를 다스려주시고 함께 하여 주옵소서.

292. 나라와 민족을 구한 기도

*찬송: 357장 (통397장)

여호와께서 이르시되 네가 수고도 아니하였고 재배도 아니하였고 하룻밤에 났다가 하룻밤에 말라 버린 이 박넝쿨을 아꼈거든 하물며 이 큰 성읍 니느웨에는 좌우를 분변하지 못하는 자가 십이만여 명이요 가축도 많이 있나니 내가 어찌 아끼지 아니하겠느냐 하시니라 (욘 4:10-11).

  예수님은 하나님이십니다. 그러나 그는 기도하기를 쉬지 않으셨습니다. 우리에게 기도의 모범을 보여주신 것입니다. 그러므로 우리도 기도해야 합니다. 우리는 먼저 국가를 위해, 다음으로 우리의 평강의 복을 위해 기도해야 합니다.
  제2차 세계대전 때의 일입니다. 독일군에 의해 프랑스가 2주 만에 점령당했습니다. 그때 영국군 35만 명이 프랑스를 돕기 위해서 프랑스에 갔다가 전부 몰살당할 위기에 처했습니다. 이에 영국 정부에서는 조지 6세 왕이 온 나라에 기도의 날을 선포했습니다. 조지 6세와 각료들은 정부 집무실에서, 공무원은 근무처에서, 근로자는 공장에서, 농부는 농장에서, 군인은 전쟁터에서 모두 합심해서 하나님께 기도를 드렸습니다.
  하나님은 영국 민족의 기도에 응답하셔서 영국군이 도버해협을 건너 후퇴하도록 기적을 베풀어주셨습니다. 독일군이 있는 곳은 폭풍우가 쏟아져 비행기와 탱크가 움직이지 못하게 하셨고 영국군이 움직이는 곳은 잔잔하여 35만 명이 무사히 탈출하게 하셨습니다. 영국의 왕과 국민들은 그들의 기도를 들어주신 하나님께 크게 감사드렸습니다.
  우리도 폭풍우 속에 있는 이 나라와 민족을 위해 기도해야 합니다. 한반도의 평화와 삼천리 방방곡곡에 주의 복음이 전해지도록 기도해야 합니다. 우리 민족이 하나님의 도우심을 받도록 기도해야 합니다.

기도: 기도의 모범을 보여주신 주님! 이 나라와 민족을 위해 기도하게 하소서. 한반도의 평화와 번영을 위해 기도하게 하소서. 이 겨레가 가야할 미래를 위해 기도하게 하소서. 온 세계에 우뚝 선 나라가 되도록 기도하게 하소서.

293. 문제를 해결하는 방법은 기도

*찬송: 382장 (통432장)

주께 피하는 자들을 그 일어나 치는 자들에게서 오른손으로 구원하시는 주여 주의 기이한 사랑을 나타내소서 나를 눈동자 같이 지키시고 주의 날개 그늘 아래에 감추사 내 앞에서 나를 압제하는 악인들과 나의 목숨을 노리는 원수들에게서 벗어나게 하소서 (시 17:7-9).

당신에게 해결하지 못한 문제가 있습니까? 이때 당신이 해야 할 일은 무엇이겠습니까? 하나님께 기도드리는 것입니다. 이것이 문제의 해결점이고 문제를 이기는 방법입니다.

1912년 어느 주일 밤이었습니다. 어느 여성도가 집에서 기도를 드리고 있는데 갑자기 가슴이 답답해지면서 두려움과 번민이 일어났습니다. 그때 그녀의 남편은 대서양 한복판에서 침몰해가는 타이타닉 호의 갑판 위에 있었습니다. 남편은 침몰해가는 배 위에서 부녀자들과 아이들을 구명보트에 옮겨 태우는 일을 감당하고 있었습니다. 마지막 한 명이라도 더 살리려고 애쓰는 사이 배는 어느덧 바다에 거의 잠겨버리고 말았습니다.

바다에 잠긴 배와 함께 물속으로 가라앉은 남편이 차가운 물속을 헤엄쳐 물 표면으로 나왔을 때 뒤집혀진 보트가 한 척 보였습니다. 그는 그 보트를 잡고 있다가 구조를 받았습니다. 바로 그 시간이 새벽 5시경이었는데 그때까지 밤을 새워가며 기도하던 아내는 아무것도 모른 채 기도하고 있었지만 남편이 구조되는 그 시간에 마음에 평화가 찾아왔습니다.

하나님은 집에서 남편을 위해 드리는 아내의 기도를 들으시고 남편의 생명을 구원해주신 것입니다.

기도: 우리를 눈동자같이 지켜주시는 하나님! 우리의 기도를 들어주시니 감사합니다. 어려움 당할 때 피하지 않고 기도하게 하시고, 세상의 방법으로 해결하려고 하지 않게 하소서. 주님께 담대함과 믿음으로 기도하게 하소서.

294. 오늘 우리에게 일용할 양식을 주시고
*찬송: 446장 (통500장)

너희는 욕심을 내어도 얻지 못하여 살인하며 시기하여도 능히 취하지 못하므로 다투고 싸우는도다 너희가 얻지 못함은 구하지 아니하기 때문이요 구하여도 받지 못함은 정욕으로 쓰려고 잘못 구하기 때문이라 (약 4:2-3).

    주님이 가르쳐주신 기도를 주기도문이라고 합니다. 주기도문에서 '오늘 우리에게 일용할 양식을 주시옵고'라는 말은 '나'에게가 아닌 '우리'에게 하루에 필요한 일용할 양식을 주시라는 말입니다. 간혹 우리는 탐욕스런 기도를 하기도 하고 또 정욕으로 구하기도 합니다. 승진하는 것도 내 욕심을 위하여, 자녀들이 잘되는 것도 내 욕심을 위하여 구하는 때가 많습니다. 그러다가 주님의 뜻을 거스르게 되기도 합니다. 그러면 하나님께서는 그 기도를 들어주시지 않습니다.

    우리는 일용할 양식을 구해야 합니다. 3년 먹을 것을 한꺼번에 달라는 기도가 아니라 일용할 양식을 달라는 기도를 해야 합니다. 출애굽기에도 하나님께서 이스라엘 백성에게 만나를 먹여주실 때에 욕심을 내어 이틀 분을 거두면 이틀째에는 만나가 썩게 하신 일이 기록되어 있습니다. 하나님은 이스라엘 백성에게 일용할 양식만을 주신 것입니다. 또한 만나를 거두어들인 시간은 해가 뜨기 전이었습니다. 게으른 사람은 그날의 양식을 구하지 못했습니다. 이것은 오늘날의 새벽기도와 같은 것입니다. 하나님께서는 우리가 기도할 때에도 좀 더 부지런하게, 좀 더 일찍 하기를 원하신다는 것입니다.

    기도는 욕심을 부리는 것이 아니라 우리에게 필요한 것만, 우리의 욕심이 아니라 주님이 원하시는 것으로, 그리고 게으르지 않고 부지런히 구하는 자세가 필요합니다.

기도: 일용할 양식을 주시는 주님! 우리의 욕심을 채우는 기도가 아니라 주님이 원하시는 기도를 드리게 하옵소서. 하늘의 양식을 먼저 구하게 하시고, 하루의 만나를 하나님께 구하는 기도를 하게 하소서.

295. 귀한 고백

*찬송: 620장

> 항상 우리를 그리스도 안에서 이기게 하시고 우리로 말미암아 각처에서 그리스도를 아는 냄새를 나타내시는 하나님께 감사하노라 우리는 구원 받는 자들에게나 망하는 자들에게나 하나님 앞에서 그리스도의 향기니 (고후 2:14-15).

　서울 모 교회의 교회학교 중등부 겨울방학 수련회에서 있었던 일입니다.
　목사님께서 학생들에게 다음과 같은 질문을 하셨습니다. "지금 너희들의 집에 큰 불이 났다. 그런데 너희는 집안에서 다섯 가지 물건밖에는 가지고 나올 수가 없는 상황이다. 그러면 너희는 무엇을 가지고 나올 것이며 또 그 물건을 가지고 나온 이유는 무엇인지 말해보아라. 그리고 지금의 이 생각이 언제까지 지속될 것인지도 말해보아라."
　그때 한 학생이 대답했습니다.
　"저는 먼저 성경책을 가지고 나오겠습니다. 왜냐하면 성경은 제가 죽을 때까지 먹어야 하는 영의 양식이기 때문입니다. 그리고 두 번째로는 찬송가를 가지고 나오겠습니다. 그 이유는 찬송가는 제가 죽을 때까지 하나님께 찬송을 드려야 하기 때문입니다. 세 번째로는 돈을 가지고 나오겠습니다. 그 이유는 하나님께 헌금을 드려야 하기 때문입니다. 네 번째로는 옷을 가지고 나오겠습니다. 교회에서 예배드리려면 옷을 입어야 하기 때문입니다. 그리고 마지막으로 시계를 가지고 나오겠습니다. 왜냐하면 시계가 있어야 예배시간에 맞춰 교회에 갈 수 있기 때문입니다. 그리고 지금의 이 결심은 내 일생 변치 않을 것입니다."
　이 얼마나 귀한 고백입니까?

기도: 우리의 신실한 믿음의 고백을 주님께 드립니다. 주여, 받아주옵소서. 내게 있는 작은 것이라도 아낌없이 주께 드리겠나이다. 주여, 받아주옵소서.

296. 말씀 중심의 삶은 승리의 비결   *찬송: 621장

이 세상이나 세상에 있는 것들을 사랑하지 말라 누구든지 세상을 사랑하면 아버지의 사랑이 그 안에 있지 아니하니 이는 세상에 있는 모든 것이 육신의 정욕과 안목의 정욕과 이생의 자랑이니 다 아버지께로부터 온 것이 아니요 세상으로부터 온 것이라 이 세상도, 그 정욕도 지나가되 오직 하나님의 뜻을 행하는 자는 영원히 거하느니라 (요일 2:15-17).

하나님의 말씀이 항상 우리의 심령 가운데 있을 때에 우리는 승리할 수가 있습니다. 가정의 일도, 자녀의 일도, 사업도 모두 말씀 중심일 때 하나님이 도와주시며 인도해주십니다. 내가 중심이 되면 실패하게 됩니다. 왜냐하면 인간은 유한하며 한계가 있기 때문입니다.

미국의 레이건 대통령 시절 국무장관을 지낸 베이커 씨가 간증한 내용입니다.

그가 국가의 중요한 사무를 처리해야 했을 때 그는 두 가지 방법으로 했다고 합니다. 하나는 미국의 국익을 위하여 일을 처리하되, 지금까지 자기가 익힌 정치적 감각으로 처리했다는 것입니다.

다른 하나는 자기의 생각에 국가에는 손해가 가더라도 하나님의 말씀 중심으로 일을 처리했던 것입니다. 그런데 그 결과는 다르게 나타났다고 합니다. 즉 국가의 국익을 위하여 처리한 일들은 좋은 열매가 없었답니다. 그러나 하나님의 말씀 중심으로 처리한 일들은 도리어 국가에도 큰 이익을 가져다주었다는 것입니다.

말씀 중심의 삶은 승리의 비결입니다. 하나님의 말씀은 무한한 능력이 있기 때문입니다. 하나님은 전능하시기 때문입니다.

기도: 전능하신 하나님! 인간의 한계를 뛰어넘은 하나님의 말씀에 의지하는 일꾼이 되기를 원합니다. 주여, 인간의 경험과 지식에 의해서가 아닌 전능하신 하나님 말씀 중심으로 일을 행하게 하옵소서.

297. 복음이 주는 변화

*찬송: 563장 (통411장)

이르시되 내가 가서 고쳐 주리라 백부장이 대답하여 이르되 주여 내 집에 들어오심을 나는 감당하지 못하겠사오니 다만 말씀으로만 하옵소서 그러면 내 하인이 낫겠사옵나이다 (마 8:7-8).

    종이라는 신분은 인간취급을 받지 못했고 인권이 없었습니다. 종의 생사여탈권은 모두 주인에게 있었습니다. 그래서 종은 물건이나 동물과 같은 존재였습니다. 그런 종을 성경에 나오는 백부장은 사랑하고 아껴주었습니다. 이 백부장은 하나님을 믿고 나서 달라지고 거듭난 것입니다. 예수님을 주님이라 고백하고 예수님의 능력을 믿었습니다. 하나님의 사랑을 배워 사람을 사랑하고 종을 사랑했습니다. 그래서 종의 병을 고쳐주려고 했습니다.
    서울에서 목회하시는 경북 출신의 어느 목사님의 아버지는 이전에 땅을 많이 가진 큰 지주였다고 합니다. 그런데 그 어른이 예수님을 믿고 믿음의 진리를 깨달았습니다. 그는 큰 부자였기에 집에 부리는 종들이 많았는데 그들 모두에게 토지를 나누어주어 잘 살게 해주었습니다. 그리고 나이 많은 종에게는 "형님"하면서 절을 했다고 합니다. 예수님을 믿고 거듭나고 변화되어 예수님의 사랑을 실천한 것입니다. 그리하여 그 동리는 그로 인해 저절로 전도가 이루어졌습니다. 그리고 그의 아들은 목사가 되어 목회를 하게 되었습니다. 아들에게 예수 그리스도의 사랑을 실천하는 모습을 보임으로써 복음을 전하여 준 것입니다.
    복음은 이렇게 변화의 복을 주시며 거듭나게 합니다.

기도: 살아 계신 하나님! 복음은 능력입니다. 이 능력으로 세상을 변화시키는 역군이 되기를 원합니다. 이제 제가 나누는 삶을 살게 인도하시며, 예수 그리스도의 본을 보이며 나아가게 하옵소서.

298. 말씀은 처방전

*찬송: 569장 (통442장)

망령되이 얻은 재물은 줄어가고 손으로 모은 것은 늘어가느니라 소망이 더디 이루어지면 그것이 마음을 상하게 하거니와 소원이 이루어지는 것은 곧 생명나무니라 말씀을 멸시하는 자는 자기에게 패망을 이루고 계명을 두려워하는 자는 상을 받느니라 (잠 13:11-13).

미국의 어느 사업가가 휴스턴 제일감리교회의 찰스 알렌 목사님을 만나 그의 병을 고친 일화가 있습니다.

이 사업가는 몇 년 전만 하더라도 회사의 말단 사원이었습니다. 그는 회사에 취업이 되자 최선을 다해 일했습니다. 그러자 얼마 후에 중역이 되었고 마침내는 회사의 사장으로 발탁이 되었습니다. 그런데 사장이 되어서 너무 신경을 쓴 탓인지 그만 신경쇠약증에 걸리고 말았습니다. 그래서 전문의를 찾아가 상담을 했더니 목사님을 찾아가서 상담을 해보라는 권유를 해주었습니다. 그래서 찰스 목사님을 만나게 되었던 것입니다.

목사님은 이 사업가를 만나 이야기를 나눈 후 종이에 처방을 해주었는데 그 처방내용은 시편 23편을 하루에 다섯 번씩 일 주일 동안 읽으라는 것이었습니다. 목사님은 처방전을 주시면서 이렇게 말씀하셨습니다.

"이 처방대로 하면 당신의 병은 틀림없이 나을 것입니다. 하루에 다섯 번이라는 것은 아침 일찍 일어나서 제일 먼저 성경부터 읽어야 하고, 아침식사 후와 점심식사 후, 저녁식사 후에 한 번씩 읽고 마지막으로 취침 전에 읽어야 한다는 것입니다. 그리고 성경을 읽을 때는 조심스럽게, 천천히 기도하는 마음으로 읽어야 하며, 한 구절 한 구절 묵상하면서 읽어야 합니다. 아무리 바빠도 빨리, 급하게 읽어서는 안 됩니다. 이렇게 성경을 읽으면 반드시 일 주일 후에는 당신의 병이 깨끗이 치료될 것입니다."

어떻게 되었을까요? 하나님의 말씀은 능력을 가지고 있습니다.

기도: 치료의 하나님! 여호와는 나의 목자이시요 내게 부족함이 없게 하시니 감사합니다. 우리의 욕심에 의해 몸이 상하지 않게 하시고 주님이 주시는 선한 욕심으로 우리의 영을 채워주셔서 소원이 이루어지게 하옵소서.

299. 편두통에서 치료받은 후안목사님

*찬송: 546장 (통399장)

우리를 거스르고 불리하게 하는 법조문으로 쓴 증서를 지우시고 제하여 버리사 십자가에 못 박으시고 통치자들과 권세들을 무력화하여 드러내어 구경거리로 삼으시고 십자가로 그들을 이기셨느니라 (골 2:14-15).

  후안 까롤로스 오르티즈 목사님은 아르헨티나 태생이며 1974년에 스위스 로잔에서 열렸던 세계 기독교대회에 초청을 받았을 정도로 유명한 목사님이십니다. 그런데 후안 목사님은 평생 편두통으로 많은 고생을 하였습니다. 매주 두 번 정도 크게 앓았으며 심할 때는 새벽부터 극심한 진통을 겪었습니다. 그리고 더 심할 때는 콧구멍이 헐고 입안에 가시가 돋아나기도 했으며 교회에서 설교를 하시다가 병원에 실려가기도 했습니다. 좋은 병원을 찾아서 세계 방방곡곡을 찾아다녔고 신유의 은사를 크게 받은 캐더린 쿨만에게 안수를 받기도 했지만 그의 편두통은 사라지지 않았습니다. 그러다 결국 신경쇠약증에 걸렸습니다.
  그러던 어느 날 성경을 읽다가 그를 그렇게 괴롭히던 편두통이 깨끗이 치료되는 기적을 체험하게 되었습니다. "하나님께서 우리에게 불리한 조문들이 들어있는 빚 문서를 지워버리고 십자가에 못 박아 우리 가운데서 없애 버리셨습니다."(골 2:14)라는 말씀을 읽었을 때였습니다.
  하나님이 주신 응답은 다음의 내용이었습니다. "후안 목사! 네가 네 자신을 아는 것보다 내가 너를 더 잘 알고 있다. 너는 네가 악하다고 생각하는데 내가 보기에는 너는 더 악한 존재이다. 그러나 네가 알아야 할 한 가지 사실이 있는데 그것은 내가 너를 너의 모습 그대로 받아들인다는 것이다. 이는 너의 행위나 너의 업적이 아니라 내 아들인 예수 그리스도의 피로 인한 것이다."

기도: 주님! 나의 죄와 연약함을 치유하시기 위해 십자가의 고통을 담당하신 주님께 의지하며 기도하게 하옵소서. 나의 연약함을 주님께 온전히 내어놓고 기도하게 하시고, 주의 십자가만 바라보게 하소서.

300. 생활의 믿음

*찬송: 528장 (통318장)

가난한 자는 밭을 경작함으로 양식이 많아지거니와 불의로 말미암아 가산을 탕진하는 자가 있느니라 매를 아끼는 자는 그의 자식을 미워함이라 자식을 사랑하는 자는 근실히 징계하느니라 (잠 13:23-24).

광주 고등법원 검사장의 아들이 연세대 의예과 재학 중에 대리시험을 두 번 치러주고 1,500만원을 받아 자신의 통장에 입금해두었습니다. 이를 알게 된 검사장은 아들을 자수하도록 시키고 자신도 검사장직 사표를 제출했습니다. 아들에게 왜 대리시험을 치렀는지 물으니 용돈이 부족해서였다고 대답했습니다. 꼭 그런 방법으로 용돈을 벌어야 했을까요? 연세대학교는 선교사가 세운 학교, 기독교 이념으로 세워진 학교입니다. 그런 학교이니 더욱 불법이 성행하면 안 되는 것입니다.

생활의 믿음이 없으면 빛이 되지 못합니다. 그러므로 우리는 교회에 나와 말씀으로 은혜를 받고 세상으로 나가야 합니다. 우리의 마음 가운데 오직 예수님만 계셔야 하며 예수님의 말씀에 순종하는 삶을 살아야 합니다. 그럴 때 우리는 승리의 삶을 살아가게 되며 세상의 빛이 될 수 있습니다.

> 아침에도 예수로 일어나게 하시고
> 저녁에도 예수로 잠이 들게 하소서.
> 예수여, 예수여 내 중심에 오소서.
> 예수 한 분만으로 만족하옵니다.

기도: 의로우신 하나님! 예수 한 분만으로 만족하며 사는 저희들이 삶이 되게 하소서. 세상적인 안목의 정욕과 이생의 자랑에 얽매여서 살지 않게 우리의 마음을 붙잡아주셔서 성도의 본이 되게 하소서.

301. 에벤에셀

*찬송: 301장 (통460장)

사무엘이 돌을 취하여 미스바와 센 사이에 세워 이르되 여호와께서 여기까지 우리를 도우셨다 하고 그 이름을 에벤에셀이라 하니라 (삼상 7:12).

한국에 성결교회를 많이 세우고 도움을 주었던 스텐리 템 집사님의 간증이 있습니다. 그는 알루미늄공장을 경영하다가 부도를 내고 망하고 말았습니다. 그때 그는 "한 번만 더 일으켜 세워주시면 주님만을 위해 살겠습니다. 그리고 십일조를 철저하게 드리겠습니다."라고 하나님께 기도를 드렸습니다. 그리고 다시 공장을 세우고 공장 이름을 '하나님 공장'이라고 이름을 붙였습니다. 그리고 수입전체를 하나님께 바치고 자기는 월급만 받기로 작정을 했습니다. 하나님은 그의 중심을 보시고 많은 복을 주셔서 동남아시아에 그의 선교비로 많은 교회를 세울 수 있었습니다.

그런데 그만 그가 골수암에 걸리고 말았습니다. 그때 그는 "내가 하나님께 교만했던 것은 아닌가?"라는 생각을 하게 되었고 기도원에 가서 결사적인 기도를 드렸습니다. 기도 중에 그는 성령의 불세례를 받고 순식간에 골수암이 치료되는 기적을 체험하게 되었습니다.

순탄하고 일이 잘 될 때에 드리는 감사는 누구든지 할 수 있습니다. 불신자도 할 수 있습니다. 그러나 어려운 상황, 나쁜 형편에 드리는 감사는 잘 하지 않게 됩니다. 그러기에 고난 속에서 드리는 감사는 하나님을 감동시킵니다. 로마서 8장 28절의 말씀대로 "하나님을 사랑하는 자에게는 모든 것이 합력하여 선을 이루는" 복을 주시는 것입니다.

기도: 에벤에셀의 하나님! 우리에게 고난을 주신 것도 감사하게 하소서. 더 좋은 것을 주시려고, 합력하여 선을 이루시기 위해 고통의 시간이 있음을 깨닫게 하시고 무슨 일을 당하든지 감사하는 믿음을 잃지 않게 하소서.

302. 아름다운 소식

*찬송: 185장 (통179장)

나병환자들이 그 친구에게 서로 말하되 우리가 이렇게 해서는 아니되겠도다 오늘은 아름다운 소식이 있는 날이거늘 우리가 침묵하고 있도다 만일 밝은 아침까지 기다리면 벌이 우리에게 미칠지니 이제 떠나 왕궁에 가서 알리자 하고 (왕상 7:9).

　엘리사 선지자 때 아람군대가 쳐들어오자 사마리아 성 안에 문제가 생겼습니다. 식량이 다 떨어진 것이었습니다. 모두들 너무 허기지다 못해 모든 것이 먹을 것으로 보이게 되었고 심지어는 어린아이까지 삶아먹게 되었습니다.
　그때에 성 밖에는 나병환자 2명이 구걸하며 살고 있었는데 성 안에도 먹을 것이 없는데 누가 그들에게 먹을 것을 주겠습니까? 그래서 그들은 아람군에게 가서 구걸을 해야겠다고 생각했습니다. 굶어서 죽으나 아람군사에 의해 죽으나 죽는 것은 마찬가지라고 생각했기 때문입니다. 그런데 이것이 웬일입니까? 그 전날 밤에 하나님께서 천둥소리와 번개로 아람군대로 하여금 마치 군대가 쳐들어오는 것처럼 느끼게 하셔서 아람군대가 모두 도망을 가고 막사는 텅텅 비어있었던 것입니다. 그래서 나병환자들은 막사에서 먹을 것을 찾아 허겁지겁 먹기 시작했습니다. 한참을 먹고 배가 부르자 옷이 보이고 금・은 보화가 보이자 그들은 열심히 챙겼습니다. 그때 나병환자 중 한 명이 이런 아름다운 소식을 성내 사람들에게도 알려야 한다고 했습니다.
　복음은 이런 것입니다. 바로 Good News, 아름다운 소식, 기쁜 소식입니다. 예수의 소식입니다. 구원의 소식입니다. 생명을 살리는 소식입니다. 우리가 이러한 소식을 알고 있으면서 전하지 않으면 우리에게 화가 있을지도 모릅니다. 그러기에 바울은 "복음을 전하지 않으면 내게 화가 있을 것"이라고 고백했습니다.

기도: 구원의 주님! 우리에게 생명을 주신 이 기쁜 소식을 온 세상에 전하는 전도자가 되게 하소서. 이 아름다운 소식으로 말미암아 민족과 겨레가 살 수 있게 하시고 평화의 나라가 임하게 하소서.

303. 인정받는 일꾼

*찬송: 324장 (통360장)

이 세상이나 세상에 있는 것들을 사랑하지 말라 누구든지 세상을 사랑하면 아버지의 사랑이 그 안에 있지 아니하니 이는 세상에 있는 모든 것이 육신의 정욕과 안목의 정욕과 이생의 자랑이니 다 아버지께로부터 온 것이 아니요 세상으로부터 온 것이라 (요일 2:15-16).

봉사는 봉사로만 끝나는 것이 아니라 좋은 열매가 맺히고 전도의 열매가 맺어지게 되어 있습니다.

평북 정주에 오산학교가 있었습니다. 그 동리에 살던 머슴이 주인집의 일을 열심히 했는데 특히 아침마다 주인방의 요강을 깨끗이 치우는 일을 열심히 했습니다. 매일 아침 요강 치우는 일을 계속하는 머슴을 지켜본 주인이 감동을 받았습니다. 그래서 그 머슴을 학교에 보내어 공부를 시켰습니다. 평양 숭실학교에 보내 공부하게 하고 전문학교를 보내 계속 공부하게 했습니다.

그가 마침내 공부를 마치고 자기가 머슴을 살던 지역의 오산학교에 선생님으로 오게 되었습니다. 이를 알고 있는 모든 사람들이 그를 칭찬했습니다. 그는 희생정신으로 학생들을 가르쳤습니다. 학생들이 졸업하면서 선생님께 물었습니다.

"어떻게 하면 성공할 수 있습니까?"

"사회에 나가거든 요강을 닦는 사람이 되시오. 그러면 성공하는 사람이 될 것입니다."

우리는 겸손하게 봉사하며 사랑으로 봉사해야 합니다. 그리고 주님이 주신 사명을 성실하게 감당해야 합니다.

기도: 겸손과 순종의 본을 보이신 주님! 저희가 겸손한 자세로 국가와 사회와 이 민족을 섬기길 원하오니 겸손한 마음을 주옵소서. 성령께서 저희를 강권하시어 순종하는 사람이 되게 하소서.

304. 새것이 되는 방법

*찬송: 135장 (통13장)

그러므로 우리가 이제부터는 어떤 사람도 육신을 따라 알지 아니하노라 비록 우리가 그리스도도 육신을 따라 알았으나 이제부터는 그같이 알지 아니하노라 그런즉 누구든지 그리스도 안에 있으면 새로운 피조물이라 이전 것은 지나갔으니 보라 새 것이 되었도다 (고후 5:16-17).

하나님의 은혜를 받으면 누구든지 새롭게 변화될 수 있습니다.

김홍도 목사님이 서울에서 부목사로 있을 때입니다. 동생이 해병대 출신으로 제대를 해서 단칸방에 같이 살았는데 얼마나 목사님 가족을 괴롭히는지 견딜 수가 없었습니다. 술 달라고 고함을 지르거나 밥상을 뒤엎는 일도 허다했습니다.

하루는 목사님이 심방을 갔다 오니 동생이 술을 먹고 집안 살림을 모두 부수어놓아 집안이 아수라장이 되어 있었습니다. 목사님도 이제는 더 이상 참을 수가 없어서 자고 있는 동생을 때리고 싶은 마음이 간절했습니다. 그러나 성령께서 참으라는 마음을 주셔서 꾹 참고 대신 가게에 가서 빵을 사와서 자고 있는 동생을 깨웠습니다. 그리고 동생에게 빵을 주며 "목사가 되어서 잘해주지 못해 미안하다. 언젠가 하나님이 은혜를 주실 때가 올 것이다."라고 동생을 위로했더니 감동을 받은 동생이 눈물을 흘렸습니다. 그리고 후에 동생은 한얼산 기도원에 가서 회개하고 이전 것을 모두 버리고 새사람이 되는 은혜를 받았습니다. 그 후 신학교에 입학을 하여 신학공부를 하고 지금은 큰 교회의 목사가 되어 목회를 잘하고 있습니다.

하나님의 은혜를 받으면 새롭게 됩니다. 이전 것을 버리면 삶이 달라지고 삶의 목적이 달라지며 기쁨의 삶을 살아가게 됩니다. 새로운 희망이 생깁니다.

기도: 이전 것은 지나고 새롭게 하신 주님! 이제 새로운 피조물이 되어 세상을 새롭게 하는 일을 감당하게 하소서. 오직 하나님의 사랑과 은혜로 새롭게 됨을 전파하는 도구가 되게 하소서.

305. 임마누엘

*찬송: 112장 (통112장)

보라 처녀가 잉태하여 아들을 낳을 것이요 그의 이름은 임마누엘이라 하리라 하셨으니 이를 번역한즉 하나님이 우리와 함께 계시다 함이라 (마 1:23).

우리나라 어떤 임금님이 난을 피하여 서민복장을 하고 따르는 신하들과 함께 피난을 갔습니다. 어느 시골마을에 들어가 신분을 숨기고 한 집에서 며칠을 머무르게 되었습니다. 물론 주인은 그 일행이 임금님의 일행인 줄 몰랐습니다. 그러나 생활이 넉넉하고 손님 대접하기를 즐기는 주인은 친절하게 대접을 잘했습니다. 임금님은 이 농부가 매우 고마웠습니다.

며칠 후 난은 평정되었고 임금님은 여전히 신분을 숨긴 채 하직인사를 했습니다. 그러면서 은혜를 갚겠다며 소원이 있으면 말해달라고 했습니다. 그러자 농부는 소원이 없다고 했습니다. 생활도 넉넉하고 건강하며 자녀들도 효도하니 걱정이 없다는 것이었습니다. 그래도 임금님은 은혜를 갚고 싶으니 소원 한 가지만 말해달라고 계속 청했습니다. 그랬더니 농부는 그러면 며칠 후에 있을 자신의 회갑잔치에 초청할 테니 와달라고 했습니다. 며칠 뒤 그 농부의 집에 난데없이 임금님의 행차가 있었습니다. 그러니 그 잔치는 어떠했겠습니까? 임금님이 손님이 되어 올 정도니 그 농부는 유명인사가 되었고 큰 예물들이 들어왔다고 합니다.

이처럼 집에 임금님이 오셔도 영광인데, 만왕의 왕이시며 만주의 주이신 하나님이 인간이 되어 임마누엘로 우리에게 오셨으니 얼마나 큰 영광입니까?

기도: 만왕의 왕 예수님! 이 땅에 오심을 환영합니다. 이 죄인을 용서하시기 위해 찾아오시니 감사합니다. 온 세상에 이 기쁜 소식이 넘쳐나게 하소서. 가난하고 불쌍한 자들에게 임마누엘 하소서.

306. 오직 말씀으로

*찬송: 258장 (통190장)

너희가 알거니와 너희 조상이 물려 준 헛된 행실에서 대속함을 받은 것은 은이나 금 같이 없어질 것으로 된 것이 아니요 오직 흠 없고 점 없는 어린 양 같은 그리스도의 보배로운 피로 된 것이니라 (벧전 1:18-19).

　1517년 10월 31일 마르틴 루터가 일으킨 종교개혁운동의 내용입니다.
　첫째, 성경(Sola Scriptura)으로 돌아가자는 운동입니다. 종교개혁이 일어나기 전에는 성경은 오직 성직자들의 손에서만 읽어지고 연구되었습니다. 일반 성도들은 성경을 만져보지도 못했고 읽지도 못했습니다. 라틴어로 쓰인 성경을 구하기도 어려웠습니다. 물론 말씀연구는 꿈도 꾸지 못했습니다. 그래서 루터는 제일 먼저 성서를 독일어로 번역해서 독일어를 아는 사람은 모두 읽을 수 있도록 했습니다.
　둘째, '기도권' 회복운동입니다. 우리의 기도의 대상은 하나님 아버지입니다. 하나님께 우리를 중보해주시는 이는 오직 예수 그리스도 한 분뿐입니다. 이것을 확실하게 주장하고 정리하였습니다.
　셋째, 구원은 오직 믿음(Sola Fide)으로만 가능하다는 것을 슬로건으로 내세운 운동입니다. 구원은 행위로나 선행으로 얻는 것이 아니라 오직 믿음으로 얻습니다. 그 믿음은 우리를 변화시키고 가정을 변화시키고 사회를 변화시키고 국가를 변화시킵니다.
　넷째, 오직 예수님(Sola Christas)만 구세주라는 것을 확인하는 운동입니다. 오직 예수님만이 복음이며 진리입니다.
　지금도 이 회복운동이 온 교회에서 일어나야 합니다. 나의 심령에서부터 새롭게 회복되는 운동이 일어나야 합니다. 그래야 새롭게 됩니다.

기도: 주님! 제가 지금 변화되기를 원합니다. 저의 심령이 변화되게 하시며, 믿음이 회복되게 하소서. 주님을 사랑하는 첫사랑을 회복하게 하시고, 말씀을 사모했던 믿음을 회복하게 하시고, 뜨거운 열정을 회복하게 하소서.

307. 십일조 헌금

*찬송: 49장 (통72장)

사람이 어찌 하나님의 것을 도둑질하겠느냐 그러나 너희는 나의 것을 도둑질하고도 말하기를 우리가 어떻게 주의 것을 도둑질하였나이까 하는도다 이는 곧 십일조와 봉헌물이라 너희 곧 온 나라가 나의 것을 도둑질하였으므로 너희가 저주를 받았느니라 (말 3:8-9).

미국에서 있었던 이야기입니다. 어느 목사님이 다른 목사님에게 물었습니다.
"교인 수가 얼마나 됩니까?"
"약 1,900명쯤 됩니다."
"그들 중에 몇 명이나 십일조를 드립니까?"
"그들 모두가 십일조를 드립니다."
"정말 놀랍군요. 어떻게 그 모든 사람들이 십일조를 드립니까? 혹시 십일조 작정카드에 날인하게 되어 있습니까?"
"그렇지는 않습니다. 단지 347명만 십일조 작정카드에 서명했고 그들은 충실하게 그 약속을 지킵니다. 나머지 사람들은 다른 방법으로 십일조를 합니다. 왜냐하면 하나님께서는 여러 가지 다양한 방법으로 십일조를 거두어가시기 때문입니다. 즉 어려움이나 병, 그리고 실직 등으로 거두어들이십니다. 따라서 다른 사람들도 모두 십일조를 바치는 셈입니다마는 직접 하나님께 드리지 않고 세상에 써버리는 것입니다."

십일조는 하나님의 것입니다. 아니, 십일조뿐만 아니라 우리의 모든 소득은 하나님의 것입니다. 하나님께서 천지를 창조하셨고, 만물의 주인은 하나님이시기 때문입니다. 우리에게 주신 모든 물질 중에 감사하는 마음으로 십분의 일을 구분하여 하나님의 것으로 드리는 것이 십일조의 올바른 자세입니다.

기도: 저희에게 너무나 많은 것을 주신 하나님! 그 중에 하나님의 것을 구분하여 십일조를 드릴 때 아까운 마음이 들지 않게 하시고, 감사하는 마음으로 온전히 드릴 수 있는 하나님의 자녀가 되게 하소서.

308. 위대한 치료자 예수님

*찬송: 303장 (통403장)

예수께서 들으시고 이르시되 건강한 자에게는 의사가 쓸 데 없고 병든 자에게라야 쓸 데 있느니라 너희는 가서 내가 긍휼을 원하고 제사를 원하지 아니하노라 하신 뜻이 무엇인지 배우라 나는 의인을 부르러 온 것이 아니요 죄인을 부르러 왔노라 하시니라 (마 9:12-13).

진정한 의사는 누구입니까? 바로 예수님이십니다. 예수님은 많은 병자들을 고쳐주셨습니다. 출생 때부터 맹인된 청년에게 그 병이 하나님의 영광을 위하여 생긴 병이라고 하시고 진흙을 눈에 발라 실로암 연못에 가서 씻도록 하여 고쳐주셨습니다.

나병환자는 그의 믿음을 보시고 치료해주셨습니다. 주님의 치료는 신속하고 완벽합니다. 주님께 치료받은 자들은 완치되었고 재발이 없었습니다. 왜냐하면 주님은 병의 근원을 잘 아시는 분이기 때문입니다.

심지어는 회당장 야이로의 딸이 죽었을 때도 주님은 그 소녀를 일으켜주셨고, 죽어서 장사지낸 나사로도 무덤에서 일으켜주셨습니다. 또 나인성 과부의 아들도 상여를 멈추고 살리셨습니다. 죽은 자들까지도 살리신 것입니다. 이렇게 주님에게는 치료불가능한 자가 없습니다.

또한 주님은 육적인 질병뿐 아니라 영적인 문제도 해결해주셨습니다.

국회의원인 니고데모에게는 새롭게 태어나야 한다고 말씀하셨고 그는 새롭게 태어나서 주님의 사역을 돕는 헌신자가 되었습니다. 일곱 귀신이 들었던 여인을 고쳐주셨더니 주님을 따르는 자가 되었습니다. 우물가의 여인의 영적인 문제를 해결해주셨더니 온 동네를 전도하는 자가 되었습니다.

기도: 우리의 근본 문제까지도 치료해주시는 주님! 우리의 연약한 몸을 치료하여 주시며, 영적인 문제까지도 회복시켜 주옵소서. 건강한 몸, 건강한 영으로 주님의 일을 감당하게 하옵소서.

309. 주님께 맡겨야 합니다

*찬송: 405장 (통458장)

너희 염려를 다 주께 맡기라 이는 그가 너희를 돌보심이라 근신하라 깨어라 너희 대적 마귀가 우는 사자 같이 두루 다니며 삼킬 자를 찾나니 너희는 믿음을 굳건하게 하여 그를 대적하라 이는 세상에 있는 너희 형제들도 동일한 고난을 당하는 줄을 앎이라 (벧전 5:7-9).

어떤 선교사님이 차를 운전해 시골교회를 찾아가고 있었습니다. 그때 길가에서 무거운 짐을 이고 가는 한 아주머니를 만났습니다. 그래서 차를 세우고 아주머니를 태워주었습니다. 마침 선교사님이 가고 있던 마을의 사람이었기 때문이었습니다. 그런데 조금 가다 보니까 아주머니가 짐을 머리에 계속 이고 있는 것이었습니다. 그래서 선교사님이 말했습니다. "아주머니, 그 짐을 내려놓으세요." 그러자 아주머니는 "아니, 미안해서요. 나를 태워주신 것만도 죄송한데 짐을 어떻게 내려놓을 수 있습니까?"라고 대답했다고 합니다.

예수님을 믿으면서도 이처럼 나의 가정, 자녀, 사업 등을 모두 맡기지 못하고 전부 내가 책임지고 잘 이끌어가야 한다고 생각하는 분은 없으십니까? 주님께 맡기십시오. 그래야 쉼을 얻고 평안을 얻습니다. 내가 평안해야 다른 사람에게 나의 평안을 전할 수 있는 것입니다. "아무것도 염려하지 말고 다만 모든 일에 기도와 간구로 너희 구할 것을 감사함으로 하나님께 아뢰라 그리하면 모든 지각에 뛰어난 하나님의 평강이 그리스도 예수 안에서 너희 마음과 생각을 지키시리라"(빌 4:6-7).

당신의 염려를 모두 주님께 맡기십시오. 주님께서 돌보시고 인도해주시며 그 모든 염려를 맡아주실 것입니다. 우리가 해야 할 일은 믿음을 굳건히 가지기만 하면 되는 것입니다.

기도: 우리의 모든 염려를 맡아주시는 주님! 저희가 가지고 있는 고민과 아픔과 고통과 연약함을 주께 맡기오니 해결해주시고, 회복시켜주옵소서.

310. 화목한 가정

*찬송: 382장 (통432장)

보라 형제가 연합하여 동거함이 어찌 그리 선하고 아름다운고 머리에 있는 보배로운 기름이 수염 곧 아론의 수염에 흘러서 그의 옷깃까지 내림 같고 헐몬의 이슬이 시온의 산들에 내림 같도다 거기서 여호와께서 복을 명령하셨나니 곧 영생이로다 (시 133:1-3).

어떤 동네에 화목하기로 소문나고 자녀들이 예의가 바르기로 소문난 가정이 있었습니다. 그래서 그 집 가장의 친구들이 몹시 부러워하며 그 비결이 무엇인지 알고 싶어 가르쳐달라고 했습니다. 그러자 그 집의 가장이 말했습니다. "비결은 우리 집의 자녀들이 내 말에 이유가 없이 무조건 순종을 잘하기 때문이라네."

그래서 여러 어른들이 동행하여 그 화목한 가정을 방문하게 되었습니다. 집에 도착하자마자 그 가장은 자녀들을 모두 불러 명령을 내렸습니다.

"마구간에 있는 소를 지붕 위에 올려야겠으니 지금 당장 그렇게 하도록 해라."

한번 생각해보십시오. 소를 어떻게 지붕위에 올릴 수 있겠습니까? 그러나 아버지의 말씀이 떨어지자 아들들과 며느리들은 모두 나서서 사다리와 평상을 가져다놓고 소를 지붕 위에 올리려고 최선을 다했습니다. 그러나 그것이 쉽겠습니까? 힘들지요. 되지도 않습니다. 그럼에도 그들은 애를 썼습니다. 그러나 소를 올리지는 못했습니다. 이윽고 쳐다보고 계시던 어른이 자녀들에게 그만 하라고 하면서 이제 되었다고 했습니다. 순종하는 모습을 보였으니 되었다는 것이었습니다.

이처럼 화목한 가정은 자녀가 부모님께 순종할 때 이루어지며, 하나님의 은혜와 복도 부모님께 순종할 때 받게 됩니다. 화목은 상대방의 입장에서 생각하고, 무엇을 하든지 가족들에게 최선을 다할 때 이루어지게 됩니다.

기도: 화목한 가정을 주신 하나님! 형제가 동거하는 복을 주시니 감사합니다. 평화를 주시니 감사합니다. 서로의 입장에서 이해하게 하시고, 모든 일에 감사하는 마음으로 화평을 만들어나가는 가족들이 되게 하소서.

311. 진주 목걸이

*찬송: 400장 (통463장)

하나님이여 나를 살피사 내 마음을 아시며 나를 시험하사 내 뜻을 아옵소서 내게 무슨 악한 행위가 있나 보시고 나를 영원한 길로 인도하소서 (시 139:23-24).

어느 부부가 파티에 초대를 받았습니다. 그런데 가난한 부인은 파티에 갈 때 목에 걸고 갈 만한 목걸이가 없어서 고민이 되었습니다. 그래서 잘사는 친구에게 가서 값비싼 진주 목걸이를 빌려와서 그 목걸이를 걸고 파티에 갔습니다. 그런데 그만 파티에서 그 목걸이를 잃어버리고 말았습니다. 정신이 아찔해진 부인은 목걸이 주인에게는 말도 못하고 보석가게에 가서 비싼 진주 목걸이를 외상으로 사서 친구에게 되돌려주었습니다.

그때부터 20년 동안 부인은 오로지 그 외상 빚을 갚으려고 피땀 흘려가며 고생하면서 일을 했습니다. 얼마나 고생을 했는지 늙은 할머니가 되어버린 부인이 어느 날 진주 목걸이를 빌려준 친구를 만나게 되었습니다. 친구가 너무 늙어버린 부인에게 왜 이리 늙었느냐고 물었습니다. 그래서 그때서야 부인은 진주 목걸이를 잃어버렸던 이야기를 들려주었습니다.

그러자 친구는 자기가 빌려준 그 진주 목걸이는 진품이 아닌 모조품이었다고 말하는 것이었습니다. 이 얼마나 억울한 일입니까? 가짜 목걸이를 빌려 쓰다 잃어버려 진품으로 배상해주고 그 빚을 갚기 위해 일생을 다 소비했으니 말입니다. 있는 모습 그대로 살지 않고 허영을 부리다 일생을 허비했으니 말입니다.

우리는 세상, 물질, 출세에서 평강을 찾아서는 안 됩니다. 그것은 물거품이며 잠시 스쳐가는 것입니다.

기도: 참 진리가 되신 주님! 저희가 세상의 물질과 이생의 자랑과 안목의 정욕에서 해방되게 하소서. 오직 진리이신 주님만을 바라보며 살게 하소서.

312. 서로 교제하는 교회

*찬송: 410장 (통468장)

믿는 사람이 다 함께 있어 모든 물건을 서로 통용하고 또 재산과 소유를 팔아 각 사람의 필요를 따라 나눠 주며 날마다 마음을 같이하여 성전에 모이기를 힘쓰고 집에서 떡을 떼며 기쁨과 순전한 마음으로 음식을 먹고 하나님을 찬미하며 또 온 백성에게 칭송을 받으니 주께서 구원 받는 사람을 날마다 더하게 하시니라 (행 2:44-47).

'교제한다'라는 말을 헬라어 원어로는 '코이노니아'라고 합니다. 이는 교제(fellowship), 협력(association), 헌금(contribution)으로 번역됩니다. 즉 정신적, 물질적인 교제를 뜻합니다. 그러므로 교제는 기독교 신앙의 핵심을 표시하는 말입니다.

첫째, 하나님과의 교제입니다. 하나님과의 교제는 예배로 나타납니다. 아브라함이 복받은 이유는 가는 곳마다 예배드리기를 즐겨했기 때문입니다. 그래서 하나님은 아브라함에게 "너는 나의 친구라"고까지 하셨습니다.

둘째, 이웃과의 교제입니다. 하나님과의 교제인 예배에서 은혜를 받고 나면 이웃과의 교제가 주 안에서 이루어집니다. 이웃과의 교제는 떡을 떼는 일입니다. 같이 식사하면서 나누는 교제입니다. 또한 초상난 가정, 축하해야 할 가정을 돌아보는 일입니다. 이와 같은 교제를 성실히 감당하면 심은 대로 거두게 됩니다.

셋째, 물질의 교제입니다. 예루살렘 교회에 핍박이 있었을 때 흩어진 성도들이 안디옥 지방에 가서 세운 교회가 안디옥 교회입니다. 그런데 그 안디옥 교회가 부흥하게 되었을 때 유다 지방에 흉년이 들었다는 소식을 듣고 힘이 닿는 대로 부조하여 물질을 보냈습니다. 구제금을 보낸 것입니다.

"가난한 자를 불쌍히 여기는 것은 여호와께 꾸어 드리는 것이니 그의 선행을 그에게 갚아 주시리라"(잠 19:17).

기도: 사랑의 하나님! 주님의 지체인 저희가 주님 원하시는 모습으로 살기를 원하오니 도와주옵소서. 날마다 마음을 같이하여 음식을 나누고, 물건을 통용하는 초대 예루살렘교회의 모습을 본받는 교회가 되게 하옵소서.

313. 뜨거운 가슴을 가진 교인

*찬송: 183장 (통172장)

베드로가 이르되 너희가 회개하여 각각 예수 그리스도의 이름으로 세례를 받고 죄 사함을 받으라 그리하면 성령의 선물을 받으리니 이 약속은 너희와 너희 자녀와 모든 먼 데 사람 곧 주 우리 하나님이 얼마든지 부르시는 자들에게 하신 것이라 하고 (행 2:38-39).

지식만 가지고 신앙생활을 하거나 자신의 사회적 경험만을 가지고 신앙생활을 하게 되면 하나님의 말씀이 들려지지가 않습니다. 이러한 교인의 11가지 모습이 있습니다.
1) 감투 교인: 교회에서 감투를 주어야만 나오는 교인.
2) 인력거 교인: 심방을 가서 끌어내야만 겨우 교회에 나오는 교인.
3) 유람선 교인: 이 교회 저 교회 옮겨 다니는 교인.
4) 국회의원 교인: 한 가정에서 대표로 혼자만 나오는 교인.
5) 광고 교인: 사업실속 찾는 교인.
6) 벙어리 교인: 대표기도 못 하는 교인.
7) 오락 교인: 평소에는 잘 안 보이나 친목회하면 보이는 교인.
8) 장례 교인: 부모님 장례를 위해 나오는 교인.
9) 묵상 교인: 예배만 시작했다 하면 조는 교인.
10) 핑계 교인: 어떤 일이든지 항상 핑계대는 교인.
11) 가시 교인: 교회의 가시같은 존재인 교인.

우리는 어디에 속해 있는지 생각해보아야 합니다. 혹시 위의 항목에 속하여 있지는 않습니까? 온전한 신앙생활을 하려면 우리는 오직 주의 음성을 듣고 하나님의 말씀만을 들어야 합니다. 성령을 구하십시오. 그러면 뜨거운 가슴이 될 것입니다.

기도: 주님! 우리는 어떤 교인입니까? 뜨거운 가슴으로 주님을 사랑하는 교인이 되게 하소서. 나의 지식과 나의 경험을 가지고 신앙생활을 하지 않게 하시고 주님의 음성을 듣는 교인이 되게 하소서.

314. 억지로 감사

*찬송: 429장 (통489장)

내가 노래로 하나님의 이름을 찬송하며 감사함으로 하나님을 위대하시다 하리니 이것이 소 곧 뿔과 굽이 있는 황소를 드림보다 여호와를 더욱 기쁘시게 함이 될 것이라 (시 69:30-31).

    제2차 세계대전 때 참전했던 일본의 해군장교 중에 '가와가미 기이지'라는 고위급장교가 있었습니다. 전쟁에 패전하고 고향으로 돌아간 그는 날마다 불평과 원망과 짜증만 내는 삶을 살았습니다. 그러다가 전신마비가 되는 병을 앓아 몸을 움직이지 못하게 되었습니다. 그때에 그는 정신과의사 후지다라는 분의 치료를 받았는데 그 의사는 가와가미 씨를 진찰하고 다음과 같은 처방을 내렸습니다. 그의 처방은 간단했습니다. 억지로라도 "감사합니다. 감사합니다."라고 말하라는 것이었습니다.
    그가 의사의 처방에 따라 "감사합니다."라는 말을 하며 몇 개월을 지냈더니 그의 입에는 저절로 "감사합니다."라는 말이 달려있었습니다. 어느 날 그의 아들이 잘 익은 감 2개를 가지고 와서 잡수시라고 했습니다. 날마다 억지로라도 감사하던 그가 그 감을 보자 눈물이 쏟아져나왔습니다. 그래서 자기도 모르게 두 손이 앞으로 나가면서 감사의 기도를 드렸습니다. 그때 마비되었던 손과 발이 풀렸고 몸이 회복되는 기적이 일어났습니다.

    감사는 기적을 창조합니다.
    감사는 큰 복을 가져다줍니다.
    감사는 은혜받을 마음을 갖게 합니다.
    감사는 지혜를 줍니다.
    감사는 인생을 긍정적으로 살아갈 수 있게 합니다.
    감사는 환경을 변화시킬 수 있습니다.
    감사는 자족하는 마음을 갖게 합니다.

기도: 주님! 감사합니다. 생명주심을 감사합니다. 구원하여 주시니 감사합니다. 건강주시니 감사합니다. 찬송할 수 있사오니 감사합니다. 기도하게 하시니 감사합니다. 감사하는 마음을 주시니 감사합니다. 주여, 영광 받으시옵소서.

315. 손 마른 자에게 주신 말씀
*찬송: 472장 (통530장)

예수께서 손 마른 사람에게 이르시되 한 가운데에 일어서라 하시고 그들에게 이르시되 안식일에 선을 행하는 것과 악을 행하는 것, 생명을 구하는 것과 죽이는 것, 어느 것이 옳으냐 하시니 그들이 잠잠하거늘 그들의 마음이 완악함을 탄식하사 노하심으로 그들을 둘러 보시고 그 사람에게 이르시되 네 손을 내밀라 하시니 내밀매 그 손이 회복되었더라 (막 3:3-5).

주님은 한편 손 마른 자에게 "네 손을 내밀라"고 말씀하셨고 그는 주님의 명령에 순종했습니다. 그랬더니 즉시 회복되었습니다. 주님이 명령하시면 무조건 순종해야 합니다. 그래야 기적이 일어나고 회복이 됩니다. 만일 그 환자가 예수님이 명령하셨을 때 "왜 그러십니까? 이 손은 이렇게 된 지 오래 되었습니다. 의사에게 치료도 받았고 약도 먹었습니다. 여러 가지 방법을 다 동원해보았지만 치료되지 않았습니다. 치료 불가능합니다."라고 했더라면 고칠 수가 없었을 것입니다. 평생 환자로서 신세를 한탄하며, 세상을 원망하며 살았을 것입니다. 그러나 그는 순종했기에 회복되었습니다.

그럼 회복된 손은 무엇을 위해 내밀어야 할까요?

무슨 일이든 맡겨진 일에 열심히, 성실히 하는 손이 되어야 합니다. 또한 하나님의 일에도 힘을 쓰는 손이 되어야 합니다. 하나님이 살려주셨고 건강을 주셨기 때문입니다.

기도하는 손이 되어야 하며 전도하는 손, 봉사하는 손이 되어야 합니다. 헌신하는 손, 구제하는 손이 되어야 합니다. 지금까지는 도움을 받는 손이었으나 이제부터는 도움을 베푸는 손길이 되어야 합니다.

기도: 주님! 저의 손이 기도하는 손이 되게 하소서. 봉사하는 손이 되게 하소서. 도움을 베푸는 손이 되게 하소서. 생명을 살리는 손이 되게 하소서.

316. 연단의 결과

*찬송: 337장 (통363장)

무릇 징계가 당시에는 즐거워 보이지 않고 슬퍼 보이나 후에 그로 말미암아 연단 받은 자들은 의와 평강의 열매를 맺느니라 (히 12:11).

　평양신학교 학생이던 서동혁 씨의 간증입니다. 공산정권이 북한에 들어서고 나서도 그는 조그마한 교회의 목회를 쉬지 않았습니다. 그랬더니 공산당원들이 그를 잡아다가 미국 자본주의의 종이라면서 고문하기 시작했습니다. 매를 심하게 맞아 죽어가면서도 서동혁 전도사는 "아버지여! 저희의 죄를 용서해주옵소서. 저들은 자기들의 하는 것을 알지 못함이니이다. 주 예수여! 내 영혼을 받으시옵소서."라는 기도를 했습니다. 그는 목숨을 잃었고, 가족들은 그를 장례하기 위하여 그의 시체를 집으로 가져왔습니다. 그런데 그의 심장이 멈추지 않고 뛰고 있는 것을 발견했습니다. 의식이 돌아온 것이었습니다. 그러나 그는 의식이 돌아온 후에도 몇 달 동안 누워서 지내야 했습니다.
　훗날 그는 "참 다행한 일이었습니다. 나처럼 무지막지하게 맞지 않은 사람들은 후에 모두 총살당했습니다."라고 회고했습니다. 고문을 당해서 죽음의 문 앞까지 갔지만 하나님은 피할 길을 주셔서 생명을 살려주신 것입니다.
　바울과 실라는 빌립보 성에서 전도하다가 계집종에게 들어가있는 귀신을 예수 이름으로 쫓아냈습니다. 그랬더니 그 계집종의 점치는 수입으로 먹고 살던 자들이 고소하여 옷이 벗겨지고 매를 맞았으며 저녁도 굶었습니다. 깊은 감옥에 갇히게 되었습니다. 그러나 그들은 낙심하지 않고 밤중쯤 되었을 때 오히려 찬송하고 기도했더니 하나님이 기적을 베푸셔서 옥문을 열어주셨습니다. 간수에게 전도할 수 있었습니다. 만일 그들이 감옥에 구속당하지 않았다면 어떻게 간수에게 전도할 수 있었겠습니까?

기도: 연단을 통해 은혜를 베푸시는 하나님! 저희가 고난을 당할 때 인내하게 하옵소서. 인내를 통해 하나님께서 더 좋은 것을 주실 것을 믿고 감사하며 고난의 길을 걸어갈 수 있는 담대함을 주옵소서.

317. 가을은 추수의 계절

*찬송: 589장 (통308장)

손에 키를 들고 자기의 타작마당을 정하게 하사 알곡은 모아 곳간에 들이고 쭉정이는 꺼지지 않는 불에 태우시리라 (눅 3:17).

추수의 원리는 알곡과 쭉정이를 구분하는 것입니다. 알곡은 창고에 들입니다. 좋은 양식이 되고 다음해 씨앗이 되는 것입니다. 그러나 쭉정이는 불에 던져 태워버립니다. 쓸 데가 없기 때문입니다.

우리는 어떤 열매를 맺고 있습니까? 열매가 없다면 열매가 없는 이유를 생각해보아야 합니다. 우리가 가진 좋지 못한 습관들을 모두 버렸는지, 내일로 미루고있지는 않은지 생각해보고 결단을 해야 합니다. 결단하면 성령께서 힘을 주실 것입니다.

충청북도의 어느 교회에 담배를 끊지 못하던 김 집사님이 있었습니다. 마침 교회를 건축 중이라 작업복 차림으로 읍내에 자재를 사러 나갔다가 검문소에서 경찰관에게 주민등록증 검사를 받게 되었는데 신분증을 가져오지 않아 붙잡히게 되었습니다. 그래서 집사님은 "나는 어느 교회의 집사인데 자재를 사려고 나오는 중이었습니다."라고 설명을 했지만 경찰관은 믿지를 않았고 결국 호주머니를 검사하게 되었습니다. 그러다 집사님이 몰래 피우던 담배를 발견하고는 "교회 집사들은 담배를 피우지 않는데 당신은 우리를 속이려 합니까?"라고 말하며 곤봉으로 때렸습니다. 그 사건으로 인하여 집사님은 분한 마음을 가지고 죽어도 끊지 못하던 담배를 끊어버렸습니다.

우리는 수확의 계절에 어떤 것을 수확해야 할까요? 육을 심으면 육으로부터 썩어질 것을 거두게 되고 성령을 심으면 성령으로부터 영생을 거두게 됩니다.

기도: 추수할 일꾼을 찾으시는 주님! 추수할 때가 되었는데 추수할 일꾼이 적다고 하신 주님의 음성에 귀를 기울이게 하옵소서. 주님이 추수하실 때에 알곡으로 인정받을 수 있도록 그리스도인의 역할을 잘 감당하게 하소서.

318. 그릇의 종류

*찬송: 425장 (통217장)

이 사람아 네가 누구이기에 감히 하나님께 반문하느냐 지음을 받은 물건이 지은 자에게 어찌 나를 이같이 만들었느냐 말하겠느냐 토기장이가 진흙 한 덩이로 하나는 귀히 쓸 그릇을, 하나는 천히 쓸 그릇을 만들 권한이 없느냐 (롬 9:20-21).

    그릇들은 그릇을 만들 때 사용된 재료에 따라 구분되기도 하지만 용도에 따라 귀하게 쓰이는 그릇과 천하게 쓰이는 그릇으로 구분되기도 합니다.
    같은 진흙으로 빚었지만 하나는 밥을 담아 먹는 밥그릇이 될 수도 있고, 하나는 화장실에서 사용되는 변기가 될 수도 있는 것입니다. 좋은 것을 담는 그릇은 귀하게 사용된다는 것입니다. 그릇은 만드는 사람의 의지나 사용하는 사람의 의지대로 사용된다는 것입니다.
    그러므로 꼭 필요한 그릇은 그 재료가 나무나 흙이라 할지라도 귀한 그릇이 될 수 있습니다. 적재적소에 사용되는 그릇, 꼭 필요한 데 사용되는 그릇은 귀한 그릇이라 할 수 있습니다.
    우리나라에 한 선교사님이 처음 오셔서 우리 문화에 익숙하지 않았을 때 실수를 범한 이야기입니다. 어떤 성도가 선교사님 댁을 방문했더니 그 성도를 대접하려고 선교사님이 벽장문을 열고 요강을 꺼내어 그 안에서 간식을 내어주는데 도저히 먹을 수가 없었다는 것입니다. 선교사님은 요강이 어떤 용도로 쓰이는지 몰랐기에 사기로 만든 요강이 큼직하기에 물건을 담아두면 좋을 것 같아 먹는 음식을 담는 그릇으로 사용했던 것입니다.
    우리는 어떤 그릇으로 사용되고 있습니까? 우리는 하나님께 귀하게 쓰이는 그릇이 되어야 합니다.

기도: 토기장이처럼 천지를 창조하신 하나님! 하나님의 섭리에 의해 창조된 저희들이 주께서 가장 사용하기에 좋은 그릇이 되게 하시고, 세상 사람들에게 꼭 필요한 진실한 그릇으로 사용되게 하옵소서.

319. 큰 소망

*찬송: 80장 (통101장)

사랑하는 자여 네 영혼이 잘됨 같이 네가 범사에 잘되고 강건하기를 내가 간구하노라 형제들이 와서 네게 있는 진리를 증언하되 네가 진리 안에서 행한다 하니 내가 심히 기뻐하노라 내가 내 자녀들이 진리 안에서 행한다 함을 듣는 것보다 더 기쁜 일이 없도다 (요삼 2-4).

오클라호마 주에 계신 오랄 로버츠 목사는 처음에 교인이 백 명도 되지 않는 감리교회를 담임하여 목회했습니다. 아무리 애를 써서 전도를 해도 교회가 부흥되지 않았습니다. 궁리 끝에 목사님은 박사학위를 취득하면 교회가 부흥될 것이라는 생각을 하게 되었습니다. 그래서 목회와 공부를 겸하게 되었습니다.

어느 날 학교에 가기 전에 성경을 펼쳐서 읽다가 요한3서 2절을 읽게 되었습니다. "사랑하는 자여 네 영혼이 잘됨 같이 네가 범사에 잘되고 강건하기를 내가 간구하노라"

이 말씀은 전에도 많이 읽었던 말씀인데도 그날 아침 성령께서 그에게 큰 충격을 주시는 말씀으로 다가왔습니다. 그는 감격하여 눈물을 흘리며 고백했습니다.

"오늘로써 나는 학교를 졸업했어. 나는 지금까지 성경을 읽었지만 이렇게 감격적인 말씀을 깨닫지 못했어. 우리 하나님은 참 좋으신 분이야."

말씀이 그의 심령에 성령으로 역사하자 그 말씀이 살아서 능력이 나타나게 되었습니다. 영혼이 먼저 잘되어야 한다. 그러면 범사에 잘되고 강건해진다. 이 말씀이 그의 목회와 인생을 흔들어놓았습니다. 그리하여 조그마한 시골교회 목회자였던 그는 오늘날 미국 오클라호마에서 10대 교회 중 하나인 교회의 목사님이 되셨고 오랄 로버츠 대학도 만들었습니다. 그리고 70층이나 되는 의료센터도 만들어서 사회와 국가를 위해 봉사하고 있습니다.

기도: 주님! 주님을 사랑하는 자가 되어 영혼이 잘되게 하소서. 범사에 복을 받게 하소서. 강건해지는 복도 받게 하소서. 주님께서 주신 이 복으로 세상 사람들을 섬기는 도구로 사용하게 하소서.

320. 다툼을 일으키는 말

*찬송: 423장 (통213장)

미련한 자의 입술은 다툼을 일으키고 그의 입은 매를 자청하느니라 미련한 자의 입은 그의 멸망이 되고 그의 입술은 그의 영혼의 그물이 되느니라 남의 말하기를 좋아하는 자의 말은 별식과 같아서 뱃속 깊은 데로 내려가느니라 (잠 18:6-8).

    우리 주위에는 수많은 말들이 돌아다닙니다. 온갖 소문이 난무합니다. 정신이 없을 정도입니다. 좋은 소식보다는 나쁜 소식들이 많습니다. 다툼은 교만한 마음과 미움에서 일어날 수 있으며 말을 잘못 전할 때 생기기도 합니다. 그러므로 입술을 조심해야 합니다. 말을 조심해야 합니다.
    월남 이상재 선생이 구한말 참판으로 계시던 때의 일입니다. 대신들이 임금에게 아침조회를 드리고 나면 국가의 부흥을 위한 건설적인 대화는 하지 않고 모여서 잡담을 했습니다. 잡담만 하는 것이 아니라 부정적인 말, 험담하는 말 등을 하고 있었다고 합니다. 이를 안타깝게 바라보던 월남 선생께서 하루는 비서를 불러서 지시했습니다.
    "여보게, 대신들의 말씀들을 한 마디도 빼어놓지 말고 기록해서 황성신문에 내도록 하게. 임금을 보필하는 일국의 대신들이 하는 말이니 얼마나 귀한 말이겠는가?" 그 후부터 대신들은 선생이 두려워 점잖지 못한 말, 무익한 말을 다시는 입 밖에 내지 않았다고 합니다.
    성경은 에베소서 4장 29절에서 "더러운 말은 너희 입 밖에도 내지 말고 오직 덕을 세우는데 소용되는 대로 선한 말을 하여 듣는 자들에게 은혜를 끼치게 하라."고 말씀합니다.

기도: 주님! 우리의 입술을 지켜주옵소서. 저희들이 좋은 말만 하게 하시며, 남에게 희망과 소망을 주는 말을 하게 하소서. 우리 입술을 통하여 죽어가는 자가 생명을 얻을 수 있는 복을 주시길 원합니다.

321. 믿음

*찬송: 539장 (통483장)

우리가 마음에 뿌림을 받아 악한 양심으로부터 벗어나고 몸은 맑은 물로 씻음을 받았으니 참 마음과 온전한 믿음으로 하나님께 나아가자 또 약속하신 이는 미쁘시니 우리가 믿는 도리의 소망을 움직이지 말며 굳게 잡고 서로 돌아보아 사랑과 선행을 격려하며 모이기를 폐하는 어떤 사람들의 습관과 같이 하지 말고 오직 권하여 그 날이 가까움을 볼수록 더욱 그리하자 (히 10:22-24).

6·25사변 때 연세대학교 1학년 재학 중에 국군 소위로 참전했다가 중공군에 잡혀 포로가 되어 북한에서 43년간 고생하다가 탈출한 조창호 씨의 기사가 신문에 보도되었습니다.

그는 13년을 감옥에서, 3년을 석탄을 캐는 지하 막장에서 노역을 했었다고 합니다. 그렇게 43년이 지나고 폭우가 쏟아지는 어느 날 그는 탈출을 했습니다. 압록강을 건너 중국에 있는 조선족의 도움을 받아 배를 타고 서해 바다에서 구조되었습니다. 그는 이미 죽은 사람이 되어 국립묘지에 중위 조창호로 위패까지 설치되어 있었습니다. 구출된 그는 병문안을 온 국방부 장관에게 43년 전의 군번을 외우며 귀환신고를 했고 대통령께도 신고를 했습니다.

우리 민족의 이산의 비극은 세계 어느 나라에도 없는 것이기에 가슴 아픈 일이라 할 수 있습니다. 그러므로 다시는 이런 비극이 이 나라에 없도록 기도해야 합니다. 조창호 씨가 43년간의 지옥과 같은 생활을 이기며 지탱할 수 있도록 이끌어준 힘은 무엇이었을까요? 그것은 바로 하나님을 믿는 믿음이었습니다. 그를 만난 친구들은 그가 독실한 기독교인이었다고 했으며 43년 전에 헤어졌던 그의 누나도 자기 동생의 귀환은 매일 새벽 4시면 일어나 기도드렸던 어머니의 기도에 대한 응답이었다고 했습니다.

이처럼 믿음은 인내를 주고 용기를 줍니다. 승리하게 합니다.

기도: 주님! 하나님의 약속을 확신하는 담대한 믿음을 가진 저희들이 되게 하옵소서. 사랑과 선행을 가지고 격려하며 모이기에 힘쓰는 자세를 가지게 하소서.

322. 성경은 하나님의 말씀

*찬송: 198장 (통284장)

주의 말씀의 맛이 내게 어찌 그리 단지요 내 입에 꿀보다 더 다니이다 주의 법도들로 말미암아 내가 명철하게 되었으므로 모든 거짓 행위를 미워하나이다 주의 말씀은 내 발에 등이요 내 길에 빛이니이다 (시 119:103-105).

하나님을 아는 것이 지혜의 근본임을 알아야 합니다. 신학은 기초학문이 아닙니다. 모든 학문을 공부한 후 그 다음에 신학을 공부하는 것입니다. 그러므로 하나님을 알아야 합니다. 그리고 꼭 믿어야 합니다.

만유인력을 발견한 뉴턴은 물리학자로서 뛰어난 길음을 가진 자로서 존경을 받는 인물이었습니다. 그러나 그도 나이 많아 늙었을 때 건망증이 심하여 모든 것을 잊어버린 상태였습니다. 그런 뉴턴에게 제자들이 물었습니다.

"선생님, 만유인력이 무엇입니까?"

"몰라! 다 잊어버렸어."

"그러면 지금 선생님이 기억하고 있는 것은 무엇입니까?"

"한 가지는 있어. 그것은 잊어버리지 않았지. 하나님이 나의 아버지 되신다는 것과 나는 죄인이라는 것이야!"

최고의 지혜는 여기에 있습니다. 하나님을 알아야 합니다. 믿어야 합니다.

기도: 전능하신 하나님! 지혜의 근본은 하나님을 아는 것임을 평생 기억하게 하시고 오직 주 예수님만이 최고의 지혜요 구원자이신 것을 잊지 않게 하소서.

323. 미국의 최초 감사절

*찬송: 587장 (통306장)

둘 다 추수 때까지 함께 자라게 두라 추수 때에 내가 추수꾼들에게 말하기를 가라지는 먼저 거두어 불사르게 단으로 묶고 곡식은 모아 내 곳간에 넣으라 하리라 (마 13:30).

    1517년 10월 31일 루터가 종교개혁을 일으킨 후 그 개혁운동은 전 유럽을 바꾸었습니다. 그러나 영국의 메리 여왕은 잔학하고 혹독한 방법으로 이 개혁운동을 하는 신교도들을 죽이고 핍박하였습니다. 이 고난 속에서 어려움을 겪던 영국의 신교도들은 1602년에 신앙의 자유를 찾아 교회에 모였습니다. 1607년 메리 여왕은 이들을 법적으로 핍박했으며 처형하기도 하고 추방하기도 했습니다. 그래서 많은 사람들이 폴란드 등으로 망명을 했습니다.
    그들은 이러한 고난을 겪으며 여러 해가 지난 후 '브르웨스트'의 지도하에 대서양을 건너서 신천지로 향하게 되었습니다. 배를 타고 서쪽으로 서쪽으로 가다가 지금의 미국에 도착하게 된 것입니다. 그 때 미국에 도착한 인원은 남자 78명, 여자 48명, 총 126명이었습니다. 이들은 메사추세츠 프리머스 항구에 닿자 먼저 하나님께 감사예배를 드렸습니다. 그러나 이들 청교도들은 전혀 다른 환경과 기후에 적응을 못해서 많이 죽었습니다. 그래도 그들은 낙심하지 않고 역경을 딛고 열심히 일해서 1621년에는 풍성한 소출을 거두게 되었습니다. 그래서 농사짓는 법을 가르쳐 준 인디언들을 초청하고 풍성하게 수확한 곡식을 가져다놓고 감사예배를 드리며 3일간 축제를 벌였습니다. 이것이 추수감사절의 시초가 된 것입니다.

기도: 열매를 맺게 하시는 하나님! 세상에서 우리들이 많은 열매를 얻게 하시니 감사합니다. 더욱 원하기는 물질의 열매뿐만 아니라 영적인 열매도 많이 얻을 수 있도록 우리의 삶과 영을 지켜주옵소서.

324. 추수감사절

*찬송: 588장 (통307장)

맥추절을 지키라 이는 네가 수고하여 밭에 뿌린 것의 첫 열매를 거둠이니라 수장절을 지키라 이는 네가 수고하여 이룬 것을 연말에 밭에서부터 거두어 저장함이니라 (출 23:16).

영국에서 종교의 핍박이 있었습니다. 종교의 자유를 찾아 영국을 떠나는 사람들이 많았습니다. 미국의 추수감사절은 영국에서 종교의 자유를 찾아 미국으로 건너간 청교도들을 통하여 유래되었습니다. 1620년 9월 청교도들이 메이플라워호를 타고 67일 만에 미국의 북쪽에 있는 플리머스란 작은 항구에 도착했습니다. 그들은 원주민과 싸워가며 또 맞지 않는 기후 때문에 애를 쓰며 그곳에 정착하였습니다.

그리고 일 년 동안 농사를 지은 첫 수확으로 예배당을 짓고 추수감사주일을 지켰습니다. 그리고 그 다음 해에는 학교를 지었습니다. 자녀들에게 성경을 가르치기 위해서입니다. 그 대학이 지금 세계적으로 제일 유명한 하버드대학과 예일대학이 되었습니다. 그러한 순수한 믿음으로 하나님께 추수감사주일을 지킨 것이 미국 추수감사절의 유래입니다. 미국은 매년 11월 셋째 목요일을 추수감사절로 지키며 일 년을 지켜주신 하나님께 감사하고 있습니다. 그들은 믿음의 조상인 청교도들이 심어놓은 씨앗으로 인해 복을 받고 있는 것입니다. 그들이 사용하고 있는 화폐인 달러에조차도 하나님께 대한 신앙을 고백하는 글귀를 새겼습니다. 그래서 지금 미국은 세계 일등국가, 강대국이 되었습니다.

감사는 승리를 가져오는 지름길입니다. 그것도 하나님께 감사하는 것이 제일 확실한 지름길입니다.

기도: 1년의 결실을 거두게 하신 하나님! 하나님이 주신 것에 감사하는 절기가 되게 하소서. 생명과 건강과 물질과 식물을 주신 하나님의 은혜와 사랑에 온전히 감사하게 하시고 이 사랑을 이웃과 나누게 하소서.

325. 찬송의 의미

*찬송: 31장 (통46장)

할렐루야 내 영혼아 여호와를 찬양하라 나의 생전에 여호와를 찬양하며 나의 평생에 내 하나님을 찬송하리로다 귀인들을 의지하지 말며 도울 힘이 없는 인생도 의지하지 말지니 그의 호흡이 끊어지면 흙으로 돌아가서 그 날에 그의 생각이 소멸하리로다 (시 146:1-4).

세상노래는 사람을 기쁘게 합니다. 그러나 찬송은 하나님을 기쁘게 합니다. 세상노래는 연령에 따라 다르지만 찬송은 연령의 차이가 없습니다. 세상노래는 시대에 따라 내용이 다릅니다. 그래서 유행가라고 합니다. 그러나 찬송은 흘러가는 노래가 아닙니다. 또 찬송은 다 같이 부르는 노래이며 이 땅에서뿐만 아니라 천국에서도 부릅니다.

세상노래는 기쁨보다는 슬픔이 많습니다. 신세 한탄과 짝사랑의 노래가 거의 대부분이라고 할 수 있습니다. 그러나 찬송은 기쁨의 노래입니다.

그러면 찬송이란 무엇입니까? 한마디로 말하면 하나님의 은혜를 찬미하는 것입니다. 찬송은 기도이고 신앙고백이며 회개기도입니다. 찬송은 감사이며 헌신이며 위로입니다. 또한 찬송은 결단이며 서원입니다. 하나님께 드리는 찬송을 날마다 부르며 사는 인생은 감사할 줄 아는 사람의 생입니다. 천국의 소망을 맛보며 희망의 삶을 사는 인생입니다.

기도: 찬송 부르시길 원하시는 하나님! 감사의 찬송, 기쁨의 찬송, 영광의 찬송이 우리 입술을 떠나지 않게 하시고, 영원한 생명이신 주님의 성호를 높이는 찬송이 저희들의 가정에서 떠나지 않게 하소서.

326. 겸손한 복종

*찬송: 449장 (통377장)

내가 그리스도를 본받는 자가 된 것 같이 너희는 나를 본받는 자가 되라 너희가 모든 일에 나를 기억하고 또 내가 너희에게 전하여 준 대로 그 전통을 너희가 지키므로 너희를 칭찬하노라 (고전 11:1-2).

　미국의 32대 대통령은 루즈벨트입니다. 그는 겸손하게 자신을 쳐서 복종시킨 사람입니다. 그는 어릴 때부터 소아마비를 앓아서 거동이 불편했습니다. 그러나 13년 동안이나 미국의 대통령으로 재임하면서 엄청난 일을 많이 했습니다. 그가 처음 대통령이 되었을 때는 미국이 1930년대 초반 경제공황으로 아주 어려울 때였습니다. 그러나 그는 '뉴딜(New Deal)정책'이라는 정책을 통하여 경제공황을 극복할 수 있게 했습니다. 또한 그의 재임 중에 제2차 세계대전이 발발했는데 몸이 불편해서 걷기가 흔들렸지만 휠체어를 타고 다니면서도 대통령으로서 지휘역할을 잘 수행하여 전쟁을 승리하게 했습니다.

　그렇다면 무엇이 그로 하여금 그처럼 위대한 대통령이 될 수 있도록 이끌었을까요? 그것은 바로 그가 처음 대통령에 취임할 때에 그의 취임을 격려해주신 목사님이 "예수 그리스도를 본받아 백성들의 발을 씻는 종이 되라."는 권면말씀이었습니다. 그는 이 말씀에 순종하여 국민들의 종이 되기를 거부하지 아니하고 그 일을 바르게 감당함으로써 위대한 대통령으로 역사에 기록된 것입니다.

　우리는 오직 주님이 기뻐하시는 일을 바르게 감당하며 내게 주어진 직분을 성실하게 감당해야 합니다. 그럴 때 나의 삶은 세상 사람과 구별되며 이 세상을 아름다운 세상으로 변화시킬 수 있습니다.

기도: 주님! 주님을 본받아 겸손한 자 되기를 원합니다. 하나님 말씀에 순종하는 자가 되기를 원합니다. 주님께 무릎꿇는 겸손한 자가 되게 하소서. 주님이 주신 직분에 충성하는 자가 되게 하소서.

327. 흩어지는 교회로서의 사명

*찬송: 432장 (통462장)

인자와 진리가 네게서 떠나지 말게 하고 그것을 네 목에 매며 네 마음판에 새기라 그리하면 네가 하나님과 사람 앞에서 은총과 귀중히 여김을 받으리라 (잠 3:3-4).

모스크바 궁전에는 레닌의 죽은 시체를 모셔놓고 이틀에 한 번씩 그의 얼굴을 볼 수 있도록 해놓은 장소가 있습니다. 이는 지금도 러시아의 국민들이 공산혁명을 일으킨 레닌을 하나님처럼 섬기고 있다는 것을 말합니다.

러시아에 기독교가 전래된 것은 주후 10세기경입니다. 그리스에 전도된 기독교를 희랍정교라 하는데 희랍정교가 러시아에 복음을 전해주었습니다. 그 이후 1,000년 동안 러시아 사회를 기독교가 지도하게 되었고 많은 기독교 문화를 낳았습니다. 그래서 지금 남아있는 러시아의 유물들은 대부분 기독교유산입니다. 400년 전에 지은 예배당과 300년이나 200년 전에 만들어졌던 성경들과 예수님의 얼굴, 성모 마리아의 얼굴, 그리고 제자들의 모습들을 그린 그림들, 천국과 지옥을 그린 그림들 등입니다.

또한 예배당을 장식한 정성도 지극해서 순금 십자가가 예배당 위에 달려있고 금박성경은 표지를 금과 보석으로 입혔습니다. 그리고 크렘린 궁전 안에 있는 무기고에는 수많은 보석과 황금으로 장식된 기독교 유산들이 있습니다.

그런데 이렇게 찬란한 기독교 문화를 꽃피웠던 러시아가 왜 공산정권에게 무너졌을까요? 그것은 러시아의 교회와 성도들이 사명을 잘 감당하지 못했기 때문이라고 할 수 있습니다. 기독교 역사와 문화가 왕성했으나 선교에 힘쓰지 않고 현실에만 안주했던 것입니다. 교회가 사랑하지 못하고 서로 싸우기에만 바빴기 때문입니다. 그리스도인은 예배당에 모이는 교회로서의 사명도 잘 감당해야 하지만 흩어지는 교회로서의 사명도 잘 감당해야 합니다.

기도: 러시아를 통해서 어떻게 살아야 할지를 깨닫게 하신 하나님! 우리가 받은 복음을 가지고 흩어지는 교회의 역할을 잘 감당하게 하소서. 다투거나 싸우는 교회가 아니라 사랑하며 협력하는 교회가 되게 하소서.

328. 자기가 원하는 자들

*찬송: 455장 (통507장)

또 산에 오르사 자기가 원하는 자들을 부르시니 나아온지라 이에 열둘을 세우셨으니 이는 자기와 함께 있게 하시고 또 보내사 전도도 하며 귀신을 내쫓는 권능도 가지게 하려 하심이러라 (막 3:13-15).

주 예수님은 천국복음을 가르치시고 전파하실 때 혼자하시지 않으시고 제자들을 선택하여 부르셨습니다. 그 선택의 기준은 '자기가 원하는 자들'이었습니다. 즉 주님이 원하는 자들이었습니다. 인간들이 원하는 자가 아니었습니다.

우리가 모든 면에 조금 부족해도,
우리에게 지식이 부족해도,
우리에게 지혜가 부족해도,
우리에게 물질이 부족해도 주님이 원하시면 됩니다.

주님이 원하셔서 부르신 제자들의 직업과 인격을 보십시오. 사람들이 부러워하는 직업이 아닌 고기잡이 어부나 당시 도둑으로 인정되던 세리 공무원이었습니다. 시골출신에다 내세울 만한 학벌도 없는 자들이었습니다. 고상한 인격과 성품도 갖추지 못한 자들이었습니다. 의심도 많고 욕심도 많고 다혈질적인 성격을 가진 자들도 있었습니다.

그런데 이와 같은 자들을 주님은 왜 부르셨을까요? 이유는 간단합니다. 주님은 주님을 만나기 전의 그들의 인품과 성격, 직업을 보시지 않았다는 것입니다. 다만 그들도 주님과 같이 있어 훈련을 받으면 하나님의 일을 할 수 있다고 생각하신 것입니다.

인간적인 조건이 부족하여도 주님의 손에 붙잡히면 훌륭한 그릇으로 사용될 수 있습니다. 이것은 그릇이 훌륭해서가 아니라 그 그릇을 쓰시는 분이 전능하시기 때문입니다.

기도: 전능하신 하나님! 부족한 저를 주님의 제자 삼아주시니 감사합니다. 주여, 이제 주님의 마음을 본받는 자 되게 하소서. 주님이 원하시는 자가 되게 하소서. 주님이 쓰시는 귀한 그릇이 되게 하소서.

329. 흩어진 증인들

*찬송: 495장 (통271장)

헬라인이나 야만인이나 지혜 있는 자나 어리석은 자에게 다 내가 빚진 자라 그러므로 나는 할 수 있는 대로 로마에 있는 너희에게도 복음 전하기를 원하노라 (롬 1:14-15).

미얀마정부 당국에서는 정책적으로 외국인 가정은 미얀마 사람을 5명 이상 고용하도록 하고 있습니다. 우리 한국인 가정도 예외는 아니어서 가정부로, 기사로, 보모로, 정원사로 미얀마 사람을 고용하고 있습니다. 그런데 이러한 정책을 오히려 복음전하는 방법으로 이용하는 지혜를 발휘하는 사람들이 있습니다. 한국인 신자들은 고용된 사람들을 그들이 드리는 가정예배에 초대하여 예수님을 전하고 그들을 사랑하며 그들의 영혼을 위해 기도하면서 복음을 전합니다. 그리고 그들의 믿음이 확고해지면 '해고'라는 명목으로 내보내어 그들로 하여금 자기 집안과 자기 부족에게 그리스도를 전하게 하며 교회를 세우도록 지원하는 일을 한다고 합니다. 그리고 또 다른 사람들을 고용하여 2년 정도 함께 지내면서 복음을 전한다는 것입니다.

어느 한 가정주부도 남편을 따라 미얀마에 거주하게 되면서 가정부로 고용한 미얀마 처녀에게 한국에 있을 때 교회학교에서 했었던 예수님을 주제로 한 인형극을 가르쳤다고 합니다. 그녀는 이 가정부를 1년 동안 인형극 교사로 훈련시킨 뒤 미얀마 교회의 교사를 하도록 내보냈습니다. 그리하여 교회학교 어린이들에게 인형극을 통하여 복음을 뿌리고 있다고 합니다. 이처럼 선교는 신자라면 누구든지 기회가 주어질 때마다 해야 하며 또한 할 수 있도록 하나님께서 인도해주시는 것입니다.

기도: 주님! 지금 제가 주님의 명령에 따라 할 수 있는 일이 무엇인지 깨닫게 하소서. 이제 제가 할 수 있는 대로 힘을 다하여 복음 전하는 사명을 감당하게 하소서. 복음의 빚을 갚는 일에 최선을 다하게 하소서.

330. 평안하고 든든한 교회

*찬송: 208장 (통246장)

그리하여 온 유대와 갈릴리와 사마리아 교회가 평안하여 든든히 서 가고 주를 경외함과 성령의 위로로 진행하여 수가 더 많아지니라 (행 9:31).

　교회는 예수님의 몸입니다. 신자는 예수님이 그리스도라는 믿음의 신앙고백으로 성령님이 내주하시는 한 사람 한 사람을 말하며 그 신자들이 모여 이루는 모임을 교회라고 합니다. 그리고 그 무리들이 모여서 신앙적 활동을 하는 장소를 예배당 혹은 예배처라고 합니다.
　구원받은 신자는 이 땅에 사는 동안 신자들의 모임인 교회에 소속되어 예배와 말씀교육과 신앙훈련을 받아 성화되어야 합니다. 또한 그리스도의 장성한 분량에까지 자라도록 각자가 노력하고 서로 권면하며 말씀을 실천하는데 정성을 다해야 합니다. 교회를 생명의 샘물이 솟아나는 생명샘터라고 합니다. 그러므로 성도들은 그리스도의 몸인 교회를 떠나서는 구원을 이루어나갈 수 없고 결코 성화되지도 못합니다.
　초대 예루살렘교회는 가장 이상적인 교회였습니다. 천국의 모습이었습니다. 또한 이스라엘의 다른 교회들도 마찬가지로 교회가 더욱 평안하여 든든히 서 가고 성령의 도우심으로 수가 더 많아지는 역사가 나타났습니다.
　현재 우리들이 섬기는 교회의 모습은 어떠한지요? 지금 우리 교회가 예수님이 바라시는 교회의 참 모습을 유지하지 못하고 있다면 빨리 올바른 교회의 모습으로 회복해야 합니다.

기도: 주님! 주님이 피 흘려 세워주신 우리의 교회가 주를 경외하고 성령의 위로가 있는 교회가 되길 원합니다. 예수님의 지체인 우리가 서로 사랑하고 협력하여 평안하여 든든히 서 가는 교회, 천국의 모습을 가진 교회가 되게 하소서.

331. 임마누엘의 신비

*찬송: 104장 (통104장)

그러므로 주께서 친히 징조를 너희에게 주실 것이라 보라 처녀가 잉태하여 아들을 낳을 것이요 그 이름을 임마누엘이라 하리라 그가 악을 버리며 선을 택할 줄 알 때가 되면 엉긴 젖과 꿀을 먹을 것이라 (사 7:14-15).

'임마누엘'이란 인류의 구세주로 탄생하신 분의 이름입니다. 이사야 7장 14절에서는 "보라 처녀가 잉태하여 아들을 낳을 것이요 그 이름을 임마누엘이라 하리라"고 했고, 마태복음 1장 23절에서는 그 임마누엘의 뜻이 무엇인지를 가르쳐주었습니다. 그 뜻은 "하나님이 우리와 함께 계시다"라고 했습니다.

요한복음 1장 14절에서는 "말씀이 육신이 되어 우리 가운데 거하시매 우리가 그의 영광을 보니 아버지의 독생자의 영광이요 은혜와 진리가 충만하더라"라고 했습니다. 말씀이신 하나님이 육신을 입고 오셨습니다. 그분이 바로 예수 그리스도이십니다.

그 예수님이 우리 인간들의 죄를 없이 하시려고 십자가에 달려 죽으셨습니다. 그리고 3일 만에 부활하셔서 40일간 지상에 계시면서 제자들에게 사명을 주시고 승천하셨습니다. 그리고 승천하시면서 마지막 말씀을 주셨습니다. "볼지어다 내가 세상 끝날까지 너희와 항상 함께 있으리라"(마 28:20).

예수님은 우리와 함께 하겠다고 하셨습니다. 어떻게 함께 하셨습니까? 기도하며 기다리던 제자들과 120명의 성도들에게 바람과 같은 성령으로 오셨습니다. 불과 같은 성령으로 오셨습니다. 구약시대에는 성부 하나님으로, 신약시대에는 성자 예수님으로, 지금은 성령 하나님으로 오셔서 우리와 '임마누엘'하십니다.

기도: 임마누엘의 하나님! 우리와 영원까지 함께 하옵소서. 성령님이여 이곳에 좌정하시어 저희와 함께 하시옵소서. 우리의 주인이 되어주시고 우리를 인도하시는 영원한 목자가 되어주소서.

332. 사람이 자기를 살피고

*찬송: 229장 (통281장)

그러므로 누구든지 주의 떡이나 잔을 합당하지 않게 먹고 마시는 자는 주의 몸과 피에 대하여 죄를 짓는 것이니라 사람이 자기를 살피고 그 후에야 이 떡을 먹고 이 잔을 마실지니 주의 몸을 분별하지 못하고 먹고 마시는 자는 자기의 죄를 먹고 마시는 것이니라 (고전 11:27-29).

성찬은 주 예수님이 시작하셨습니다. 예수님이 잡히시던 날 밤에 떡을 가지사 축사하시고 떼어 이르시되 "이것은 너희를 위하는 내 몸이니 이것을 행하여 나를 기념하라."고 하셨습니다. 그리고 식사 후에 잔을 가지사 "이 잔은 내 피로 세운 새 언약이니 이것을 행하여 마실 때마다 나를 기념하라."고 하셨습니다.

성찬에 참여한다는 것은 주님의 고난과 죽으심을 기념하는 것입니다. 떡은 주님의 몸이며, 잔은 주님의 피입니다. 피는 생명입니다. 그러므로 피 흘림이 없이는 죄의 용서가 있을 수 없습니다. 이를 이사야 선지자는 이사야 53장 5절에서 "그가 찔림은 우리의 허물 때문이요 그가 상함은 우리의 죄악 때문이라 그가 징계를 받으므로 우리는 평화를 누리고 그가 채찍에 맞으므로 우리는 나음을 받았도다."라고 말씀합니다.

성찬은 나 때문에 주님의 살이 찢기고, 나의 죄 때문에 피를 흘려주셨음을 믿는 믿음으로 떡과 잔을 드는 의식입니다. 주님의 십자가에서의 피 흘림을 믿는 자들에게는 죄 씻음의 은혜가 있습니다. 주님의 사랑을 확신하고 십자가를 믿는 자에게는 새 생명이 있습니다. 그리고 주님의 십자가의 능력은 시간과 공간을 초월하여 나에게 나타나는 은혜가 있습니다.

기도: 우리의 허물과 죄를 위해 십자가를 지신 주님! 이제 저희가 주님의 살과 피를 먹고 마십니다. 우리의 죄를 깨끗하게 용서하여 주시고 십자가 사랑을 마음속 깊이 새기고 결단하는 시간이 되게 하소서.

333. 실패자의 유언

*찬송: 480장 (통293장)

나 여호와가 네게 대하여 명령하였나니 네 이름이 다시는 전파되지 않을 것이라 내가 네 신들의 집에서 새긴 우상과 부은 우상을 멸절하며 네 무덤을 준비하리니 이는 네가 쓸모없게 되었음이라 볼지어다 아름다운 소식을 알리고 화평을 전하는 자의 발이 산 위에 있도다 유다야 네 절기를 지키고 네 서원을 갚을지어다 악인이 진멸되었으니 그가 다시는 네 가운데로 통행하지 아니하리로다 하시니라 (나 1:14-15).

 어떤 재벌이 임종을 맞이하게 되었습니다. 그는 일생 동안 돈도 많이 벌었고 권세도 가졌습니다. 그런 그가 이제 임종을 맞아 아들과 딸들을 다 모아 놓고 유언을 합니다. 그 중 큰아들의 손을 붙잡고 "아들아! 너는 이 세상에서 가장 비참한 실패자의 손을 붙잡고 있다."라고 말했습니다. 그러자 아들은 "아닙니다. 아버지는 사업에도 성공하셨고 인생에서도 성공하셨습니다."라며 아버지의 말을 가로막았습니다. 아들의 말에 아버지는 "아니다. 나는 이 재산을 모으기 위해 친구를 잃었고 부를 얻기 위해 사랑을 버렸다. 그리고 권세를 위해 진실을 포기했으며 하나님을 버리고 예수를 잃었다. 지금까지 쓸모없는 것들만 붙들고 있었는데 이젠 이것마저도 놓아야 할 시간이 되었구나. 너희들은 이 실패자를 따르지 말아다오."라는 유언을 하고 세상을 떠났다고 합니다.

 우리의 주위에는 세상에 취하고, 재물에 취하고, 권력에 취하고, 향락에 취한 자들이 많습니다. 그대로 두면 그들은 지옥밖에 갈 곳이 없습니다. 세상에 있는 것들은 일시적입니다. 세상을 좋아하다가 보면 그 끝에는 반드시 중요한 것을 잃어버리게 됩니다. 이 진리를 모르는 자들이 너무 많습니다. 진리를 모르기에 그들은 세상 것들을 좇아 살 수밖에 없는 것입니다. 이들에게 영원한 생명과 진리를 전하라고 하나님께서 우리를 불러 하나님의 자녀가 되게 하셨습니다.

기도: 주님, 우리는 무엇을 위해 살고 있는지요? 혹시 재물과 권력과 향락과 명예 때문에 하나님과 주님을 떠나있는지요? 주여, 긍휼을 베풀어주셔서 하나님의 품안에서 살게 하소서.

334. 나의 주시며 나의 하나님

도마에게 이르시되 네 손가락을 이리 내밀어 내 손을 보고 네 손을 내밀어 내 옆구리에 넣어 보라 그리하여 믿음 없는 자가 되지 말고 믿는 자가 되라 도마가 대답하여 이르되 나의 주님이시요 나의 하나님이시니이다 예수께서 이르시되 너는 나를 본 고로 믿느냐 보지 못하고 믿는 자들은 복되도다 하시니라 (요 20:27-29).

바른 신앙고백을 하는 자에게 하나님의 복이 임합니다.

어느 학교 선생님의 간증이 있습니다. 그는 하나님도 믿지 않았을 뿐더러 교회 다니는 사람들을 무척 싫어했습니다. 그는 세상에서 가장 보기 싫은 모습이 사람들이 성경책을 들고 교회에 가는 것이었다고 합니다. 또 방송채널을 돌리다가 기독교방송이 나오면 기분이 매우 나빴다고 합니다.

그러던 그가 갑자기 암에 걸려서 학교를 휴직하고 집에서 요양을 하게 되었습니다. 절망 속에 허덕이고 있던 어느 날 라디오방송 채널을 돌리다가 기독교방송을 듣게 되었습니다.

"이 방송을 듣는 분 중에 질병으로 고난당하고 있는 분은 없으십니까?"라는 설교를 듣게 되었습니다. 그는 15분 동안 설교를 들으며 그 말씀을 자신에게 주시는 말씀으로 받게 되었습니다. 예수님을 만나고 예수님을 구주로 영접하게 되었습니다. 그리고 기도하기 시작했습니다. 그랬더니 기적이 나타났습니다. 암이 치료된 것입니다. 그 후 학교에 복직하게 되었고 예수님을 증거하는 자가 되었습니다.

우리는 예배 중에 예수님을 만나야 하고 은혜를 받아야 합니다. 그때 나에게도 기적이 일어나며 하나님의 복이 임합니다.

기도: 나의 주 나의 하나님! 믿음 없는 자가 아니라 믿음 있는 자가 되기를 원합니다. 이적과 기사를 통해서만 주님을 믿는 것이 아니라, 보지 않고도 믿음을 가지길 원하시는 주님의 말씀처럼 하나님의 말씀을 온전히 믿게 하소서.

335. 무릎을 꿇고 빕시다
*찬송: 361장 (통480장)

이러므로 내가 하늘과 땅에 있는 각 족속에게 이름을 주신 아버지 앞에 무릎을 꿇고 비노니 그의 영광의 풍성함을 따라 그의 성령으로 말미암아 너희 속사람을 능력으로 강건하게 하시오며 (엡 3:14-16).

하나님 앞에 무릎을 꿇는다는 것은 다음과 같은 뜻이 있습니다.

첫째, 무릎을 꿇는다는 것은 하나님께 경배하는 것을 의미합니다. 시편 95편 6절은 "오라 우리가 굽혀 경배하며 우리를 지으신 여호와 앞에 무릎을 꿇자"라고 말씀합니다. 하나님께 대한 진실한 경배는 무릎을 꿇고 기도드리는 것입니다. 왜냐하면 하나님은 우리의 창조주이시며 우리를 기르시고 섭리하시는 분이시기 때문입니다.

둘째, 무릎을 꿇는다는 것은 항복을 의미합니다. 전쟁에서 진 사람은 이긴 사람에게 무릎을 꿇습니다. 이것은 항복한다는 뜻입니다. 그리고 그에게 복종하겠다는 의미입니다. 그러면 우리는 누구에게 무릎을 꿇어야 합니까? 바로 하나님께 무릎을 꿇어야 하며 우상에게 무릎을 꿇으면 안 됩니다. 신앙생활에 방해되는 것은 모두 우상이며 세상에 빠지는 것은 우상숭배입니다. 그러므로 우리는 잘 분별하여 오직 하나님만 섬기는 삶을 살아야 합니다.

셋째, 무릎을 꿇는다는 것은 간절히 기도드리는 것을 의미합니다. 바울 사도는 예수님을 만나고 나서 3일 동안 금식하고 성령 충만을 체험한 후 즉시 전도자가 되었습니다. 또한 그는 기도의 사람이 되었습니다. 그가 이방인의 선교사로 파송되기 전에 아라비아에서 3년 간 기도했다고 성경학자들은 말합니다. 철저하게 기도로 준비했더니 하나님은 그를 이방인의 선교사로 삼으셨습니다.

기도: 하늘과 땅의 모든 권세를 가지신 주님! 주님 앞에 무릎을 꿇고 비오니 저희를 강건하게 하옵소서. 성령의 능력으로 속사람이 더욱 강건하게 하시고 선악을 분별할 수 있는 영안을 열어주옵소서.

336. 무엇을 가르칠 것인가?

*찬송: 435장 (통492장)

오늘 내가 네게 명하는 이 말씀을 너는 마음에 새기고 네 자녀에게 부지런히 가르치며 집에 앉았을 때에든지 길을 갈 때에든지 누워 있을 때에든지 일어날 때에든지 이 말씀을 강론할 것이며 (신 6:6-7).

영국의 아이들 중에는 7-8세 때부터 담배를 피우기 시작하는 아이들이 있다고 합니다. 부모가 담배를 피우면서 아이들에게 피우지 말라고 훈계하면 "아빠와 엄마는 하루에 여러 번 담배를 피우시는데 그렇게 좋은 것이라면 나도 일찍부터 하고 싶어요."라고 대답한다는 것입니다.

어른들은 좋지 못한 것을 하면서 아이들에게 하지 말라고 강요하는 것은 설득력이 없습니다. 자녀들에게 무언가를 가르칠 때는 부모도 항상 모범을 보여야 합니다.

유대인의 탈무드에는 부모가 자녀들을 교육하는 단계가 기록되어 있습니다.

1) 5세가 되면 교회공부를 시킨다.
2) 10세가 되면 전승공부를 시킨다.
3) 13세부터 율법을 알고 계명을 실천할 수 있도록 가르친다.

이러한 규칙대로 유대인의 부모들은 하나님의 말씀을 부지런히 가르칩니다. 또한 유대인의 어머니는 밤이 되어 아이들이 침실에 들면 먼저 안심시켜주고난 다음에 성경을 쉽게 풀이해서 읽어줍니다. 이것이 바로 'Bed side story'입니다.

자녀는 하나님께서 주신 기업입니다. 그러므로 부모는 주의 교양과 훈계로 자녀들을 양육해야 할 책임이 있습니다.

기도: 자녀를 우리에게 맡겨주신 하나님! 하나님이 주신 선물, 하나님이 주신 기업을 잘 양육시킬 수 있도록 지혜를 주옵소서. 하나님의 말씀으로 양육하게 하시고 주님의 사랑으로 가르칠 수 있도록 도와주옵소서.

337. 채찍으로 교육

*찬송: 563장 (통411장)

훈계에 착심하며 지식의 말씀에 귀를 기울이라 아이를 훈계하지 아니하려고 하지 말라 채찍으로 그를 때릴지라도 그가 죽지 아니하리라 네가 그를 채찍으로 때리면 그의 영혼을 스올에서 구원하리라 (잠 23:12-14).

  자녀를 손으로 때리거나 발로 차서는 안 됩니다. 채찍으로 훈계해야 합니다. 물론 채찍은 감정의 표현이 되어서는 안 되고 아이가 채찍을 맞는 이유를 알고 이해할 수 있도록 사랑의 표현이 되어야 합니다.
  종교개혁자 마르틴 루터의 아버지는 매우 엄격했다고 합니다. 루터가 후일 그의 성장과정에 대해 이야기할 때 남긴 말이 있습니다. "부모의 곁에는 채찍을 놓아두어야 합니다. 그러나 채찍 곁에는 반드시 사과를 놓아두어야 합니다. 잘못했을 때는 채찍을 가하지만 잘했을 때는 칭찬하고 격려하기 위해서입니다."
  채찍만 가지고는 자녀교육이 되지 않으며 반드시 칭찬과 격려가 필요합니다. 부모의 채찍이 자녀의 사기를 꺾어버리는 것이 아니라 오히려 사기를 북돋아주는 것이 되어야 합니다.
  프랑스의 어느 초등학교는 졸업식 때 졸업생 전원에게 표창장을 수여한다고 합니다. 재학 중에 한 번이라도 좋은 일을 한 적이 있으면 그 일을 표창하고, 거기에 포함되지 않았으면 개개인의 장점을 찾아내어 그것을 크게 칭찬하고 표창한다는 것입니다. 그런데 중요한 것은 후일 그 학교의 졸업생들은 한 사람도 자포자기에 빠져 인생을 포기한 사람이 없다는 것입니다. 자녀를 양육하는 부모에게 깊은 교훈을 주는 이야기입니다.

기도: 주님! 하나님의 말씀으로 훈계하는 부모들이 되게 하소서. 따뜻한 가슴으로 사랑하며 기도로 양육하게 하소서. 진리를 가르치며 채찍을 통한 징계를 알게 하며, 격려를 통해서 주님의 사랑을 깨닫게 하소서.

338. 의를 겸한 소득

*찬송: 292장 (통415장)

사람의 행위가 여호와를 기쁘시게 하면 그 사람의 원수라도 그와 더불어 화목하게 하시느니라 적은 소득이 공의를 겸하면 많은 소득이 불의를 겸한 것보다 나으니라 (잠 16:7-8).

　불의한 소득이란 일꾼의 삯을 미루고 자기가 먼저 쓴다든지 트집을 잡아 약속한 임금의 얼마를 깎아 수입을 챙기는 것을 말합니다. 또한 아예 임금을 주지 않고 챙기는 수입, 사기를 쳐서 생기는 수입, 저울의 눈을 속여 생기는 차익, 잘못된 상거래와 뇌물을 받아 생긴 수입, 도적질과 탐심과 거짓증거로 얻는 수입, 부모에게 불효하며 생기는 수입, 우상숭배로 들어오는 수입 등은 모두 불의한 소득입니다.

　그 중에서도 권력이나 지위를 이용하여 자기보다 약한 자를 위협하여 얻는 소득은 가장 불의한 소득이라 할 수 있습니다. 그러나 무엇보다도 불의한 소득은 하나님을 빙자하여 수입을 얻는 것이라 할 것입니다. 교회를 앞세우고 하나님의 일에 쓸 것이라고 하면서 뒤로는 자기의 욕심을 채우는 신자가 있는가 하면 심지어는 하나님의 이름으로 사욕을 불려가는 목회자도 있다고 합니다. 신자들도 깨끗해야 하겠지만 특히 목회자들은 손과 눈과 발, 그리고 양심이 깨끗해야 합니다. 목회자들이 불의한 소득에 빠지기 시작하면 생명과 진리의 말씀을 전하는 데 소홀하게 되고 이것은 하나님 앞에 직무유기를 하게 되는 것입니다.

　의를 겸한 소득은 주님의 뜻 안에서 얻어지는 소득입니다. 주님의 뜻에 맞는 소득은 먼저 일용할 양식입니다. 그래서 주님은 주기도문에서 "오늘 우리에게 일용할 양식을 주시옵고"라고 가르쳐 주셨습니다. 다음으로 주님의 뜻에 맞는 소득은 열심히 일하여 얻어지는 소득입니다. 힘써 일해서 수입을 얻어야 합니다.

기도: 우리에게 많은 보화를 주신 하나님! 저희가 세상을 살면서 꼭 필요한 물질로 인해 시험에 빠지지 않게 하소서. 불의한 소득을 추구하지 않게 하시며 정직한 소득을 얻는 기쁨을 맛보게 하소서.

339. 가장 예쁜 손

*찬송: 308장

게으른 자여 개미에게 가서 그가 하는 것을 보고 지혜를 얻으라 개미는 두령도 없고 감독자도 없고 통치자도 없으되 먹을 것을 여름 동안에 예비하며 추수 때에 양식을 모으느니라 (잠 6:6-8).

어떤 손이 가장 예쁘고 귀한 손이라고 생각하십니까? 바로 열심히 일한 손이 예쁘고 귀한 손입니다.

천사가 하나님의 명령으로 세상에서 가장 귀한 손을 가진 자에게 귀한 선물을 주려고 왔습니다. 천사는 여러 집을 찾아다녔지만 귀한 손을 찾지 못하다가 딸이 셋 있는 집을 방문하게 되었습니다. 그리고 천사는 그 집의 세 딸 중 가장 귀하고 예쁜 손을 가진 딸에게 선물을 주려고 했습니다.

먼저 첫째 딸의 손을 검사했습니다. 손이 예쁘고 꽃을 만져서 향내가 나는 손이었지만 천사는 머리를 가로저었습니다. 정말 예쁜 손은 아니라는 것입니다. 다음으로 둘째 딸의 손을 검사했습니다. 손을 잘 가꾸어서 깨끗하고 가냘픈 손이었습니다. 그러나 천사는 그 손도 예쁜 손은 아니라고 했습니다.

마지막으로 막내딸의 손을 검사했습니다. 보잘것없는 손이었습니다. 일을 많이 해서 손마디는 굵고 손등은 거칠고 살이 터져 있었습니다. 천사는 막내딸의 거친 손을 보자 기뻐하면서 가지고 온 선물을 주었습니다. 그러면서 천사는 "모든 사람을 위하여 일하는 손, 희생하는 손이 가장 예쁜 손이다."라고 말했습니다.

잠언 15장 19절은 "게으른 자의 길은 가시 울타리 같으나 정직한 자의 길은 대로니라"라고 말씀합니다. 게으른 자에게는 하나님이 복을 주시지 않으며 도와주시지도 않지만 열심히 일하는 자에게는 복을 주십니다. 이것이 세상을 바르게 살아가는 원리입니다.

기도: 희생하는 손이 가장 예쁘다고 하신 주님! 누군가를 위해 열심히 일하다가 상처가 난 손, 다른 형제들을 위해 일하다가 마디가 굵어진 손, 가난한 이웃을 돕다가 거칠어진 손이 되게 하소서.

340. 재물을 하늘에 쌓는 일

*찬송: 321장 (통351장)

나의 간절한 기대와 소망을 따라 아무 일에든지 부끄러워하지 아니하고 지금도 전과 같이 온전히 담대하여 살든지 죽든지 내 몸에서 그리스도가 존귀하게 되게 하려 하나니 이는 내게 사는 것이 그리스도니 죽는 것도 유익함이라 (빌 1:20-21).

유일한 박사님은 정말 존경할 만한 분으로 자기의 기업을 자손들에게 물려주지 않았습니다. 아들에게는 대학까지 졸업을 시켜 주었으니 자립해서 살라고 하면서 유산을 주지 않았습니다. 딸에게는 유한동산 5,000평을 주었고, 손녀에게는 대학을 졸업할 수 있는 학비만을 주었습니다. 1971년도에 세상을 떠날 때 전 재산을 유한재단에 기증하여 장학 사업을 하도록 했습니다. 그를 본받아 그의 딸 유재라 씨도 1991년도에 세상을 떠날 때 아버지께 받았던 5,000평의 동산을 간직했다가 200억대의 재산을 유한재단에 기증했습니다. 또한 유일한 박사의 여동생 유순한 씨도 유한양행의 주식 2만 1천3백 주(당시 시가 11억여 원)를 그 재단에 기증했습니다. 우리는 우리나라 최초의 제약회사를 설립하여 키워서 그 재산을 완전히 사회에 환원한 기독교인 유일한 박사와 그 가족들의 재물관을 본받아야 합니다.

미국의 실업가 아더 디마스가 말년에 재산을 정리하여 7억 달러를 선교재단에 기증하였습니다. 한국의 C.C.C회관 건립을 위해서도 50만 달러를 헌금하기도 했습니다. 후진들이 그의 성공비결을 물었을 때 그는 다음 6가지를 말했습니다.

첫째, 성수주일 했습니다. 둘째, 하루의 첫 시간을 기도로 시작했습니다. 셋째, 온전한 십일조를 하나님께 봉헌했습니다. 넷째, 보다 많은 시간과 물질을 주님을 위해 사용하려고 노력했습니다. 다섯째, 주님이 내 가정의 주인이 되시도록 했습니다. 여섯째, 모든 문제를 주님이 해결하시도록 했습니다.

기도: 하나님 아버지! 세상은 자녀들에게 불법으로 재산을 상속하려는 많은 사람들이 있습니다. 그러나 주님! 주님의 제자 된 저희들은 주님의 사역을 위해 우리의 재산을 드리게 하시고, 어려운 이웃을 살리는 물질이 되게 하소서.

341. 바람 같은 성령

*찬송: 282장 (통169장)

홀연히 하늘로부터 급하고 강한 바람 같은 소리가 있어 그들이 앉은 온 집에 가득하며 (행 2:2).

바람은 생명의 기운이라고 할 수 있습니다. 히브리어로 바람을 "루아흐", 헬라어로는 "프뉴마"라고 하는데 이것은 '숨' 또는 '영'을 의미합니다. 신이나 인간의 여러 측면을 묘사할 때 이 용어를 사용하면 하나님의 활동, 인간의 내적 생명력을 나타냅니다. 흙으로 빚은 아담의 코에 하나님께서 생기를 불어넣자 살아있는 존재가 되었습니다. 여기서의 '생기'는 바람과 같은 의미입니다.

하나님께서 에스겔로 하여금 마른 뼈들이 가득한 골짜기를 보게 하신 후 "내가 생기를 너희에게 들어가게 하리니 너희가 살리라."(겔 37장)고 외치게 하셨습니다. 에스겔이 이 말씀을 전하자 마른 뼈들이 서로 붙고 연락하며 힘줄이 생기고 살이 오르고 가죽이 덮여졌습니다. 그리고 또 하나님께서 "생기야! 사방에서부터 와서 이 죽음을 당한 자에게 불어서 살아나게 하라."고 하시니 생기가 그들에게 들어가 그들이 살아 일어나 큰 군대가 되었습니다. 이 구절의 '생기' 역시 아담의 코에 불어넣은 생기와 같이 바람을 의미합니다.

헬라어의 프뉴마는 '바람'과 '영'이라는 두 가지의 의미를 가지고 있기 때문에 신약에서도 '영'에 관한 구약의 사상을 계속 따르고 있습니다. 이처럼 바람은 성령이고 생명이며 능력의 상징입니다.

성령의 바람이 폭풍같이 불어왔던 오순절 사건은 제자들에게 성령 충만케 하여 갖가지 은사를 부어주신 사건입니다. 이때 제자들은 지혜와 지식의 말씀, 믿음, 신유, 능력 행함, 예언함, 영들 분별함, 방언과 방언 통역의 은사를 받게 되었습니다.

기도: 바람 같은 성령을 우리에게 보내신 하나님! 생명을 살리신 바람 같은 성령의 역사가 저희를 통해서도 일어나게 하소서.

342. 불같은 성령

*찬송: 184장 (통173장)

마치 불의 혀처럼 갈라지는 것들이 그들에게 보여 각 사람 위에 하나씩 임하여 있더니 그들이 다 성령의 충만함을 받고 성령이 말하게 하심을 따라 다른 언어들로 말하기를 시작하니라 (행 2:3-4).

불은 다음과 같은 의미를 담고 있습니다.

첫째, 불은 하나님의 임재를 말합니다. 모세가 미디안 광야에서 양을 치는 목동으로 살고 있을 때 하나님은 떨기나무 불꽃 가운데 나타나셨습니다. 떨기나무에 불이 붙었으나 타지는 않았습니다. 모세는 그 광경을 구경하러 갔다가 "모세야! 모세야!"라고 부르시는 하나님의 음성을 들었습니다. 엘리야가 갈멜산상에서 바알을 섬기는 자들과 아세라를 섬기는 자들 850명과 대결할 때 엘리야의 기도에 불로 응답하셨습니다.

둘째, 불은 빛을 발하는 역할을 합니다. 인간들이 이 세상을 살 때 낮에는 햇빛이 있기에 길을 가는데 문제가 없지만 밤에는 빛이 없이는 한 발자국도 움직일 수가 없습니다. 빛은 이처럼 갈 길을 인도하는 역할을 하며 성령의 빛도 마찬가지로 인간들의 갈 길을 인도해주십니다.

셋째, 불은 힘과 열이 있으며 태우는 힘을 가지고 있습니다. 이처럼 성령의 권능은 힘이 있고 열이 있어 인간에게 담대함을 주십니다. 제자들도 성령을 받고 담대한 전도자가 되었습니다. 또한 성령의 권능은 인간의 원죄성, 죄악성, 질병을 모두 태우는 역할을 합니다. 악인의 죄를 태워 의인이 되게 합니다. 추한 사람이 정한 사람이 되게 하며 그리스도어 무지한 사람이 그리스도를 닮아가도록 노력하게 합니다.

기도: 주님! 불길 같은 성령이 저희에게 임하게 하옵소서. 성령의 능력을 받아 저희를 깨끗케 하시고, 성령의 능력으로 담대하게 하셔서 세상 끝까지 달려 나가는 주님을 닮은 제자가 되게 하소서.

343. 너희는 나를 누구라 하느냐?

*찬송: 86장 (통86장)

이르시되 너희는 나를 누구라 하느냐 시몬 베드로가 대답하여 이르되 주는 그리스도시요 살아 계신 하나님의 아들이시니이다 예수께서 대답하여 이르시되 바요나 시몬아 네가 복이 있도다 이를 네게 알게 한 이는 혈육이 아니요 하늘에 계신 내 아버지시니라 (마 16:14-17).

　　인간의 역사에 가장 큰 영향을 끼친 사람은 예수 그리스도이십니다. 그가 육신으로 오시기 전을 기원전 B.C(Before Christ)라고 하며 그가 육신으로 오신 후를 기원후 A.D(Anno Domini in the Year of the Lord)라고 합니다. 이 연대는 공산주의와 사회주의 국가도 그대로 사용하고 있습니다.
　　예수님은 책 한 권을 저술하신 적이 없으시지만 그에 대해 기록한 성경은 해마다 가장 많이 팔리는 베스트셀러입니다. 또한 예수 그리스도를 인류의 구세주로 일찍 믿은 나라들은 세계에서 모두 선진국이 되었습니다. 미국, 영국, 독일, 프랑스 등입니다. 헨델의 음악처럼 하나님을 찬양하는 음악은 사람들의 사랑을 받았고, 곡을 지은 사람 또한 위대한 음악가로 명성을 얻었습니다. 예수님의 생애를 책으로 저술한 작가는 위대한 작가로 인정을 받았습니다. 바로《벤허》의 웰리스 같은 작가입니다. 예수님에 관한 조각을 하면 레오나르드 다빈치와 같은 위대한 조각가가 되었습니다.
　　예수님을 바르게 알고 믿은 사람들 중에는 인류와 사회에 크게 공헌한 분들이 많습니다. 링컨 대통령이나 슈바이처 같은 분입니다. 또 예수님을 알고 나서 그를 위하여 평생을 헌신한 사람들도 있습니다. 베드로와 바울을 비롯하여 마르틴 루터와 무디 같은 분들입니다. 많은 선교사님들입니다. 그 중 리빙스턴 선교사는 아프리카를 위하여 헌신한 주의 종입니다. 이들은 그 길이 다른 어떤 길보다 값진 길임을 알았기 때문에 헌신할 수 있었습니다.

기도: 역사의 주관자이신 하나님! 너희는 나를 누구라 하느냐 주님이 물으신다면 주는 그리스도시요 살아 계신 하나님의 아들입니다 라고 담대하게 고백하게 하는 저희들이 되게 하옵소서.

344. 귀신을 내어쫓는 권세

*찬송: 348장 (통388장)

더러운 귀신이 그 사람에게 경련을 일으키고 큰 소리를 지르며 나오는지라 다 놀라 서로 물어 이르되 이는 어찜이냐 권위 있는 새 교훈이로다 더러운 귀신들에게 명한즉 순종하는도다 하더라 (막 1:26-27).

사람에게 귀신이 들어가면 여러 현상이 나타납니다.

첫째, 거처가 달라집니다. 가정에서 살지 않고 밖으로 돕니다. 무덤 사이에 살기도 합니다.

둘째, 쇠사슬로 매어 놓아야 합니다. 왜냐하면 괴력을 행사하여 사람들에게 피해를 주기 때문입니다. 그러나 쇠사슬을 끊기도 합니다.

셋째, 이치에 맞지도 않는 말을 하고 고함을 지릅니다. 자기도 알지 못하는 말을 하며 남에게 상처를 주는 말을 하기도 합니다.

넷째, 자기를 학대합니다. 절망하고 낙망하고 핑계를 댑니다.

다섯째, 자해합니다. 스스로 상처를 내고 피를 흘립니다. 심지어 자살 소동까지 일으킵니다. 귀신은 난폭하여 살인죄를 짓게도 합니다.

이처럼 악한 귀신은 사람들의 삶을 완전히 파괴시킵니다. 또한 귀신은 영물이라 하나님과 하나님의 능력을 잘 알고 있습니다. 그래서 예수님께 "지극히 높으신 하나님의 아들 예수여!"라고 말하며 자기를 떠나가시기를 원했습니다. 왜냐하면 예수님이 자기를 괴롭게 한다고 여겼기 때문입니다.

귀신이 든 사람은 교회가 필요 없다고 생각하고 신앙생활도 가치가 없다고 생각합니다. 귀신은 하나님을 믿지 못하게 하고 교회를 부정하게 합니다. 교만에 빠지게 하고 충성하지 못하게 하며 세상에 취하게 합니다. 또한 하나님의 것을 온전히 하나님께 드리지 못하게 합니다. 그러므로 우리는 영들 분별의 은사를 받아 예수 그리스도의 이름으로 악한 귀신을 쫓아내고 날마다 승리하는 삶을 살아야 합니다.

기도: 사탄의 권세를 무너뜨리신 주님! 저희가 사탄과 귀신의 유혹과 계략에 빠지지 않게 도와주시고 예수 그리스도의 이름으로 날마다 승리하게 하소서.

345. 내가 그리스도와 함께 십자가에 못 박혔나니 *찬송: 150장 (통135장)

내가 그리스도와 함께 십자가에 못 박혔나니 그런즉 이제는 내가 사는 것이 아니요 오직 내 안에 그리스도께서 사시는 것이라 이제 내가 육체 가운데 사는 것은 나를 사랑하사 나를 위하여 자기 자신을 버리신 하나님의 아들을 믿는 믿음 안에서 사는 것이라 내가 하나님의 은혜를 폐하지 아니하노니 만일 의롭게 되는 것이 율법으로 말미암으면 그리스도께서 헛되이 죽으셨느니라 (갈 2:20-21).

기독교인들은 예수 그리스도와 함께 죽어야 합니다. 그리스도와 함께 내가 십자가에 못 박혀야 합니다. 그러면 무엇이 죽어야 할까요? 바로 나의 옛 사람이 죽어야 하며 육체의 욕심을 따라가는 나의 삶이 죽어야 합니다. 왜냐하면 옛 사람의 모습 그대로 살면 멸망할 수밖에 없기 때문입니다. 구원받은 우리는 그리스도인으로서 인생을 살 때 버릴 것은 철저하게 버려야 합니다. 그래야 하나님께 영광이 되며 열매가 맺어지게 됩니다.

팻 로버는 예일대 법대 출신으로 아버지는 상원의원이며 은행통화위원장이었습니다. 이처럼 명문대 출신이며 귀족 집안의 자녀인 그가 구원의 확신을 얻었을 때 그는 버릴 것을 모두 버리는 결단을 했습니다. 먼저 그는 직장에서 퇴근시간에 친구가 술을 마시러 가자고 하는 제안을 단호히 뿌리쳤습니다. 그런 다음 아내에게 돌아와 "나 구원받았소!"라고 크게 외치며 구원받은 기쁨을 간증했습니다. 그리고는 단호하게 찬장의 문을 열고 찬장 속에 진열되어 있는 술병의 마개를 열고 술을 하수구에 쏟아버렸습니다. 아내가 비싼 것들이라면서 말렸지만 그는 모든 술을 버렸습니다. 이처럼 구원의 감격은 버리는 것부터 시작됩니다. 후일 그는 신학을 공부하여 팻 로버트슨 목사가 되었습니다.

기도: 구원의 주님! 이제 내가 그리스도와 함께 십자가에 못 박히게 하옵소서. 세상을 향한 욕망, 이생의 자랑, 안목의 정욕을 모두 십자가에 못 박게 하소서. 그리하여 새로운 내가 되어 주님 앞에 나아가게 하소서.

346. 의인은 믿음으로 살리라

*찬송: 265장 (통199장)

> 그리스도께서도 단번에 죄를 위하여 죽으사 의인으로서 불의한 자를 대신하셨으니 이는 우리를 하나님 앞으로 인도하려 하심이라 육체로는 죽임을 당하시고 영으로는 살리심을 받으셨으니 그가 또한 영으로 가서 옥에 있는 영들에게 선포하시니라 (벧전 3:18-19).

　루터는 신학을 깊이 공부하면 할수록 신학교에서 가르치는 인간을 구원하는 방법에 대해 의심이 생겼습니다. 학교에서는 행함을 구원의 조건으로 가르쳤기 때문입니다. 당시만 해도 일반 성도들은 성경을 읽을 수가 없었습니다. 인쇄술이 발달되지 않은 이유도 있었지만 더 큰 이유는 신학을 공부하지 않은 사람이 성경을 읽으면 잘못 해석할 가능성이 있다는 것이었습니다.
　신부인 루터는 성경을 읽다가 "의인은 믿음으로 말미암아 살리라"는 구절에서 구원의 방법을 발견하게 되었습니다. 그러나 그는 이 진리를 주장할 수가 없었습니다. 그러다가 로마에 가게 되었고 로마에 가면 누구든지 무릎으로 기어올라가는 28층으로 된 스칼라상타 계단을 기어올라갔습니다. 이 계단은 예수님께서 빌라도에게 고난을 받으실 때 올라가셨으며 부활하신 후에는 천사들이 로마로 옮겼고 누구든지 이 계단을 올라가면 죄 사함을 받아 구원을 얻는다는 전설적인 계단입니다. 루터는 반쯤 올라가다가 "의인은 믿음으로 말미암아 살리라"는 말씀을 떠올리며 이 행위가 구원의 조건은 아니라는 확신을 갖고서 올라가기를 포기하고 걸어서 내려왔습니다.
　행위가 구원의 조건은 아니라는 확신을 가진 루터는 종교개혁을 일으켰고 이 개혁에서 승리하여 탄생한 것이 개신교입니다.

기도: 용서와 은혜의 주님! 구원은 행위에서 나는 것이 아니며 의인은 믿음으로 말미암아 살리라고 하신 주님께 감사합니다. 예수 그리스도의 은혜로 죄를 용서받게 하시고 구원에 이르게 하셨으니 이 예수님을 온 세상에 전하는 도구로 은혜를 깊게 하소서.

347.예수님의 신적 능력

*찬송: 266장 (통200장)

예수께서 들으시고 이르시되 건강한 자에게는 의사가 쓸 데 없고 병든 자에게라야 쓸 데 있느니라 너희는 가서 내가 긍휼을 원하고 제사를 원하지 아니하노라 하신 뜻이 무엇인지 배우라 나는 의인을 부르러 온 것이 아니요 죄인을 부르러 왔노라 하시니라 (마 9:12-13).

사람에게 병이 생기는 몇 가지 원인이 있습니다.

첫째, 불건전한 생활 때문입니다. 개인의 죄로 인해 생기는 병입니다.

둘째, 부모의 죄 때문에 병이 나기도 합니다. 유전병은 부모의 죄 때문입니다.

셋째, 과로로 병이 생기기도 합니다. 부주의로, 지나친 공상이나 망상으로 생기기도 합니다. 정신적인 과로로도 생길 수 있습니다. 그러므로 우리는 성령의 전인 우리의 몸을 학대하면 안 됩니다.

넷째, 믿음을 연단하기 위한 하나님의 뜻으로 병이 생기기도 합니다. 그래서 히브리서는 주의 징계하심을 경히 여기지 말라고 말씀합니다.

다섯째, 귀신이나 사탄이 주는 병이 있습니다. 그러므로 귀신을 내어쫓아야 합니다.

여섯째, 하나님의 영광을 나타내기 위하여 생기는 병이 있습니다. 예수님은 나면서 맹인된 자에게 하나님의 영광을 위하여 맹인이 되었다고 했습니다.

이처럼 병이 생기는 원인은 많습니다. 그러므로 우리는 병이 발병했을 때 그 원인이 무엇인지 잘 판단하는 것이 중요합니다. 그것을 알면 치료도 빠르게 할 수 있습니다.

우리는 이러한 질병의 고침을 받기 위해 예수님께 나와야 합니다. 예수님만 만나면 문제가 해결되고 영의 병, 육의 병을 고침받을 수 있습니다. 새로운 삶을 살아가게 되며 축복의 삶을 살아가게 됩니다.

기도: 우리의 모든 병을 짊어지신 주님! 우리의 욕심과 죄로 인한 병을 치료하여 주시고 주의 보혈로 우리 마음을 정결하게 씻어주옵소서.

348. 꼭 가지고 가고 싶은 책

*찬송: 205장 (통236장)

하나님의 약속은 얼마든지 그리스도 안에서 예가 되니 그런즉 그로 말미암아 우리가 아멘 하여 하나님께 영광을 돌리게 되느니라 (고후 1:20).

런던의 저명한 신문 편집자가 사회 각계각층의 주요인물 100명에게 다음과 같은 설문조사를 했습니다.

"당신이 만약 3년간 감옥에 가게 되었는데, 그때 당신이 그 감옥에 가지고 들어갈 수 있는 책이 오직 세 권뿐이라고 한다면 당신은 어떤 책들을 가져 가겠습니까?

그때 응답자의 98%가 첫 번째 책으로 '성경'을 선택하였습니다. 응답자의 다수가 교회를 다니지 않거나 무신론자였고 소수만이 신앙을 가진 사람들이었는데도 불구하고 그러한 결과가 나온 것입니다. 그들도 성경만이 진정한 평안과 안식을 준다는 것을 알고 있었던 것입니다. 왜 그렇습니까? 성경은 하나님의 말씀이기 때문입니다. 성경은 나를 구원해주시는 책이기 때문입니다. 예수 그리스도만이 나를 위하여 십자가에서 피 흘려 돌아가신 나의 구세주이기 때문입니다. 그 피를 믿으면 죄 씻음 받아 참 안식과 평안을 얻을 수 있기 때문입니다. 역사의 지침서가 바로 성경이기 때문입니다.

기도: 인생의 나침반인 성경을 주신 하나님! 우리가 캄캄한 인생을 살더라도 나침반과 같은 성경말씀이 있기에 희망을 가지고 살아갈 수 있게 하시니 감사합니다. 하나님의 말씀에 의지하여 세상을 향해 나아가게 하소서.

349. 베스트셀러 중의 베스트셀러

*찬송: 204장 (통379장)

주의 말씀의 맛이 내게 어찌 그리 단지요 내 입에 꿀보다 더 다니이다 주의 법도들로 말미암아 내가 명철케 되었으므로 모든 거짓 행위를 미워하나이다 주의 말씀은 내 발에 등이요 내 길에 빛이니이다 (시 119:103-105).

성공한 신앙인들의 고백이 있습니다.

미국의 초대 대통령 조지 워싱턴의 고백입니다. "하나님과 성경 없이는 세계를 바르게 다스릴 수 없습니다."

에이브러햄 링컨 대통령의 고백입니다. "성경은 믿음과 조화를 이루어 우리가 더 나은 사람으로 살고 또 죽을 수 있게 해줍니다."

보지도 못하고 듣지도 못하고 말하지도 못했던 헬렌 켈러의 고백입니다. "어려울 때는 물론 평안할 때도 성경을 읽는 습관을 들이지 않으면 성경이 주는 위로를 충분히 받을 수 없다."

한국전쟁 당시 인천상륙작전을 통하여 우리나라를 공산권에서 구출한 더글러스 맥아더의 고백입니다. "나는 아무리 피곤해도 성경을 읽지 않고는 취침한 일이 없습니다."

자동차 왕 헨리 포드는 "나의 성실성, 존경심, 봉사심은 어려서부터 성경 말씀을 듣고 얻은 것입니다."라고 고백했습니다.

백화점 왕 존 워너메이커는 "내가 12살 때 2달러 반으로 산 성경이 오늘의 나를 만들었습니다."라고 고백했습니다.

이들처럼 베스트셀러인 성경이 나의 것이 되도록 하십시오.

기도: 나의 왕 나의 하나님! 하나님의 말씀이 내 발에 등이 되어 주고, 하나님의 말씀이 내 인생길에서 빛이 되어주소서. 그리하여 바른길로 천성문을 향하여 전진하는 그리스도인이 되길 원합니다.

350. 성경을 상고합시다

*찬송: 200장 (통235장)

너희가 성경에서 영생을 얻는 줄 생각하고 성경을 연구하거니와 이 성경이 곧 내게 대하여 증언하는 것이니라 (요 5:39).

시인 황금찬 씨가 쓴 '아내의 성경'이라는 신앙고백적인 시입니다.

아내가 평생 안고 다니던 손때 묻은 성경
개역본 신구약 합본 지금은 내 머리맡에 조용히 놓여있다.
나는 그 성경을 넘겨본다.
넘겨진 글줄에는 붉은 줄로 그어놓은 데가
참으로 많이 눈에 보인다
가로되 더러는 세례요한 더러는 엘리야
어떤 이는 예레미야나 선지자 중의 하나라 하나이다
너희는 나를 누구라 하느냐 시몬 베드로가 대답하여 가로되
주는 그리스도시요 살아계신 하나님의 아들이시니이다(마 16:16).
몇 번이나 읽었기에 그렇게도 정성들여 줄을 그었을까
넘기는 책장마다 때로 변한 지문들
아직도 체온이 식지 않고 그 속에 남아있다.
......새벽기도 갈 때 기도원 금식기도 갈 때도 놓지 않고
들고 다니던 하나님의 말씀 어떻게 놓고 갔을까
신앙이 없는 내게 믿음의 불을 주려고 놓고 갔을까
성경을 뒤적이며 살아있는 아내의 신앙을 생각한다.

기도: 참 좋으신 하나님! 성경말씀을 통해 우리를 구원하시고, 하나님의 사랑을 보여주셨으니 감사합니다. 성경은 우리 삶의 지침서요 인생의 길잡이가 되는 것을 늘 기억하며 살아가게 하소서.

351. 긍정적인 생각

*찬송: 347장 (통382장)

나는 비천에 처할 줄도 알고 풍부에 처할 줄도 알아 모든 일 곧 배부름과 배고픔과 풍부와 궁핍에도 처할 줄 아는 일체의 비결을 배웠노라 내게 능력 주시는 자 안에서 내가 모든 것을 할 수 있느니라 (빌 4:12-13).

여의도에 63빌딩이 있는데 그 높이가 땅에서부터 약 300여 미터쯤 된다고 합니다. 엄청나게 높은 건물입니다. 그 빌딩을 처음 지을 때 철골을 가지고 조립을 했는데 그때 어떤 사람이 일꾼들에게 "당신들, 그렇게 높은 데서 일하면 무섭지 않습니까?"라고 물어봤답니다.

그러자 일꾼들은 "하나도 무섭지 않습니다. 그 이유는 밑을 보지 않고 일하기 때문입니다. 밑을 내려다보면 무서워서 일을 할 수가 없습니다. 그래서 우리는 항상 위만 보면서 일합니다."라고 대답했다고 합니다.

신앙생활도 마찬가지입니다. 안될 것만 생각하면 안 되는 일만 생깁니다. 그러나 가능하다, 할 수 있다, 문제없다, 능력 주신다면 나는 할 수 있다는 믿음을 가지면 믿음대로 됩니다.

병이 들었을 때도 마찬가지입니다. 내가 이 병으로 죽겠다 하면 그 병으로 죽게 됩니다. 그러나 나는 이 병으로 죽지 않는다고 확실하게 믿고 치료받고 하나님께 간절히 기도하면 살 수 있습니다. 건강을 회복하게 됩니다.

전도도 마찬가지이고 모든 일도 마찬가지입니다. 내 생각이 달라져야 하고 내 믿음이 달라져야 합니다. 내 생활이 달라져야 합니다. 모든 것이 긍정적으로 바뀌어야 합니다. 위를 바라보며 열심히 신앙생활해야 합니다. 그러면 하나님께서 많은 열매를 맺게 하시고 우리의 소원을 들어주십니다.

기도: 내게 능력 주시는 자 안에서 모든 것을 하시는 주님! 부정적인 생각을 버리게 하시고 긍정적인 사고를 가질 수 있게 하소서. 내가 하는 것이 아니라 내 속에 거하시는 주님께서 모두 이루어주옵소서.

352. 심은 대로 거둔다

*찬송: 90장 (통98장)

세상이 너희를 미워하면 너희보다 먼저 나를 미워한 줄을 알라 너희가 세상에 속하였으면 세상이 자기의 것을 사랑할 것이나 너희는 세상에 속한 자가 아니요 도리어 내가 너희를 세상에서 택하였기 때문에 세상이 너희를 미워하느니라 (요 15:18-19).

우리에게 큰 교훈을 주는 우화입니다.

사냥꾼에게 쫓기던 이리가 동네로 내려왔습니다. 갈 곳이 없는 이리는 어떤 집이든 대문만 열려있으면 뛰어 들어가 피하려고 했는데 문이 열려있는 집이 한 곳도 없었습니다. 그러다 어느 집 담장 위에 앉아있는 고양이를 발견하고 부탁을 했습니다.

"이 마을 농부 중에서 가장 마음이 착한 농부가 누군지 가르쳐줘. 내가 그 집에 가서 좀 숨겨달라고 해야겠다."

"그럼 스데반의 집에 가봐. 그 사람이 참 착해."

"아니야, 난 그 집에 못 가! 내가 전에 그 집의 숫양 한 마리를 훔쳐서 잡아먹었어."

"그러면 데미안의 집에 가봐. 그 사람은 법 없이도 살 사람이야."

"아니야, 내가 그 집의 염소새끼를 한 마리 잡아먹었어."

"그러면 끄림의 집에 가봐."

"안돼, 그 집의 송아지 한 마리를 내가 잡아먹었어."

그러자 고양이가 이리를 보고 한심해하면서 이렇게 말했답니다.

"그렇게 살고서 어떻게 목숨을 건지길 바라나? 이 마을의 농부들은 모두 착하고 성실하지만 자기 원수를 분간 못할 만큼 어리석은 사람들은 아니야. 자네 일은 자네가 알아서 처리하게. 자기가 뿌린 씨는 자기가 거두어야 해."

기도: 심은 대로 거두는 원리를 가르쳐주신 주님! 저희가 잘 심는 자가 되게 하소서. 생명을 심고, 복음을 심고, 사랑을 심고, 진리를 심고, 평화를 심어 하나님의 나라가 속히 오게 하소서.

353. 남편을 칭찬한 아내의 힘
*찬송: 336장 (통383장)

사람이 마땅히 우리를 그리스도의 일꾼이요 하나님의 비밀을 맡은 자로 여길지어다 그리고 맡은 자들에게 구할 것은 충성이니라 너희에게나 다른 사람에게나 판단 받는 것이 내게는 매우 작은 일이라 나도 나를 판단하지 아니하노니 (고전 4:1-3).

　남편이 어쩌다 윗사람과 트러블이 생겼습니다. 분명히 자기가 옳은데 상사는 책망을 합니다. 그러나 어느 곳에도 하소연할 곳이 없습니다. 그래서 집에 와서 아내를 보고 씩씩거리며 상사가 못되게 굴어서 당장 사표를 내겠다고 말합니다. 이때 아내는 누구의 편이 되어야 할까요? 반드시 남편의 편이 되어 위로해주어야 합니다. 그래야 남편이 힘을 얻습니다.

　그러나 남편이 직장에서 있었던 일들을 말하며 울분을 토할 때 오히려 남편을 비난하고 남편의 입장이 되어주지 않으면 남편은 용기를 잃게 되고 가정에 마음을 두지 않게 됩니다. 아내가 위로자가 되어주지 못하기 때문입니다. 그러면 갈 곳이 없어지게 됩니다.

　루터가 종교개혁을 일으켰을 때 그는 한 때 실의에 차 있었던 적이 있었습니다. 그때 그의 아내 카타리나는 상복을 입고 루터 앞에 나타났습니다. 루터가 "누가 죽었느냐?" 라고 묻자 아내는 "하나님이 돌아가셨어요."라고 대답했습니다. 그러자 루터는 "아니! 하나님이 어떻게 돌아가신단 말이요?"라며 아내를 책망했습니다. 그의 책망에 아내 카타리나는 "만일 하나님이 돌아가시지 않았다면 왜 당신은 용기를 잃고 있나요?"라고 말했고, 그런 아내에게서 루터는 용기를 얻고 다시 새롭게 하나님의 일을 할 수 있었습니다. 종교개혁이 성공하게 되었습니다.

기도: 새롭게 하시는 주님! 우리의 가족 중에 힘들고 지친 사람이 있다면 위로하게 하시고, 용기를 주게 하소서. 하나님이 주신 능력과 위로와 사랑을 전하게 하소서.

354. 남편을 돕는 배필

*찬송: 287장 (통205장)

여호와 하나님이 이르시되 사람이 혼자 사는 것이 좋지 아니하니 내가 그를 위하여 돕는 배필을 지으리라 하시니라 (창 2:18).

아내에게는 관용의 마음이 있어야 합니다. 그래야 행복한 가정을 만들 수 있습니다.

어느 봄날, 시카고행 고속버스에 늙수그레한 중년 한 사람이 탔습니다. 그 버스에는 부활절 휴가로 고향을 찾아가는 대학생들이 가득 타고 있었는데 이 사람 혼자 휴게소에도 내리지 않고 외롭게 앉아 있었습니다. 학생들은 처음에는 관심을 가지지 않았다가 나중에는 그에게 친절을 베풀었습니다.

그러자 학생들의 친절에 마음을 연 그는 5년 동안 교도소에 복역하고 지금 자신의 집을 찾아가고 있으며 그 동안 집에 편지도 하지 않았다고 말해주었습니다. 자신의 생각으로는 아내가 5년 동안을 기다려주지 않고 재혼을 했을 것으로 생각했기 때문이라고 했습니다. 그래서 석방소식을 속달로 보내면서 자기를 받아줄 생각이 있으면 집 앞 교회 종탑이 있는 곳의 떡갈나무에 노란 손수건을 매달아달라고 했다는 것이었습니다. 고향 마을이 다가오자 그는 흥분이 되어 눈을 감아버렸습니다. 그런데 갑자기 그 버스 안이 함성과 함께 눈물바다가 되었습니다. 저녁노을이 지는 하늘아래 교회 종탑 떡갈나무에 수백 장의 노란 손수건이 흔들리고 있었던 것이었습니다.

용서는 가정을 행복의 동산으로 만들어줍니다.

기도: 아담과 하와를 창조하신 하나님! 용서와 사랑을 통해 가정이 회복되게 하소서. 주님이 우리를 용서하시기 위해 목숨까지 내어놓으셨던 것을 기억하게 하시고 이 사랑의 힘으로 가족들을 사랑하게 하소서.

355. 남편의 의무는 아내를 사랑하는 것
*찬송: 559장 (통305장)

남편들아 이와 같이 지식을 따라 너희 아내와 동거하고 그를 더 연약한 그릇이요 또 생명의 은혜를 함께 이어받을 자로 알아 귀히 여기라 이는 너희 기도가 막히지 아니하게 하려 함이라 (벧전 3:7)

심한 정신질환을 앓고 있는 아내를 둔 사람이 있었습니다. 어느 날 그는 친구들과 모여 이런저런 농담을 주고받으며 재미있게 이야기를 하고 있었습니다. 그러다가 한 친구가 제안하기를 자기 아내 자랑을 해보자고 했습니다. 이는 정신질환자인 아내를 둔 친구를 놀리려고 한 것이었습니다.

"내 아내는 절세미인이야."
"내 아내가 우리 가정에 들어온 후 가정이 화목하고 화기애애해졌어."
"내 아내는 나를 사랑해."

각각 자기 아내 자랑을 했습니다. 마지막으로 그의 차례가 왔습니다. 모든 친구들이 '저 친구는 과연 무슨 말을 할까?' 궁금해 하며 그를 쳐다보았습니다. 그는 이렇게 말했습니다.

"나는 감사가 넘친다네. 자네들이 아는 대로 내 아내에 대해서는 나는 자랑할 것이 없네. 그러나 나의 큰 행복은 이런 아내로 인해 내가 기도생활을 하게 된 것이라네. 만약 내 가정에 고통이 없고 화평만 있었다면 지금까지 계속 뜨겁게 기도하지 않았을 것이네. 나는 불행한 아내로 인해 항상 기도하게 되었으니 어찌 감사하지 않겠는가?"

이 말을 들은 친구들은 매우 부끄러움을 느꼈고 또한 큰 감동을 받았습니다. 이런 사랑이 아가페사랑입니다. 인생이란 좋을 때만 있는 것이 아닙니다. 어렵고 힘들고 고통스럽고 병들고 한탄스러울 때가 있습니다. 이때 표현되는 사랑이 진정한 사랑입니다.

기도: 내게 가정을 주신 하나님 감사합니다. 저의 가정을 통해 기도하게 하시고, 사랑을 알게 하시며, 위로를 나누게 하시니 감사합니다. 주님이 선물하신 이 가정에 예수님의 사랑이 날마다 넘쳐나게 하소서.

356. 삶의 방향을 결정하는 요소

*찬송: 94장 (통102장)

나의 자녀들아 내가 이것을 너희에게 씀은 너희로 죄를 범하지 않게 하려 함이라 만일 누가 죄를 범하여도 아버지 앞에서 우리에게 대언자가 있으니 곧 의로우신 예수 그리스도시라 그는 우리 죄를 위한 화목 제물이니 우리만 위할 뿐 아니요 온 세상의 죄를 위하심이라 (요일 2:1-2).

히브리민족의 삶의 방향을 결정하는 두 가지 요소가 있습니다.

첫째는 성전에 대한 관념입니다. 성전은 하나님께 제사를 드리며 속죄의 복을 받고 죄로 인해 하나님과 멀어진 부분을 다시 회복할 수 있는 장소였습니다.

둘째는 민족교육의 목표가 되는 성경에 대한 철저한 교육이었습니다. 3살이 되면 시작하는 성경교육은 평생토록 그 말씀을 읽고 쓰며, 앉든지, 서든지, 길을 걷든지, 누웠든지 언제나 말씀으로 충만케 하는 교육이었습니다. 그래서 유대인이면 누구든 성경을 안다고 말해도 틀린 말은 아니었습니다.

이런 의미에서 보면 흔히들 예수님의 제자들 중 베드로나 안드레 같은 분들은 고기잡이 어부였기에 그들이 성경을 몰랐을 것이며 무식했다고 말하지만 실제로는 그들도 성경을 잘 알았다는 것을 반증할 수 있습니다. 사도행전 2장에 나타나는 오순절 성령 충만의 사건 후 베드로의 첫 설교에서 그가 구약성경의 요엘서나 시편을 유창하게 인용하는 것을 보면 충분히 이 사실을 알 수 있습니다.

그러나 여기서 문제는 아는 것과 믿는 것과 생활하는 것은 차이가 있다는 것입니다. 성경을 알기는 하지만, 즉 지식으로 알고 파헤쳐서 그 뜻을 지적으로 분석할 수 있지만 믿지는 못할 때 성경은 하나님의 말씀으로 그 사람의 생애를 변화시킬 수 없음은 물론이고 생활과 연결될 수가 없으며 나아가서 구원의 복을 받을 수도 없다는 것입니다.

기도: 우리의 인생을 바꾸어놓으신 주님! 영원한 생명의 길로 인도하신 주님께 감사하게 하시며, 세상 모든 사람들과 열방에 화목 제물로 오신 예수 그리스도를 전하게 하셔서 그들에게 영원한 생명을 얻게 하소서.

357. 말씀에 붙잡히면

*찬송: 204장 (통379장)

> 나의 이 말을 듣고 행하지 아니하는 자는 그 집을 모래 위에 지은 어리석은 사람 같으리니 비가 내리고 창수가 나고 바람이 불어 그 집에 부딪치매 무너져 그 무너짐이 심하니라 (마 7:26-27)

미국 22대 대통령을 지낸 클리블랜드는 젊었을 때 나쁜 친구를 사귀어서 방탕한 생활을 했습니다. 어느 날 술친구와 함께 술집으로 가는 길에 예배당 앞을 지나가게 되었는데 게시판에 주일날 목사님의 설교제목이 쓰여 있었습니다. 로마서 6장 23절, "죄의 삯은 사망"이라는 제목이었습니다. 두 청년은 발을 멈추고 그 설교제목을 읽었습니다. 그 말씀이 클리블랜드의 마음을 찔렀습니다. 자신의 현재 행동이 지옥으로 가고 있는 모습으로 보였고, 가슴이 뜨거워졌습니다. 그의 두 눈에는 눈물이 흘렀습니다. 클리블랜드가 친구의 손을 잡고 예배당에 들어가려고 하자 친구는 거부했고 오히려 클리블랜드에게 정신이상자가 되었다고 비난했습니다. 그때까지 그들은 같은 길을 걷고 있었습니다. 같이 죄악에 빠져 허덕이고 있었습니다. 그러나 그 후부터 그들은 가는 길이 달라졌습니다. 한 명은 예배당으로 들어갔습니다. 하나님의 말씀이 그의 못된 습관과 삶을 수술하신 것입니다. 그러나 다른 한 명은 계속해서 술집으로 갔습니다.

그로부터 30년의 세월이 지나갔습니다. 클리블랜드는 미국의 대통령에 당선되어 백악관의 주인이 되었고 그의 친구는 계속 그 길을 걸은 결과 흉악한 죄를 지어 무기징역을 선고받고 평생 교도소에서 지내게 되었습니다. 그리고 클리블랜드가 대통령에 당선되어 취임하는 기사가 보도된 신문을 보면서 그는 통곡하였습니다.

기도: 하나님! 달고 오묘한 하나님의 말씀에 순종하는 삶을 살게 하시고 죄의 길에서 떠나 말씀을 지키며 사는 성도가 되게 하소서.

358. 예수님 탄생

*찬송: 108장 (통113장)

거기 있을 그 때에 해산할 날이 차서 첫아들을 낳아 강보로 싸서 구유에 뉘었으니 이는 여관에 있을 곳이 없음이러라 (눅 2:6-7).

어느 시골 교회에서 성탄 성극을 하는데 웰리스라는 초등학교 2학년 학생이 머리가 둔하고 몸집이 커서 여관주인 역할을 맡았습니다. 성극이 시작되어 요셉은 만삭이 된 아내 마리아를 데리고 베들레헴에 와서 여관방 문을 노크합니다. "누가 왔소?"하며 문을 열었습니다. 그 때 문밖에는 만삭이 된 여인과 요셉이 서 있습니다. "하루 저녁 묵어 갈 여관방을 구하는데 방이 있습니까?" "여기 빈 방은 없소." "주인어른, 찾아간 집마다 허탕을 쳤습니다. 우리는 먼 길을 여행해서 매우 지쳐있어요." "글쎄, 우리 여관에는 빈 방이 없다니까요!" "마음씨 착한 주인어른, 제발 살려주세요. 이 사람은 내 아내 마리아인데 아기를 가져서 이렇게 몸이 무겁습니다. 어디라도 좋으니 쉴 수 있는 한쪽 구석이라도 허락해주세요." 웰리스가 마리아를 내려다보니 불쌍합니다. 침묵이 흐르고 관객들은 어찌될까 초조하고 당황합니다. 그 때 무대 뒤에서 연출자가 "없어요! 물러가요!"라고 시켰습니다. 요셉이 슬픈 표정으로 마리아를 부축해서 여관을 나가는 모습을 바라보던 웰리스는 두 눈에 눈물이 글썽거렸습니다. "잠깐만!"하고 불러 세우더니 "아내를 데려와요, 내 방을 쓰세요."라고 해버렸습니다. 관객들은 박수갈채를 보냈습니다.

각본대로 되지 않았기에 웰리스는 연출자에게 꾸중을 들었지만 추운 날씨에 해산의 고통을 당하는 가난한 여인을 그냥 쫓아낼 수 없었던 어린아이의 연기가 관객들의 마음을 감동시킨 것입니다.

기도: 아기 예수로 이 땅에 오실 때 머물 곳이 없으셨던 주님! 이제 저의 마음에 오셔서 부족한 저를 통해 주님의 뜻을 이루어가소서.

359. 성탄을 축하할 수 있는 자

*찬송: 109장(통109장)

시므온이 아기를 안고 하나님을 찬송하여 이르되 주재여 이제는 말씀하신 대로 종을 평안히 놓아 주시는도다 내 눈이 주의 구원을 보았사오니 이는 만민 앞에 예비하신 것이요 이방을 비추는 빛이요 주의 백성 이스라엘의 영광이니이다 하니 (눅 2:28-32).

성탄의 은혜는 맡겨진 자기 직분에 대하여 충성을 다하는 사람에게 주시는 하나님의 복입니다. 게으른 사람은 성탄을 축하할 자격이 없습니다. 양을 치는 목자에게서 우리는 성실한 직업인의 모습을 발견할 수 있습니다. 그들은 깨어 있었습니다. 삼라만상이 모두 잠들어 있을 시간에 그들은 깨어 있었기에 천사가 전하는 성탄의 소식을 들을 수 있었습니다.

주님 탄생의 기쁜 소식과 영광을 체험하려면 내 마음을 비워야 합니다. 양치는 목자들에게 천사가 예수님의 탄생을 알린 것은 마음을 낮추고 겸손해져야 한다는 것을 가르쳐주는 것입니다.

목자들 외에도 성탄의 은혜를 받았던 사람들이 있습니다. 요셉과 마리아는 하나님 말씀에 온전히 순종했기에 예수를 낳아 성탄에 참여할 수 있었습니다. 동방박사들은 믿음과 기도와 희생을 구주 예수님께 드리고 겸손하게 예수님의 탄생을 축하했기에 성탄의 은혜를 받을 수 있었습니다. 시므온과 안나는 메시아를 기다리며 기도하는 자였기에 주님의 성탄에 참여할 수 있었습니다.

우리도 이들처럼 나에게 맡겨진 직분을 성실히 감당하며 주님의 말씀에 순종하며 겸손하게 주님의 탄생을 축하하며 경배하는 자들이 되어야 합니다. 주님을 만나는 복된 자가 되어야 합니다.

기도: 영광의 주님! 내게 주신 사명을 잘 감당하게 하소서. 내게 주신 직분에 충성하게 하소서. 주님이 오신 성탄을 축하할 수 있는 자격을 가진 자가 되게 하소서. 늘 깨어서 기도하는 자가 되게 하소서.

360. 귀중한 보배합

*찬송: 116장 (통116장)

박사들이 왕의 말을 듣고 갈새 동방에서 보던 그 별이 문득 앞서 인도하여 가다가 아기 있는 곳 위에 머물러 서 있는지라 그들이 별을 보고 매우 크게 기뻐하고 기뻐하더라 집에 들어가 아기와 그의 어머니 마리아가 함께 있는 것을 보고 엎드려 아기께 경배하고 보배합을 열어 황금과 유향과 몰약을 예물로 드리니라 (마 2:9-11)

동방박사들은 먼 길을 찾아와 아기 예수님께 경배한 다음 보배합을 열어 황금, 유향, 몰약을 드렸습니다.

귀중한 보배합을 주 앞에 드리고
우리의 몸과 맘도 다함께 바치세.

하나님께 헌금을 드리는 잘못된 자세에는 여러 가지가 있습니다.
첫째, 헌금에 정성이 들어있지 않는 경우입니다.
둘째, 말은 잘 하면서 실제 헌금은 잘 하지 않는 경우입니다.
셋째, 조건을 붙여 헌금하는 경우입니다.
우리는 하나님께 드리는 헌금의 자세를 동방박사들에게 배워야 합니다. 그들은 아직 아기에 불과한 예수님께 경외하는 마음으로 무릎을 꿇어 절했습니다. 그리고 귀한 보물을 정성껏 바쳤습니다. 우리는 거룩한 이 성탄 절기에 하늘나라를 버리고 이 땅 위에 오신 예수님을 영접하고 모실 때에, 첫째, 예수님을 만왕의 왕으로 모시고, 둘째, 입을 열어 주님을 크게 찬양하고, 셋째, 새 심령을 바치는 증표로 내가 가진 귀한 물질을 드리는 자가 되어야 합니다.

기도: 수 천리를 걸어 주님을 경배하고 예물을 드렸던 동방박사들의 자세를 배우게 하옵소서. 우리의 보배합을 열어 주님께 바칠 수 있게 하시고 우리의 몸과 마음을 온전히 드리는 신앙인의 자세를 갖게 하소서.

361. 기도의 결과

*찬송: 361장 (통480장)

아무것도 염려하지 말고 오직 모든 일에 기도와 간구로 너희 구할 것을 감사함으로 하나님께 아뢰라 (빌 4:6).

길선주 목사님은 이경식이라는 친구의 구원을 위하여 7년 동안 기도했습니다. 하나님은 7년 만에 그의 기도를 들으셨고 친구는 예수를 믿게 되었습니다. 친구는 2년 만에 장로 직분을 받을 정도로 열심 있는 성도가 되었습니다. 그가 얼마나 덕을 끼치는 삶을 살았던지 '작은 예수'라는 칭호를 받았다고 합니다. 이처럼 기도 중에 제일 귀한 기도는 믿지 않는 영혼을 위하여 기도하는 것입니다.

프랑스에 라드링크라는 천재 소년이 있었습니다. 학문에 큰 뜻을 두고 열심히 공부하여 35세에 법학대학 교수가 되어 크게 명성을 떨쳤습니다. 그 후 그는 노르망디 지방에서 여행을 하다가 노상강도를 만났습니다. 소지품을 다 털리고 나무에 꽁꽁 묶인 신세가 되고 말았습니다. 그곳은 인적이 드물어 누가 구출해주기도 힘든 지역이었습니다. 낮에는 견딜 수 있었지만 밤이 되자 산짐승의 울음소리에 사색이 되었습니다. 목숨을 잃을 것 같았기 때문입니다. 그는 "오! 하나님! 저는 오늘날까지 공부한답시고 하나님을 찬송하지도 못하고 기도하지도 못했습니다. 그러나 이 절망 중에서 저를 구원해주시면 앞으로 인생을 하나님께 드려 주님 뜻대로 살겠습니다."라며 밤새 기도했습니다. 해가 떠오를 때 마침 어떤 행인이 지나가다가 라드링크를 보게 되었고 그 덕분에 목숨을 건질 수 있었습니다. 그는 무릎을 꿇고 하나님께 뜨겁게 감사하며 기도했습니다. 그는 노르망디 여행을 중단하고 가까운 수도원에 들어가 하나님께 지은 죄를 회개하고 하나님의 말씀을 공부하여 수도사가 되었고 나중에 대감독이 되었습니다.

기도: 사랑의 주님! 우리 자신의 유익만을 위해 구하는 저희를 용서하시고 하나님의 나라 확장을 위한 기도를 하도록 인도해주옵소서.

362. 제일 좋은 유산

*찬송: 218장 (통369장)

만일 여호와를 섬기는 것이 너희에게 좋지 않게 보이거든 너희 조상들이 강 저쪽에서 섬기던 신들이든지 또는 너희가 거주하는 땅에 있는 아모리 족속의 신들이든지 너희가 섬길 자를 오늘 택하라 오직 나와 내 집은 여호와를 섬기겠노라 하니 (수 24:15).

링컨의 어머니 낸시 행크스는 링컨이 10세 되는 해, 1818년 10월 5일 풍토병으로 세상을 떠났습니다. 죽기 전 그녀는 어린 아들 링컨의 손을 붙잡고 다음과 같은 유언을 했습니다.

"사랑하는 에이브(링컨의 애칭)야! 이 성경책은 내 부모님으로부터 물려받은 것이다. 내가 여러 번 읽어 많이 낡았지만 우리 집안의 값진 보물이란다. 나는 너에게 100에이커의 땅을 물려주는 것보다 이 한 권의 성경책을 물려주는 것을 진심으로 기쁘게 생각한다. 에이브야! 너는 성경을 부지런히 읽고 성경 말씀대로 하나님을 사랑하고 이웃을 사랑하는 사람이 되어다오. 이것이 나의 마지막 부탁이다. 약속할 수 있겠니?"

링컨은 어린아이였지만 어머니의 유언을 마음속 깊이 간직하고 그 약속을 잘 지켰습니다. 링컨은 어머니를 존경했습니다. 링컨은 어머니의 신앙교육에 깊이 감사했습니다. 링컨은 성년이 되었을 때 친구에게 다음과 같이 어머니를 추억했습니다. "내가 아직 어려서 글을 읽지 못할 때부터 어머니는 날마다 성경을 읽어주셨고 나를 위해 기도하는 것을 쉬지 않으셨다네. 통나무집에서 읽어주시던 성경말씀과 기도소리가 지금도 내 마음을 울리고 있네. 나의 오늘, 나의 희망, 나의 모든 것은 천사와 같은 나의 어머니에게서 물려받은 것이라네."

기도: 영원히 변치 않는 하나님! 하나님의 말씀을 의지하게 하시고 제일 좋은 유산인 믿음을 후손들에게 전해주는 믿음의 선조가 되게 하소서.

363. 마지막 때

*찬송: 360장 (통402장)

아이들아 지금은 마지막 때라 적그리스도가 오리라는 말을 너희가 들은 것과 같이 지금도 많은 적그리스도가 일어났으니 그러므로 우리가 마지막 때인 줄 아노라 그들이 우리에게서 나갔으나 우리에게 속하지 아니하였나니 만일 우리에게 속하였더라면 우리와 함께 거하였으려니와 그들이 나간 것은 다 우리에게 속하지 아니함을 나타내려 함이니라 (요일 2:18-19).

모든 사람들은 행복과 평화를 원하고 있습니다. 그러나 전쟁의 소문이 더해가고 있습니다. 기아와 홍수의 소식이 있습니다. 지진과 쓰나미의 소식이 있습니다. 세계의 징조가 정말 마지막을 치닫고 있는 때를 우리는 살아가고 있습니다. 주님은 마지막 때에는 처처에 기근이 있고, 전쟁의 위협이 있으며, 지진이 일어나고, 여기저기서 거짓 선지자들이 일어나서 '내가 그리스도라.'고 부르짖으며 백성들을 미혹할 것이라고 말씀하셨습니다.

우리는 이러한 때에 더욱 정신을 차리고 근신하여 평화적으로 세계의 모든 문제가 해결되도록 기도해야 합니다. 이 지구촌에 평화를 주시고 대결과 탐욕을 제하여 달라고 기도해야 합니다. 강대국은 약소국을 위해 사랑을 베풀 수 있게 하시고 과소비를 추방하고 물자를 절약하여 궁핍함으로 고생하는 국가와 국민들을 도울 수 있는 사랑의 마음을 갖게 해달라고 기도해야 합니다. 또한 이 어려운 시기를 슬기롭게 극복해나갈 수 있는 지혜를 세계 정치 지도자들과 우리나라의 지도자들에게 주시기를 기도해야 합니다.

이 지구촌에 진정한 평화를 주실 수 있는 분은 예수 그리스도 한 분뿐입니다. 평화의 주님이 세상에 평화를 줄 수 있도록 그 분의 소식을 들려주어야 합니다.

기도: 평화의 주님! 세상은 평화를 원하지만 전쟁의 소문만 더해갑니다. 주님이 오셔서 이 땅에 평화를 주옵소서. 마지막이 가까운 징조들이 나타납니다. 주여, 모든 지구촌 사람들에게 사랑과 평화의 마음을 주옵소서.

364. 새로운 피조물

*찬송: 285장 (통209장)

그런즉 누구든지 그리스도 안에 있으면 새로운 피조물이라 이전 것은 지나갔으니 보라 새것이 되었도다 (고후 5:17).

그리스도 안에 있으면 새 것이 될 수 있습니다. 새 것이 된다는 것은 다시 세우고, 수선하고, 고친다는 것입니다. 새 것이 된다는 것은 병든 자가 건강해지는 것을 말합니다. 예수님은 앉은뱅이도 일으키셨고 38년 동안이나 병들어 걷지 못한 자도 걷게 하셨습니다. 12년 동안이나 피를 흘리던 병자도 치료하셨습니다. 한 편 손 마른 자도 고치셨고 죽은 자도 살리셨습니다. 그 예수님을 만나면 삶의 가치관이 변합니다.

삭개오가 그러했습니다. 그는 높은 관직에 오른 부자였습니다. 그러나 그는 돈은 많아도 존경받지 못하는 사람이었습니다. 그런 그가 예수님을 만나자 가치관이 변했습니다. 대접받는 삶에서 섬기는 삶이 되었습니다. 새로운 가치관을 가지게 되었습니다. 남의 것을 빼앗았으면 네 배를 갚고 재산의 반을 구제하는 데 사용하겠다고 했습니다. 새 것이 된 증거입니다. 누구든지 그리스도 안에 있으면 새로운 피조물이 되는 것입니다. 그리스도인이 되는 것입니다.

간음하다가 현장에서 잡힌 여인도, 일곱 귀신들렸던 여인도 예수님을 만나 모두 새로운 피조물이 되었습니다. 깡패 이기풍과 김익두가 예수님을 만나 그리스도인이 되어 목사와 부흥사가 되었습니다. 이처럼 누구든지 그리스도 안에 있으면 새로워집니다.

기도: 주님! 저는 죄인입니다. 그러나 주님께서 구원해주셨으니 감사합니다. 이전 것을 버리고 주님을 위한 새로운 인생을 살게 하옵소서.

365. 마지막에 한 일

*찬송: 500장 (통258장)

오직 성령이 너희에게 임하시면 너희가 권능을 받고 예루살렘과 온 유대와 사마리아와 땅 끝까지 이르러 내 증인이 되리라 하시니라 (행 1:8).

유명한 설교가 존 하퍼 목사님은 시카고에 있는 무디교회에서 설교하기 위하여 당시 최대의 호화여객선인 타이타닉호를 탔습니다. 그런데 그 배는 큰 빙산에 부딪혀 침몰하게 되었습니다. 1912년 4월 14일의 일이었습니다. 그로 인하여 1,513명이 물에 빠져 생명을 잃었습니다. 목사님도 물에 빠졌지만 수영을 하면서 버텼습니다. 그때 한 젊은이가 널빤지를 잡고 목사님 옆으로 왔습니다. 목사님은 "젊은이, 구원받았습니까?"라고 물었고 젊은이는 "아뇨. 저는 예수 안 믿습니다."라고 대답했습니다. 목사님은 예수를 믿어야 한다고 전도를 하신 후 파도 때문에 젊은이와 헤어지게 되었습니다. 그로부터 2주일 후 한 젊은이가 뉴욕에서 열린 기독청년 집회에 참석하여 타이타닉호에서 살아난 이야기를 하였습니다. 그리고 그는 "저는 하퍼 목사님께 마지막으로 전도를 받은 사람입니다."라고 말했습니다. 생명을 잃는 그 순간에도 예수님을 증거하신 하퍼 목사님의 유언 같은 말씀을 우리는 들어야 합니다. "예수 믿으세요."라고 우리는 누구에게든 말해야 합니다.

기도: 모든 민족이 구원받기를 원하시는 주님! 땅 끝까지 예수님의 증인이 되게 하시며 우리의 가슴이 예수 그리스도로 뜨겁게 하옵소서.

피터하우스(Peter House)는
21세기 토탈(Totar) 문서선교의 대명사입니다.
베드로서원은 문서라는 도구로 한국교회가 복음의 본질을 회복하고
선교적교회로 나아가는데 기여하고자 최선을 다하고자 합니다.

피터하우스(베드로서원)의 사역원리
Pastoral Ministry(목회적인 사역)
Educational Ministry(교육적인 사역)
Technological Ministry(과학적인 사역)
Evangelical Ministry(복음적인 사역)
Revival Ministry(부흥적인 사역)

365 축복의 통로
매일 하나님께 드리는 예배

초판 1쇄 발행일 2010년 12월 30일
　　3쇄 발행일 2020년 1월 15일

지은이 : 김찬종, 안광현
펴낸이 : 방주석
발행처 : 베드로서원
주　소 : 경기도 고양시 일산동구 고봉로 776-92
전　화 : 031)976-8970
팩　스 : 031)976-8971
이메일 : peterhouse@daum.net
등　록 : 2010년 1월 18일 / 창립일 : 1988년 6월 3일

ISBN : 978-89-7419-288-4 03230

　　　책값은 뒤표지에 있습니다.

ⓒ 이 출판물은 저작권법에 의해 보호를 받는 저작물이므로
무단 전재와 무단복제를 할 수 없습니다.